Zurück zu den Quellen des Völkerrechts

Völkerrecht, Europarecht
und Internationales Wirtschaftsrecht

Herausgegeben von Peter Hilpold und August Reinisch

Band 28

PETER LANG

August Reinisch / Astrid Reisinger Coracini (Hrsg.)

Zurück zu den Quellen des Völkerrechts

Beiträge zum 44. Österreichischen Völkerrechtstag 2019 in Rust am Neusiedlersee

PETER LANG

Bibliografische Information der Deutschen Nationalbibliothek
Die Deutsche Nationalbibliothek verzeichnet diese Publikation in der Deutschen Nationalbibliografie; detaillierte bibliografische Daten sind im Internet über http://dnb.d-nb.de abrufbar.

ISSN 1862-457
ISBN 978-3-631-85741-0 (Print)
E-ISBN 978-3-631-85785-4 (E-PDF)
E-ISBN 978-3-631-85786-1 (EPUB)
E-ISBN 978-3-631-85787-8 (MOBI)
DOI 10.3726/b18553

Peter Lang – Berlin · Bern · Bruxelles · New York · Oxford · Warszawa · Wien

Diese Publikation wurde begutachtet.

www.peterlang.com

Vorwort

Dieser Band beinhaltet die Schriftfassungen der wissenschaftlichen Vorträge, die am 44. Österreichischen Völkerrechtstag von 13. bis 15. Juni 2019 in Rust am Neusiedlersee gehalten wurden. Der Völkerrechtstag, die Jahreskonferenz der österreichischen Völkerrechtler*innen aus Wissenschaft und Praxis, fand damit nach Stadtschlaining 2013 zum zweiten Mal im Burgenland statt.

An den Ufern des Neusiedlersees befasste sich der Völkerrechtstag 2019 unter dem Generalthema „Zurück zu den Quellen des Völkerrechts" mit grundlegenden Fragen des völkerrechtlichen Rechtsquellenkatalogs. Doch zeugen sowohl die praktische Bedeutung als auch die internationale wissenschaftliche Beschäftigung mit dem Themenkomplex von dessen andauernder Aktualität.

Der erste Themenbereich zum völkerrechtlichen Vertragsrecht richtet den Fokus auf den „Rückzug aus Verträgen". Rückzugstendenzen aus vertraglichen Verpflichtungen standen nicht zuletzt aufgrund vermehrter Drohungen der USA unter Präsident Trump und der emotional geführten öffentlichen Debatte des Austritts Großbritanniens aus der Europäischen Union auf der medialen wie der wissenschaftlichen Tagesordnung. Vor diesem Hintergrund thematisiert *Gregor Schusterschitz* in Teil I die rechtlichen Voraussetzungen eines Austritts aus der Europäischen Union und beschreibt mit dem reichen Erfahrungsschatz des österreichischen „Brexit-Delegierten" den bewegten Verhandlungsverlauf dieser ersten „Scheidung auf europäisch".

Teil II beschäftigt sich mit themenübergreifenden Fragen des Rückzugs aus Verträgen. *Paul Gragl* nähert sich dem Thema rechtstheoretisch und argumentiert das Primat des Völkerrechts, das selbst die rechtlichen Rahmenbedingungen des Rücktritts formuliert und das in manchen Bereichen (nicht mehr verbindliche) Vertragsnormen durch andere Normen des völkerrechtlichen Rechtsquellenkatalogs zu substituieren vermag. Insofern trotzen die Struktur und ein weitgehend bestandsfester Kern der Völkerrechtsordnung den Fluktuationen flexiblerer Vertragsnormen. *Michael Moffatt* wählt einen praktischen Zugang. Er untersucht anhand von Rückzugsintentionen im Völkerstrafrecht, der Abrüstung und der Menschenrechte, inwieweit die Behauptung von „Doppelstandards" als Begründung für einen Vertragsrücktritt einer Überprüfung standhält. Dabei kommt er zu dem Schluss, dass sowohl behauptete, als auch nachgewiesene „Doppelstandards" sich zwar kausal, aber nicht ausschließlich kausal zu Rückzügen verhalten. Zuletzt diskutiert *Christina Binder* rezente Rückzugstendenzen aus der ICSID Konvention und bietet sowohl eine rechtliche Analyse der vertragsinternen Kündigungsbestimmungen als auch eine Verortung dieser Bestimmungen im Hinblick auf das allgemeine Völkerrecht. Dabei plädiert sie für eine allgemein-völkerrechtliche Perspektive zur Überwindung der teils widersprüchlichen Rechtsprechung der Investitionsschiedsgerichte, die zu einer besseren Anbindung des Investitionsrechts an das allgemeine Völkerrecht und zu mehr Rechtssicherheit führen könnte.

Teil III behandelt, der Dramaturgie von Artikel 38 IGH Statut entsprechend, das Völkergewohnheitsrecht. *Jörg Kammerhofer* eröffnet mit einem rechtsdogmatischen Beitrag. Er seziert und kritisiert darin den Entwurf der Völkerrechtskommission der Vereinten Nationen zur Bestimmung von Völkergewohnheitsrecht. Die Statik des Gewohnheitsrechts verdeutlicht *Ralph Janik* am Beispiel Syrien. Er weist nach, dass trotz vorpreschender rechtspolitischer Rhetorik sich aus diesem Konflikt keine Änderung einer auf Rechtsüberzeugung gegründeten allgemeinen Staatenpraxis hinsichtlich der Grenzen des Gewaltverbots ableiten lässt. Ein nicht zuletzt durch den Konflikt in Syrien aktuelles Thema greift *Elisabeth Hoffberger-Pippan* auf. Sie untersucht anhand des Beispiels chemischer Waffen die vom Internationalen Komitee des Roten Kreuzes in dessen namhafter Studie zum Stand des humanitären Völkergewohnheitsrechts angewandte Methode.

Teil IV beschließt den klassischen Rechtsquellenkatalog mit den Allgemeinen Rechtsgrundsätzen. *Markus Beham* bietet eine rechtshistorische Perspektive der Tatbestandselemente der von „zivilisierten Nationen anerkannten" allgemeinen Rechtsgrundsätze gemäß Artikel 38(1)(c) IGH Statut. *Philipp Janig* geht dem Begriff der „allgemeinen Rechtsgrundsätze des Völkerrechts" nach und plädiert für dessen normatives Verständnis.

Im Habilitationsforum, Teil V, stellt *Matthias Kettemann* seine 2019 approbierte Arbeit zur normativen Ordnung des Internets vor. Der Beitrag zeichnet eine integrative Rechtsordnung aus nationalen und internationalen Normen unterschiedlicher Verbindlichkeit, in der technischen Standards und *soft law* der Status eines normativen Tertiums zukommen soll.

Das bewährte Praktikerpanel mit Experten der Völkerrechtsbüros Deutschlands, der Schweiz und Österreichs beschließt in Teil VI den Themenbogen des 44. Völkerrechtstags. *Christophe Eick* berichtet von der rechtswahrenden Erklärung Deutschlands zum Seerechtsübereinkommen der Vereinten Nationen, die Vertragstreue einfordert aber auch als Rechtsmeinung über die ausschließliche Regelung des Seerechts durch Völkervertragsrecht anzusehen ist. *Roger Dubach* stellt den Bericht des Schweizer Bundesrats über die wachsende Rolle des *soft law* in den internationalen Beziehungen vor. Völkerrechtsdogmatisch wird *soft law* darin als eigenständige Erscheinungsform jenseits des klassischen Völkerrechtskatalogs eingeordnet, deren Relevanz als förmlicher gemeinsamer Willensausdruck den verbindlichen Rechtsquellen ähnelt, jedoch nicht der völkerrechtlichen Verantwortlichkeit unterliegt. *Konrad Bühler* geht der Frage nach, inwieweit das Diplomatenrecht und das Recht der Staatenimmunität beim Ausbau des Wiener U-Bahn-Netzes unterhalb des „Amerikahauses" in Wien, das im Eigentum der Vereinigten Staaten von Amerika steht und von der US-Botschaft für Kulturveranstaltungen genutzt wird, zu berücksichtigen ist. Dabei gewährt er neben einer völkervertrags- und völkergewohnheitsrechtlichen Prüfung Einblick in die diplomatische Praxis des Wiener Völkerrechtsbüros bei der Erstellung von Rechtsgutachten und Vermittlung zur Lösung völkerrechtlicher Fragestellungen. An das Völkervertragsrecht, im speziellen an das in Österreich auf Gesetzesstufe stehende und unmittelbar anwendbare Wiener Übereinkommen über konsularische Beziehungen knüpft schließlich *Helmut Tichy* an. Er informiert über das 2019 in Kraft getretene österreichische Konsulargesetz, das einerseits bisher bestehende Regelungslücken schließt, andererseits die EU Richtlinie zum Schutz von nicht vertretenen Unionsbürgern in Drittstaaten umsetzt.

Ermöglicht wurde der 44. Österreichische Völkerrechtstag in Rust durch die großzügige Unterstützung des österreichischen Bundesministeriums für Europa, Integration und Äußeres, des Landes Burgenland, des Magistrats der Freistadt Rust und der Rechtswissenschaftlichen Fakultät der Universität Wien. Unser besonderer Dank gilt *Scarlett Ortner* und *Martina Mittermayer* für die ausgezeichnete Organisation vor Ort, den Autor*innen für ihre Vorträge und die Schriftfassung ihrer Beiträge sowie Magistra *Sara Mansour Fallah*, LL.M. und Magister *Johannes Tropper* für die penible Durchsicht der Manuskripte und den editorischen Feinschliff.

Wien, im August 2020 August Reinisch/Astrid Reisinger Coracini

Inhaltsverzeichnis

Autoren- und Herausgeberverzeichnis

Markus P. Beham
MMag. DDr. Markus P. Beham, LL.M. (Columbia), Akademischer Rat, Lehrstuhl für Staats- und Verwaltungsrecht, Völkerrecht, Europäisches und Internationales Wirtschaftsrecht, Universität Passau

Christina Binder
Univ.-Prof. MMag. Dr. Christina Binder, E.MA., Professorin für Internationales Recht und Internationaler Menschenrechtsschutz der Universität der Bundeswehr München

Konrad G. Bühler
Botschafter Dr. Konrad G. Bühler, Leiter der Abteilung I.5 für allgemeines Völkerrecht, Bundesministerium für europäische und internationale Angelegenheiten, Wien

Roger Dubach
Botschafter Roger Dubach, Vizedirektor der Direktion Völkerrecht, Eidgenössisches Departement für auswärtige Angelegenheiten, Bern

Christophe Eick
Ministerialdirektor Dr. Christophe Eick, Völkerrechtsberater und Leiter der Rechtsabteilung, Auswärtiges Amt, Berlin

Paul Gragl
Priv.-Doz. MMag. Dr. Paul Gragl, Reader in Public International Law and Theory, Department of Law, Queen Mary, University of London

Elisabeth Hoffberger-Pippan
Dr. Elisabeth Hoffberger-Pippan, Universitätsassistentin, Institut für Völkerrecht, Luftfahrtrecht und Internationale Beziehungen, Universität Linz

Philipp Janig
Mag. Philipp Janig, Wissenschaftlicher Mitarbeiter an der Professur für Internationales Recht und Internationaler Menschenrechtsschutz der Universität der Bundeswehr München

Ralph Janik
MMag. Dr. Ralph Janik, LL.M. (Leiden), Lektor, Universität Wien und Adjunct Professor, Webster Vienna Private University

Jörg Kammerhofer
Priv.-Doz. Mag. Dr. Jörg Kammerhofer, LL.M. (Cambridge), Institut für Staatswissenschaft und Rechtsphilosophie, Abteilung 3 (Rechtstheorie), Albert-Ludwigs-Universität Freiburg

Matthias C. Kettemann
Priv.-Doz. Mag. Dr. Matthias C. Kettemann, LL.M. (Harvard), Forschungsprogrammleiter, Leibniz-Institut für Medienforschung – Hans-Bredow-Institut, Hamburg

Michael J. Moffatt
Mag. Michael J. Moffatt, Universitätsassistent (prae-doc), Abteilung für Völkerrecht und Internationale Beziehungen, Institut für Europarecht, Internationales Recht und Rechtsvergleichung, Universität Wien

August Reinisch
Univ.-Prof. MMag. Dr. August Reinisch, LL.M. (NYU), Universitätsprofessor für Völkerrecht und Europarecht, Abteilung für Völkerrecht und Internationale Beziehungen, Institut für Europarecht, Internationales Recht und Rechtsvergleichung, Universität Wien

Astrid Reisinger Coracini
Mag. Dr. Astrid Reisinger Coracini, Universitätsassistentin (post doc), Abteilung für Völkerrecht und Internationale Beziehungen, Institut für Europarecht, Internationales Recht und Rechtsvergleichung, Universität Wien

Gregor Schusterschitz
Botschafter MMag. Gregor Schusterschitz, Österreichische Botschaft Luxemburg

Helmut Tichy
Univ.-Prof. Botschafter Dr. Helmut Tichy, Leiter der Sektion I Völkerrechtsbüro und Amtssitz, Bundesministerium für europäische und internationale Angelegenheiten, Wien; Praxisprofessor, Institut für Völkerrecht und Internationale Beziehungen, Universität Graz

Abkürzungsverzeichnis

ABl.	Amtsblatt
Abs.	Absatz
AEUV	Vertrag über die Arbeitsweise der Europäischen Union
AJIL	American Journal of International Law
ARIEL	Austrian Review of International and European Law
Art.	Artikel
ASEAN	Association of Southeast Asian Nations
AStV	Ausschuss der Ständigen Vertreter der Mitgliedstaaten (der Europäischen Union)
B-VG	Bundes-Verfassungsgesetz
Bd.	Band
BGBl.	Bundesgesetzblatt
BIT	Bilateral Investment Treaty
BVerfG	(deutsches) Bundesverfassungsgericht
BYIL	British Yearbook of International Law
bzw.	beziehungsweise
cf.	confer, vergleiche
CWC	Chemical Weapons Convention, Chemiewaffenkonvention
DDR	Deutsche Demokratische Republik
Doc.	Document
e.g.	exempli gratia, zum Beispiel
EGMR	Europäischer Gerichtshof für Menschenrechte
EisbEG	Eisenbahn-Enteignungsentschädigungsgesetz
EJIL	European Journal of International Law
EMRK	Europäische Menschenrechtskonvention
endg.	endgültig
et al.	et alii/et aliae, und andere
EU	Europäischen Union
EuGH	Gerichtshofs der Europäischen Union
EuR	Zeitschrift Europarecht
EUV	Vertrag über die Europäische Union
f., ff.	der, die folgende(n)
G20	Gruppe der 20
G7	Gruppe der 7
GA	General Assembly, Generalversammlung (der Vereinten Nationen)

gem.	gemäß
GGE	Governmental Experts on Developments in the Field of Information and Telecommunications in the Context of International Security
GRC	(Europäische) Grundrechtecharta
GV	Generalversammlung (der Vereinten Nationen)
h.A.	herrschende Ansicht
HRC	Human Rights Council, Menschenrechtsrat (der Vereinten Nationen)
Hrsg.	Herausgeber*in(nen)
i.d.g.F.	in der geltenden Fassung
i.d.Z.	in diesem Zusammenhang
i.e.	id est, das heißt
i.Z.m.	im Zusammenhang mit
ibid.	ibidem, ebenda
ICJ	International Court of Justice, Internationaler Gerichtshof
ICSID	International Centre for Settlement of Investment Disputes, Internationales Zentrum zur Beilegung von Investitionsstreitigkeiten
ICTY	International Criminal Tribunal for the Former Yugoslavia, Internationeles Strafgericht für das ehemalige Jugoslawien
IGH	Internationaler Gerichtshof
IKRK	Internationales Komitee des Roten Kreuzes
ILA	International Law Association
ILC	International Law Commission, Völkerrechtskommission
ILC Draft Conclusions	International Law Commission's Draft Conclusions on Identification of Customary Law
IStGH	Internationaler Strafgerichtshof
ITLOS	International Tribunal for the Law of the Sea
lit.	litera(e)
LNTS	League of Nations Treaty Series
m.w.N.	mit weiteren Nachweisen
No.	Number, Nummer
NPT	Non-Proliferation Treaty, Vertrag über die Nichtweiterverbreitung von Atomwaffen
Nr.	Nummer

OECD	Organisation for Economic Co-operation and Development, Organisation für wirtschaftliche Zusammenarbeit und Entwicklung
OPCW	Organisation for the Prohibition of Chemical Weapons, Organisation für das Verbot chemischer Waffen
PCA	Permanent Court of Arbitration, Ständiger Schiedshof
PKK	Partiya Karkerên Kurdistanê, Arbeiterpartie Kurdistans
Protokoll I	Erstes Zusatzprotokoll zu den Genfer Abkommen vom 12. August 1949 über den Schutz der Opfer internationaler bewaffneter Konflikte
RAA	Rat Allgemeine Angelegenheiten
RGBl.	Reichsgesetzblatt
Rs.	Rechtssache
Rsp.	Rechtsprechung
Rz.	Randziffer(n)
S.	Seite(n)
Slg.	Sammlung
SR	Sicherheitsrat (der Vereinten Nationen)
SRÜ	Seerechtsübereinkommen (der Vereinten Nationen)
StIGH	Ständiger Internationaler Gerichtshofs
StGBl.	Staatsgesetzblatt
u.a.	unter anderem
UAbs.	Unterabsatz
UK	The United Kingdom of Great Britain and Northern Ireland
UN	United Nations, Vereinte Nationen
UNCLOS	United Nations Convention on the Law of the Sea, Seerechtsübereinkommen (der Vereinten Nationen)
UNTS	United Nations Treaty Series
USA	United States of America
u.s.w.	und so weiter
u.U.	unter Umständen
v.	versus
VN	Vereinte Nationen

VN-Übereinkommen	Übereinkommen der Vereinten Nationen über die Immunität der Staaten und ihres Vermögens von der Gerichtsbarkeit
Vol.	Volume
WDK	Wiener Übereinkommen über diplomatische Beziehungen
WVK	Wiener Vertragsrechtskonvention
YBILC	Yearbook of the International Law Commission
YPG	Yekîneyên Parastina Gel, (kurdische) Volksverteidigungseinheiten
Z.	Ziffer
z.B.	zum Beispiel
z.T.	zum Teil
ZaöRV	Zeitschrift für ausländisches öffentliches Recht und Völkerrecht
ZöR	Zeitschrift für öffentliches Recht
ZP	Zusatzprotokoll

Teil I: Eröffnungsvortrag

Gregor Schusterschitz*

Scheidung auf europäisch – Ein österreichischer Erfahrungsbericht von den Brexit-Verhandlungen

A. Rechtliche Regelungen für einen Austritt aus der Europäischen Union

Art. 50 EUV, eingefügt mit dem Vertrag von Lissabon, legte erstmals ein Verfahren für den Austritt aus der Europäischen Union (EU) fest. Vor dem Vertrag von Lissabon war es umstritten, ob es überhaupt eine Austrittsmöglichkeit gab. Die Verträge äußerten sich dazu nicht. Daher musste man auf das geltende Völkerrecht zurückgreifen. Art. 56 der Wiener Vertragsrechtskonvention (WVK), der hier zudem das geltende Völkergewohnheitsrecht abbildet, regelt, dass eine Austrittsmöglichkeit nicht gegeben ist, wenn sich aus der Natur des Vertrags ableiten lässt, dass die Vertragsparteien eine solche nicht vorsehen wollten. Nachdem die europäische Integration ein derart enges Beziehungsnetz schafft, das nicht auf Reversibilität, sondern im Gegenteil auf die „ever closer Union" ausgerichtet ist, haben viele argumentiert, dass ein Austritt nicht möglich war.[1] Art. 50 EUV legt verkürzt folgendes Verfahren fest: Der austrittswillige Staat teilt dem Europäischen Rat seine Absicht, auszutreten, mit. Der Rat beschließt in der Folge „Leitlinien", auf deren Basis der Rat ein Austrittsabkommen abschließt. Die Verhandlungen für das Austrittsabkommen werden wie die Verhandlungen über Drittstaatsverträge der Union (Art. 218 AEUV) geführt: Die Europäische Kommission verhandelt mit dem betreffenden Staat und der Rat ist über einen Ausschuss an den Verhandlungen dergestalt beteiligt, dass er der Kommission Mandate und Feedback über einzelne Verhandlungsschritte gibt.

---

* Botschafter MMag. Gregor Schusterschitz, Österreichische Botschaft Luxemburg. Der Autor war von März 2017 bis Ende Oktober 2019 der österreichische Brexit-Delegierte.

1 Cf. Giegerich, Thomas: „Article 56". In: Dörr, Oliver / Schmalenbach, Kirsten (Hrsg.): *Vienna Convention on the Law of Treaties – A Commentary.* Springer: Heidelberg et al. 2018², Rz. 21.

Das Austrittsabkommen regelt gemäß Art. 50 EUV Austrittsfragen und berücksichtigt dabei den „Rahmen für die künftigen Beziehungen“. Hier ist festzuhalten, dass Art. 50 EUV für den eng begrenzten Fall eines Austritts eine sehr weitreichende Kompetenz für die Union schafft. Er enthält keine Beschränkung auf die gewöhnliche Kompetenzverteilung zwischen Union und Mitgliedstaaten oder gar den Rang der Rechtsvorschrift. Auch Beschlusserfordernisse, die im Gesetzgebungsverfahren gelten würden, kommen nicht zur Anwendung, Art. 50 EUV gilt für alle drei Fälle als *lex specialis*. Damit kann das Austrittsabkommen im engen Kontext eines Austritts Angelegenheiten regeln, die eigentlich in der Kompetenz der Mitgliedstaaten liegen und kann auch Primärrecht abändern.

Unabhängig davon, welche Mehrheitserfordernisse ein Dossier im Gesetzgebungsverfahren hat, das Austrittsabkommen beschließt der Rat mit erhöhter qualifizierter Mehrheit (72 % Ratsmitglieder, 65 % Bevölkerung) der EU27, das Europäische Parlament hat ein Zustimmungsrecht (einfache Mehrheit). Es ist keine Rolle für die Parlamente der Mitgliedstaaten vorgesehen.

Der Austritt tritt spätestens 2 Jahre nach Abgabe der Erklärung in Kraft, außer das Austrittsabkommen legt einen früheren Zeitpunkt fest, oder der Europäische Rat beschließt einstimmig mit Zustimmung des austretenden Staats eine Verlängerung. Ein einmal ausgetretenes Mitglied kann nur mehr gemäß Art. 49 EUV (Beitritt) wieder Mitglied werden.

Es ist erkennbar, dass das Austrittsverfahren – im Gegensatz zu den meisten anderen Bereichen im Unionsrecht – einer der wenigen Bereiche ist, in denen der Europäische Rat eine bestimmende verfassungsmäßige Rolle spielt, die über die grobe Schwerpunktsetzung und politische Leitung hinausgeht.

B. Der britische Austrittsprozesses

Am 29. März 2017 notifizierte das Vereinigte Königreich (UK) gemäß Art. 50 Abs. 2 EUV den Willen, aus der EU auszutreten.[2] Damit fing die in Abs. 3 genannte Frist von zwei Jahren zu laufen an. Da man mit diesem Verfahren absolutes Neuland betrat, war die Befürchtung groß, dass dieser Zeitraum knapp werden könnte, um alle Austrittsfragen rechtzeitig in einem

---

2 Brief von Premierministerin Theresa May an Präsident Donald Tusk, retrieved 27.12.2019, from https://www.gov.uk/government/publications/prime-ministers-letter-to-donald-tusk-triggering-article-50.

Austrittsabkommen zu regeln. Daher legte der Europäische Rat noch im April 2017 in Leitlinien Prinzipien für Verhandlungen fest.[3]

- EU und UK sollen enge Partner bleiben
- Integrität des Binnenmarkts und EU-Entscheidungsprozesse müssen gewahrt bleiben.
- Ein Nicht-Mitgliedstaat darf nicht mehr Rechte als ein Mitgliedstaat haben.
- Kein „Rosinenpicken", d.h. keine selektive Weitergeltung von Teilen des Binnenmarkts oder mancher Grundfreiheiten.
- Keine Verhandlungen einzelner Mitgliedstaaten mit dem UK, die EU spricht ausschließlich mit einer Stimme, und zwar derjenigen des Chefverhandlers der Europäischen Kommission, Michel Barnier („single negotiator").
- Zudem bestimmte der Europäische Rat die Organisation der Verhandlungen auf EU-Seite. Es wurde ein ad-hoc-Ausschuss der Mitgliedstaaten (ad-hoc-Ratsarbeitsgruppe Art. 50) eingerichtet, die unter einem ständigen Vorsitz eines Vertreters des Ratssekretariats steht. Daneben wurden Sonderformate des Ausschusses der Ständigen Vertreter im 27-Format (AStV Art. 50) und des Rats Allgemeine Angelegenheiten im 27-Format (RAA Art. 50) gebildet.

I. Die erste Phase der Verhandlungen, Juli 2017-November 2018

Die Verhandlungen zwischen EU und UK begannen Anfang Juli 2017. Gemäß den Vorgaben des Europäischen Rats vom April wurde dabei der Verhandlungsprozess in zwei Phasen unterteilt: In einer ersten Phase sollten die Bereiche Rechte der Bürger (bereits ansässiger EU27-Bürger in UK und UK-Bürger in EU27), die Finanzbeiträge, Nordirland und andere Trennungsfragen („OSI" other separation issues) besprochen werden, in einer zweiten Phase dann das zukünftige Verhältnis. Die erste Phase konnte im Wesentlichen im Dezember 2017 abgeschlossen werden, die Zwischenergebnisse v.a. in den Bereichen Bürgerrechte, Finanzbeiträge und „OSI" sowie Prinzip der offenen Grenze in Irland wurden im Wege eines Gemeinsamen Berichts festgehalten.[4] Zwischen Jänner 2018 und März 2018 wurde der Gemeinsame Bericht in einen Vertragstext

---

3 Schlussfolgerungen des Europäischen Rats Art. 50 vom 29.4.2017, Ratsdokument 20004/17.

4 Joint Report from the negotiators of the European Union and the United Kingdom Government on progress during phase 1 of negotiations under Article 50 TEU on the United Kingdom's orderly withdrawal from the European Union, Europäische Kommission-Dokument TF50 (2017), S. 19.

umgegossen, sowie Einigung über die Einführung einer Übergangsphase erzielt, d.h. das Unionsrecht sollte über das Austrittsdatum (29. März 2019) hinaus bis Ende 2020 im UK anwendbar bleiben. Die Verhandlungen ab April 2018 konzentrierten sich im Wesentlichen auf die Bereiche Streitbeilegungssystem und Nordirland und auf die Frage des zukünftigen Verhältnisses. Aussagen zum zukünftigen Verhältnis waren dabei nur im Wege einer politischen Erklärung möglich, da dieses Abkommen mit einem Drittstaat abzuschließen ist. Es gilt daher nicht mehr die Rechtsgrundlage des Art. 50 EUV, sondern jene der Art. 217 und 218 AEUV. Das bedeutet, dass Abkommen über das zukünftige Verhältnis EU-UK formell erst ab dem Austritt von UK verhandelt werden können.

Um dem Verhandlungsprozess eine gewisse Vertraulichkeit zu geben (ansonsten war er von einer ungewöhnlichen Transparenz geprägt), wurde im September 2018 beschlossen, die Verhandlungen fortan im „Tunnel" zu führen, d.h. die engsten Verhandlungsteams von EU und UK, ohne die übliche großzügige Informationspolitik. Auch der Ratsvorsitz, d.h. Österreich, war nur begrenzt eingebunden, konnte allerdings trotzdem seine guten Dienste fortführen. So besuchte EU-Minister Gernot Blümel im Oktober 2018 London, Dublin sowie die innerirische Grenze in enger Absprache mit Chefverhandler Barnier. Mitte November konnten schließlich die Verhandlungsteams einen fertigen Entwurf eines Austrittsabkommens und einer Politischen Erklärung zum zukünftigen Verhältnis vorlegen, der am 25. November 2018 vom Europäischen Rat angenommen wurde.[5] Zuletzt kam noch der Status von Gibraltar aufs Tapet, da es plötzlich zu einer Souveränitätsfrage wurde,[6] während es im Verhandlungsprozess als praktisches Problem, für das spezifische Lösungen gefunden werden konnten,[7] behandelt wurde.

II. Die wichtigsten Elemente des Austrittsabkommens

a. Bürgerrechte (Art. 9 bis 39)

Die Rechte der EU-Bürger in UK und UK-Bürger in der EU sollen möglichst so bleiben, wie sie sind. Ausnahmen gibt es lediglich e.g. für zukünftige

---

5 Cf. Kundmachung im ABl. C 066I vom 19.2.2019, S. 1 (politische Erklärung ab S. 185)

6 Spanien legt Art. X des Vertrags von Utrecht von 1713 so aus, dass er ein Nutzungsrecht für eine Militärbasis einräumt, während UK Art. X so auslegt, dass Gibraltar abgetreten wurde. Cf. Fahl, Gundolf: „Die Gibraltarfrage, Entwicklung und Rechtslage". *ZaöRV* 30, 1970, S. 430.

7 Cf. Protokoll über Gibraltar (Fn. 5), S. 150 ff.

Familienmitglieder. Diese Bestimmungen sollen weiter wie Unionsrecht gelten, d.h. unmittelbare Geltung und keine Transformation (Art. 4), Zuständigkeit des Gerichtshofs der Europäischen Union (EuGH) für Direktklagen und Vorabentscheidungsersuchen binnen 8 Jahren (Art. 158).

b. Finanzielle Beiträge: (Art. 133 ff.)

UK leistet Finanzbeiträge für alle Entscheidungen, die à 28 getroffen wurden (zB aus dem bis 2020 geltenden Mehrjährigen Finanzrahmen) in mehreren Raten. Dafür erfolgt u.a. eine Umwandung des eingezahlten Kapitals bei der Europäischen Investitionsbank in eine abschmelzende Garantie (Art. 150).

c. Übergangsphase (Art. 126 ff.)

Bis Ende 2020 bleibt das Unionsrecht auf UK voll anwendbar, aber UK ist nicht mehr in den Institutionen vertreten. Die Übergangsphase ist einmalig verlängerbar, für einen maximalen Zeitraum von weiteren zwei Jahren (Art. 132), die Entscheidung muss dabei bis 1.7.2020 getroffen werden.

d. Streitbeilegung (Art. 158 ff.)

Der EuGH bleibt für Bürgerrechte (einschließlich für 8 Jahre Möglichkeit der Vorabentscheidung durch UK Gerichte) und teilweise für die Finanzregelung zuständig (Art. 160). Für andere Streitigkeiten wird jeweils ein Schiedsgericht mit 5 Richtern aus einer Liste von 25 Kandidaten gebildet (Art. 171).

e. Nordirland

Sollte bis zum Ende der Übergangsphase keine Regelung im Abkommen über das zukünftige Verhältnis getroffen worden sein (wofür in Art. 184 eine „best-endeavour-Klausel" aufgenommen wurde), die eine offene Grenze in Nordirland vorsieht, wird der sogenannte „Backstop" (Zollunion EU-UK und Weiteranwendung gewisser Teile des Binnenmarkts auf Nordirland), der sich im Nordirlandprotokoll befindet, bis zu einer endgültigen Lösung angewendet. Dies ist erforderlich, um den wirtschaftlichen Teil des Karfreitagsabkommens von 1997, das den jahrzehntelangen Bürgerkrieg in Nordirland beendet hat („North South Cooperation"), in Kraft lassen zu können, der wesentlich auf offenen Grenzen und Regelungsidentität zwischen beiden Einheiten auf der Insel aufbaut.

f. Künftiges Verhältnis

Daneben wurde eine politische Erklärung zum zukünftigen Verhältnis angenommen, das Eckpunkte des zukünftigen Verhältnisses festzurrt: Freihandelsabkommen, keine Zolltarife, Backstop als Ausgangspunkt, Gemeinsame Außen- und Sicherheitspolitik, Justiz und Inneres u.s.w. Das Abkommen kann erst verhandelt werden, wenn UK ein Drittstaat ist, daher waren diese Aussagen nur im Rahmen einer Absichtserklärung möglich.

III. Die Vorbereitungen für einen „No Deal"

Neben den Verhandlungen über einen geordneten Brexit war es notwendig, dass man sich auch auf den Fall vorbereiten müsse, dass das Austrittsabkommen nicht in Kraft tritt. Um auch auf diesen Fall eines „No Deal" vorbereitet zu sein, wurde unter österreichischem Ratsvorsitz begonnen, sich intensiv mit dieser Frage zu beschäftigen. Dabei stellte sich aber das Problem, dass man entsprechende Maßnahmen nicht mehr auf Art. 50 EUV stützen kann. Damit muss wieder genau unterschieden werden, ob eine Materie in Unions- oder Mitgliedstaatenzuständigkeit fällt. So war es notwendig, Maßnahmen auf beiden Ebenen zu treffen und die nationalen Maßnahmen unter den EU27 soweit wie möglich zu koordinieren. Gerade der Bereich Aufenthaltsrecht erwies sich als heikel, weil dieser in der mitgliedstaatlichen Kompetenz liegt.

In etlichen Bereichen gab es zudem den Wunsch der Fachministerien, mit dem Wegfall des Unionsrechts alte bilaterale Abkommen zwischen dem betreffenden Mitgliedstaat und UK wieder aufleben zu lassen (Luftverkehr, soziale Sicherheit usw.). Hier war also die Frage zu klären, ob bilaterale Abkommen aus der Zeit vor dem EU-Beitritt beider Vertragspartner vom Unionsrecht nur überlagert oder außer Kraft gesetzt wurden. Grundfrage ist hier die Wirkung von Europarecht gegenüber Völkerrecht. Gilt für völkerrechtliche Verpflichtungen der Mitgliedstaaten der Anwendungsvorrang des Unionsrechts? Bekanntlich bedeutet der Anwendungsvorrang gegenüber nationalem Recht nicht, dass das nationale Recht außer Kraft tritt, sondern lediglich vom Unionsrecht überlagert wird.[8] Der EuGH hat für diese Fälle das Prinzip etabliert, dass dem Unionsrecht entgegenstehendes nationales Recht trotz des Anwendungsvorrangs anzupassen ist.[9] Interessanterweise haben sowohl die Europäische Kommission als auch der Juristische Dienst des Rates im vorliegenden

---

8 EuGH, verb Rs. C-10/97 bis C-22/97, IN.CO.GE, Slg. 1998, I-6307, Rz. 20 f.

9 EuGH, Rs. C-290/94, Kommission/Griechenland, Slg. 1996, I-3285.

Fall anders argumentiert. Vielmehr seien die alten völkerrechtlichen Verträge zwischen Mitgliedstaaten mit dem Beitritt beider Vertragspartner automatisch außer Kraft getreten. Argumentiert wird dabei mit Art. 59 WVK, demnach ein späterer völkerrechtlicher Vertrag über denselben Gegenstand den früheren Vertrag außer Kraft setzt. Oftmals wird von europarechtlicher Seite heftig bestritten, dass es sich bei Unionsrecht, und zwar auch Sekundärrecht, um Völkerrecht handelt; hier wird allerdings – richtigerweise – anerkannt, dass es sich auch bei Unionsrecht um ein Sondervölkerrecht handelt.[10] Daher sind diese völkerrechtlichen Verträge mit EU-Beitritt nicht überlagert, sondern außer Kraft getreten, eine Rechtsansicht, die Österreich teilt und daher seit etlichen Jahren in deklaratorischen Notenwechseln die Obsoleszenz von Verträgen mit andern EU-Mitgliedstaaten feststellt, wenn EU-Recht den Inhalt abschließend regelt.[11]

Bei der EU-Gesetzgebung für einen no-deal-Fall ist neben der Kompetenzfrage auch zu beachten, dass diese Unionsrechtsakte natürlich vor dem Austritt von UK anzunehmen sind, d.h. als normale Rechtsakte der 28 Mitgliedstaaten. Dies führte gerade bei den Gesetzgebungsakten, die im ordentlichen Gesetzgebungsverfahren anzunehmen sind,[12] zu dem Problem, dass UK mitverhandeln könnte, wie sich die EU in Hinkunft gegenüber UK verhält. Erste Diskussionen dazu in der Ratsarbeitsgruppe Art. 50, in der nur die EU27 vertreten sind, hat zu scharfen Reaktionen von UK geführt, das mit Nichtigkeitsklagen gedroht hat. Damit musste ein delikates Verhältnis zwischen dem 27-Format und dem 28-Format gefunden werden. Die Idee war im Wesentlichen, politische Grundsatzentscheidungen im 27-Format festzuzurren und dann die verbleibenden technischen Fragen à 28 zu diskutieren. Auch die formellen Beschlussfassungen wurden in den regulären Ratsgremien getroffen, u.U. mit UK Protokollanmerkungen.

IV. Die Ratifikationsphase: November 2018 bis Juli 2019

Nachdem eine politische Einigung auf das Austrittsabkommen samt politischer Erklärung gefunden war, legte die Kommission Entwürfe für Ratsbeschlüsse vor, die im Rat noch unter österreichischem Ratsvorsitz verhandelt wurden.[13]

---

10 Cf. dazu e.g. Bittner, Philip / Schusterschitz, Gregor: „Der Beitrag der EU zur Entwicklung des Völkerrechts". *EuR* 47 (Beiheft 2) 2012, S. 233–246 (S. 243 f).

11 Tichy, Helmut / Schusterschitz, Gregor / Bittner, Philip: „Recent Austrian practise in the field of international law. Report for 2012". *ZöR* 68(1), 2013, S. 139–181 (S. 154).

12 Cf. Liste in Kommissionsdokument KOM(2018) 890 endg.

13 Kommissionsdokumente KOM(2018) 833 endg. und KOM(2018) 834 endg. vom 5.12.2018.

Diese Beschlüsse betrafen zum einem die Unterzeichnung und den Abschluss des Austrittsabkommens, für letzteren bedarf es gemäß Art. 50 Abs. 2 EUV der Zustimmung des Europäischen Parlaments. Umstritten war insbesondere die Mitwirkung im Gemischten Ausschuss (Art. 164 Austrittsabkommen). Etliche Mitgliedstaaten verlangten ihre Teilnahme, was von der Kommission mit Hinweis auf Art. 17 Abs. 1 EUV kritisch gesehen wurde, und das Europäische Parlament verlangte überhaupt eine Mitbestimmung in manchen Fällen, obwohl Art. 218 Abs. 10 AEUV für derartige Fälle lediglich ein Informationsrecht für das Parlament vorsieht. Diese Fragen konnten aber zumindest ratsintern geklärt werden, sodass eine Weiterleitung an das Europäische Parlament Anfang Jänner 2019 erfolgen konnte.

Premierministerin Theresa May plante ursprünglich, das Austrittsabkommen noch im Dezember 2018 dem UK Unterhaus vorzulegen, verschob die Abstimmung jedoch in den Jänner, da sie fürchtete, keine Mehrheit zu erlangen. In der Zwischenzeit ersuchte sie den Europäischen Rat um zusätzliche Garantien, dass der Nordirland-Backstop keine endgültige Lösung sei, sondern schnellstmöglich durch das Abkommen über das zukünftige Verhältnis ersetzt werden sollte. Dies bestätigte der Europäische Rat in seinen Schlussfolgerungen vom 13. Dezember 2018.[14] Diese Aussage hat für die spätere Vertragsanwendung völkerrechtliche Relevanz gemäß Art. 31 Abs. 3 lit. a WVK. Kurz vor der entscheidenden Abstimmung im Unterhaus bestätigten die Präsidenten der Kommission und des Europäischen Rats, Jean-Claude Juncker und Donald Tusk in einem Brief vom 14. Jänner 2019 zudem, dass die EU bereit sei, fertig verhandelte Teile des Abkommens zum zukünftigen Verhältnis nach Verhandlungsabschluss vorläufig anzuwenden, um so die Zeit der Anwendung des Backstop möglichst kurz zu halten.[15] Dennoch lehnte das UK Unterhaus am 15. Jänner 2019 das Austrittsabkommen ab; einige konservative Abgeordnete forderten entweder ein explizites Außerkrafttretensdatum für das Nordirland-Protokoll oder zumindest eine Kündigungsmöglichkeit für UK. Dies hätte jedoch die Idee des Backstop als Rückfallslösung entwertet, daher konnte die EU auf diese Forderung nicht eingehen. Um den vorläufigen Charakter des Backstop noch mehr zu verfestigen, einigten sich die EU und UK am 11. März 2019 auf ein „Instrument", d.h. eine sich explizit auf Art. 31 WVK beziehende

14 Schlussfolgerungen vom 13.12.2018, Dok. EUCO XT 20022/18, Abs. 3 und 4.

15 Retrieved 23.12.2019, from https://ec.europa.eu/commission/publications/letter-president-european-council-and-president-european-commission-prime-minister-theresa-may-14-january-2019_en.

Übereinkunft, die festhielt, dass UK die Anwendung des Backstop gemäß Art. 178 Abs. 2 Austrittsabkommen suspendieren kann, sollte das Schiedsgericht festgestellt haben, dass die EU ihrer Best-endeavours-Verpflichtung aus Art. 184 Austrittsabkommen und Art. 2 Nordirland-Protokoll nicht nachgekommen ist. Diese Aussage ist insofern beachtlich, da damit festgehalten wurde, dass die Suspendierung des Nordirland-Protokolls bei einer Verletzung von Art. 184 Austrittsabkommen seitens der EU in jedem Fall verhältnismäßig wäre (Art. 178 Abs. 2 UAbs. 2), was ansonsten wohl hätte bestritten werden können. Aber auch dieses Instrument führte nicht zu einer parlamentarischen Zustimmung im Unterhaus am 12. März 2019. Damit war klar, dass ein geregelter Brexit bis Ende März 2019 nicht mehr zu bewerkstelligen war. Um in jedem Fall einen „No-deal-Brexit" zu verhindern, beschloss der Europäische Rat am 22. März 2019 eine Verschiebung des Austritts bis 12. April 2019, falls das Unterhaus das Austrittsabkommen vor dem 29. März 2019 genehmigt, und falls das Unterhaus das Abkommen bis zum 29. März 2019 nicht genehmigt, bis zum 22. Mai 2019.[16] Diese Zeitpunkte wurden von der anstehenden Wahl zum Europäischen Parlament determiniert: Bei einer Genehmigung des Austrittsabkommens in UK hätte UK die EU am Tag vor Beginn der Wahlen verlassen; erfolgt keine Genehmigung, musste man am 11. April 2019 Klarheit haben, ob UK an den Parlamentswahlen teilnehmen wolle, oder nicht. Die von Art. 50 Abs. 3 EUV eingeforderte Zustimmung des Austrittskandidaten wurde dabei im Wege eines Schreibens des britischen EU-Botschafters eingeholt (Erwägungsgrund 12 Beschluss 2019/476). Eine dritte Abstimmung im Unterhaus scheiterte am 29. März 2019, gleichwohl die Zustimmungsrate stieg (202 am 15. Jänner, 242 am 12. März und 286 am 29. März 2019). In der Folge hielt das Unterhaus indikative Abstimmungen über verschiedene Varianten des Brexit ab, die alle keine Mehrheit für irgendeines der vorgelegten Szenarien ergaben. Damit war klar, dass man am 11. April 2019 keinerlei Anzeichen hatte, wie man nun den Brexit verwirklichen könne. Die UK Regierung begann daher mit den Vorbereitungen für eine Teilnahme an den Parlamentswahlen im Mai 2019. Eine solche war rechtlich geboten, da eine Nichtteilnahme zu einer fehlerhaften Zusammensetzung des Europäischen Parlaments geführt hätte (Art. 14 Abs. 2 EUV) und zudem einen Verstoß gegen die EU-Grundrechte der in UK ansässigen Wahlberechtigten bedeutet hätte (Art. 39 GRC).

Durch die Verschiebung des Austritts wurde es notwendig, das im Art. 185 Austrittsabkommen festgehaltene Inkrafttretensdatum des Abkommens

---

16 Beschluss (EU) 2019/476 des Europäischen Rats, ABl. L 80 vom 22.3.2019, S. 1.

abzuändern (es wird der 30. März 2019 explizit angeführt). Am 11. April 2019 wurde daher in einem Briefwechsel zwischen EU-Chefverhandler Barnier und UK-Brexitminister Barclay vereinbart, die entsprechenden Bestimmungen (u.a. Art. 185 Abs. 1) so abzuändern, dass das Austrittsabkommen am Monatsersten in Kraft tritt, der der letzten Mitteilung des Abschlusses der Genehmigungsverfahren folgt.[17]

Am 5. April 2019 ersuchte die britische Regierung um eine neuerliche Verschiebung des Austritts, um doch noch die Genehmigung des Austrittsabkommens zustande zu bringen. Ersucht wurde um eine Verlängerung bis 30. Juni 2019. Am 10. April einigte sich der Europäische Rat auf einer Sondersitzung jedoch darauf, den Austritt bis zum 31. October 2019 zu verschieben. Zum ersten Mal traten hier Meinungsverschiedenheiten zutage. Während einige Mitgliedstaaten, wie Frankreich, Luxemburg, Slowenien und Österreich, und auch EU-Chefverhandler Barnier für eine kürzere Verschiebung bis Ende Mai/ Ende Juni eintraten, bevorzugten andere wie Präsident Tusk eine Verschiebung bis Anfang 2020. Am 11. April formalisierte der Europäische Rat die Verschiebung durch Erlass des Beschlusses (EU) 2019/584.[18]

Am 10. Dezember 2018 erging zudem ein wichtiges Urteil des EuGH in Sachen Brexit. Im sogenannten Wightman-Urteil[19] stellte der EuGH entgegen der Plädoyers von Kommission und Juristischem Dienst des Rates fest, dass UK bis zum Austritt seine Notifikation gemäß Art. 50 Abs. 1 EUV zurückziehen kann. Einzige Voraussetzung ist die Einhaltung der britischen verfassungsrechtlichen Verfahren. Der Generalanwalt hatte noch angeregt, eine Rücknahme auch dann nicht zuzulassen, wenn diese „missbräuchlich" erfolgt,[20] der EuGH ist dem aber nicht gefolgt.

Ende März begannen Gespräche zwischen Premierministerin May und der oppositionellen Labour-Partei, um einen parteienübergreifenden Kompromiss zu ermöglichen. Gegenstand war insbesondere eine stärkere Bestandsgarantie für die in der politischen Erklärung enthaltenen Sozial- und Umweltstandards. Nach Verschiebung des Austritts auf 31. Oktober 2019 verließ Labour jedoch diese Gespräche ergebnislos. Es wurde immer deutlicher, dass

---

17 Retrieved 23.12.2019, from https://ec.europa.eu/commission/publications/exchange-letters-between-eu-and-uk-setting-out-limited-technical-changes-withdrawal-agreement-reflect-extension-article-50-period-11-april-2019_en.

18 ABl. L 101 vom 11.4.2019, S. 1.

19 C-621/18, ECLI: EU: C:2018:999.

20 Schlussanträge GA Manuel Campos Sánchez-Bordona vom 4.12.2018, Z 170. ECLI: EU: C:2018:978.

Premierministerin May nicht die nötige Mehrheit zur Ratifikation des Austrittsabkommens bekommen würde. Am 7. Juni 2019 erklärte sie schließlich den Rücktritt und nach einem internen Abstimmungsverfahren innerhalb der konservativen Partei trat Boris Johnson am 24. Juli 2019 die Nachfolge von Theresa May als Premierminister an. All diese Entwicklungen untermauerten die Wichtigkeit des Weiterarbeitens an Vorkehrungen für den Fall eines No-Deal-Szenarios.

V. Die Neuverhandlungen für das Nordirlandprotokoll des Austrittsabkommens, Juli 2019 bis Oktober 2019

In einem Schreiben an den Präsidenten des Europäischen Rats, Donald Tusk, am 19. August 2019[21] forderte Premierminister Johnson eine Ersetzung des „undemokratischen" Nordirland-Backstops durch ein „pactum de contrahendo", um eine harte Grenze in Irland zu verhindern. Dies konnte von der EU nicht akzeptiert werden, da es dem Backstop seine raison d'être, nämlich eine Art Rückversicherung gegen die Wiederkehr einer harten Grenze zu sein, genommen hätte. Die EU ersuchte UK um Vorschläge, die schließlich Ende September vertraulich der Kommission übermittelt wurden. Diese Vorschläge reichten zwar nicht aus, um den Backstop ersetzen zu können, bedeuteten dennoch einen großen Fortschritt, da darin die UK Regierung die Notwendigkeit anerkannte, dass Teile der Binnenmarktgesetzgebung weiterhin für Nordirland anwendbar bleiben sollten. Allerdings waren die Zollvorschläge nicht praktikabel, da sie von einer Übernahme der EU-Kontrollen durch UK-Behörden, die ansonsten nicht dem EU-Regelwerk unterstehen, ausgegangen wären. Verhandlungen zwischen der Europäischen Kommission und UK im Oktober führten schließlich dazu, dass ein überarbeitetes Nordirland-Protokoll vorgelegt werden konnte, das nunmehr eine andere Lösung als den Backstop enthält[22]: Es handelt sich um eine endgültige Lösung, die vorsieht, dass Nordirland zwar Teil des UK-Zollgebiets bleibt, allerdings die vom Unionsrecht verlangten Einfuhrkontrollen (Zoll, Marktkonformität und Sanitäre und phythosanitäre Kontrollen) zwischen Nordirland und Großbritannien vorgenommen werden können (Sonderregeln für in Nordirland verbleibenden Gütern). Die für

---

21 Retrieved 23.12.2019, from https://assets.publishing.service.gov.uk/government/uploads/system/uploads/attachment_data/file/826166/20190819_PM_letter_to_His_Excellency_Mr_Donald_Tusk.pdf.

22 Neues Nordirlandprotokoll gemeinsam mit dem Austrittsabkommen kundgemacht in ABl. C 384I vom 12.11.2019, S. 1.

die Nord-Süd-Zusammenarbeit wichtigen Teile des EU-Binnenmarktrechts bleiben für Nordirland anwendbar. Auch die politische Erklärung über das zukünftige Verhältnis wurde so überarbeitet, dass die Aspekte des Freihandels im Vordergrund stehen und die geplante Anbindung an die EU lockerer wird.[23] Diese Einigung erlaubt es dem Europäischen Rat, die überarbeiteten Dokumente[24] anzunehmen.

VI. Die Ratifikation des geänderten Austrittsabkommens, ab November 2019

Da in Folge eine parlamentarische Genehmigung durch das Unterhaus nicht mehr bewerkstelligt werden konnte, musste der Austritt erneut verschoben werden, und zwar im Einklang mit dem „Benn-Act"[25] bis 31. Jänner 2020.[26] Der Benn-Act verpflichtete die britische Regierung um eine Verschiebung gem. Art. 50 Abs. 3 EUV bis 31. Jänner 2020 anzusuchen, wenn das Unterhaus das Austrittsabkommen nicht bis 19. Oktober 2019 genehmigte. Da dies nicht mehr möglich war (es hätte dem Parlament lediglich drei Tage Zeit zur Prüfung erlaubt), ersuchte Premierminister Johnson in einem – nicht unterzeichneten – Schreiben um die Verlängerung an, hängte daran jedoch einen weiteren – unterzeichneten – Brief an, in dem er die EU ersuchte, dem Verlängerungsersuchen nicht statt zu geben.[27] Für die EU stellte sich in Folge die Frage, ob es nun ein rechtsgültiges Ersuchen um Verlängerung gab oder nicht. Aus der Gesamtheit der Briefe wurde abgeleitet, dass es sehr wohl ein UK Ersuchen um Verschiebung gab.[28] Zudem wäre es für die Anwendung von Art. 50 Abs. 3 EUV ohnehin unerheblich, ob es ein rechtsgültiges Ersuchen gibt oder nicht. Für eine Verschiebung gem. Art. 50 Abs. 3 EUV ist lediglich die Zustimmung des

23 Ibid., Text der politischen Erklärung, S. 178.

24 Das Austrittsabkommen wurde mit Ausnahme des Nordirland-Protokolls nicht verändert. Zur technischen Anpassung des Inkrafttretensdatums cf. Fn. 17.

25 European Union (Withdrawal) (No. 2) Act 2019, retrieved 27.12.2019, from http://www.legislation.gov.uk/ukpga/2019/26/enacted/data.htm.

26 Beschluss (EU) 2019/1810, ABl. L 278I, S. 1.

27 Beide Briefe, der nicht unterzeichnete begleitet von einem Schreiben des UK EU-Botschafters sind unter https://www.gov.uk/government/publications/letters-from-the-uk-to-the-eu-council-19-october-2019 und https://www.gov.uk/government/publications/prime-ministers-letter-to-president-donald-tusk-19-october-2019 (retrieved 27.12.2019, from ibid.) zu finden.

28 EG 7 Beschluss (EU) 2019/1810, cf. Fn. 26.

austretenden Staats erforderlich und diese war über ein Schreiben des UK vom 28. Oktober 2019 gegeben.[29]

Mit dem deutlichen Wahlerfolg der konservativen Partei ergab sich auch eine große Mehrheit für das Austrittsabkommen im UK Parlament bei der zweiten Lesung am 20.12.2019.[30] Damit hat der Austritt des UK in der Tat am 31. Jänner 2020 stattgefunden. Das Europäische Parlament hat erklärt, seine Zustimmung zum Abschluss des Austrittsabkommens erst nach dem UK Parlament geben zu wollen. Ein solches Warten war weder rechtlich geboten noch notwendig, auch ist nicht erkennbar, wie dies den Ratifikationsprozess absichern sollte. Nach dem Austritt mit 31. Jänner 2020 wurden sofort die Verhandlungen für das Abkommen/die Abkommen über das zukünftige Verhältnis aufgenommen, da die britische Regierung angekündigt hat, keinesfalls von der in Art. 132 Austrittsabkommen vorgesehenen Möglichkeit einer Verlängerung der Übergangsphase Gebrauch machen zu wollen, und damit die Anwendung des Unionsrechts in jedem Fall mit 31. Dezember 2020 endete. Kommentatoren sprachen daher schon wieder vom nächsten „cliff-edge"-Szenario, das fast eingetreten wäre, wenn sich die Verhandler nicht noch im Dezember 2020 auf das Abkommen über das zukünftige Verhältnis geeinigt hätten (was zu einer seltenen Sitzung des Ausschusses der Ständigen Vertreter am Weihnachtstag 2020 geführt hat, „Christmas Coreper")[31].

---

29 EG 14 ibid.

30 Retrieved 27.12.2019, from https://www.parliament.uk/business/news/2019/december/withdrawal-agreement-bill/.

31 Text in ABl. L 444 vom 31.12.2020, S. 14–1462.

Teil II: Rückzug aus Verträgen

Paul Gragl*

Rückzug aus Verträgen: Völkerrechtliche Flexibilität als Stabilität

A. Einleitung: Das Aufbegehren des Störenfrieds

Niemand spricht gerne vor einer Hochzeit über die Scheidung. Genauso wenig spricht man auch gerne über Störungen einer Ordnung, geschweige denn Störungen der *Rechts*ordnung – vor allem nicht in juristischen Kreisen, in denen Chaos nicht gerade geschätzt wird.[1] Die unangenehme Wahrheit, die ich in diesem Beitrag jedoch ansprechen möchte, ist, dass die letzten Jahre Eindrücke einer starken völkerrechtlichen „Verunordnung" oder gar eines Verfallsprozesses erwecken und dass das Chaos der Trennung offenbar den Logos der Verbindung verdrängt.[2] Geprägt vom Rückzug mehrerer Staaten vom Römer Statut des Internationalen Strafgerichtshofs (IStGH),[3] der Kündigung ihrer Mitgliedschaft im Internationalen Zentrum zur Beilegung von Investitionsstreitigkeiten (ICSID) durch mehrere lateinamerikanische Staaten, dem Austritt des Vereinigten Königreiches aus der Europäischen Union und dem geplanten massiven Rückzug der Vereinigten Staaten aus völkerrechtlichen Verträgen (z.B. dem Pariser Klimaschutz-Übereinkommen, dem Fakultativprotokoll zur Wiener

* Priv.-Doz. MMag. Dr. Paul Gragl, Reader in Public International Law and Theory, Department of Law, Queen Mary, University of London.

1 Cf. e.g. Bańkowski, Zenon: „The Long Goodbye: A ... Life In and Out of the Law". In: Del Mar, Maksymilian / Michelon, Cláudio (Hrsg.): *The Anxiety of the Jurist: Legality, Exchange, and Judgment*. Routledge: Abingdon 2016, S. 307.

2 Zum Begriff der „Ordnung" im Völkerrechtssystem, cf. e.g. Seidel, Gerd: „Die Völkerrechtsordnung an der Schwelle zum 21. Jahrhundert". *Archiv des Völkerrechts* 38(1), 2000, S. 23–47; Peters, Anne: „Die Zukunft der Völkerrechtswissenschaft: Wider den epistemischen Nationalismus". *ZaöRV* 67, 2007, S. 721–776; Rauber, Jochen: *Strukturwandel als Prinzipienwandel*. Springer: Heidelberg 2018.

3 Cf. e.g. Ssenyonjo, Manisuli: „State Withdrawal Notifications from the Rome Statute of the International Criminal Court: South Africa, Burundi and the Gambia". *Criminal Law Forum* 29(1), 2018, S. 63–119; Perez-Leon-Acevedo, Juan-Pablo: „Why Retain Membership of the International Criminal Court?". *International Organizations Law Review* 15(2), 2018, S. 364–387. Mittlerweile haben Südafrika und Gambia ihren Rückzug jedoch widerrufen; Burundis Rücktritt wurde mit 28.10.2017 wirksam, der Rückzug der Philippinen mit 17.5.2019.

Diplomatenrechtskonvention, dem Nordamerikanischen Freihandelsabkommen, etc.)[4] scheint die Stabilität des Völkerrechts selbst in Gefahr zu sein.

Eine Partei, welche sich aus einem Vertrag zurückzieht, tritt als Störenfried einer Ordnung auf, da der *status quo* der bestehenden Rechtsverhältnisse *ge*stört oder unter Umständen womöglich gar *zer*stört wird. Die Wiener Vertragsrechtskonvention (WVK) verwendet für das Phänomen des „Rückzuges aus Verträgen" die Begriffstrias von Beendigung, Rücktritt und Kündigung, wobei dies terminologisch uneinheitlich erfolgt[5] und noch genauerer Erklärung bedarf.[6] Insbesondere das Wort „Kündigung" verdient in Zusammenhang mit dem Störenfried genauere Beachtung: Obgleich sich dieses Wort etymologisch von „kundig machen" oder „verkündigen" ableitet[7] und daher grundsätzlich keinen negativen Beigeschmack aufweist, sind es dennoch in der Praxis Freundschaften und Beziehungen jeglicher Art, die aufgekündigt werden. Die Signalwirkung dieses Wortes ist im Englischen („to denounce") und Französischen („dénoncer") weitaus verheerender und begleitet in beiden Sprachen neben der allgemeinen Bedeutung der „öffentlichen Erklärung" diese mit einer „Verkündung des Bösen"[8] oder Bezeichnung einer „verwerflichen Tat".[9]

Diese Konnotation scheint auch der Abneigung des (nunmehr ehemaligen) amerikanischen Präsidenten *Trump* gegenüber multilateralen völkerrechtlichen Abkommen im Besonderen und dem Multilateralismus im Allgemeinen zu entsprechen.[10] *Donald Trump* tritt wie einer jener Störenfriede auf, die der

---

4 Den Rückzug aus dem INF-Vertrag zum Verbot von nuklearen Mittelstreckensystem klammere ich hier bewusst aus, da die USA ihre Kündigung des Vertrags mit der vorhergehenden Verletzung desselben durch Russland rechtfertigen und dieser Fall somit unter Art. 60 WVK fällt.

5 Giegerich, Thomas: „Article 54". In: Dörr, Oliver / Schmalenbach, Kirsten (Hrsg.): *Vienna Convention on the Law of Treaties: A Commentary.* Springer: Heidelberg 2018², Rz. 18.

6 Cf. Abschnitt B unten.

7 Kluge, Friedrich: *Etymologisches Wörterbuch der deutschen Sprache.* De Gruyter: Berlin 1999, Eintrag „kündigen", S. 493.

8 Cf. e.g. Hoad, T.F. (Hrsg.): *The Concise Oxford Dictionary of English Etymology.* Oxford University Press: Oxford 1996, Eintrag „denounce": „declare to be evil".

9 Cf. e.g. Rapetti, Pierre-Nicolas (Hrsg.): *Li livres de jostice et de plet.* Institut de France: Paris 1850, S. 200: „signaler un acte coupable".

10 Einen Überblick darüber bieten unter anderem Boon, Kristen: „President Trump and the Future of Multilateralism". *Emory International Law Review* 31, 2017, S. 1075–1081; Bosco, David: „We've Been Here Before: The Durability of Multilateralism". *Journal of Foreign Affairs* 70(2), 2017, S. 9–15; Smith, Mike: „The EU, the US and the

Philosoph *Dieter Thomä* – *Thomas Hobbes* folgend[11] – als *puer robustus* identifiziert, und zwar einen mit Stärke oder Macht ausgestatteten und pubertär wirkenden ungehobelten Außenseiter, der ahnungslos und mit Mangel an Vernunft den Frieden der bestehenden Ordnung stört;[12] und das im wortwörtlichen Sinne, denn das Wort *pactum* (Vertrag) (um ein letztes Mal etymologische Herleitungen zu bemühen) besitzt laut *Ulpian* dieselben Wurzeln wie *pax* (Frieden).[13] Der Präsident als Störenfried wird damit zum *puer senex*, dem kindlichen Greis,[14] und entlarvt sich als ein egozentrisch-massiver Störenfried, der als Teil einer ihn unterstützenden Masse auf den Boden stampft, sich gegen die bestehende Ordnung sträubt und dabei seinen Eigenwillen auslebt.[15] *Trump* setzt in einer Welt, die er als Schlachtfeld und im Naturzustand *Hobbes*' gefangen betrachtet, auf die eigene Stärke und nicht auf Regeln und Gesetze, und daher ist ihm die Störung der bestehenden Völkerrechtsordnung auch nicht ehrenrührig, sondern vielmehr ehrenhaft.[16]

Man kann diese Entwicklungen natürlich als eine Schwächung der „Gesamtstruktur der vertragsbasierten internationalen Verpflichtungen"[17] betrachten, zumal die Geschichte des Rückzugs aus Verträgen auch eine der dunkelsten Episoden des Völkerrechts umfasst: das Versagen und den Zusammenbruch

---

Crisis of Contemporary Multilateralism". *Journal of European Integration* 40(5), 2018, S. 539–553.

11 Hobbes, Thomas: *De cive*. Paris 1642: praefatio ad lectores, [13]: „[...] ut vir malus idem fere sit quod puer robustus, vel vir animo puerile" („a wicked man like a child grown strong and sturdy, or a man of a childish disposition").

12 Thomä, Dieter: *Puer robustus: Eine Philosophie des Störenfrieds*. Suhrkamp: Berlin 2018, S. 546.

13 Ulpian: *Digesten*. 2, 14, 1: „pactum autem a pactione dicitur (inde etiam pacis nomen appellatum est)". Cf. auch Baldus, Christian: „*Vestigia pacis*. The Roman Peace Treaty: Structure or Event?" In: Lesaffer, Randall (Hrsg.): *Peace Treaties and International Law in European History*. Cambridge University Press: Cambridge 2004, S. 118.

14 Der *puer senex* stand in der Antike eigentlich für die ideale Kombination von Jugendlichkeit und Reife (cf. Curtius, Ernst R.: *Europäische Literatur und lateinisches Mittelalter*. Francke: Tübingen 1948, S. 106–109), wurde aber unter dem Eindruck von *Silvio Berlusconis* Verhalten ins Negative gewendet (cf. Belpoliti, Marco: *Il corpo del capo*. Guanda: Parma 2009, S. 157).

15 Thomä (Fn. 12), S. 21 und 543.

16 Ibid., S. 547–548.

17 Jenks, Clarence Wilfred: *A New World of Law? A Study of the Creative Imagination in International Law*. Longmans: London 1969, S. 180.

des Völkerbundes.[18] Doch Rückzugsklauseln existieren nicht in einem rechtlichen Vakuum und sind vielmehr straff in die Völkerrechtsordnung eingebettet. Wenn der amerikanische Präsident daher exemplarisch für den Störenfried steht, welcher die völkerrechtliche Balance durch den Rückzug aus Verträgen absichtlich stört,[19] dann zeigt er dadurch aber auch, wie sich das Völkerrecht erst als eine Ordnung etabliert und legitimiert; mit anderen Worten zeigt er uns, wie sich die bestehende Völkerrechtsordnung behaupten und weiterhin funktionieren kann. Ich möchte deshalb in diesem Beitrag, gestützt auf vier Hauptthesen, aufzeigen, dass – obwohl diese politisch motivierte Entwicklung höchst bedauerlich ist – die scheinbar erstarkende Rückzugspraxis aus vor allem multilateralen völkerrechtlichen Verträgen keine unmittelbare Bedrohung für die Stabilität der Völkerrechtsordnung darstellt. Unter „Rückzug" verstehe ich daher den einseitigen und völkerrechtlich geregelten Rücktritt einer Vertragspartei von bestehenden völkerrechtlichen Verträgen,[20] was auf Grundlage einer expliziten Rücktrittsklausel eines Vertrages oder der subsidiären Art. 54 oder 56 WVK erfolgen kann. Sowohl das Phänomen des „unsigning" (ein Problem im Rahmen von Art. 18 WVK)[21] als auch der Rücktritt als Reaktion auf eine Vertragsverletzung durch eine andere Partei (Art. 60 WVK), eine nachträgliche Unmöglichkeit der Vertrags (Art. 61 WVK) sowie eine grundlegende Änderung der Umstände (Art. 62 WVK) bleiben daher unberücksichtigt.

Die ersten beiden Hauptthesen (Abschnitte B und C) sind rechtstheoretischer und -dogmatischer, die letzten beiden Thesen (Abschnitte D und E) pragmatischer Natur; gemeinsam ist allen dennoch, dass sie eine gewisse inhärente Widersprüchlichkeit aufweisen, die sich auf den zweiten Blick aber als Flexibilität und damit als Stärke des Völkerrechts erweist.

---

18 Helfer, Laurence R.: „Exiting Treaties". *Virginia Law Review* 91(7), 2005, S. 1585. Dies erklärt wohl, weshalb die Charta der Vereinten Nationen keine ausdrückliche Austrittsbestimmung enthält; cf. Feinberg, Nathan: „Unilateral Withdrawal from an International Organization". *BYIL* 39, 1963, S. 204–211.

19 Galbraith, Jean: „The President's Power to Withdraw the United States from International Agreements at Present and in the Future". *AJIL Unbound* 111, 2017, S. 448.

20 Helfer (Fn. 18), S. 1582.

21 Cf. e.g. Dörr, Oliver: „Article 18". In: Dörr, Oliver / Schmalenbach, Kirsten (Hrsg.): *Vienna Convention on the Law of Treaties: A Commentary*. Springer: Heidelberg 2018², Rz. 18 und 20; Swaine, Edward T.: „Unsigning". *Stanford Law Review* 55(5), 2003, S. 2061–2089.

B. Der Primat des Völkerrechts im Rückzugsprozess

Die Entscheidung eines Staates, sich aus einem völkerrechtlichen Vertrag zurückziehen, ist zumeist politischer oder wirtschaftlicher Natur; ebenso können die mit dem Rückzug verfolgten Ziele gänzlich unterschiedlicher Art sein.[22] Einerseits ist es möglich, dass Staaten eine Loslösung von völkerrechtlichen Verpflichtungen anstreben, weil sich zwischen diesen Verpflichtungen und den nationalen Interessen eine unüberbrückbare politische Kluft aufgetan hat.[23] Andererseits nutzen Staaten aber auch den Rückzug (oder die reine Drohung eines Rückzugs) aus völkerrechtlichen Verträgen oder internationalen Organisationen, um mit dem Verweis auf den damit verbundenen Entfall ihrer Beitragszahlungen[24] größeren Einfluss geltend zu machen.[25]

Die darunterliegende „Psyche" und die einschlägigen Gründe eines Staates für dessen Rückzug aus einem Vertrag interessieren aber nicht weiter; vielmehr zu betonen ist an dieser Stelle, dass – im Gegensatz zur politisch oder wirtschaftlich geprägten Entscheidung zum Rückzug – der Rückzugsprozess selbst rechtlicher Natur ist. Meine erste Hauptthese ist rechtsdogmatischer Natur und lautet, dass es letzten Endes die Völkerrechtsordnung selbst ist, welche den Rückzug aus Verträgen regelt und gestattet und somit ihr eigenes Primat an

22 Cf. e.g. Helfer (Fn. 18), S. 1582–1583.

23 Ein geradezu klassisches Beispiel hierfür ist die Rücknahme der Unterwerfungserklärung unter die Gerichtsbarkeit des Internationalen Gerichtshof durch die USA 1986 im Zuge des *Nicaragua*-Verfahrens; cf. auch Chayes, Abram: „Nicaragua, the United States, and the World Court". Columbia Law Review 85(7), 1985, S. 1445–1451.

24 So e.g. der Rückzug der Vereinigten Staaten aus der Internationalen Arbeitsorganisation (International Labour Organization; ILO) 1977 und aus der UNESCO sowohl 1984 als auch 2018; Imber, Mark F.: *The USA, ILO, UNESCO and IAEA: Politicization and Withdrawal in the Specialized Agencies*. Palgrave Macmillan: Basingstoke 1989; Galbraith, Jean: „United States Gives Notice of Withdrawal from UNESCO, Citing Anti-Israel Bias". *AJIL* 112(1), 2018, S. 107–109. Eine ähnliche Strategie verfolgten die USA und die damalige Europäische Gemeinschaft (EG) 1993 mit ihrem Rückzug aus dem alten Allgemeinen Zoll- und Handelsabkommen (General Agreement on Tariffs and Trade; GATT), um sogleich darauf das neue Abkommen der Welthandelsorganisation (WTO) zu ratifizieren, welches die Entwicklungsländer zur Annahme von für die USA und EG günstigeren Bedingungen zwang; Steinberg, Richard H.: „In the Shadow of Law or Power? Consensus-Based Bargaining and Outcomes in the GATT/WTO". *International Organization* 56(2), 2002, S. 359–360.

25 Hirschman, Albert O.: *Exit, Voice and Loyalty: Responses to Decline in Firms, Organizations, and States*. Harvard University Press: Cambridge, MA 1970, S. 3–5 und 15–20.

zwei Fronten verteidigt, nämlich sowohl gegen nationale Politik als auch nationales Recht. In diesem Sinne ist diese Hauptthese auch von einer *formellen* Perspektive aus zu sehen, weil die Typologie (*traités-lois* oder *traités-contrats*)[26] und damit auch der Inhalt von Verträgen unberücksichtigt bleiben und demgemäß das Augenmerk dieses Abschnitts auf der Regelung des Rückzugsprozess liegt.

I. Völkerrechtliche Grenzen der staatlichen politischen Entscheidungsfreiheit

Der grundlegende Pfeiler der Völkerrechtsordnung, der dessen Funktionalität garantiert, ist unzweifelhaft das Prinzip *pacta sunt servanda.*[27] Dementsprechend garantiert dieses Gebot, dass Verträge einzuhalten sind, die Grundlage für stabile internationale Beziehungen, da alle einen Vertragsrückzug erlaubenden Bestimmungen der WVK (vor allem Ungültigkeit des Vertrags, erhebliche Vertragsverletzung oder grundlegende Änderung der Umstände)[28] restriktiv auszulegen sind. Dennoch ist dieses Prinzip nicht völlig statisch, sondern findet ein ausgewogenes Maß zwischen den absoluten binären Positionen von Vertragstreue und Vertragsbruch,[29] indem es ebenso (neben dem breiten Spektrum von Vertragssuspendierung sowie -modifikation und völliger Aufhebung eines Vertrages durch Abschluss eines späteren Abkommens)[30] den Rückzug aus Verträgen gestattet.[31]

Diese Regelung durch das Völkerrecht selbst findet vornehmlich durch Art. 54 WVK statt, welcher die Beendigung eines Vertrages oder den Rücktritt einer Vertragspartei von einem Vertrag (a) nach Maßgabe der Vertragsbestimmungen selbst oder (b) jederzeit durch Einvernehmen zwischen allen Vertragsparteien nach Konsultierung der anderen Vertragsstaaten erlaubt. Man mag

---

26 Cf. e.g. Rousseau, Charles: *Droit international public*, Vol. I. Sirey: Paris 1970, S. 68–69.

27 Fitzmaurice, Gerald: „Second Report on the Law of Treaties". *YBILC* 2, 1957, S. 20, Rz. 6; Binder, Christina: „The *Pacta Sunt Servanda* Rule in the Vienna Convention on the Law of Treaties: A Pillar and its Safeguards". In: Buffard, Isabelle et al. (Hrsg.): *International Law between Universalism and Fragmentation: Festschrift in Honour of Gerhard Hafner.* Martinus Nijhoff: Leiden 2008, S. 321.

28 Cf. Art. 46-53 sowie 60 und 62 WVK.

29 Salmon, Jean: „Article 26 of the 1969 Convention". In: Corten, Olivier / Klein, Pierre (Hrsg.): *The Vienna Conventions on the Law of Treaties: A Commentary*, Vol. I. Oxford University Press: Oxford 2011, Rz. 1.

30 Cf. Art. 39-41 und 57-59 WVK.

31 Helfer (Fn. 18), S. 1581–1582.

lit. a dieser Bestimmung wegen ihrer Offensichtlichkeit für sinnlos erachten,[32] doch ergibt sich gerade aus dieser Augenfälligkeit ihr unbestreitbarer völkergewohnheitsrechtlicher Charakter.[33] Im Gegensatz dazu ist lit. b weniger augenscheinlich, spiegelt aber gerade deswegen nur hinsichtlich des Einvernehmens zwischen allen Vertragsparteien,[34] nicht aber bezüglich anderer Signatarstaaten (für welche der Vertrag noch nicht in Kraft getreten ist), Völkergewohnheitsrecht wider.[35] Im Hinblick auf die bereits in der Einleitung angesprochene terminologische Uneinheitlichkeit der WVK fällt auf, dass Art. 54 nur die *Beendigung* eines Vertrages bzw. den *Rücktritt* einer Partei davon erwähnt, nicht jedoch aber die *Kündigung* eines Vertrages. Der Begriff der „Kündigung" erscheint nicht nur aufgrund seiner negativen Konnotation[36] unschärfer als seine zwei terminologischen Pendants, sondern auch völlig mit diesen austauschbar, was eine genaue Definition erschwert. Dementsprechend ergibt sich folgendes Schema: „Beendigung" (*termination*) kann sowohl in einem weiteren (Beendigung des Vertrags selbst) als auch engeren Sinne verstanden werden (Beendigung des Parteistatus eines Staates), wobei der Rücktritt einer Vertragspartei von einem bilateralen Vertrag notwendigerweise dessen Beendigung nach sich zieht. Die Unterscheidung zwischen „Beendigung" und „Rücktritt"

---

32 Cf. die Bemerkungen von *Roberto Ago* (*YBILC* 1, 1963, S. 96, Rz. 44), *Erik Castrén* (*YBILC* 1, 1966, S. 49, Rz. 77), *Grigorij Tounkine* (ibid., Rz. 89) und *Alfred Verdross* (ibid., Rz. 89) zu den ersten Entwürfen des späteren Art. 54 WVK sowie Fifth Report of Special Rapporteur Waldock, *YBILC* 2, 1966, S. 25.

33 Kein Staat bestritt den Inhalt der Bestimmung selbst. Der Vertreter der USA bemerkte, dass „[t]he rules laid down in draft Article 38 (*termination of a treaty under its provisions*) [...] appeared self-evident and might well be omitted from a simplified convention" (Sixth Committee, 784th meeting, UN Doc. A/C.6/SR.784, Rz. 31). Ebenso betonten Finnland, Israel und Schweden den offensichtlichen Charakter dieser Bestimmung (*YBILC* 1 Part One, 1966, S. 41, Rz. 66). Cf. auch Plender, Richard: „The Role of Consent in the Termination of Treaties". *BYIL* 57, 1987, S. 136 und Chapaux, Vincent: „Article 54 of the 1969 Vienna Convention". In: Corten, Olivier / Klein, Pierre (Hrsg.): *The Vienna Conventions on the Law of Treaties: A Commentary*, Vol. II. Oxford University Press: Oxford 2011, Rz. 4.

34 Cf. Gabčíkovo-Nagymaros Project (Hungary v. Slovakia), Judgment 25.9.1997. ICJ Rep. 1997, S. 7, Rz. 114; Chapaux (Fn. 33), Rz. 7–9.

35 Cf. Chapaux (Fn. 33), Rz. 10–15.

36 Cf. auch meine Ausführungen dazu in der Einleitung sowie Aust, Anthony: *Modern Treaty Law and Practice*. Cambridge University Press: Cambridge 2013[3], S. 245. Cf. jedoch Helfer, Laurence R.: „Terminating Treaties". In: Hollis, Duncan B. (Hrsg.): *The Oxford Guide to Treaties*. Oxford University Press: Oxford 2012, S. 635.

(*withdrawal*) ist daher auch nur für multilaterale Verträge sinnvoll,[37] weil in diesem Falle der Rücktritt einer Partei die Geltung des Vertrags an sich nicht gefährdet, solange die Zahl der Vertragsparteien nicht auf weniger als die für das Inkrafttreten des Vertrags erforderliche Zahl absinkt (Art. 55 WVK). Daher verwende ich in diesem Beitrag für beide Phänomene den neutralen Begriff des „Rückzugs".

Art. 54 WVK demonstriert, dass Staaten sowohl das erste als auch das letzte Wort in Sachen Vertragsgestaltung und Vertragsrücktritt haben, diese Freiheiten jedoch letzten Endes durch das Völkerrecht begrenzt werden. Die Bestimmungen der WVK sind in der Tat lediglich subsidiäre *lex generalis*-Regeln, wie auch Art. 42 Abs. 2 sowie 54 WVK ausdrücklich bestätigen,[38] und demgemäß haben Staaten bei der Verhandlung und Ausarbeitung der formellen und materiell-rechtlichen Regeln zur Regelung ihres zukünftigen Rückzugs auch völlig freies Spiel.[39] Rückzugsklauseln können völlig unterschiedlich und variabel ausgestaltet werden;[40] was sie jedoch alle verbindet, ist das grundlegende Prinzip des antizipierten Einverständnisses aller Vertragsparteien zu einem eventuellen Rückzug aus dem Vertragsverhältnis.[41] Diese souveräne (oder auch politische) staatliche Gestaltungs- und Rückzugsfreiheit ist völkerrechtlich aber zweifach begrenzt: Erstens, gemäß lit. a, durch die konkreten Bedingungen der jeweiligen Rückzugsklausel, was bedeutet, dass ein Rückzugsversuch unter Nichtbeachtung dieser Bedingungen nach Art. 54 WVK wirkungslos ist. Demzufolge verbleibt ein Staat nach einem solchen erfolglosen Versuch Vertragspartei und muss sich daher auch weiterhin für die Nichteinhaltung des Vertrags verantworten.[42] Zweitens ist die politische Verhaltensweise auch durch lit. b und das Einvernehmen aller anderen Vertragsparteien beschränkt: Sollten diese, falls keine explizite Rückzugsklausel vorhanden ist, der rückzugswilligen

37 Cf. Giegerich (Fn. 5), Rz. 18–25.

38 Cf. ebenso Lekkas, Sotirios-Ioannis / Tzanakopoulos, Antonios: „*Pacta Sunt Servanda* versus Flexibility in the Suspension and Termination of Treaties". In: Tams, Christian J. et al. (Hrsg.): *Research Handbook on the Law of Treaties*. Edward Elgar: Cheltenham 2014, S. 332–333.

39 Helfer (Fn. 36), S. 636.

40 Cf. die Beispiele in Blix, Hans / Emerson, Jirina: *The Treaty Maker's Handbook*. Dag Hammarskjöld Foundation: Stockholm 1973, S. 96ff; Aust (Fn. 36), 246ff; Helfer (Fn. 36), S. 641ff.

41 Giegerich (Fn. 5), Rz. 27.

42 Helfer (Fn. 36), S. 636; Helfer (Fn. 18), S. 1589, Fn. 23.

Partei kein notwendig einstimmiges Placet dafür geben,[43] so ist der Rücktritt ausgeschlossen.

Die politische Freiheit von Staaten ist in dieser Hinsicht auch noch durch den weitaus strengeren Art. 56 Abs. 1 WVK begrenzt, welcher in Ergänzung zu Art. 54 WVK die Vermutung trifft, dass „[e]in Vertrag, der keine Bestimmung über seine Beendigung enthält und eine Kündigung oder einen Rücktritt nicht vorsieht, [. . .] weder der Kündigung noch dem Rücktritt [unterliegt]" und damit das Prinzip *pacta sunt servanda* gegen voreiligen und damit zu einfachen Vertragsrückzug schützt.[44] Schweigen zu einem möglichen Rückzug wird daher grundsätzlich als Argument gegen die Rechtmäßigkeit eines solchen Schritts gesehen. Zwei negativ formulierte Bedingungen erlauben jedoch einen Rückzug in einem solchen Falle, nämlich wenn nach lit. a feststeht, dass die Vertragsparteien die Möglichkeit einer Kündigung oder eines Rücktritts zuzulassen beabsichtigten oder sich ein Kündigungs- oder Rücktrittsrecht nach lit. b aus der Natur des Vertrags herleiten lässt. Abs. 2 spezifiziert, dass diese Kündigungs- oder Rücktrittsabsicht mindestens zwölf Monate im Voraus zu notifizieren ist. In diesem Sinne schafft diese Bestimmung einen Kompromiss zwischen einem absoluten und rigiden Klammern am *pacta sunt servanda* einerseits und einer *in dubio mitius*-Interpretation zu Gunsten der staatlichen Souveränität und politischen Entscheidungsfreiheit andererseits[45] (was auch im zwiespältigen völkergewohnheitsrechtlichen Status von Art. 56 WVK reflektiert ist).[46] Auffällig ist ebenso die Wortwahl dieser Bestimmung, welche neben

---

43 Das Erfordernis der Einstimmigkeit wurde während der Verhandlungen von allen Staaten unumschränkt akzeptiert; cf. „Draft Articles on the Law of Treaties with Commentaries". *YBILC* 2, 1966, S. 249, Rz. 3; Chapaux (Fn. 33), Rz. 8.

44 Dahm, Georg / Delbrück, Jost / Wolfrum, Rüdiger: *Völkerrecht*, Band I/3. De Gruyter: Berlin 2000, S. 717.

45 Cf. e.g. Jennings, Robert / Watts, Arthur: *Oppenheim's International Law*, Vol. 1 Parts 2-49. Longman: London 1992, S. 1278ff; Herdegen, Matthias: „Interpretation in International Law". In: Wolfrum, Rüdiger (Hrsg.): *Max Planck Encyclopedia of Public International Law.* Oxford University Press: Oxford 2013², Rz. 28–29; Giegerich, Thomas: „Article 56". In: Dörr, Oliver / Schmalenbach, Kirsten (Hrsg.): *Vienna Convention on the Law of Treaties: A Commentary.* Springer: Heidelberg 2018², Rz. 1; Merkouris, Panos: „In Dubio Mitius". In: Klingler, Joseph / Parkhomenko, Yuri / Salonidis, Constantinos (Hrsg.): *Between the Lines of the Vienna Convention? Canons and Other Principles of Interpretation in Public International Law.* Kluwer: Alphen aan den Rijn 2018, S. 259–306.

46 Art. 56 Abs. 1 sowie lit. a genießen zweifellos gewohnheitsrechtlichen Status, lit. b und Abs. 2 hingegen nicht; cf. e.g. Christakis, Theodore: „Article 56 of the 1969 Vienna Convention". In: Corten, Olivier / Klein, Pierre (Hrsg.): *The Vienna Conventions on*

der „Beendigung“ und dem „Rücktritt“ auch auf eine mit letzterem synonyme „Kündigung“ verweist,[47] die in Art. 54 WVK (wie zuvor besprochen) fehlt. Dieser Umstand wirft die Frage auf, ob die absichtliche und explizite Verwendung des negativ konnotierten Wortes „Kündigung“ den Rückzug eines Staates von einem Vertrag im Falle des Art. 56 WVK (also dem Schweigen des Vertrags zu eben diesem Rückzug) weniger wünschenswert erscheinen lassen soll als im Falle des Art. 54 WVK – d.h., wenn ein Vertrag *expressis verbis* Rückzugsoptionen erlaubt. Im Hinblick auf den Umstand, dass völkerrechtliche Verträge heutzutage üblicherweise eine Rückzugsklausel enthalten, ist deren Fehlen in diesen wohl eher nicht als zufällig, sondern vielmehr als bewusst einkalkuliert zu betrachten.[48]

Die Staatenpraxis zu Art. 56 WVK zeigt in diesem Sinne auch umgehende und ablehnende Reaktionen auf eine Verletzung dieser Bestimmung: Zogen sich Staaten aus Gründungsverträgen internationaler Organisationen ohne explizite Rückzugsklausel zurück,[49] so wurden diese unzulässigen Rücktritte als „inaktive Mitgliedschaft“[50] oder „temporäre Einstellung von Kooperationen“[51] betrachtet und weiter budgetiert.[52] Ebenso wurden Rücktrittsversuche aus multilateralen Verträgen ohne Austrittsklauseln mit dem Verweis auf deren Unzulässigkeit beantwortet und der scheidungswillige Staat weiterhin in der

---

the Law of Treaties: A Commentary, Vol. II. Oxford University Press: Oxford 2011, Rz. 10–16.

47 Cf. e.g. die synonyme Verwendung in der Vorläuferbestimmung Art. 38 Abs. 2 und 3 in *YBILC* 2, 1963, S. 199.

48 Cf. e.g. Koremenos, Barbara: *The Continent of International Law: Explaining Agreement Design*. Cambridge University Press: Cambridge 2016, S. 140–144; Giegerich (Fn. 45), Rz. 3; Christakis (Fn. 46), Rz. 5; Bemerkungen von *Roberto Ago* (*YBILC* 1, 1963, S. 104, Rz. 51.

49 Cf. die Beispiele in Christakis (Fn. 46), Rz. 29–32 bezüglich der Staatenpraxis vor 1945; den Austritt der Tschechoslowakei, Ungarns und Polens aus der UNESCO 1952 bzw. 1953 sowie den Austritt der Sowjetunion und acht anderer osteuropäischer Staaten aus der Weltgesundheitsorganisation (WHO) im selben Zeitraum; sowie den vorgeblichen Austritt Indonesiens aus den Vereinten Nationen 1965.

50 Im Falle der Austritte aus der UNESCO und der WHO: Feinberg, 205.

51 Im Falle von Indonesiens Rückzug aus den Vereinten Nationen: Widdows, Kelvin: „The Unilateral Denunciation of Treaties Containing No Denunciation Clause“. *BYIL* 53, 1983, S. 100.

52 Feinberg, 205; Akehurst, Michael: „Withdrawal from International Organisations“. *Current Legal Problems* 32(1), 1979, S. 146–149.

Vertragssammlung der Vereinten Nationen als Vertragspartei geführt.[53] Der prominenteste Fall ist wohl der (erfolglose) Versuch Nordkoreas, sich 1997 aus dem Internationalen Pakt über bürgerliche und politische Rechte zurückzuziehen, welcher ebenfalls keine Austrittsklausel enthält. Die Reaktion darauf war eindeutig: Der VN-Menschenrechtsausschuss entgegnete, dass ein Austritt aus dem Zivilpakt nicht möglich sei, da das Fehlen einer Austrittsklausel kein reines Versehen (insbesondere im Gegensatz zum Ersten Fakultativprotokoll zum Zivilpakt)[54] und der Zivilpakt aufgrund seiner Schutzwirkungen nicht rein temporären Charakters sein könne.[55] Der VN-Generalsekretär berief sich hingegen auf Art. 54 WVK und argumentierte, dass Nordkorea den Zivilpakt nur mit dem Einverständnis der anderen Vertragsparteien verlassen könne.[56] Nordkorea scheint diesen Widerstand gegen seinen unilateralen Rückzug akzeptiert zu haben, da es inzwischen bereits wieder die nach Art. 40 des Zivilpaktes vorgeschriebenen periodischen Berichte vorgelegt hat.[57]

Als Fazit bleibt, dass Staaten diese Bestimmung nur unter äußersten Schwierigkeiten (oder allenfalls gar nicht) zum Rückzug aus Verträgen einsetzen können. Diese Regelung schränkt somit zwar den politischen Handlungsspielraum der Staaten zugunsten von Stabilität durch das Prinzip von *pacta sunt servanda* ein und stärkt dieses nachhaltig, sorgt aber dennoch auch für ein gutes Maß an Flexibilität durch mögliche Ausnahmen.[58]

---

53 Cf. insbesondere den Versuch Senegals, zwei der Genfer Seerechtskonventionen von 1958 zu kündigen sowie die ablehnende Reaktion des Vereinigten Königreichs darauf; Bardonnet, Daniel: „La denunciation par le gouvernement sénégalais de la Convention sur la mer territoriale et la zone continiguë et de la Convention sur la pêche et la conservation des sources biologiques de la haute mer". *Annuaire français de droit international* 18, 1972, S. 133.

54 Cf. Art. 12 des Ersten Fakultativprotokolls zum Zivilpakt.

55 United Nations Human Rights Committee, General Comment No. 26 (1997) UN Doc. CCPR/C/21/Rev1/Add8/Rev1, Rz. 2–5.

56 Multilateral Treaties Deposited with the Secretary-General 2009, UN Doc. ST/LEG/SER.E/26, Vol. I 257 n 8 (chapter IV.4).

57 Bates, Ed: „Avoiding Legal Obligations Created by Human Rights Treaties". *International and Comparative Law Quarterly* 57(4), 2008, S. 755–756; Aust (Fn. 36), S. 291; Helfer (Fn. 36), S. 640.

58 Cf. Villiger, Mark E.: *Commentary on the 1969 Vienna Convention on the Law of Treaties*. Brill: Leiden 2008, Rz. 18.

II. Völkerrechtliche Grenzen der staatlichen rechtlichen Entscheidungsfreiheit

Das Völkerrecht verteidigt sein Primat aber nicht nur gegen staatliche *politische* Entscheidungen, indem es diese einem rechtlichen Korsett unterwirft, sondern auch gegen das staatliche *Recht*, da jeglicher Rückzug aus einem völkerrechtlichen Vertrag durch das allgemeine Völkerrecht oder *lex specialis*-Normen, jedoch nie durch das nationale Recht alleine geregelt wird. Dies ergibt sich nicht nur aus den bereits diskutierten Art. 54 und 56 WVK, sondern auch aus Art. 27 und 46 WVK, welche die Anwendung von nationalem Recht zum Zwecke eines Vertragsrückzuges *qua* Ungültigkeit eines Vertrages explizit ausschließen.[59]

Ein besonders aktuelles Beispiel für den Primat des Völkerrechts bzw. einer völkerrechtlichen *lex specialis*-Regelung zum Vertragsrückzug (in diesem Falle Art. 50 EUV) findet sich im Austritt des Vereinigten Königreiches aus der Europäischen Union. Bereits Jahre vor der Entscheidung zum „Brexit" wurde diskutiert, ob Mitgliedstaaten der EU auch bloß unilateral, also nur auf Basis ihrer jeweiligen verfassungsrechtlichen Bestimmungen aus der Union austreten könnten. Besonders der Passus in Art. 50 Abs. 1 EUV, dass jeder Mitgliedstaat „im Einklang mit seinen verfassungsrechtlichen Vorschriften beschließen [kann], aus der Union auszutreten" sowie die Zwei-Jahres-Frist zwischen Notifikation des Austrittswunsches und dem tatsächlichen Austritt nach Art. 50 Abs. 3 EUV wurden dahingehend ausgelegt, dass ein scheidungswilliger Mitgliedstaat den Austritt aus der Union lediglich im Einklang mit seinen verfassungsrechtlichen Vorgaben zu notifizieren hat und danach die zwei Jahre ohne den Abschluss eines Austrittsabkommens abwarten kann.[60]

---

59 Der gewohnheitsrechtliche Charakter beider Bestimmungen steht außer Zweifel; zu Art. 27 WVK, cf. e.g. Certain Questions of Mutual Assistance in Criminal Matters (Djibouti v. France), Judgment 4.06.2008. ICJ Rep. 2008, S. 177, Rz. 124. Zu Art. 46 WVK, cf. e.g. Land and Maritime Boundary between Cameroon and Nigeria (Cameroon v. Nigeria; Equatorial Guinea Intervening) (Counter-claims), Judgment 10.10.2002. ICJ Rep. 2002, S. 303, Rz. 263.

60 Cf. statt vieler Herbst, Jochen: „Observations in the Right to Withdraw from the European Union: Who Are the ‚Masters of the Treaties'?". *German Law Journal* 6(11), 2005, S. 1757–1758; Tatham, Allan F.: „'Don't Mention Divorce at the Wedding, Darling!' EU Accession and Withdrawal after Lisbon". In: Biondi, Andrea / Eeckhout, Piet / Ripley, Stefanie (Hrsg.): *EU Law after Lisbon*. Oxford University Press: Oxford 2012, S. 149 und 152; Łazowski, Adam: „Withdrawal from the European Union and Alternatives to Membership".*European Law Review* 37(5), 2012, S. 526.

Diese Ansicht ist nur teilweise richtig und bedarf weiterer Erläuterungen. Es ist richtig, dass die Unionsverträge *vor* dem Inkrafttreten des Vertrags von Lissabon 2009 kein explizites Austrittsrecht kannten und damit ein einseitiges Austrittsrecht auf Grundlage der jeweiligen verfassungsrechtlichen Bestimmungen des betroffenen Mitgliedstaates sowie des allgemeinen Völkervertragsrechts nach Art. 54 oder 56 WVK bestand[61] – obgleich hinzugefügt werden muss, dass die Unionsverträge auf unbegrenzte Zeit geschlossen wurden[62] und dementsprechend ein Rückzug im Einvernehmen zwischen allen Vertragsparteien (Art. 54 lit. b WVK) einfacher zu gestalten gewesen wäre als ein Rücktrittsrecht aus der Natur des Vertrages (Art. 56 Abs. 1 lit. b WVK). *Nach* dem Inkrafttreten des Vertrags von Lissabon und damit der expliziten Austrittsbestimmung des Art. 50 EUV neutralisiert diese als *lex specialis* aber einerseits die Anwendbarkeit des allgemeinen Völkervertragsrechts auf den Austritt aus der EU[63] und bestätigt auch ihr eigenes Primat gegenüber einseitigen Rückzugsbestrebungen. Denn eine genauere Lektüre und Auslegung von Art. 50 Abs. 1 EUV verdeutlicht, dass nur der *Beschluss* des austrittswilligen Mitgliedstaates mit seinen verfassungsrechtlichen Vorschriften im Einklang zu stehen hat; das *Verfahren* hierzu ist aber durch das Unionsrecht selbst geregelt,[64] was die staatliche rechtliche Entscheidungsfreiheit erheblich einschränkt, ohne den Entschluss eines Mitgliedstaates zum Austritt zu gefährden. Stabilität ist also auch hier durch (geregelte) Flexibilität gewährleistet.

III. Erlaubnis zum Rückzug: eine paradoxe Intervention des Völkerrechts

Dass das Völkerrecht selbst den Staaten die Möglichkeit zum Rückzug aus Verträgen gibt, erscheint *prima facie* wie eine paradoxe Intervention; d.h., dass ein Ziel mit diesem eigentlich widersprechenden Methoden und Taktiken erreicht

---

61 Cf. ebenso Pechstein, Matthias: „§ 15 Mitgliedschaftsordnung der EU". In: Hatje, Armin / Müller-Graff, Peter-Christian (Hrsg.): *Enzyklopädie Europarecht, Bd. 1: Europäisches Organisations- und Verfassungsrecht*. Nomos: Baden-Baden 2014, Rz. 20.

62 Cf. Art. 53 EUV (ex-Art. 51 EUV) sowie Art. 356 AEUV (ex-Art. 312 EGV).

63 Closa, Carlos: „Interpreting Article 50: Exit, Voice and … What about Loyalty?". In: Closa, Carlos (Hrsg.): *Secession from a Member State and Withdrawal from the European Union*. Cambridge University Press: Cambridge 2017, S. 191.

64 Hillion, Christophe: „Accession and Withdrawal in the Law of the European Union". In: Arnull, Anthony / Chalmers, Damian (Hrsg.): *The Oxford Handbook of European Union Law.* Oxford University Press: Oxford 2015, S. 136–137.

werden soll oder das Symptom durch Symptomverschreibung bekämpft wird.[65] Der völkerrechtlich erlaubte Rückzug aus Verträgen nimmt daher eine einzigartige und paradoxe Zwitterstellung ein, indem er eine sowohl rechts*vernichtende* als auch rechts*verstärkende* Funktion ausübt. Zum einen ist der Rückzug aus einem Vertrag der ultimative Akt der Missachtung von internationalen Normen und Institutionen; zum Anderen zeigt der scheidende Staat gleichzeitig Respekt für die einschlägigen völkerrechtlichen Bestimmungen, welche diesen Rückzug regeln.[66] Der Rückzug ist – im Gegensatz zur Vertragsverletzung – ein rechtmäßiger Akt, und solange sich der betroffene Staat an die formellen Regeln des Austritts hält, kann dieser Schritt auch nicht von den anderen Vertragsparteien sanktioniert werden, z.B. im Rahmen von Art. 60 WVK.[67] Erlaubt ein Vertrag also im Sinne des Art. 54 WVK nach Maßgabe seiner eigenen Bestimmungen oder durch nachträgliche Modifikation *qua* Einvernehmen mit den anderen Vertragsparteien den Rückzug, dann bildet der Rückzug einen Teil des Vertrags selbst und verstärkt dadurch den Grundsatz des *pacta sunt servanda*.[68] Dasselbe gilt für Art. 56 WVK, welcher eindrucksvoll eine Brücke zwischen staatlicher Souveränität bzw. einer voluntaristischen Sicht auf das Völkerrecht und dem Funktionieren der Völkerrechtsordnung schlägt. Es sollte deshalb nicht überraschen, dass ein Staat, der freiwillig und ohne Zwang Vertragspartei wird, diesen Vertrag dann eventuell nur unter Schwierigkeiten auch wieder verlassen kann, wenn dieser Vertrag keine Rückzugsklausel enthält.[69]

Dieselben Regeln gelten für die USA und die *Trump*-Administration. Die USA sind tatsächlich so tief in viele multilaterale Vertragsregime eingebettet, dass ein Rückzug aus diesen grundsätzlich weder einfach noch unmittelbar von Statten gehen kann.[70] Interessanterweise sind die USA Anfang 2019 bisher nur von drei Verträgen, die sie zu verlassen beabsichtigen, tatsächlich zurückgetreten,[71] da die Rückzugsfristen für alle anderen Verträge noch laufen und

---

65 Cf. Shoham, Varda / Rohrbaugh, Michael J.: „Paradoxical Intervention“. In: Craighead, W.E. / Nemeroff, Charles B. (Hrsg.): *The Corsini Encyclopedia of Psychology and Behavioral Science*, Vol. III. Wiley & Sons: New York 2001[3], S. 1129.

66 Helfer (Fn. 18), S. 1587.

67 Ibid., S. 1589.

68 Lekkas / Tzanakopoulos (Fn. 38), S. 315 und 335.

69 Christakis (Fn. 46), Rz. 34.

70 Koh, Harold Hongju: *The Trump Administration and International Law*. Oxford University Press: Oxford 2019, S. 142.

71 Cf. etwa das Verlassen des Joint Comprehensive Plan of Action („Iran Nuclear Deal“) im Mai 2018; Austritt aus der UNESCO mit Wirksamkeit am 31.12.2018; sowie sofortiger Rückzug aus dem Fakultativprotokoll zur Wiener Diplomatenrechtskonvention

sich die USA an diese Fristen halten.[72] Die einzige augenscheinliche Ausnahme bildet der sofortige Rückzug der USA aus dem Fakultativprotokoll zur Wiener Diplomatenrechtskonvention im Oktober 2018, welches keine Rücktrittsbestimmung enthält. Demgemäß ignorierten die USA nicht nur die Ein-Jahres-Frist in Art. 56 Abs. 2 WVK,[73] sondern handelten auch entgegen Art. 56 Abs. 1 WVK, falls die anderen Vertragsparteien den Rücktritt nicht zuließen oder sich dieser nicht aus der Natur des Vertrages herleiten lies. Jedoch wird die Zulässigkeit eines einseitigen Rückzuges aus völkerrechtlichen Streitbeilegungsinstrumenten aufgrund ihrer Natur (also im Sinne von Art. 56 Abs. 1 lit b WVK) durchaus bejaht,[74] was somit gegen ein völkerrechtswidriges Verhalten der USA spräche. Letzten Endes bedroht aber auch diese mögliche völkerrechtliche Verletzung nicht die allgemeine Stabilität des Völkerrechts durch dessen inhärente Flexibilität.

C. Rechtsqualität und völkerrechtliche Schichtung

Aus diesen rechtsdogmatischen Erläuterungen folgt meine zweite Hauptthese, welche rechtstheoretischer Natur ist und aus zwei Teilen besteht: Erstens bestätigt sich das Völkerrecht selbst als bindende Rechtsordnung, gerade weil es Staaten den Rückzug aus Verträgen erlaubt; und zweitens erlaubt auch diese Rückzugsmöglichkeit keine einseitige Lösung von Staaten aus dem gesamten Völkerrechtsverband. Diese These ist daher auch von einer *materiellen* Warte aus zu sehen, weil an diesem Punkt die Typologie und der Inhalt von Verträgen durchaus eine wichtige Rolle im Hinblick auf die Stabilität des Völkerrechts spielen.

---

mit Oktober 2018. Cf. auch Koh (Fn. 70), S. 39–70. *Koh* nennt diese Vorgangsweise bezeichnenderweise „resigning without leaving".

72 Der US-iranische Freundschaftsvertrag lief am 3.10.2019 aus; der Austritt aus dem Weltpostverein erfolgt am 17.10.2019; der Rückzug der USA aus dem Pariser Klimaschutzabkommen wurde am 4.11.2020 wirksam. Den Rückzug aus dem Nordamerikanischen Freihandelsabkommen haben die USA durch eine Neuverhandlung in Form des „United States-Mexico-Canada Agreement" quasi überlagert.

73 Obwohl fraglich bleibt, ob die USA mangels deren völkergewohnheitsrechtlicher Natur überhaupt an diese Bestimmung gebunden sind.

74 Cf. e.g. Second Report of Special Rapporteur Waldock, *YBILC* 2, 1963, S. 64 und 68, Rz. 18; Christakis (Fn. 46), Rz. 62–63; Giegerich (Fn. 54), Rz. 42–45.

I. Rechtsqualität folgt aus Rückzugserlaubnis

Der Völkerrechtsskeptizismus kann unzweifelhaft auf eine lange Geschichte zurückblicken. Bereits der in der Einleitung erwähnte *Hobbes* betrachtete den Souverän als frei von allen rechtlichen Bindungen und somit auch frei von jeglichen völkerrechtlichen Verpflichtungen, denn über dem staatlichen Souverän kann es keinen weiteren geben.[75] Ähnlich verwarf *John Austin* das Völkerrecht als bloße „positive Moral",[76] während *H.L.A. Hart* es als „primitive Rechtsordnung" ohne Sekundärregeln zu dessen eigener Erzeugung und Sanktionierung von Verstößen abtat.[77] Die realistische Schule *Hans Morgenthaus* schließlich sprach dem Völkerrecht jedweden Einfluss auf das Verhalten von Staaten ab und strich vielmehr die Bedeutung von nationalen Interessen hervor.[78]

Präsident *Trump* scheint sich nahtlos in diese Aufzählung einzureihen. Doch bei all seiner Abneigung gegen den Multilateralismus tritt er nicht als Leugner des Völkerrechts *in toto* auf, sondern lehnt vielmehr „nur" bestehende Verträge, welcher er selbst nicht verhandelt hat, als „bad deals" ab und will diese neu und besser (nach)verhandeln.[79] *Trump* mag kein Freund des Völkerrechts sein, aber er hat diesem (zumindest bisher) nicht die Rechtsqualität abgesprochen. Ganz im Gegenteil spricht seine Sichtweise der amerikanischen Verfassung und des Völkerrechts als Ballast, der ihm in seiner Handlungsfreiheit Einhalt gebietet, wohl gerade für deren normative Stärke, die er fürchtet. Ganz anders tritt jedoch sein nationaler Sicherheitsberater *John Bolton* (im Amt 2018-2019) auf, der – im Geiste *Hobbes'* – keine Rechtsinstanz über der amerikanischen Verfassung akzeptieren kann, welche den Handlungsspielraum der USA in irgendeiner Weise begrenzen könnte. Interessanterweise betrifft *Boltons* Hader mit dem Völkerrecht eher multilaterale Verträge und Verpflichtungen als bilaterale, welche er durchaus zu akzeptieren scheint, was wohl am oftmals politischen bzw. legislativen Charakter multilateraler Vertragssysteme (versus der oftmals rein transaktional-geschäftlichen Natur bilateraler Verträge) liegen mag.[80]

---

75 Hobbes, Thomas: *Leviathan*. Andrew Crooke: London 1651, Kapitel XXX.

76 Austin, John: *The Province of Jurisprudence Determined* (Nachdruck). Hackett Publishing: Indianapolis 1998, S. 127.

77 Hart, H.L.A.: *The Concept of Law*. Clarendon Press: Oxford 1994², Kapitel X.

78 Morgenthau, Hans J.: *Politics among Nations: The Struggle for Power and Peace*. Knopf: New York 1948.

79 Alter, Karen J.: „The Future of International Law". *iCourts Working Paper Series*, No. 101, 2017, S. 13.

80 Es mag hier ebenso angemerkt sein, dass bilaterale Abkommen den USA (und jedem anderen mächtigen Staat) wohl leichter die Ausübung politischen oder

Demgemäß meint *Bolton* auch, dass multilaterale internationale Verpflichtungen rein politischer oder moralischer Natur seien, unilaterale Gewaltanwendung gegen andere Staaten im Interesse der USA legitim sei und internationale Gerichtshöfe (vor allem der IGH und der IStGH) sowie internationale Organisationen (insbesondere die Vereinten Nationen und die Europäische Union) das Konzept der staatlichen Souveränität im Allgemeinen und die Souveränität der USA im Besonderen bedrohten.[81] *Bolton* stellt durch diese Ansichten die Rechtsqualität des Völkerrechts selbst nachdrücklich in Frage.

Im Fahrwasser der Klagseinbringung Palästinas gegen die USA wegen der Verlegung der amerikanischen Botschaft nach Jerusalem[82] und dem darauffolgenden sofortigen Rückzug der USA aus dem Fakultativprotokoll zur Wiener Diplomatenrechtskonvention erscheinen *Boltons* Aussagen zum IGH im Vergleich zu seiner Grundhaltung jedoch äußerst widersprüchlich. So kündigte er Anfang Oktober 2018 die Überprüfung all jener internationalen Abkommen an, welche die USA den „politisch motivierten" Klagen und der „verbindlichen Zuständigkeit" des IGH unterwerfen.[83] In diesem Sinne muss sich *Bolton* doch die drei Fragen gefallen lassen, wie er, erstens, in einer rein politisch ausgerichteten Welt ohne völkerrechtliche Verbindlichkeiten die Existenz einer nichtpolitisch motivierte Klage überhaupt annehmen kann; zweitens, inwiefern die Zuständigkeit des IGH in einer solchen Welt, in der das Völkerrecht nur moralische oder politische Qualität genießt, tatsächlich verbindlich sein kann; und drittens; weshalb ein Rückzug aus dem Fakultativprotokoll und damit der

---

wirtschaftlichen Drucks auf deren Vertragspartner – ganz im Sinne eines machiavellistischen „divide et impera" – erlauben als multilaterale Verträge. Zum „transactional approach" der *Trump*-Administration in den internationalen Beziehungen, cf. e.g. Friedman Lissner, Rebecca / Rapp-Hooper, Mira: „The Day after Trump: American Strategy for a New International Order". *The Washington Quarterly* 41(1), 2018, S. 8.

81 Cf. e.g. Bolton, John R.: „Should We Take Global Governance Seriously?". *Chicago Journal of International Law* 1(2), 2000, S. 205–221; Bolton, John R.: „Is There Really ‚Law' in International Affairs?". *Transnational Law & Contemporary Problems* 10(1), 2000, S. 1–48. Cf. ebenso Mansell, Wade / Haslam, Emily: „John Bolton and the United States' Retreat from International Law". *Social & Legal Studies* 14(4), 2005, S. 459–485.

82 *Relocation of the United States Embassy to Jerusalem (Palestine v United States of America)*, Application Instituting Proceedings in the International Court of Justice, 28.09.2018.

83 Cf. Galbraith, Jean: „Contemporary Practice of the United States Relating to International Law". *AJIL* 113(1), 2019, S. 134.

Zuständigkeit des IGH für daraus resultierende Streitigkeiten notwendig ist, wenn das Völkerrecht ja ohnehin rechtlich nicht verbindlich ist.

Mein Fazit ist daher, dass, gerade weil das Völkerrecht Staaten den Rückzug aus Verträgen gestattet, es sich selbst als bindende Rechtsordnung bestätigt und damit Völkerrechtsskeptikern die Argumentationsgrundlage entzieht, dass es keine verbindliche Rechtsordnung sei – denn wäre das Völkerrecht nicht bindend, so wäre ein Rückzug aus Verträgen als performativer Widerspruch sinnlos.

II. Einschränkung der Rückzugsreichweite durch völkerrechtliche Schichtung

Doch man muss argumentativ gar nicht bis zur völligen Leugnung der rechtlichen Qualität des Völkerrechts gehen, um dessen Stabilität durch Flexibilität zu demonstrieren. Denn auch wenn sich Staaten aus einzelnen Verträgen zurückziehen, so können sie sich dadurch nicht völlig aus dem Völkerrechtsverband lösen und bleiben an gewisse materiell-rechtliche Normen gebunden.

Zum Ersten bleiben Staaten bei deren Rückzug aus Verträgen an *ius cogens*-Normen gebunden, auch wenn diese Verträge solche zwingenden Völkerrechtsnormen beinhalten. Man könnte an dieser Stelle einwenden, dass Art. 53 WVK zwingende Normen des Völkerrechts als jene Normen definiert, welche „von der internationalen Staatengemeinschaft in ihrer Gesamtheit *angenommen* und *anerkannt*“[84] werden. Dementsprechend können die Vertragsparteien eines (fast) universell ratifizierten multilateralen Vertrages dessen Bestimmungen durch Anerkennung als *ius* cogens-Normen einen zwingenden Charakter verleihen. Ein Rückzug aus einem solchen Vertrag wäre sodann untersagt;[85] sollte er dennoch erfolgen, dann wäre dieser gleichbedeutend mit dem Rückzug aus den darin enthaltenen *ius cogens*-Normen.[86] Dieses Argument, dass zwingende Normen des Völkerrechts vertraglich geschaffen werden können, ist aber

---

84 Kursivsetzung zur Hervorhebung durch den Autor.

85 Schmalenbach, Kirsten: „Article 53“. In: Dörr, Oliver / Schmalenbach, Kirsten (Hrsg.): *Vienna Convention on the Law of Treaties. A Commentary*. Springer: Heidelberg 2018², Rz. 48.

86 Zur Diskussion, ob universell ratifizierte multilaterale Verträge *ius cogens*-Normen schaffen können, cf. e.g. Schwarzenberger, Georg: „International *Jus Cogens?*“. *Texas Law Review* 43(4), 1965, S. 476; de Visscher, Paul: „Cours général de droit international public“. *Recueil des cours* 136, 1972, S. 107–108; Gómez Robledo, Antonio: „Le *Ius Cogens* international: sa genèse, sa nature, ses fonctions“. *Recueil des cours* 172, 1981, S. 96–100.

aus zwei Gründen unhaltbar. Erstens ist es rechtslogisch gesehen unzutreffend, bei der Ermittlung der zwingenden Natur einer Völkerrechtsnorm ausschließlich auf den Wortlaut des betreffenden Vertrags abzustellen, denn dies würde zur Folge haben, dass es der Vertragstext und damit der Wille der Vertragsparteien wären, welche einer Norm einen zwingenden Charakter verleihen. Diese Ansicht ist mit dem Zweck von *ius cogens*-Normen völlig unvereinbar, denn diese dienen ja als Maßstab für den zulässigen Inhalt von Verträgen und können deshalb nicht vom Willen der Vertragsparteien abhängen.[87] Sowohl die Völkerrechtskommission als auch die einschlägige Literatur stimmen darin ein, dass eine Norm nicht zwingend sein kann, nur weil die Vertragsparteien festlegen, dass von ihr nicht abgewichen werden darf.[88] Zweitens sind Verträge *de lege lata* nicht formelle Quellen zwingender Normen, sondern bilden diese nur deklarativ ab. Da der Ursprung von *ius cogens*-Normen „vor" oder „jenseits" von Verträgen liegt, können völkerrechtliche Verträge lediglich bei deren Bestimmung helfen, sie aber nicht *ex contracto* erschaffen,[89] weil diese vertragsbasierten Normen ansonsten entgegen der *pacta tertiis*-Regel des Art. 34 WVK Nicht-Vertragsparteien binden würden; eine Annahme, die keinerlei Rückhalt im positiven Recht findet.[90] Im Lichte von Art. 38 WVK ist der Ursprung dieser speziellen Normen vielmehr in parallelen völkergewohnheitsrechtlichen Bestimmungen zu verorten, welche multilaterale Verträge eben nur kodifizieren.[91] Wenn sich nun Staaten aus Verträgen, welche zwingende Normen

---

87 Orakhelashvili, Alexander: *Peremptory Norms in International Law.* Oxford University Press: Oxford 2006, S. 57–58.

88 Reports of the Commission to the General Assembly, *YBILC* 2, 1966, S. 248; United Nations Conference on the Law of Treaties, First Session (26 March-24 May 1968), S. 296 (*Mustafa Kamil Yasseen*, Irak) und S. 303 (*Stephen Verosta*, Österreich); Dhokalia, Ramaa: „Problems Relating to *Jus Cogens*". In: Agrawala, S.K. (Hrsg.): *Essays on the Law of Treaties.* Orient Longman: New Delhi 1972, S. 168; Leonetti, Antoine-Jean: „Interprétation des traités et règles imperatives du droit international general (*jus cogens*)". *ZöR* 24, 1973, S. 99; Domb, Fania: „*Jus Cogens* and Human Rights". *Israel Yearbook on Human Rights* 6, 1976, S. 114.

89 Lissitzyn, Oliver: „Carnegie Endowment for International Peace, Conference on International Law" Lagonissi, 3–8.04.1966. *Papers and Proceedings, The Concept of Jus Cogens in Public International Law (Summary Record)*, 1967, S. 103.

90 Orakhelashvili (Fn. 87), S. 111.

91 Schmalenbach (Fn. 85), Rz. 49; Barberis, Julio A.: „La liberté de traiter des Etats et le jus cogens". *ZaöRV* 30, 1970, S. 45; Reimann, Heinrich Bernhard: *Ius cogens im Völkerrecht.* Schulthess: Zürich 1971, S. 50–51; Sztucki, Jerzy: *Jus cogens and the Vienna Convention on the Law of Treaties.* Springer: Wien 1974, S. 107; Hannikainen, Lauri: *Peremptory Norms in International Law.* Finnish Lawyers' Pub. Co.: Helsinki

enthalten, zurückziehen, dann bleiben diese Staaten natürlich an idente völkergewohnheitsrechtliche *ius cogens*-Normen außerhalb des betroffenen Vertragsregimes gebunden.

Zum Zweiten bedeutet dies, dass solche rückzugswilligen Staaten neben diesen Normen natürlich auch an gleichlautende dispositive völkergewohnheitsrechtliche Normen gebunden bleiben,[92] da die relevanten gewohnheitsrechtlichen Normen den Vertragsrückzug selbstverständlich überdauern und ein einseitiger Rückzug aus bestehendem Gewohnheitsrecht unmöglich ist.[93] Die weitere Anwendbarkeit der in Frage stehenden völkerrechtlichen Regeln bleibt damit vom Rückzug unberührt, auch wenn diese Regeln in den meisten Fällen sicherlich nicht dieselbe Feinheit und einen gleich hohen Entwicklungsgrad wie gewisse völkervertraglich-basierte Normen aufweisen. Dies ist völlig unproblematisch, wenn der Vertrag lediglich präexistentes Völkergewohnheitsrecht kodifiziert. Neben diesen rein deklaratorischen Verträgen können Verträge neues Recht aber auch erst konstituieren,[94] was bedeutet, dass jene neu geschaffenen vertragsbasierten Regeln für den sich zurückziehenden Staat freilich nicht weitergelten. Wandeln sich die Bestimmungen des Vertrages jedoch mit der Zeit zu Völkergewohnheitsrecht,[95] so bleiben diese sodann natürlich auch für den zurücktretenden Staat bindend.[96]

1988, S. 225–226; Weatherall, Thomas: *Jus Cogens: International Law and Social Contract.* Cambridge University Press: Cambridge 2015, S. 126.

92 Cf. e.g. Military and Paramilitary Activities in and against Nicaragua (Nicaragua v. United States of America), Judgment 26.6.1986. ICJ Rep. 1986, S. 14, Rz. 176.

93 Cf. e.g. Art. 317 Abs. 3 des VN-Seerechtsübereinkommens: „Die Kündigung berührt nicht die Pflicht eines Vertragsstaats, eine in diesem Übereinkommen enthaltene Verpflichtung zu erfüllen, der er nach dem Völkerrecht unabhängig von dem Übereinkommen unterworfen ist."

94 Zur Unterscheidung solcher „deklaratorischer" und „konstitutiver" Verträge, cf. e.g. Art. 13 Abs. 1 lit. der Satzung der VN sowie Dinstein, Yoram: „The Interaction between Customary International Law and Treaties". *Recueil des cours* 322, 2007, S. 346.

95 Wie e.g. die Haager Landkriegsordnung von 1899/1907, welche zum Zeitpunkt ihrer Entstehung konstitutiv, nach 1945 jedoch eindeutig deklaratorisch geworden war: International Military Tribunal, Judgment (1946), 1 Trial of the Major War Criminals before the International Military Tribunal (Nuremberg, 14.11.1945–1.10.1946) 171, 253–254 (1947).

96 Cf. auch North Sea Continental Shelf Cases (Germany v. Denmark; Germany v. Netherlands), Judgment 20.2.1996. ICJ Rep. 3, Rz. 71–72.

Diese Beispiele zeigen, dass das Völkerrecht derart „geschichtet" ist, dass nur die fazilitativen Normen der flexiblen Schicht (dispositives Vertragsrecht) relativ rasch und oft abrupt geändert werden können, während die Schicht zwingender (*ius cogens*) oder nur sich langsam wandelnder Normen (dispositives Völkergewohnheitsrecht) davon unberührt und damit stabil bleibt. Dementsprechend bleibt ein sich aus einem Vertrag zurückziehender Staat an diese zweite Schicht weiterhin gebunden, sofern die im Vertrag enthaltenen und außervertraglichen Normen miteinander identisch sind.

Bezüglich der materiell-rechtlichen Dimension völkerrechtlicher Verträge ist jedoch noch ein weiteres Argument zu erörtern, und zwar jenes der Unterscheidung zwischen bilateralen (oftmals bloße *traités-contrats*) und multilateralen (in der Regel *traités-lois*) Verträgen. Während der Rückzug von bilateralen Verträgen aufgrund ihres rein synallagmatischen und geschäftlichen Inhalts keineswegs die „Verfassung" und Stabilität der Völkerrechtsordnung bedroht, ist dies im Rahmen des Rückzugs von multilateralen, also legislativen und quasi-konstitutionellen, Verträgen[97] nicht von Vornherein von der Hand zu weisen. Solche Verträge, allen voran Gründungsverträge universeller internationaler Organisationen wie etwa der Vereinten Nationen oder universelle Menschenrechtsverträge, bilden unzweifelhaft ebenso – neben *ius cogens*-Normen und Völkergewohnheitsrecht – einen wesentlichen Grundpfeiler der völkerrechtlichen Architektur; demnach kann ein massiver Rückzug aus diesen Verträgen durchaus eine Gefahr für die Stabilität des Völkerrechts bedeuten. Formell-rechtlich gesehen weisen solche Verträge regelmäßig eben keine Austrittsklauseln auf, was einem rechtskonformen Rückzug (wie in den Fällen von Indonesien und Nordkorea zuvor) entgegensteht und diesen damit verhindern kann. Dies lässt jedoch die Frage der Folgen eines Rückzugs unbeantwortet, welcher diese Rückzugsregeln und die weiteren Rechtsfolgen eines rechtswidrigen Rückzugs ignoriert. Quantitativ gesehen kann jede internationale Organisation oder auch jeder menschenrechtliche Vertrag wenige Austritte verkraften, doch es bleibt zu befürchten, dass eine zahlenmäßig umfangreichere Austrittswelle vieler politisch mächtiger Staaten das Völkerrechtssystem an einen Scheitelpunkt heranträgt, nach dem der völlige Kollaps droht. Dies mag zwar in der Praxis unwahrscheinlich sein, ist aber nicht denkunmöglich

---

97 Cf. hierzu auch Kleinlein, Thomas: *Konstitutionalisierung im Völkerrecht*. Springer: Heidelberg 2011, S. 341–342; Sicilianos, Linos-Alexander: „The Classification of Obligations and the Multilateral Dimension of the Relations of International Responsibility". *EJIL* 13(5), 2002, S. 1135.

und bleibt damit eine drohende Gefahr für die Stabilität des Völkerrechts. Man könnte auch sagen, dass die dem Völkerrecht inhärente Flexibilität an diesem Punkt nicht grundlos endet, sondern sich vernünftigerweise zurücknimmt, um seinen eigenen Zerfall zu verhindern. Das Recht – auch das staatliche Recht – kann aber niemals zur Gänze jene faktischen Handlungen abwenden, welche unter Umständen seinen Untergang herbeiführen.

D. Pragmatische und geltungserhaltende Flexibilität

Aus den rechtsdogmatischen und –theoretischen Erörterungen der vorherigen Abschnitte folgt meine dritte Hauptthese, welche ebenfalls aus zwei Teilen besteht, die Hand in Hand gehen: Durch diese Flexibilität *qua* Rückzugsmöglichkeit macht das Völkerrecht Staaten erstens den Beitritt zu Verträgen erst attraktiv, denn pragmatisch gesehen ist der Beitritt zu unbefristet geltenden Verträgen aus dem Blickwinkel der staatlichen Souveränität zunächst wenig reizvoll;[98] und zweitens verhindert das Völkerrecht somit seine eigene *reductio ad absurdum*, denn eine fehlende Rückzugsmöglichkeit aus Verträgen würde lediglich zu einem geringeren Maß an Rechtsbefolgung und Frustrierung des Vertragsziels und -zwecks führen. Dies untergrübe erst recht die Rechtsqualität des Völkerrechts und ließe es als leere Normenhülle ohne allgemeine Akzeptanz zurück.

98 Dieses Argument wirft jedoch die Frage auf, weshalb Staaten dennoch unbefristet geltenden Verträgen ohne Austrittsklauseln wie etwa dem Zivilpakt oder der Charta der Vereinten Nationen beitreten. Staaten tun dies in der Tat, wobei ich an dieser Stelle nicht ausführlich darauf eingehen kann, warum dies der Fall ist. Eine mögliche Antwort könnte in der Furcht vor möglichem Reputationsverlust liegen, eine andere in der sogenannten Sozialisierungsthese der internationalen Beziehungen, gemäß welcher isolationistisch eingestellte Staaten durch Einbindung in das Völkerrechtssystem „sozialisiert" und damit Teil der internationalen Staatengemeinschaft werden (wobei sie daraus auch Vorteile, wie e.g. Handels- und Wirtschaftsbeziehungen, ziehen können). Als anschauliche Beispiele dienen in diesem Zusammenhang die Integration des post-sowjetischen Russlands oder China in die internationale Staatengemeinschaft in den 1990er-Jahren. Cf. auch e.g. Alderson, Kai: „Making Sense of State Socialization". *Review of International Studies* 27(3), 2001, S. 415–433; Johnston, Alastair I.: *Social States: China in International Institutions, 1980–2000*. Princeton University Press: Cambridge, MA 2007; Mälksoo, Lauri / Benedek, Wolfgang (Hrsg.): *Russia and the European Court of Human Rights: The Strasbourg Effect*. Cambridge University Press: Cambridge 2017.

Die Existenz vielartig ausgestalteter Rückzugsklauseln[99] legt nahe, dass Staaten den Bedingungen und genauen Konturen eines solchen Rückzugs sehr viel Aufmerksamkeit schenken, sowohl bei der Verhandlung des Vertrags selbst als auch bei der Kosten-Nutzen-Abwägung einer andauernden Vertragsbindung. In diesem Sinne sollte man das schwierige Thema des Vertragsrückzuges nicht als Destabilisierung vertragsbasierter internationaler Verpflichtungen geringschätzen,[100] sondern vielmehr als pragmatische und rationale Antwort risikoscheuer Staaten auf eine von politischen Unsicherheiten geprägten Welt betrachten. Als konsensbasierte Instrumente bieten völkerrechtliche Verträge deshalb Staaten eine relativ kostengünstige Ausstiegsoption, sollte der betroffene Vertrag nicht mehr deren Interessen dienen.[101] Unter diesen Umständen wirken Rückzugsklauseln geradezu beitrittsattraktivierend und können mehr Staaten in ihrem Entschluss zur Ratifikation eines Vertrags bestärken als im Falle eines auf unbestimmte Dauer abgeschlossenen Vertrages *ohne* Austrittsklausel.[102] Solche Klauseln ermöglichen ebenso die Ausverhandlung tiefer- oder weitergehender Verpflichtungen, welche ansonsten wohl nur schwer oder gar nicht Eingang in den Vertrag gefunden hätten.[103] Letztlich ermuntern sie die Vertragsparteien auch dazu, lieber veränderte Umstände offen anzusprechen und eventuell den Vertrag zu verlassen als Vertragsparteien zu bleiben und diesen heimlich oder offen zu verletzen.[104]

Obgleich diese *ex ante*-Vorzüge nicht zu vernachlässigen sind, müssen sie gegen die Option eines zu bequemen Vertragsrückzuges abgewogen werden, da Rücktrittsklauseln ansonsten ebenso beachtliche Hindernisse für eine zukünftige vertragsbasierte Kooperation von Staaten bilden können. So kann ein Staat seinen Rückzug androhen oder tatsächlich durchführen, sobald wirtschaftliche, politische oder auch anderweitige Gründe die Vertragserfüllung zu kostspielig oder ungünstig gestalten. Aus dieser Perspektive betrachtet erlauben Austrittsklauseln Staaten den Rückzug aus Verträgen und (nachdem dieser Rückzug wirksam wurde) auch eine Verhaltensweise, die – wäre der betroffene

---

99 Cf. e.g. Lekkas / Tzanakopoulos (Fn. 38), S. 333; Helfer (Fn. 36), S. 641–647.

100 Cf. e.g. Jenks (Fn. 17), S. 180.

101 Helfer (Fn. 36), S. 647; Helfer (Fn. 18), S. 1599.

102 Tobin, Harold J.: *The Termination of Multipartite Treaties*. Columbia University Press: New York 1933, S. 202.

103 Ibid., S. 179–180; Helfer (Fn. 18), S. 1599; Sykes, Alan O.: „Protectionism as a ‚Safeguard': A Positive Analysis of the GATT ‚Escape Clause' with Normative Speculations". *University of Chicago Law Review* 58(1), 1991, S. 279.

104 Helfer (Fn. 36), S. 648.

Staat Vertragspartei geblieben – als Verletzung des Vertrages zu klassifizieren wären. Doch die Risiken reichen weit über einen solchen reinen Opportunismus hinaus.[105] Aus Angst, dass sich die Vertragsparteien von heute bereits morgen aus einem Vertrag zurückziehen, könnten kooperationswillige Staaten nur wenig Anreiz in einer weiteren Vertragserfüllung finden.[106] Dementsprechend sollten Staaten, welche langlebigere und strapazierfähigere völkerrechtliche Verträge abzuschließen gedenken, solche Rückzugsmöglichkeiten einschränken oder völlig eliminieren, was aber wiederum direkt der *ex ante*-Perspektive der pragmatischen und geltungserhaltenden Flexibilität von völkerrechtlichen Austrittsklauseln widerspräche.[107]

Diese zwei unterschiedlichen Blickwinkel zeigen, dass Vertragsverhandlungen stets den optimalen Mittelweg finden müssen, um einerseits opportunistische Vertragsaustritte durch leicht zu erfüllende Bedingungen zu verhindern[108] und andererseits zu strikte Austrittsbedingungen zu vermeiden, da es in einem solchen Fall entweder schon im Vorhinein zu gar keiner Einigung auf den Vertragstext kommt oder, sollte der Vertrag abgeschlossen werden, Vertragsverletzungen zur Regel werden, wenn sich die Interessen des betroffenen Staates nicht mehr mit der Erfüllung des Vertrages decken.[109] Freilich ist dieser Mittelweg oft wohl nur schwer zu finden, insbesondere weil vertragliche Rückzugsklauseln der austretenden Partei nur sehr selten eine materielle Rechtfertigung für den Rückzug abringen[110] (wobei Verträge im Bereich der Rüstungskontrolle hier eine Ausnahme bilden).[111] Dennoch bleibt zu betonen, dass – wie es bereits in den obenstehenden Absätzen mitschwang – aus der pragmatischen Flexibilität des Völkervertragsrechts direkt die geltungserhaltende Flexibilität des Völkerrechts *in toto* folgt. Denn eine andauernde Vertragsverletzung einer

105 Ibid.; Helfer (Fn. 18), S. 1600.

106 Swaine (Fn. 21), S. 2074.

107 Helfer (Fn. 18), S. 1600.

108 Cf. e.g. Stephan, Paul B.: „The New International Law – Legitimacy, Accountability, Authority, and Freedom in the New Global Order". *University of Colorado Law Review* 70(4), 1999, S. 1583; Ress, Georg: „Ex Ante Safeguards against Ex Post Opportunism in International Treaties: Theory and Practice of International Public Law". *Journal of Institutional and Theoretical Economics* 150(1), 1994, S. 294–295.

109 Sykes (Fn. 103), S. 297; Helfer (Fn. 18), S. 1600; Helfer (Fn. 36), S. 648–649.

110 Lekkas / Tzanakopoulos (Fn. 38), S. 334; Helfer (Fn. 18), S. 1598.

111 Joyner, Daniel H. / Roscini, Marco: „Withdrawal from Non-Proliferation Treaties". In: Joyner, Daniel H. / Roscini, Marco (Hrsg.): *Non-Proliferation Law as a Special Regime. A Contribution to Fragmentation Theory in International Law.* Cambridge University Press: Cambridge 2012, S. 151.

Partei, welche sich nicht vom Vertrag zurückziehen kann (z.B. da keine Austrittsklausel in den Vertrag aufgenommen wurde), würde Ziel und Zweck des Vertrages frustrieren und dessen Bestimmungen in totes Recht verwandeln.[112] Der Rückzug aus Verträgen selbst ist rechtmäßig und deshalb auch der Vertragsverletzung (siehe hier etwa Art. 60 WVK) eindeutig vorzuziehen, denn der Rückzug verhindert eine Verletzung und erhält die Rechtsgeltung des betroffenen Vertrages.

E. Friedenserhaltende Flexibilität

Aus diesen letzten Ausführungen folgt unmittelbar meine vierte und letzte Hauptthese: Gerade weil das Völkerrecht Staaten Flexibilität *qua* Rückzugsmöglichkeit gestattet und daher die Einschränkung der materiell-rechtlichen Reichweite seiner eigenen Normen in Kauf nimmt (d.h., dass diese vertragsbasierten Normen für den rücktretenden Staat ja nicht mehr gelten und eventuell nur gewohnheitsrechtlich fortbestehen), bestätigt es sich als friedenserhaltende Rechtsordnung, welche die Sanktionierung des Rückzugs von Verträgen mittels Gewaltandrohung oder tatsächlicher -ausübung nicht erlaubt. Im Vergleich zu früheren Jahrhunderten, als der Rücktritt von Verträgen als Bruch derselben und somit eine legitime und legale Rechtfertigung für einen bewaffneten Konflikt als Antwort auf den Vertragsbruch darstellte, ist eine maßvolle Flexibilisierung des *pacta sunt servanda*-Prinzips zugunsten rechtlich geregelter Rückzugsmöglichkeiten wohl zu bevorzugen (ohne dabei jedoch dieses Prinzip selbst in Frage zu stellen).

Betrachten wir die „alte" Weltordnung lange vor dem Ersten Weltkrieg und die staatlichen Motive der Kriegsführung, dann erscheint uns jene Welt heutzutage als äußerst düster, denn wir sehen sie zumeist durch die Augen der Realisten *Thukydides* oder *Hobbes*, welche als Hauptzwecke des Krieges die Angst, das Verlangen nach Ehre und das beharrliche Verfolgen der eigenen Interessen benennen.[113] Die preußische Invasion Schlesiens 1740 im Zuge des Österreichischen Erbfolgekrieges, welche den Ruf Friedrichs II. als wagemutigen Heerführer und Monarchen begründete, kann daher als anschauliches Beispiel für viele Kriege und deren Motive in der „alten" Weltordnung gesehen

112 Tomuschat, Christian: „*Pacta sunt servanda*". In: Fischer-Lescano, Andreas et al. (Hrsg.): *Frieden in Freiheit – Peace in Liberty – Paix en liberté*. Nomos: Baden-Baden 2008, S. 1048.

113 Thukydides: *Der Peloponnesische Krieg*, Buch I, 23.iv-vi; 88; 118.ii. Hobbes (Fn. 75), Kapitel XIII.

werden.[114] Diese Sicht auf kriegerische Auseinandersetzungen der Vergangenheit ist jedoch als zu eng und vereinfachend zu kritisieren, weil die Entscheidung zur Kriegsführung tatsächlich stets eine *Rechtfertigung* und daher die Behauptung eines *Rechts* verlangte. Krieg war nicht die Abwesenheit von Recht und Ordnung, sondern *war* vielmehr Recht und Ordnung und diente – wohlgemerkt in einer Welt ohne internationale Gerichte und verpflichtende friedvolle Streitbeilegungsmechanismen – als Mittel zur Durchsetzung von Rechten,[115] so z.B. neben der Selbstverteidigung zur Eintreibung von Schulden oder Schadenersatz, zum Schutz von Handelsrechten und -interessen, zur Verteidigung der „wahren" Religion und von Missionaren und zur Durchsetzung von Erbfolgerechten.[116] Bis auf das Recht zur Selbstverteidigung mögen uns diese Rechte und Rechtfertigungen heute seltsam erscheinen, waren aber damals völlig legitim und legal.[117] Besonders bemerkenswert ist ein bisher unerwähnt gebliebener Rechtfertigungsgrund, und zwar der Bruch völkergewohnheitsrechtlicher oder völkervertraglicher Verpflichtungen. Als *casus belli* machen diese Anlassfälle ca. 35–40 bzw. 47–51 Prozent aller Kriegserklärungen zwischen 1492 und 1945 und somit eine überwiegende Mehrheit aller Rechtfertigungen für bewaffnete Konflikte aus.[118] Für Emer de Vattel stellte z.B. ein Vertragsbruch ausdrücklich einen „Akt der Ungerechtigkeit" und somit einen „gerechten" Kriegsgrund dar.[119]

Daraus ergibt sich eine überaus wichtige Konsequenz im Zusammenhang dieses Beitrages, denn Verträge wurden in dieser „alten" Weltordnung ab der zweiten Hälfte des 18. Jahrhunderts grundsätzlich unbefristet[120] und auf

---

114 Cf. statt vieler Augstein, Rudolf: *Preußens Friedrich und die Deutschen.* Fischer: Frankfurt a. M. 1968, S. 293.

115 Grotius, Hugo: *Tres libri de iure belli ac pacis.* Nicalaus Buon: Paris 1625, Kapitel 2.1.2.1.

116 Hathaway, Oona A. / Shapiro, Scott J.: *The Internationalists and their Plan to Outlaw War.* Simon & Schuster: New York 2017, S. 43.

117 Cf. e.g. ibid., S. 42–43; Hathaway, Oona A. et al.: „War Manifestos". *University of Chicago Law Review* 85(5), 2018, S. 1159: Kaiser Maximilian I. begründete seine Kriegserklärung an Frankreich 1492 damit, dass der französische König Karl VIII. seine Frau „gestohlen" und nach der Annullierung der Ehe durch den Papst zur Heirat gezwungen hätte.

118 Ibid., S. 1188 und 1200; Hathaway / Shapiro (Fn. 116), S. 44.

119 De Vattel, Emer: *Le droit des gens*, Vol. I. London 1758, Rz. 164.

120 Dies galt jedoch nicht für die Zeit davor, als die Gültigkeit von Verträgen prinzipiell von der Person des unterzeichnenden Fürsten abhing und diese auch mit dessen Tod erlosch; die Kontinuität von Verträgen wurde daher entweder durch unmittelbare

„immerwährende“ Zeit abgeschlossen.[121] Es existierten zwar rechtliche Regeln zur Vertragsbeendigung als Reaktion auf eine erhebliche Vertragsverletzung im Sinne des Art. 60 WVK,[122] doch muss gleichzeitig betont werden, dass Rücktrittsklauseln völlig unüblich waren und dem Geiste der „Ewigkeit von Verträgen“ zutiefst widersprochen hätten.[123] Die sich daraus ergebende Folge ist, dass der grundlose Rückzug aus einem Vertrag mit einem Bruch desselben gleichzusetzen war[124] und dementsprechend Rechte aus dem gebrochenen Vertrag mit kriegerischen Handlungen durchgesetzt werden konnten. Das heutige Völkerrecht trennt jedoch nicht nur im Sinne des Gewaltverbotes, sondern auch im Sinne der Systematizität des Völkervertragsrechts ganz klar zwischen dem *Bruch* eines Vertrages und dem *Rückzug* daraus sowie den sich daraus ergebenden Folgen. Wie bereits zuvor erwähnt, ist die Möglichkeit eines Vertragsrücktrittes heute durch die Art. 54 und 56 WVK geregelt und somit rechtmäßig, sofern der sich zurückziehende Staat die relevanten Regelungen einhält. Denn während ein Vertragsbruch verschiedenste Folgen im Rahmen des Völkervertragsrechts oder des Rechts der Staatenverantwortlichkeit zeitigen kann, so sehen diese beiden Völkerrechtsregime keinerlei Sanktionen für einen Staat vor, der sich regelkonform aus einem Vertrag zurückzieht.[125]

Zu betonen ist daher nochmals die friedenserhaltende Funktion der völkerrechtlichen Flexibilität in Sachen Vertragsrückzug: Während die „alte“ Weltordnung kriegerische Konflikte durchaus als legale und legitime Antwort auf Vertragsrücktritte (als Vertragsbrüche) akzeptierte, gelang es dem modernen

---

Mitunterzeichnung des potenziellen Nachfolgers oder sofortige Unterzeichnung durch diesen nach dem Tod des Vorgängers garantiert; cf. e.g. Grewe, Wilhelm: *Epochen der Völkerrechtsgeschichte*. De Gruyter: Berlin 1988², S. 421–422; Lesaffer, Randall: „Peace Treaties and the Formation of International Law“. In: Fassbender, Bardo / Peters, Anne (Hrsg.): *The Oxford Handbook of the History of International Law*. Oxford University Press: Oxford 2012, S. 82–83.

121 De Vattel (Fn. 119), Rz. 187–197; Ion, Theodore P.: „Sanctity of Treaties“. *Yale Law Journal* 20(4), 1911, S. 268–291.

122 De Vattel (Fn. 119), Rz. 202.

123 Bradley, Curtis A.: „Treaty Termination and Historical Gloss“. *Texas Law Review* 92(4), 2014, S. 778–779.

124 Hessel, Daniel J.: „Founding-Era *Jus Ad Bellum* and the Domestic Law of Treaty Withdrawal“. *Yale Law Journal* 125(8), 2016, S. 2414–2416.

125 Cf. Art. 70 Abs. 1 lit. a: „Sofern der Vertrag nichts anderes vorsieht oder die Vertragsparteien nichts anderes vereinbaren [. . .]“, befreit die „eingetretene Beendigung des Vertrages“ [. . .] „die Vertragsparteien von der Verpflichtung, den Vertrag weiterhin zu erfüllen.“

Völkerrecht, diese Praxis durch seine Flexibilität einzuhegen. Diese maßvolle Flexibilisierung schwächt das Prinzip des *pacta sunt servanda* nicht, sondern – ganz im Gegenteil – erhält es selbst und zugleich das völkerrechtliche Gewaltverbot in sinnvoller Weise. Bestätigung findet dieses Argument in einem kurzzeitigen Aufflackern dieser historischen Doktrin des bewaffneten Konfliktes als gerechtfertigte Reaktion auf einen Vertragsrücktritt im Jahre 1993, als die *Clinton*-Administration den geplanten Rückzug Nordkoreas aus dem Atomwaffensperrvertrag[126] kurzzeitig als *casus belli* ansah; glücklicherweise konnten bilaterale Verhandlungen und die Rückkehr in die heute anerkannten Völkerrechtsstrukturen diesen Waffengang verhindern.[127]

Ein Gegenargument gegen die friedenserhaltende Flexibilität des Völkerrechts in Sachen Vertragsrückzug lautet jedoch, dass diese modernen Völkerrechtsstrukturen auch den Sicherheitsrat der Vereinten Nationen umfassen, der – sollte er eine Gefährdung des Weltfriedens und der internationalen Sicherheit durch einen Vertragsrückzug feststellen – den Einsatz von Gewalt gegen den zurücktretenden Staat autorisieren kann.[128] Hätte der Sicherheitsrat den Rückzug Nordkoreas vom Atomwaffensperrvertrag also als eine solche Gefährdung eingestuft und auch tatsächlich den Einsatz von militärischer Gewalt gegen dieses Land als Reaktion darauf erlaubt, dann hätte dies doch vielmehr bestätigt, dass die historische Doktrin der Kriegsführung als Antwort auf einen Vertragsrückzug noch immer gilt und die Flexibilität des Völkerrechts doch nicht friedenserhaltend ist. Dies ist in der Tat der Fall, doch ist dieses Gegenargument gleichzeitig auch zu relativieren, da der Sicherheitsrat eben das völkerrechtliche Gewalt*monopol* besitzt und die Ausübung dieser Gewalt nur nach einer umfassenden Prüfung erfolgen kann. Dies verbietet Staaten unterdessen die einseitige Ausübung von militärischer Gewalt und zentralisiert diese in Gestalt des Sicherheitsrates. Da der Sicherheitsrat Teil der bestehenden Völkerrechtsordnung ist, bedeutet dies letztendlich auch, dass das heutige Völkerrechtssystem durch und durch friedenserhaltend ist und das obengenannte Gegenargument leicht zurückgewiesen werden kann.

---

126 Der Austritt Nordkoreas aus dem Atomwaffensperrvertrag erfolgte dann tatsächlich 2003.

127 Smith, Hazel: *North Korea: Markets and Military Rule*. Cambridge University Press: Cambridge 2015, S. 194.

128 Cf. Art. 24, 39 und 42 der Satzung der VN. Cf. auch Bunn, George / Rhinelander, John B., „NPT Withdrawal: Time for the Security Council to Step In". *Arms Control Today* 35(4), 2005, S. 17–21.

F. Schlussfolgerungen

Ich möchte diesen Beitrag mit der Conclusio schließen, dass der Rückzug von Staaten aus völkerrechtlichen Verträgen materiell-rechtlich gesehen zwar stets bedauerlich ist, da die Reichweite der Bindungswirkung vertragsbasierter Normen (sollte es keine identen völkergewohnheitsrechtlichen Normen geben) dadurch erheblich eingeschränkt wird. Dies zeigt, dass völkerrechtliche Normen und Institutionen viel fragiler sind als angenommen[129] und dass der „konstitutive Moment des Völkerrechts" der 1990er-Jahre mit der damit verbundenen Hoffnung auf das „Ende der Geschichte"[130] wohl nur eine kurzzeitige Illusion bleibt.[131] Womöglich, so könnte man spekulieren, durchlaufen multilaterale Entwicklungen Lebenszyklen und befinden sich zurzeit eben in einer Abschwungphase.[132]

Andererseits kann die Völkerrechtsordnung diese Einschränkungen ihrer vertragsbasierten Bindungswirkung verkraften, weil die Rückzugsmöglichkeit von Verträgen ohnehin am bestandsfesten „Verfassungskern" des Völkerrechts, nämlich an *ius cogens*-Normen und den grundlegenden Eckpfeilern des modernen Völkerrechts (z.B. der souveränen Gleichheit der Staaten), endet. Eine Gefährdung dieser Stabilität mag stets im massiven Rückzug von Staaten aus „völkerrechtsarchitektonischen" Verträgen wie z.B. der Charta der Vereinten Nationen oder universellen Menschenrechtsverträgen drohen, doch ist dies einerseits wenig wahrscheinlich und zweitens auch rechtstheoretisch unproblematisch, weil keine Rechtsordnung vollkommene Rechtsbefolgung sicherstellen oder ihre eigene Abschaffung durch rechtswidrige faktische Handlungen verhindern kann. Dennoch kann selbst der mächtigste Akteur der internationalen Beziehungen solche etablierten völkerrechtlichen Normen nicht einseitig ändern oder gar aushebeln, denn Störenfriede wie *Trump* besitzen kein Monopol in Sachen Völkerrechtserzeugung und -vernichtung.[133] Durch diese Flexibilisierung des von Emer de Vattel genannten *droit volontaire* fazilitativer Völkerrechtsnormen bleibt die Grundstruktur des Völkerrechts in der Gestalt

---

129 Alter (Fn. 79), S. 16.

130 Cf. Fukuyama, Francis: *The End of History and and the Last Man*. Free Press: New York 1992.

131 Cf. e.g. Koskenniemi, Martti: „Epilogue". In: Werner, Wouter / de Hoon, Marieke / Galán, Alexis (Hrsg.): *The Law of International Lawyers: Reading Martti Koskenniemi*. Cambridge University Press: Cambridge 2017, S. 404.

132 Cf. Cohen, Harlan G.: „Multilateralism's Life Cycle". *AJIL* 112(1), 2018, S. 47–66.

133 Cf. Koh (Fn. 70), S. 2 und 15.

des *droit nécessaire* absoluter Völkerrechtsnormen unberührt.[134] Das Völkerrecht präsentiert sich in sedimentären Schichten, was bedeutet, dass sich Staaten leichter von dessen fazilitativer als der absoluten Normenschicht zurückziehen können. Sediment kann sich durch Zeitablauf in festes Gestein verdichten, welches der Erosion besser widerstehen kann, und genau diese Fundamente der Völkerrechtsordnung haben auch die dunkelsten Zeiten des Kalten Krieges und andere internationale Krisen überdauert. Das Risiko einer starken Erosion mag neuerdings wieder zunehmen, doch gerade durch seine Flexibilität in Sachen Vertragsrückzug kann das Völkerrecht scheidungswilligen Staaten offen entgegenkommen und – wie insbesondere das Beispiel des Pariser Klimaschutz-Übereinkommens zeigt – neue unterstützungsfreudige Akteure wie z.B. die Europäische Union oder China eine Bühne für seine eigene Weiterentwicklung und effektive Durchsetzung bieten. Gerade in diesem Hinblick bleibt zu unterstreichen, dass das Völkerrecht – wie auch jedes andere Rechtssystem – nur überleben kann, wenn es die Fähigkeit hat, sich im Laufe der Zeit anzupassen und weiterzuentwickeln. Die zuvor erwähnte geologische Metapher hat also auch zur Folge, dass die Erosion der weicheren Sedimentschichten möglich sein muss, um das darunterliegende Gestein nicht auszuhöhlen. Die Möglichkeit des Rückzuges aus Verträgen ist der dementsprechende Preis, welchen die Völkerrechtsordnung zahlen muss, um Staaten überhaupt deren Zustimmung, an einen Vertrag gebunden zu sein, abringen zu können.[135]

Deshalb schließe ich mit dem optimistischen Ausblick, dass die aktuelle Rückzugspraxis einiger Staaten aus völkerrechtlichen Verträgen die Struktur der Völkerrechtsordnung selbst nicht unterminieren kann, obschon zugleich Vorsicht vor der zunehmenden völkerrechtsskeptischen Rhetorik geboten ist.[136]

---

134 De Vattel (Fn. 119), Rz. 21 und 28.

135 Crawford, James: „The Current Political Discourse Concerning International Law". *Modern Law Review* 81(1), 2018, S. 21–22.

136 Ibid., S. 22.

Michael J. Moffatt*

Destabilisierungsfaktor „Doppelstandard“: Iterationen zu Völkerstrafrecht, Abrüstung und Menschenrechten

A. Einleitung

Homer erzählt in der Ilias von Zeus, der sich in Europa verliebt.[1] Er verwandelt sich in einen Stier, um unbemerkt von seiner Gattin Hera, Europa nach Kreta entführen zu können. In der römischen Mythologie beschreibt Ovid den Raub der Europa durch Jupiter, und auch Cicero und Seneca bedienen die Sage.[2] Es entwickelt sich daraus ein Sprichwort, dessen genaue Herkunft verborgen bleibt. Nach Joseph von Eichendorff:

> „quod licet Jovi, non licet bovi“ – Was dem Jupiter erlaubt ist, ist dem Ochsen verboten.[3]

Illustriert wird allerdings, dass einem Ochsen gelingt, was Jupiter nicht zu gelingen vermag. Terenz verdeutlich dies in seiner Sentenz, „aliis si licet, tibi non licet“ – „Wenn es anderen erlaubt ist, so doch nicht dir“.[4]

---

* Univ.-Ass. (prae-doc) Mag. Michael J. Moffatt, Abteilung für Völkerrecht und Internationale Beziehungen, Institut für Europarecht, Internationales Recht und Rechtsvergleichung, Universität Wien. Die Dissertation des Autors beschäftigt sich anhand einer Reihe von Fallstudien mit völkerrechtlichen Doppelstandards und überschneidet sich mit dem Inhalt dieses Beitrags.

1 Homer: *Ilias.* 7. Jahrhundert v. Chr., XIV., 321-322. Nachgedruckt in: Latacz, Joachim / West, Martin L.: *Homers Ilias: Gesamtkommentar: Band X – 14. Gesang.* De Gruyter: Berlin et. al. 2015, S. 21.

2 Ovidius Naso, Publius. *Metamorphoseon libri.* 8 n. Chr. II., 839 ff. Nachgedruckt in: Miller, Frank J.: *Ovid in Six Volumes: Metamorphoses.* Harvard University Press: Cambridge, Massaschusets 1971, S. 118; Cicero, Marcus Tullius. *De finibus bonorum et malorum.* 45 v. Chr., V.IX., 26. Nachgedruckt in: Beaven, James: *Selections from Cicero: Part IV.* Francis & John Rivington: London 1853, S. 161; Seneca, Lucius Annaeus: *Hercules furens.* 54 n. Chr., 489.Nachgedruckt in: Kingery, Hugh M.: *Three Tragedies of Seneca.* The Macmillan Company: New York 1909, S. 42.

3 Eichendorff, Joseph von: *Aus dem Leben eines Taugenichts und das Marmorbild.* Vereinsbuchhandlung: Berlin 1826, S. 112.

4 Terentius Afer, Publius: *Heautontimorumenos.* 163 v. Chr., IV.V., 797. Nachgedruckt in: Phillips, Jonathan A.: *The Comedies of Terence.* John Cumming: Dublin 1846, S. 258.

Trotz der souveränen Gleichheit aller Staaten hat sich eine völkerrechtliche Ordnung entwickelt, in der manchen Staaten gestattet wird, was anderen verboten ist. Dies ist grundsätzlich wenig überraschend in einer weitgehend auf Dispositionsfreiheit basierenden horizontalen Ordnung. Jeder Staat verfügt über ein einzigartiges Bündel an Rechten und Pflichten. Und dennoch verursachen Exzeptionalismus und Selektivität Dissonanzen. Entsprechende Phänomene werden in Literatur und Praxis oft als „Doppelstandards“ bezeichnet. Diesem Beitrag liegt die These zugrunde, dass Doppelstandards zur Destabilisierung der Völkerrechtsordnung beitragen. Manche Staaten sehen sich oder andere als Ochsen in einem System, das die Stellung eines Jupiter verspricht, und ziehen sich aus Verträgen oder Institutionen zurück.

Die These wird anhand von drei Rückzugsakten aus unterschiedlichen Bereichen des Völkerrechts überprüft. Untersucht werden soll, ob es einen Zusammenhang zwischen Doppelstandards und Destabilisierung, insbesondere im Rahmen von Rückzugsakten, gibt und sich ähnliche Kritiken in verschiedenen Bereichen des Völkerrechts als Iterationen eines Problems wiederholen. Konkret werden (B) der Rücktritt Burundis vom Römer Statut des Internationalen Strafgerichtshof (IStGH Statut)[5], (C) der Rücktritt der Demokratischen Volksrepublik Korea (Nordkorea) vom Vertrag über die Nichtweiterverbreitung von Atomwaffen (NPT)[6] und (D) der Austritt der Vereinigten Staaten von Amerika aus dem Menschenrechtsrat der Vereinten Nationen[7] untersucht. In diesem Zusammenhang werden jeweils fünf Aspekte hervorgehoben: (I) inwieweit sich der Staat im Zuge des Rückzugsaktes auf einen „Doppelstandard“ berufen hat, (II) welcher Umstand den vermeintlichen Doppelstandard darstellt, (III) inwieweit Doppelstandard bzw. Rückzugsakt destabilisierend auf die Völkerrechtsordnung wirken, (IV) ob tatsächlich ein Doppelstandard vorliegt und (V) inwiefern ein behaupteter oder tatsächlicher Doppelstandard kausal für den Rückzugsakt war.

Der Begriff „Doppelstandard“ wird in diesem Zusammenhang folgendermaßen definiert:

---

5 Rome Statute of the International Criminal Court, 2187 UNTS 90; BGBl. III Nr. 180/2002 i.d.F. BGBl. III Nr. 53/2005.

6 Treaty on the Non-Proliferation of Nuclear Weapons, 729 UNTS 169; BGBl. Nr. 258/1970.

7 GV der VN: *Resolution 60/251. Human Rights Council*, 3 April 2006 (UN Doc. A/RES/60/251), retrieved 27.8.2019, from https://www2.ohchr.org/english/bodies/hrcouncil/docs/A.RES.60.251_En.pdf.

> Ein Doppelstandard liegt vor, wenn ein Völkerrechtssubjekt ungerechtfertigterweise von der Erzeugung oder Anwendung völkerrechtlicher Normen ausgenommen wird. Ungerechtfertigt ist eine Ausnahme im engeren Sinn wenn sie gegen rechtsverbindliche Normen verstößt, und im weiteren Sinn wenn sie völkerrechtspolitisch missbilligt wird.

Der erste Teil der Definition basiert auf einer eingehenden Untersuchung der Verwendung des Begriffs in völkerrechtlicher Literatur und Praxis im Rahmen der Dissertation des Autors zum Thema „Understanding Double Standards in International Law“.[8] Der zweite Teil gewährleistet die Berücksichtigung breiterer normativer Probleme trotz einer primären Unterscheidung nach Rechtswidrigkeit.

B. Rücktritt Burundis vom IStGH Statut

I. Berufung auf einen „Doppelstandard“

Die von Burundi im Oktober 2016 abgegebene, und ein Jahr darauf wirksam gewordene Rücktrittserklärung enthält keine Begründung.[9] Rückschlüsse auf Beweggründe lassen sich aber aus einer Erklärung des burundischen Ministerrats und einem Beschluss der Afrikanischen Union (AU) gewinnen. Auf erstere folgten binnen weniger Tage zuerst parlamentarische Befürwortung, anschließend präsidentielle Zustimmung und schließlich die Mitteilung des Rücktritts gegenüber dem Depositär des IStGH Statuts.[10] Aufgrund der Abfolge dieser Ereignisse in engem zeitlichen Zusammenhang, und der Abwesenheit anderer amtlicher Mitteilungen dient die gegenständliche Ministerratserklärung als aufschlussreiche Quelle hinsichtlich behaupteter Rücktrittsmotive.

---

8 Moffatt, Michael J.: „Understanding Double Standards in International Law“ (Arbeitstitel des Dissertationsprojekts (Völkerrecht) an der Universität Wien; Dissertationsthema und Exposé eingereicht am 22.5.2018).

9 UN Secretary General: *Depositary Notification, Burundi: Withdrawal, 27 October 2016 (C.N.805.2016.TREATIES-XVIII.10)*, retrieved 20.8.2019, from https://treaties.un.org/doc/publication/cn/2016/cn.805.2016-eng.pdf.

10 Gouvernement du Burundi: *Communiqué de Presse de la Réunion du Conseil des Ministres du Jeudi 06 Octobre 2016*, retrieved 20.8.2019, from www.burundi.gov.bi/spip.php?article1534. Das burundische Parlament genehmigte den Rücktritt mit 12. Oktober 2016, der Präsident stimmte mit 18.10.2016 zu. Cf. Ssenyonjo, Manisuli: „State Withdrawal Notifications from the Rome Statute of the International Criminal Court: South Africa, Burundi and the Gambia“. *Criminal Law Forum* 29(1), 2018, S. 63 (S. 67).

Im Wesentlichen verweist die Erklärung auf Ermittlungen gegen afrikanische Machthaber, welche von Nichtvertragsparteien angeregt worden seien, die aber wiederum ihre eigenen Staatsangehörigen vor Strafverfolgung zu schützen suchten.[11]

Ähnliches findet sich in einem vorangegangenen Beschluss der AU, welcher vor der Wahrnehmung eines „Doppelstandards" warnt und die Herrschaft des Rechts gefährdet sieht:

> The Assembly [. . .] STRESSES the need for international justice to be conducted in a transparent and fair manner, in order to avoid any perception of double standard, in conformity with the principles of international law, and EXPRESSES CONCERN at the threat [. . .] to [. . .] the rule of law [. . .].[12]

Während sich Burundi im Zusammenhang mit seinem Rücktritt demnach nicht explizit des Begriffs „Doppelstandard" bediente, enthält ein von Burundi mitgetragener Beschluss der AU eine entsprechende Diktion im Hinblick auf den Gegenstand der burundischen Erklärung.[13]

---

11 Gouvernement du Burundi: *Communiqué de Presse* (Fn. 10): „[C]ertaines puissances du monde, initiateurs du projet de la création de cette Cour et qui avaient incité les autres pays surtout africains à ratifier son statut en usant même de pressions, ont refusé de ratifier ce Statut, et ce pour protéger leurs éventuels criminels [. . .] des pays qui ne l'ont [ledit Statut] même pas ratifié en contrôle le fonctionnement [. . .] cette Cour [. . .] est devenue un instrument de pressions politiques sur les Gouvernements des pays pauvres ou un moyen de les déstabiliser. En effet, il n'est un secret pour personne que l'ouverture des enquêtes contre les dirigeants africains se fait sous l'impulsion des grandes puissances, ce qui remet en cause l'Indépendance du Procureur de la Cour Pénale Internationale et de la Cour elle-même".

12 AU (Assembly of the Union): *Decision on International Jurisdiction, Justice and the International Criminal Court (ICC), 26–27 May 2013 (Assembly/AU/Dec.482(XXI))*, Rz. 5, retrieved 21.8.2019, from https://au.int/sites/default/files/decisions/9654-assembly_au_dec_474-489_xxi_e.pdf.

13 Das Abstimmungsverhalten der in der „Assembly of the African Union" vertretenen Mitgliedsstaaten wird nicht festgehalten, und es lässt sich daher nicht verlässlich feststellen, ob Burundi im Hinblick auf den betreffenden Beschluss zugestimmt, sich enthalten oder abgelehnt hat. Gemäß „Rule 18" der Verfahrensordnung der „Assembly" werden Beschlüsse grundsätzlich per Konsens und alternativ mit Zweidrittelmehrheit gefasst (Assembly of the African Union: *Rules of Procedure of the Assembly of the Union, 9–10 July 2002 (ASS/AU/2(I) – a)*, retrieved 21.08.2019, from www3.nd.edu/~ggoertz/rei/rei040/rei040.13tt1.pdf). In der Praxis lassen Mitgliedstaaten ihre Ablehnung eines Beschlusses oder eines Bestandteils eines solchen per „Reservation" im Beschlusstext festhalten (cf. ibid. eine „Reservation" im Hinblick auf den gesamten Beschluss seitens der Republik Botsuana). Eine solche „Reservation" hat

II. Inhalt des vermeintlichen Doppelstandards

In welchem Umstand liegt also der behauptete Doppelstandard? Bekanntlich betrafen die bisher 27 Rechtssachen des Internationalen Strafgerichtshofs (IStGH) 45 Angeklagte afrikanischer Staatsangehörigkeit.[14] Von den aktuell elf Situationen (i.e. Ermittlungssachverhalten) beziehen sich alle, mit Ausnahme jener Georgiens, auf afrikanische Staaten.[15] In diesem Zusammenhang haben afrikanische Staaten bzw. ihre Staatsoberhäupter oder Minister beklagt, dass sich der Gerichtshof bisher nur mit diesem Kontinent befasst und trotz eindeutiger Beweislage keine nichtafrikanischen Personen angeklagt hätte.[16]

Burundi im Zusammenhang mit dem betreffenden Beschluss nicht eingebracht, und es erscheint daher angemessen, den entsprechenden Wortlaut auch Burundi mittelbar zuzurechnen. So haben sowohl Burundi als auch die AU Bedenken im Hinblick auf ein Ungleichgewicht hinsichtlich der Behandlung afrikanischer Staaten auf Basis des IStGH Statuts geäußert, und die AU hat dies unter Heranziehung des Begriffs „Doppelstandard“ aufgegriffen.

14 ICC: *Cases,* retrieved 21.8.2019, from www.icc-cpi.int/Pages/cases.aspx; ICC: *Defendants*, retrieved 21.08.2019, from www.icc-cpi.int/Pages/defendants-wip.aspx.

15 ICC: *Situations under investigation,* retrieved 21.8.2019, from www.icc-cpi.int/pages/situation.aspx.

16 Cf. e.g. Rücktrittsnotifikation Südafrikas: „There is [sic!] also perceptions of inequality and unfairness in the practice of the ICC that [. . .] emanate from [. . .] the perceived focus of the ICC on African states, notwithstanding clear evidence of violations by others“ (UN Secretary General: *Depositary Notification, South Africa: Withdrawal, 19 October 2016 (C.N.786.2016.TREATIES),* retrieved 20.8.2019, from https://treaties.un.org/doc/Publication/CN/2016/CN.786.2016-Eng.pdf); Paul Kagame, Präsident von Ruanda: „The ICC was supposed to address the whole world, but it ended up covering only Africa“ (Al Jazeera: „Rwanda's Paul Kagame accuses ICC of bias against Africa“ 29.4.2018, retrieved 21.8.2019, from https://www.aljazeera.com/news/2018/04/rwanda-kagame-accuses-icc-bias-africa-180429050656022.html); Hage Geingob, Präsident von Namibia: „People are saying that it only targets African leaders. That seems to be true [. . .] and that's a problem“ (Milhench, Claire: „Namibia will stay in ICC – if United States joins, says president“. *Reuters* 1.12.2016, retrieved 21.8.2019, from https://www.reuters.com/article/us-namibia-economy-president/namibia-will-stay-in-icc-if-united-states-joins-says-president-idUSKBN13Q5L0); Yoweri Museveni, Präsident von Uganda: „I plan to table a motion for the withdrawal since the court is [. . .] a biased instrument of post-colonial hegemony“ (Makana, Fred: „Ugandan President Yoweri Museveni lashes out at ICC, wants Africa to pull out“. *Standard* 13.12.2014, retrieved 21.9.2019, from https://www.standardmedia.co.ke/article/2000144601/ugandan-president-yoweri-museveni-lashes-out-at-icc-wants-africa-to-pull-out); Sheriff Bojang, Informationsminister von Gambia: „This action is warranted by the fact that the ICC, despite being called the International

Der gegenständliche Vorwurf des Doppelstandards enthält zwei Dimensionen. Einerseits wird im Hinblick auf die Erzeugung der Norm angeprangert, dass Staaten, welche sich für den Beitritt afrikanischer Staaten zum IStGH Statut eingesetzt hätten, ungerechtfertigter Weise selbst nicht Partei geworden seien. Andererseits wird hinsichtlich der Anwendung der Normen des IStGH Statuts die Verfolgung ausschließlich afrikanischer Staatsangehöriger bemängelt, während Verdächtige außerhalb des Kontinents ungerechtfertigter Weise verschont worden seien.

Zusammenfassend lässt sich der Schluss ziehen, Burundi sei vom IStGH Statut unter Berufung auf Doppelstandards gegenüber afrikanischen Staaten sowohl bei der Erzeugung als auch der Anwendung der Normen des Statuts zurückgetreten.

III. Destabilisierende Wirkung

Inwiefern lässt sich aber nun eine Destabilisierung der Völkerrechtsordnung als Konsequenz eines vorgeblichen Doppelstandards ableiten? Die internationale Strafrechtspflege ist durch den Rücktritt Burundis freilich nicht zum Stillstand gekommen. Es kann jedoch in zweierlei Hinsicht von einer beeinträchtigenden Wirkung gesprochen werden.

Zum Ersten ist ein Steinchen aus dem Mosaik einer Ordnung ohne Straflosigkeit gefallen. Während der Großteil der internationalen Gemeinschaft auf eine Normenverdichtung hinwirkt, stellt der Fall Burundis nicht bloß einen Rücktritt, sondern einen tatsächlichen Rückschritt dar. Zukünftige auf dem Territorium Burundis oder durch seine Staatsangehörigen begangene Delikte werden schwerer zu ahnden sein, und Kooperation bei weiterreichenden Verfolgungsakten wird einer wichtigen vertraglichen Grundlage entbehren.

Zum Zweiten handelt es sich im Fall Burundis um eine Facette eines weitaus breiteren Phänomens. Südafrika und Gambia haben, wie dargestellt, unter Angabe ähnlicher Motive ihre Rücktritte erklärt.[17] Zwar wurde ersterer im Anschluss an ein Urteil des Hohen Gerichtshofs Südafrikas, welches die

Criminal Court, is in fact an International Caucasian Court for the persecution and humiliation of people of colour, especially Africans [...] There are many Western countries, at least 30, that have committed heinous war crimes against independent sovereign states and their citizens since the creation of the ICC and not a single Western war criminal has been indicted" (Bavier, Joe: „Gambia announces withdrawal from International Criminal Court". *Reuters* 26.10.2016, retrieved 21.8.2019, from https://www.reuters.com/article/us-gambia-icc/gambia-announces-withdrawal-from-international-criminal-court-idUSKCN12P335).

17 Rücktrittsnotifikation Südafrikas (Fn. 16); Erklärung durch den gambischen Informationsminister Scheriff Bojang (Fn. 16). Bojang hat auch beklagt, dass Gambia

Abwesenheit parlamentarischer Zustimmung bemängelte, wieder zurückgenommen, und auch Gambia revidierte seinen Rücktritt als Konsequenz eines Regierungswechsels, doch haben auch andere afrikanische Staaten bereits Schritte hin zu potenziellen Rücktritten unternommen.[18] So hat etwa die Regierung Namibias einen Rücktritt beschlossen und das kenianische Parlament einen solchen abgesegnet.[19] Ruanda und Angola sahen sich unter Berufung auf ähnliche Bedenken in ihrer Ablehnung des Statuts bestärkt,[20] und

---

erfolglos die Europäische Union vor dem IStGH für den Tod von im Mittelmeer ertrunkenen Migranten zur Verantwortung zu ziehen gesucht hätte, und der ehemalige britische Premierminister Tony Blair für seine Rolle im Irakkrieg nicht angeklagt wurde (BBC: „The Gambia joins African queue to leave ICC“ 26.10.2016, retrieved 21.8.2019, from www.bbc.com/news/world-africa-37771592).

18 Südafrika zog seine Rücktrittserklärung im Anschluss an ein Urteil des „High Court of South Africa“ zurück, wonach die Abgabe einer Rücktrittserklärung ohne vorangehender parlamentarischer Zustimmung verfassungswidrig und ungültig sei (*Democratic Alliance v Minister of International Relations and Cooperation and Others*, Case No 83145/2016 (High Court of South Africa, 22.2.2017), Rz. 84; UN Secretary General: *Depositary Notification, South Africa: Withdrawal of Notification of Withdrawal, 17 July 1998 (C.N.121.2017.TREATIES-XVIII.10)*, retrieved 20.8.2019, from https://treaties.un.org/doc/Publication/CN/2016/CN.786.2016-Eng.pdf). Gambia gab seine Rücktrittserklärung (UN Secretary General: *Depositary Notification, Gambia: Withdrawal, 10 November 2016 (C.N.862.2016.TREATIES-XVIII.10)*, retrieved 26.8.2019, from https://treaties.un.org/doc/publication/cn/2016/cn.862.2016-eng.pdf) auf der Grundlage einer ausschließlich exekutiven Entscheidung (Ssenyonjo (Fn. 10), S. 71) drei Wochen vor der gescheiterten Wiederwahl des damals amtierenden Präsidenten, Yahja Jammeh, ab (Njai, Alieu Momarr – Chairman IEC: „The Total of Final Election Results“. *Independent Electoral Commission*, 5 December 2016, retrieved 28.2.2019, from http://iec.gm/the-total-of-final-election-results/). Sein Amtsnachfolger, Adama Barrow, nahm die Rücktrittserklärung zurück (UN Secretary General: *Depositary Notification, Gambia: Withdrawal of Notification of Withdrawal, 10 February 2017 (C.N.62.2017.TREATIES-XVIII.10)*, retrieved 21.8.2019, from https://treaties.un.org/doc/Publication/CN/2017/CN.62.2017-Eng.pdf).

19 Immanuel, Shinovene: „Cabinet affirms ICC withdrawal“. *Namibian* 24.11.2015, retrieved 21.8.2019, from www.namibian.com.na/index.php?page=archive-read&id=144660; Africa Times: „Kenyatta considers Kenya's ICC withdrawal, warns against foreign interference“ 12.12.2016, retrieved 21.08.2019, from https://africatimes.com/2016/12/12/kenyatta-considers-kenyas-icc-withdrawal-warns-against-foreign-interference/.

20 Kezio-Musoke, David: „Rwanda: Kagame Tells Why He is against ICC Charging Bashir“. *All Africa* 3.8.2008, retrieved 21.8.2019, from https://allafrica.com/stories/200808120157.html; Al Jazeera (Fn. 16); Jalloh, Charles C. „Regionalizing International Criminal Law?“. *International Criminal Law Review* 9, 2009, S. 449.

auch der im März 2018 wirksam gewordene Rücktritt der Philippinen ist vor diesem Hintergrund zu betrachten.[21] Weitaus folgenreicher könnte allerdings die von der AU beschlossene Strategie für einen kollektiven Rücktritt sein.[22] Aus dem grundsätzlich vertraulichen Dokument geht hervor, dass Selektivität, Ungleichheit und die Wahrnehmung eines Doppelstandards gegenüber afrikanischen Staaten zur Erwägung eines Rücktritts *en masse* und einer Hinterfragung der Gerechtigkeit des Systems der internationalen Rechtsprechung per se beigetragen haben.[23] Wenn auch vorläufig solch ein kollektiver Rücktritt noch wie ein Damoklesschwert über der internationalen Strafrechtspflege schwebt, ist in diesem Zusammenhang die Gefahr der Destabilisierung unverkennbar.

Vor diesem Hintergrund birgt der Rücktritt Burundis das Risiko, als Vorhut einer breiten afrikanischen Zurückweisung des IStGH aufgrund der Wahrnehmung eines Doppelstandards in die Geschichte einzugehen. Insofern ist in dem behaupteten Doppelstandard sowohl im Hinblick auf den Rücktritt Burundis als auch auf das breitere Phänomen ein destabilisierendes Moment zu erkennen.

Ein Zusammenhang zwischen dem als „Doppelstandard“ bezeichneten Phänomen der häufigen Auseinandersetzung des IStGH mit afrikanischen Staatsangehörigen und dem burundischen Rücktritt wurde bereits illustriert. Um eine Destabilisierung aber abschließend beurteilen zu können, bedarf es der Klärung zweier grundsätzlicher Fragen. Erstens: Handelt es sich überhaupt um einen Doppelstandard? Und zweitens: War der behauptete Missstand tatsächlich kausal für den Rücktritt Burundis?

---

21 UN Secretary General: *Depositary Notification, Philippines: Withdrawal, 17 March 2018 (C.N.138.2018.TREATIES-XVIII.10)*, retrieved 26.8.2019, from https://treaties.un.org/Pages/ViewDetails.aspx?src=TREATY&mtdsg_no=XVIII-10&chapter=18&clang=_en.

22 AU: *Decision on International Jurisdiction, Justice and the International Criminal Court (ICC)* (Fn. 12), Rz. 8: „The Assembly [. . .] 8. ADOPTS the ICC Withdrawal Strategy along with its Annexes and CALLS ON Member States to consider implementing its recommendations“ (Fußnote entfernt).

23 „Growing numbers [. . .] see patterns of only pursuing African cases being reflective of selectivity and inequality [. . .] leading to a perception of a double standard against African States. [. . .] questions [are raised] about the perceived fairness of the international justice system as a whole“, Assembly of the AU: *Draft 2, Withdrawal Strategy Document, 12 January 2017, annexed to Decision on the International Criminal Court, 30–31 January (Assembly/AU/Dec.622(XXVIII)), 30–31 January 2017*, retrieved 26.8.2019, from www.hrw.org/sites/default/files/supporting_resources/icc_withdrawal_strategy_jan._2017.pdf.

IV. Vorliegen eines Doppelstandards

Ein Doppelstandard liegt nach der eingangs aufgestellten Definition nur dann vor, wenn ungerechtfertigter Weise mit zweierlei Maß gemessen wird. Was als gerechtfertigt gilt, kann im engeren Sinn unter Anwendung allgemeiner völkerrechtlicher Regeln und der im Einzelfall einschlägigen vertraglichen Normen ermittelt werden. Die Frage der Rechtfertigung im weiteren Sinn ist eine rechtspolitische, welche sich mit Prinzipien des Völkerrechts allenfalls überschneidet. Bedeutend erscheinen in diesem Kontext etwa souveräne Gleichheit,[24] die internationale Herrschaft des Rechts[25] oder Reziprozität[26] aber auch Gedanken zu den Bedingungen eines allgemeinen Rechtsgrundsatzes hinsichtlich eines Diskriminierungsverbots im Sinne einer „Staatendiskriminierung".[27] Im Hinblick auf den afrikanisch dominierten Fokus des IStGH fließen sowohl Erwägungen der einen als auch der anderen Art mit ein.

Mit 33 Staaten stellt keine Region mehr Vertragsparteien zum Statut wie der afrikanische Kontinent.[28] Zudem sind viele der Staaten, in welchen Delikte im Sinne des IStGH Statuts begangen werden, in Afrika gelegen.[29] Selbst bei

---

24 Cf. Alvarez, Jose E.: „Judging the Security Council". *AJIL* 90(1), 1996, S. 18 und 20; Watson, Geoffrey R.: „Constitutionalism, Judicial Review, and the World Court". *Harvard International Law Journal* 34(1), 1993, S. 35; Young, Ernest A.: „Institutional Settlement in a Globalizing Judicial System". *Duke Law Journal* 54, 2005, S. 1237; Slaughter Burley, Anne-Marie: „International Law and International Relations Theory: A Dual Agenda". *AJIL* 87(2), 1993, S. 205 (S. 226).

25 Morrow, James D.: „Laws of War, Common Conjectures, and Legal Systems in International Politics". *Journal of Legal Studies* 31, 2002, S. 41.

26 GV der VN: Strengthening and coordinating UN rule of law activities: Addendum to the Report of the Secretary-General, 11 July 2014 (UN Doc A/68/213/Add.1), Rz. 90, retrieved 30.8.2019, from https://www.un.org/ruleoflaw/blog/document/report-of-the-secretary-general-to-the-general-assembly-strengthening-and-coordinating-united-nations-rule-of-law-activities-addendum-a68213add1/; Alvarez (Fn. 24), S. 19–20; Koh, Harold H.: „Setting the World Right". *The Yale Law Journal* 115(9), 2006, S. 2363.

27 Entsprechende Ansätze werden im Rahmen der Dissertation des Autors zum Thema „Understanding Double Standards in International Law" auf Basis ähnlich gelagerter innerstaatlicher Normen in den bedeutendsten Rechtskreisen, sowie Grundsätzen des Völkerrechts, entwickelt.

28 ICC: *The States Parties to the Rome Statute*, retrieved 26.8.2019, from https://asp.icc-cpi.int/en_menus/asp/states%20parties/african%20states/Pages/african%20states.aspx.

29 Vilmer, Jean-Baptiste J.: „The African Union and the International Criminal Court: Counteracting the Crisis". *International Affairs* 92, 2016, S. 1328. Jalloh (Fn. 20), S. 447.

Verfolgung jedes global begangenen Delikts wären afrikanische Staaten daher, verglichen mit anderen Kontinenten, überproportional vertreten. Das vom IStGH Statut bediente Kriterium der Schwere[30] befördert ebenfalls eine Konzentration auf in Afrika begangene Delikte. Während die Anklagebehörde des IStGH in diesem Zusammenhang explizit auf Umfang, Natur, Art der Begehung und Wirkung eines Delikts abstellt, wird in der Literatur, zwischen quantitativen und qualitativen Elementen, die Anzahl der Todesopfer als „offenkundiger" Anhaltspunkt hervorgehoben.[31] Bewaffnete Konflikte mit hoher Opferzahl fanden seit dem Inkrafttreten des Statuts häufig in Afrika statt[32]. Hinzu kommt, dass die primäre Verfolgungskapazität und -bereitschaft in vielen afrikanischen Staaten beschränkt ist,[33] und es kaum Anlass gibt, an der grundsätzlichen Begründetheit der Ermittlungen in Afrika zu zweifeln. Der jedoch weitaus signifikanteste Aspekt, welcher den Vorwurf des Doppelstandards relativiert, betrifft die Grundlage der Zuständigkeit des Gerichtshofs im Rahmen seiner bisherigen Ermittlungen.

Von den zehn untersuchten Situationen innerhalb Afrikas wurden fünf dem Gerichtshof durch Unterbreitung aus eigener Initiative zugewiesen, einer Art „Selbstanzeige" (Zentralafrikanische Republik I und II, Demokratische

30 E.g. IStGH Statut, Art. 53 (1) (c): „Nach Auswertung der ihm zur Verfügung gestellten Informationen leitet der Ankläger Ermittlungen ein, sofern er nicht feststellt, dass es für die Verfahrenseinleitung nach diesem Statut keine hinreichende Grundlage gibt. Bei seiner Entscheidung über die Einleitung von Ermittlungen prüft der Ankläger [. . .] ob unter Berücksichtigung der Schwere des Verbrechens und der Interessen der Opfer dennoch wesentliche Gründe für die Annahme vorliegen, dass die Durchführung von Ermittlungen nicht im Interesse der Gerechtigkeit läge."

31 ICC, The Office of the Prosecutor: *Policy paper on the Interests of Justice, September 2007*, S. 4–5, retrieved 26.8.2019, from https://www.icc-cpi.int/NR/rdonlyres/772C95C9-F54D-4321-BF09-73422BB23528/143640/ICCOTPInterestsOfJustice.pdf; Schabas, William A. „Prosecutorial Discretion and Gravity". In: Stahn, Carsten / Sluiter, Göran (Hrsg.): *The Emerging Practice of the International Criminal Court*. (Legal Aspects of International Organizations 48). Brill Nijhoff: Leiden, 2008, S. 231–32.

32 Cf. Upsala Universitet, Department of Peace and Conflict Research: *Upsala Conflict Data Program, Fatalities View* [seit 2002], retrieved 26.8.2019, from https://ucdp.uu.se/#/exploratory.

33 E.g. Vilmer (Fn. 29), S. 1329, welcher in diesem Zusammenhang auch auf den „Fragile States Index" verweist (The Fund for Peace: *Fragile States Index*, retrieved 26.8.2019, from https://fragilestatesindex.org/indicators/p3/).

Republik Kongo, Mali und Uganda).[34] Die damalige Nichtvertragspartei Côte d'Ivoire ermöglichte in einer weiteren Situation Ermittlungen durch Anerkennung der Zuständigkeit des Gerichtshofs.[35] Zudem wurden die Resolutionen des Sicherheitsrats, welche die Situationen in Libyen und Sudan an den Gerichtshof überwiesen, von afrikanischen Staaten gestützt – Gabon, Nigeria und Südafrika im Hinblick auf Libyen, Benin und Tanzania im Hinblick auf den Sudan (Algerien enthielt sich lediglich).[36] In den beiden verbleibenden Situationen, Kenia und Burundi betreffend, ermittelte der Ankläger von Amts wegen. Die entsprechende Sachverhaltsdarstellung im Fall von Kenia wurde allerdings auf Empfehlung einer durch die kenianische Regierung selbst gebildeten Kommission übergeben.[37] Somit lässt sich festhalten, dass von zehn afrikanischen Situationen sechs auf Geheiß des betroffenen Staates selbst dem Gerichtshof zugewiesen wurden, in zweien afrikanische Staaten eine Zuweisung durch den Sicherheitsrat stützten und in einer weiteren der betroffene Staat eine Kommission bildete, welche eine Befassung des Gerichtshofs empfahl. Im Ergebnis stellt Burundi den einzigen Fall dar, in welchem der Ankläger ohne eine Art „Selbstanzeige“ oder Befürwortung durch andere afrikanische

---

34 ICC: *Situations under investigation* (Fn. 15).

35 *Ibid.*

36 SR der VN: *Verbatim Record, 26 February 2011 (UN Doc. S/PV.6491)*, retrieved 26.8.2019, from https://undocs.org/en/S/PV.6491 im Hinblick auf die Verabschiedung von SR der VN: *Resolution 1970 (2011), 26 February 2011 (UN Doc S/Res/1970 (2011))*, retrieved 26.8.2019, from https://www.undocs.org/S/RES/1970%20(2011) (Libyen); SR der VN: *Verbatim Record, 31 March 2005 (UN Doc. S/PV.5158)*, retrieved 26.8.2019, from https://undocs.org/en/S/PV.5158 im Hinblick auf die Verabschiedung von SR der VN: *Resolution 1593 (2005), 31 March 2005 (UN Doc S/Res/1593 (2005))*, retrieved 26.8.2019, from https://undocs.org/en/S/RES/1593%20(2005) (Sudan).

37 Die von der kenianischen Regierung eingesetzte „Waki Commission“ empfahl die Einrichtung eines Sondertribunals bei sonstiger Übermittlung einer Sachverhaltsdarstellung an den Ankläger des IStGH – Kofi Annan entsprach als „Chairman of the AU Panel of Eminent African Personalities“ im Anschluss an den Erhalt eines entsprechenden Dossiers dieser Empfehlung (The Kenya Gazette: *Notice No. 4473, Vol CX – No 41, 23 May 2008*, S. 1249, retrieved 7.3.2019, from http://kenyalaw.org/kenya_gazette/gazette/volume/NDky/Vol.%20CX%20%20-%20%20No.%2041#447; Commission of Inquiry into Post-Election Violence: *Report, 15 October 2008*, S. 18 und 472 ff, retrieved 7.3.2019, from https://reliefweb.int/sites/reliefweb.int/files/resources/15A00F569813F4D549257607001F459D-Full_Report.pdf; ICC: *ICC Prosecutor receives Sealed Envelope from Kofi Annan on Post-Election Violence in Kenya, 9 July 2009*, retrieved 7.3.2019, from www.icc-cpi.int/Pages/item.aspx?name=pr436).

Staaten ermittelte. Vor diesem Hintergrund erscheint der Vorwurf eines Doppelstandards, vor allem im Sinne einer durch nichtafrikanische Staaten aufoktroyierten Gerichtsbarkeit, wenig tragfähig.

Problematischer als die Durchführung von Ermittlungen in Afrika wirkt aber deren Unterbleiben anderswo. In diesem Zusammenhang sei erwähnt, dass drei Nichtvertragsparteien des IStGH Statuts, China, Russland und die USA, als ständige Mitglieder des Sicherheitsrats die Zuständigkeit des Gerichtshofs über die Nichtvertragsparteien Libyen und Sudan begründet und eine solche in Bezug auf sich selbst bzw. ihre Verbündeten verhindert haben. So wurde eine Resolution zu der Situation in Syrien, welche auch eine Überweisung an den IStGH vorsah, per Veto durch Russland (und auch China) blockiert.[38] Die USA knüpften ihre Zustimmung für die entsprechenden Resolutionen zu Sudan, Libyen und Syrien an die Nichterfassung ihrer eigenen Staatsangehörigen von der Zuständigkeit des Gerichtshofs. So hat etwa die Vertreterin der USA im Rahmen der Überweisung der Situation in Sudan folgende Stellungnahme abgegeben:

> We decided not to oppose the resolution [. . .] because the resolution provides protection from investigation or prosecution for United States nationals and members of the armed forces of non-State parties. [. . .] The language providing protection for the United States and other contributing States is precedent-setting, as it clearly acknowledges the concerns of States not party to the Rome Statute and recognizes that persons from those States should not be vulnerable to investigation or prosecution by the ICC, absent consent by those States or a referral by the Security Council. [. . .] the Council included, at our request, a provision that exempts persons of non-party States in the Sudan from ICC prosecution. [. . .] This resolution provides clear protections for United States persons. No United States person supporting the operations in the Sudan will be subject to investigation or prosecution because of this resolution.[39]

Die betreffende Resolution enthielt, wie jene welche die Situation in Libyen an den Gerichtshof verwies und auch der Entwurf für eine Überweisung der Situation in Syrien, folgende Passage:

---

38 SR der VN: *Verbatim Record, 22 May 2014 (UN Doc. S/PV.7180)*, retrieved 26.8.2019, from https://undocs.org/en/S/PV.7180; im Hinblick auf die gescheiterte Verabschiedung von SR der VN: *Draft Resolution 348 (2014), 22 May 2014 (UN Doc S/2014/348)*, retrieved 26.8.2019, from https://undocs.org/en/S/2014/348.

39 SR der VN: *Verbatim Record, 31 March 2005 (UN Doc S/PV5158)*, retrieved 26.6.2019, from https://undocs.org/en/S/PV.5158 im Hinblick auf SR der VN: *Resolution 1593 (2005)*.

> nationals, current or former officials or personnel from a [contributing] State outside [Sudan, the Libyan Arab Jamahiriya, the Syrian Arab Republic] which is not a party to the Rome Statute of the International Criminal Court shall be subject to the exclusive jurisdiction of that [contributing] State for all alleged acts or omissions arising out of or related to operations in [Sudan, the Libyan Arab Jamahiriya, the Syrian Arab Republic] established or authorized by the Council [or the African Union], unless such exclusive jurisdiction has been expressly waived by the [contributing] State.[40]

Auffällig ist neben unterbliebenen Ermittlungen außerhalb Afrikas auch ein entsprechender Mangel an Fortschritt im Hinblick auf Vorprüfungsverfahren. Diese dauern teilweise schon ein Jahrzehnt an, ohne in ein Ermittlungsstadium zu treten. In diesem Zusammenhang sei die vielbeachtete Entscheidung der Vorverfahrenskammer vom April 2019 hervorgehoben, welche hinsichtlich der Situation in Afghanistan die Aufnahme von Ermittlungen ablehnte, da solche aufgrund mangelnder Kooperation und Ressourcen nicht erfolgversprechend und somit auch nicht im Interesse der Gerechtigkeit, im Sinne des Statuts, lägen.[41] Gleichzeitig gilt es zu berücksichtigen, dass von den zehn laufenden Vorverfahren, nur vier seit mehr als fünf Jahren anhängig sind, wovon die Hälfte afrikanische Staaten betreffen.[42] Es lässt sich also kaum aufrechterhalten, dass ausschließlich nichtafrikanische Staaten von schleppenden Vorverfahren „profitieren“ würden. Im Übrigen steht es jedem Vertragsstaat offen, dem Ankläger Situationen außerhalb des Kontinents zu unterbreiten. Die Komoren sind jedoch der einzige Staat der Region, welcher bisher von dieser Möglichkeit Gebrauch gemacht hat.[43] Sofern Situationen, welche Parteien des Statuts

---

40 SR der VN: *Resolution 1593 (2005)* (Fn. 36), Rz. 6; SR der VN: *Resolution 1970 (2011)* (Fn. 36), Rz. 6; SR der VN: *Draft Resolution 348 (2014)* (Fn. 38), Rz. 7.

41 ICC: *Pre-Trial Chamber II, Decision Pursuant to Article 15 of the Rome Statute on the Authorisation of an Investigation into the Situation in the Islamic Republic of Afghanistan, 12 April 2019 (ICC-02/17-33)*, retrieved 26.8.2019, from https://www.icc-cpi.int/CourtRecords/CR2019_02068.PDF; zu Art. 53 (1) (c) des IStGH Statuts cf. Fn. 30.

42 Aktuelle Dauer der Vorprüfungsverfahren: Kolumbien 15 Jahre, Afghanistan 12 Jahre, Guinea 10 Jahre, Nigeria 9 Jahre, Ukraine 5 Jahre, Irak wiedereröffnet seit 5 Jahren, Palästina 4 Jahre, Philippinen 3 Jahre, Venezuela (II) ein Jahr, Myanmar ein Jahr (eingestellt: Gabon, Honduras, Schiffe von Komoros, Griechenland und Kambodscha, Nordkorea und Venezuela (I)) (ICC: *Preliminary examinations,* retrieved 21.8.2019, from https://www.icc-cpi.int/pages/pe.aspx).

43 Gemäß Art. 13 (a) in Verbindung mit Art. 14 des IStGH Statuts ist die Möglichkeit einer Überweisung an den Gerichtshof nicht auf eine „Selbstanzeige“ beschränkt. Nichtsdestotrotz haben bisher lediglich die Komoren von dieser Option gebraucht

betreffen, also weder Gegenstand von Vorprüfungen noch Ermittlungen werden, sind afrikanische Parteien genauso zum Handeln berufen wie andere. Im Ergebnis sind die Gründe für das vorläufige Unterbleiben von Ermittlungen außerhalb Afrikas eher nicht spezifisch afrikanisch.

Der Vorwurf des Doppelstandards ist demnach dann am überzeugendsten, wenn er an mangelnde Ermittlungen außerhalb Afrikas im Hinblick auf Nichtvertragsparteien im Lichte der Dynamik des Sicherheitsrates anknüpft. Da diesbezüglich keine Frage der Verletzung einer völkerrechtlichen Norm im Vordergrund steht, rückt das Problem der Rechtfertigung im engeren Sinn in den Hintergrund. Plausibler erscheint es von einem Doppelstandard aufgrund der im weiteren Sinn ungerechtfertigten Anwendung der Bestimmungen des Statuts hinsichtlich der Begründung der Zuständigkeit des Gerichtshofs durch den Sicherheitsrat zu sprechen. Hier wird allerdings ein Standard auf die ständigen Mitglieder des Sicherheitsrates und ihre Verbündeten angelegt und ein anderer auf sämtliche andere, nicht nur afrikanische Staaten. Ein spezifisch afrikanischer Doppelstandard wie er von Burundi verstanden wird, liegt in dieser Dimension somit nicht vor.

V. Kausalität

Dies schließt aber keinesfalls aus, dass Burundi nichtsdestotrotz aufgrund des beschriebenen Phänomens vom IStGH Statut zurückgetreten sein könnte. Diese Frage wird daher gesondert untersucht. In diesem Zusammenhang sind vor allem die von afrikanischen Staaten im Rahmen von notifizierten oder beabsichtigten Rücktritten vorgebrachten Bedenken, welche durchaus Aufschluss über Ursache, Wirkung und Vorwand bieten können, mitzubeleuchten.

Anlässlich des gambischen Rücktritts kam es zu einer öffentlichen Berufung auf eine gezielte Verfolgung von Afrikanern und eine Nichtbeachtung von Delikten, welche von westlichen Staaten begangen wurden.[44] Der Rücktritt wurde allerdings drei Wochen vor der Wahlniederlage des damaligen

---

gemacht, und auch dort nur im Hinblick auf eine Situation, welche sich zwar außerhalb ihres Staatsgebietes, jedoch auf einem Schiff unter ihrer Flagge, ereignet hatte (ICC: *Preliminary examniation, Registerd Vessels of Comoros, Greece and Cambodia*, retrieved 26.8.2019, from https://www.icc-cpi.int/comoros).

44 Da die Rücktrittsnotifikation Gambias keine Begründung enthält und der Schritt auch von keiner Stellungnahme der gambischen Regierung begleitet wurde, können Aufschlüsse über Rücktrittsmotive am ehesten aus einer anlässlich des Rücktritts im öffentlichen Fernsehen ausgestrahlten Ansprache des damaligen gambischen Informationsminister Sheriff Bojang gewonnen werden. Die von ihm geäußerten Bedenken beziehen sich im Wesentlichen auf eine gezielte Verfolgung von Afrikanern und

Präsidenten Yahya Jammeh notifiziert.[45] Seine Regierung wurde zuvor im Rahmen eines fehlgeschlagenen Staatsstreichs der Begehung von Verbrechen beschuldigt, welche unter die Zuständigkeit des Gerichtshofs fallen könnten.[46] Der anschließend neugewählte Amtsinhaber Adama Barrow hat den Rücktritt revidiert.[47]

Südafrika hat in seiner Rücktrittserklärung neben dem Nichtbeitritt dreier ständiger Mitglieder des Sicherheitsrats und der Konzentration des Gerichtshofs auf Afrika, vor allem auch das Problem der Nichtvereinbarkeit der Immunität von Staatsoberhäuptern mit Pflichten gemäß IStGH Statut begründet.[48] Das den Rücktritt zu bewirkende innerstaatliche Gesetz, nannte nur letzteren Umstand,[49] und dieser wurde seitens der südafrikanischen Regierung im Zuge des Revidierungsverfahrens vor dem Hohen Gerichtshof Südafrikas explizit als Hauptgrund für den Rücktritt bezeichnet.[50]

Die Rücktrittsstrategie der AU, der sie erlassende Beschluss, sowie die bereits zitierte vorangehende Entscheidung der Union, welche von einem Doppelstandard sprach, nennen ebenfalls Bedenken im Hinblick auf die Strafverfolgung der Staatsoberhäupter Al Bashir und Kenyatta.[51]

---

eine Nichtbeachtung von Delikten welche „westliche Staaten" implizieren (cf. Bavier (Fn. 16)).

45 Cf. UN Secretary General: *Depositary Notification, Gambia: Withdrawal* (Fn. 18); Njai, Alieu Momarr – Chairman IEC: „The Total of Final Election Results" (Fn. 18).

46 Cf. Human Rights Watch: „World Report 2016: Gambia", January 2016, retrieved 26.8.2019, from https://www.hrw.org/world-report/2016/country-chapters/gambia.

47 UN Secretary General: *Depositary Notification, Gambia: Withdrawal of Notification of Withdrawal* (Fn. 18).

48 In Anspielung an das bekannte Al Bashir Problem cf. UN Secretary General: *Depositary Notification, South Africa: Withdrawal* (Fn. 16).

49 Präambel und integriertes Memorandum im Hinblick auf Ziel und Zweck des Gesetzes: Republic of South Africa: *Implementation of the Rome Statute of the International Criminal Court Act Repeal Bill, introduced in the National Assembly (proposed section 75), explanatory summary of Bill published in Government Gazette No. 40403 of 3 November 2016*, retrieved 28.2.2019, from http://www.justice.gov.za/legislation/bills/2016-b23-RomeStatuteActRepeal.pdf.

50 *Democratic Alliance v Minister of International Relations and Cooperation and Others* (Fn. 18), Rz. 65.

51 AU: *Decision on the International Criminal Court* (Fn. 23), Rz. 2: „The Assembly [...] REITERATES the following: [...] The suspension or termination of proceedings against President Omar Al Bashir of The Sudan and URGES the UN Security Council to withdraw the referral case in The Sudan [sic!]" (Hervorhebung entfernt); AU: *Draft 2: Withdrawal Strategy Document* (Fn. 23), Rz. 4: „The case of Sudan, with

Besonders aufschlussreich ist in diesem Zusammenhang aber vor allem die bereits erwähnte Erklärung des burundischen Ministerrats. Darin wird neben einem Doppelstandard gegenüber afrikanischen Staaten bei der Erzeugung und Anwendung des IStGH Statuts, auch ungerechtfertigte Strafverfolgung durch den Gerichtshof in Burundi thematisiert.[52] Letzterer Umstand ist besonders beachtenswert, da er den Rückschluss erlaubt, dass der gegenständliche Rücktritt teilweise auf einen Versuch der Strafverfolgung zu entgehen zurückzuführen war. Tatsächlich erfolgte der Rücktritt zu einer Zeit gehäufter Gewaltakte im Anschluss an eine Reihe von Wahlen und einen fehlgeschlagenen Staatsstreich.[53] Bisherige Untersuchungen weisen darauf hin, dass in diesem

---

the indictment of President Omar Al Bashir, has illustrated [. . .] seeming inequality. [. . .] Assembly decisions [. . .] call on the SR der VN to defer the ICC's prosecutions against Al Bashir, Kenyatta and Ruto"; AU: *Decision on International Jurisdiction, Justice and the International Criminal Court (ICC)* (Fn. 12), Rz. 3: „The Assembly [. . .] DEEPLY REGRETS that the request by the African Union (AU) to the United Nations (UN) Security Council to defer the proceedings initiated against President Omar Al Bashir of The Sudan and Senior State Official [sic!] of Kenya, in accordance with Article 16 of the Rome Statute of the International Criminal Court (ICC) on deferral of cases by the UN Security Council, has not been acted upon" (Hervorhebung entfernt).

52 Gouvernement du Burundi: *Communiqué de Presse* (Fn. 10): „Pour le cas du Burundi, personne n'ignore que depuis Avril 2015 des manifestations violentes qui se sont transformées en actes de terrorisme ont été observées surtout dans quelques quartiers de la Capitale Bujumbura. Ces manifestation à allure d'insurrection qui étaient financées et soutenues par certains pays occidentaux [. . .] le Procureur de la CPI, certains pays occidentaux, l'Union Européenne en tête, n'ont jamais osé condamner les auteurs de ces violences [. . .] les auteurs de ces atrocités ont été récompensés par des financements et des asiles dorés dans ces pays [. . .] le Procureur de la CPI a violé le principe sacrosaint de la complémentarité inscrit dans les Statuts régissant la Cour [. . .]. Le Gouvernement du Burundi estime que la décision du Procureur de la CPI d'intervenir dans le conflit politique en cours au Burundi, sur pression des puissances qui financent son fonctionnement en l'occurrence l'Union Européenne [. . .] constitue une atteinte grave et flagrante à la souveraineté et à la sécurité nationale. [. . .] des pays qui ne l'ont [ledit Statut] même pas ratifié en contrôle le fonctionnement [. . .] le Conseil des Ministres a recommandé à l'Etat burundais et à toutes les autres personnes qui ont été accusées ou abusivement citées dans le rapport des prétendus Experts des Droits de l'Homme porter plainte contre eux pour imputation dommageable".

53 Ssenyonjo (Fn. 10), S. 68–69.

Zusammenhang Verbrechen gegen die Menschlichkeit von hauptsächlich dem Staat zuzurechnenden, auch ranghohen, Personen begangen worden sind.[54]

Im Ergebnis wurden weder der Rücktritt Burundis, noch ähnliche Maßnahmen anderer afrikanischer Staaten ausschließlich mit einem Doppelstandard zulasten afrikanischer Staaten begründet. Staaten der Region welche einen Rücktritt erwägen oder vollzogen haben, stellten auch Zusammenhänge zu Bedenken im Hinblick auf Unvereinbarkeit der Immunität von Staatsoberhäuptern mit dem IStGH Statut, und vorgeblich ungerechtfertigter Strafverfolgung her. Es erscheint daher unwahrscheinlich, dass die Wahrnehmung eines im weiteren Sinn ungerechtfertigten Doppelstandards im Hinblick auf die Anwendung der Bestimmungen des IStGH Statuts gegenüber diesen Staaten, inklusive Burundi, der alleinige Anlass für Rücktritte oder entsprechende Erwägungen war.

C. Rücktritt Nordkoreas vom NPT

I. Berufung auf einen Doppelstandard

Der Rücktritt Nordkoreas vom NPT hat eine andauernde Kontroverse ausgelöst. Insbesondere ist bis heute nicht abschließend geklärt, ob bzw. wann der Rücktritt wirksam geworden ist. Der im Jahr 1993 notifizierte Rücktritt wurde einen Tag vor Ablauf der Wirksamkeitsfrist „im Hinblick auf seine Wirksamkeit suspendiert".[55] Zehn Jahre darauf notifizierte der Staat, dass die Suspendierung nun aufgehoben sei, und der Rücktritt mit Ablauf des folgenden Tages wirksam werden sollte.[56] In diesem Zusammenhang wird bemängelt, dass bei neuerlicher Notifizierung nicht die volle Frist eingehalten wurde, der Rücktritt

---

54 ICC, The Office of the Prosecutor: *Report on Preliminary Examination Activities 2016, 14 November 2016*, Rz. 36, 39–52, retrieved 28.2.2019, from www.icc-cpi.int/iccdocs/otp/161114-otp-rep-PE_ENG.pdf; HRC der VN: *Report of the United Nations Independent Investigation on Burundi (UNIIB) established pursuant to Human Rights Council resolution S-24/1, 20 September 2016, (UN-Doc A//HRC/33/37)*, retrieved 27.8.2019, from https://www.ohchr.org/EN/HRBodies/HRC/UNIIB/Pages/UNIIB.aspx; HRC der VN: *Human Rights Situation in Burundi, 27 September 2016 (UN Doc A/HRC/33/L.31)*, retrieved 27.8.2019, from https://documents-dds-ny.un.org/doc/UNDOC/LTD/G16/213/40/PDF/G1621340.pdf?OpenElement.

55 Für eine Chronologie der Ereignisse cf. International Atomic Energy Agency: *IAEA and DPRK: Chronology of Key Events*, retrieved 27.8.2019, from https://www.iaea.org/newscenter/focus/dprk/chronology-of-key-events.

56 Ibid.

nicht gegenüber allen Depositärstaaten notifiziert wurde, und entgegen dem Wortlaut des NPT eine Rücktrittsberechtigung nicht von einem subjektiven Werturteil des zurücktretenden Staates abhänge.[57] Nach herrschender Ansicht ist Nordkorea jedenfalls heute nicht mehr Partei des Vertrags, insbesondere hat der Sicherheitsrat den Staat aufgefordert zum NPT „zurückzukehren".[58]

Für die gegenständliche Untersuchung relevant ist vor allem inwiefern der Rücktritt auf einen Doppelstandard zurückzuführen war. Aufschlussreich ist in diesem Zusammenhang primär eine von der Koreanischen Zentralen Nachrichtenagentur (KCNA) einige Tage nach dem neuerlichen Rücktritt veröffentlichte Erklärung.[59] Als zentrale staatliche Agentur verbreitet die KCNA amtliche Verlautbarungen der Regierung. In einer solchen wird ausgeführt, dass Nordkorea dem NPT beigetreten sei um, unter anderem, eine nukleare Bedrohung des Staates zu unterbinden.[60] Die USA hätten seitdem jedoch ihre nuklearen Drohungen intensiviert, und ihre Pflichten als Nuklearwaffenstaat unter dem NPT verletzt.[61] Unter diesen Voraussetzungen sei Nordkorea nicht bereit gewesen seine militärischen Anlagen für Inspektoren zu öffnen.[62] Angesichts nuklearer Drohungen sei der Staat im Interesse der nationalen Sicherheit in einen „kriegsähnlichen Zustand" getreten, und habe 1993 seinen Rücktritt

---

57 Cf. dazu etwa Kirgis, Frederic L.: „North Korea's Withdrawal from the Nuclear Nonproliferation Treaty". *ASIL Insights* 8 (2), 2003; Moffatt, Michael J.: „In search of the elusive conflict: The (in-)compatibility of the Treaties on the Non-Proliferation and Prohibition of Nuclear Weapons". *Nuclear Law Bulletin* 102, 2019, S. 20.

58 SR der VN: *Resolution 1718 (206), 14 October 2006 (UN Doc S/Res/1718 (2006)*, retrieved 27.8.2019, from https://undocs.org/S/RES/1718(2006)): „*The Security Council* [...] *Demands* further that the DPRK return to the Treaty on the Non-Proliferation of Nuclear Weapons".

59 Federation of American Scientists: *KCNA 'Detailed Report' Explains NPT Withdrawal, 22 January 2003,* retrieved 27.8.2019, from https://fas.org/nuke/guide/dprk/nuke/dprk012203.html.

60 „On 12 December 1985, we entered the NPT with the purpose to realize international cooperation in the nuclear power industry sector, remove nuclear threats toward us, and make the Korean peninsula a non-nuclear zone" (KCNA (Fn. 59)).

61 „However, after we entered the treaty, the United States continuously heightened its nuclear threats against us. [...] The United States recklessly violated its international legal obligations as a nuclear weapons possessing country, brought all kinds of nuclear weapons to South Korea on a massive scale, and escalated the joint exercise 'Team Spirit,' a nuclear-test war exercise, against us" (KCNA (Fn. 59)).

62 „Furthermore, it was impossible to imagine we would open the military bases to our enemies under the special circumstances in which the country was divided, and we were constantly under the US nuclear threat" (KCNA (Fn. 59)).

vom NPT erklärt.[63] Als die USA jedoch zugesichert hätten den Staat nicht mit Nuklearwaffen zu bedrohen, sei die Wirksamkeit des Rücktritts suspendiert worden.[64] Nachdem es zu einer neuerlichen Steigerung entsprechender Bedrohungen kam, habe man sich im Jahre 2003 schließlich doch zum Rücktritt gezwungen gesehen.[65]

Ein zwei Monate vor dem Rücktritt vom ständigen Vertreter Nordkoreas bei den Vereinten Nationen (VN) an den Generalsekretär der VN übermitteltes Schreiben, berief sich unter Bezugnahme auf Drohungen eines präemptiven nuklearen Angriffs durch die USA auf die Vorbereitung von Selbstverteidigungsmaßnahmen. Das Schreiben stellt entsprechende Maßnahmen durch die USA und Nordkoreas einander gegenüber und beklagt einen „Doppelstandard“ bei der Behandlung der beiden Staaten.[66]

---

63 „To defend the country's sovereignty and security in response to the created situation, we entered a semi-war situation and on 12 March 1993, took a measure to withdraw from the NPT to defend our supreme interests“ (KCNA (Fn. 59)).

64 „In the Joint Statement, the United States promised not to use or threaten us with force, including nuclear weapons, but [sic!] to respect our sovereignty and refrain from interfering in our internal affairs. We decided to temporarily suspend the effect of our withdrawal from the NPT“ (KCNA (Fn. 59)).

65 „Under Article 3 of the DPRK-US Agreed Framework, the United States is committed to giving us formal assurances against the use or threat of nuclear weapons. Instead of providing such assurances, however, the United States continued to build up the armed forces of a nuclear attack in South Korea and have annually raised the commotion of conducting military exercises aimed at northward aggression, whose name was simply changed from 'Team Spirit.' [...] Stockpiling countless nuclear weapons and up-to-date offensive weapons in South Korea, the United States increased nuclear war exercises against our Republic every year. [...] The harsh US remark on 'nuclear punishment' is a flagrant violation of the DPRK-US Agreed Framework [...] Thus, the United States undisguisedly abolished the DPRK-US Agreed Framework and internationalized its anti-DPRK stifling maneuvers by mobilizing even the IAEA. The United States began executing a declaration of war against us. As this was the case, we were forced to withdraw from the NPT, which has been used as a tool for implementing the United States' anti-DPRK hostile policy, in order to cope [sic!] its declaration of war, and defend and safeguard the nation's sovereignty and right to existence“ (KCNA (Fn. 59)).

66 „The United States, however, has [...] persistently pursued a hostile policy towards the Democratic People's Republic of Korea and has threatened it, even listing it as [...] a target of United States pre-emptive nuclear strikes. [...] [T]he Democratic People's Republic of Korea has increased its self-defensive capability and has made all preparations for coping with the United States pre-emptive attack [...] I regard it as an expression of a double standard [...] to talk one-sidedly about the Democratic

Schließlich kann auch auf eine jüngere Stellungnahme Nordkoreas vor der Generalversammlung der VN verwiesen werden, welche die ständigen Mitglieder des Sicherheitsrats als Nuklearwaffenstaaten der Anwendung eines entsprechenden „Doppelstandards" beschuldigt, und explizit die Aufrüstung Nordkoreas auf nukleare Drohungen durch die USA entgegen ihren Verpflichtungen auf Basis des NPT zurückführt:

> [T]he Security Council has condemned the development of nuclear weapons by the Democratic People's Republic of Korea as a threat to international peace and security and rel[ied] on a double standard [...]. The Security Council has taken such action without calling into question other countries that continue to develop nuclear weapons of various kinds. The reason that those unjust and unfair resolutions continue to be adopted is that the permanent members of the Security Council — all nuclear Powers — have a shared interest in maintaining their monopoly on nuclear status. The permanent members of the Security Council often talk of the non-proliferation of nuclear weapons. However, in the context of nuclear non-proliferation, the Democratic People's Republic of Korea's possession of nuclear weapons is a justified measure of self-defence. Indeed, the Treaty on the Non-Proliferation of Nuclear Weapons (NPT) was made possible because nuclear-weapon States had promised not to threaten non-nuclear-weapon States with their nuclear arsenals. [...] In the end, the United States has itself impeded international efforts aimed at nuclear non-proliferation by refusing to give up making nuclear threats against the Democratic People's Republic of Korea. Rather, its behaviour has compelled the latter to strive to possess nuclear weapons.[67]

II. Inhalt des vermeintlichen Doppelstandards

Aus den genannten Quellen geht hervor, dass sich Nordkorea durch den NPT eine Unterbindung nuklearer Bedrohung seitens eines Atomwaffenstaats erwartete. Eine entsprechende Bestimmung findet sich auch in Art. VI des NPT, welche eine abrüstungsbezogene Verpflichtung für Nuklearwaffenstaaten

---

People's Republic of Korea, which defends its most valuable sovereignty and its right to existence while keeping silent about the arrogant arbitrariness by the United States" (UN Digital Library: *Letter dated 18 November 2002 from the Permanent Representative of the Democratic People's Republic of Korea to the United Nations addressed to the Secretary-General (UN Doc A/57/617)*, retrieved 28.8.2019, from https://digitallibrary.un.org/record/479298).

67 GV der VN: *Statement by Mr. Ri Yong Ho on behalf of the Democratic People's Republic of Korea, 23 September 2017 (UN Doc A/72/PV.20)*, retrieved 28.8.2019, from https://undocs.org/en/A/72/PV.20.

enthält.[68] Im Gegenzug war Nordkorea als Nichtnuklearwaffenstaat dazu verpflichtet, gemäß Art. III Sicherungsmaßnahmen durch die Internationale Atomenergieorganisation (IAEO) zuzustimmen, und gemäß Art. II auf nukleare Aufrüstung zu verzichten.[69] Demnach konnte sich Nordkorea durchaus auf Basis desselben Vertrages, welcher einen Verzicht auf Nuklearwaffen enthielt, auch eine Abrüstung der USA erwarten.

Als Generaldirektor der IAEO bezeichnete Mohammed El-Baradei den Doppelstandard zwischen Nuklearwaffenstaaten und Nichtnuklearwaffenstaaten als fundamentales Problem des Nichtproliferationsregimes: „[t]he most fundamental problem with the nuclear nonproliferation regime is, in itself, a double standard: the inherent asymmetry, or inequality between the nuclear haves and have-nots“,[70] demnach seien Atomwaffen „reprehensible for some countries [. . .] yet [. . .] acceptable for others“.[71] Auch die mangelnde Umsetzung von Abrüstungsverpflichtungen bei gleichzeitiger Einhaltung von Aufrüstungsverboten unter dem NPT ist als „Doppelstandard“ bezeichnet worden.[72]

68 „Jede der Vertragsparteien verpflichtet sich, in gutem Glauben Verhandlungen über wirksame Maßnahmen betreffend die baldige Beendigung des Wettrüstens mit Atomwaffen und die nukleare Abrüstung sowie über einen Vertrag betreffend eine allgemeine und vollständige Abrüstung unter einer strengen und wirksamen internationalen Überwachung zu führen.“

69 Dieses Synallagma wird gelegentlich als „grand bargain“ des NPT bezeichnet (Joyner, Daniel H.: *International Law and the Proliferation of Weapons of Mass Destruction.* Oxford University Press: Oxford 2009, S. 76).

70 ElBaradei, Mohamed: *The Age of Deception: Nuclear Diplomacy in Treacherous* Times, Picador: London 2012, S. 236.

71 IAEA: *IAEA Director General Statement, Mohamed ElBaradei, 'Saving Ourselves from Self-Destruction', 12 February 2004*, retrieved 18.5.2018, from https://www.iaea.org/newscenter/statements/saving-ourselvesself-destruction.

72 Die Marshallinseln haben sich etwa an den IGH gewandt, um eine Verletzung der Abrüstungsverpflichtung im NPT durch die Nuklearwaffenstaaten (etwa des Vereinigten Königreichs) bzw. einer entsprechenden völkergewohnheistrechtlichen Verpflichtung seitens Nichtvertragsparteien (etwa Indien oder Pakistan) geltend zu machen (*Obligations concerning Negotiations relating to Cessation of the Nuclear Arms Race and to Nuclear Disarmament (Marshall Islands v. India), Jurisdiction and Admissibility*, Judgment 5.10.2016, ICJ Rep. 2016, S. 225, Rz. 25 ff.; *Obligations concerning Negotiations relating to Cessation of the Nuclear Arms Race and to Nuclear Disarmament (Marshall Islands v. Pakistan), Jurisdiction and Admissibility*, Judgment 5.10.2016, ICJ Rep. 2016, S. 552, Rz. 25 ff.; und *Obligations concerning Negotiations relating to Cessation of the Nuclear Arms Race and to Nuclear Disarmament*

Letzterer stellt im Wesentlichen auf die Nichteinhaltung des „grand bargain“ ab.[73]

Einerseits wird demnach bemängelt, dass die Vertragsbedingungen des NPT per se einen Doppelstandard darstellen, da etwa unter Art. I einzelnen Parteien Nuklearwaffen zugestanden werden, während sie sämtlichen anderen unter Art. II verboten sind. Hier handelt es sich demzufolge um den Vorwurf eines Doppelstandards, wonach sich die fünf *de iure*[74] Nuklearwaffenstaaten ungerechtfertigter Weise bei der Erzeugung der Normen des NPT ausgenommen hätten. Andererseits wird kritisiert, dass geradezu sämtliche Nichtnuklearwaffenstaaten ihre Nichtaufrüstungsverpflichtung unter Art. II einhielten, während Nuklearwaffenstaaten ihre Abrüstungspflichten unter Art. VI verletzt hätten. Hierbei handelt es sich demnach um den Vorwurf eines Doppelstandards, wonach die fünf *de iure* Nuklearwaffenstaaten sich ungerechtfertigter Weise von der Anwendung der Normen des NPT ausgenommen hätten.

III. Destabilisierende Wirkung

Im Zuge seines Nuklearwaffengutachtens hat der Internationale Gerichtshof (IGH) das Völkerrecht und die Stabilität der internationalen Ordnung aufgrund unterschiedlicher Auffassungen hinsichtlich der Legalität von Nuklearwaffen gefährdet gesehen:

(Marshall Islands v. United Kingdom), Jurisdiction and Admissibility, Judgment 5.10.2016, ICJ Rep. 2016, S. 833, Rz. 12 ff). Gleichzeitig haben Nichtnuklearwaffenstaaten weitgehend ihre eigenen Pflichten gemäß NPT geachtet, auf Aufrüstung verzichtet und Kontrollen zugelassen, obwohl Garantien durch Nuklearwaffenstaaten nicht erfüllt wurden (cf. e.g. Bunn, George: „The Nuclear Nonproliferation Regime and Its History“. In Bunn, George / Chyba, Christopher F. / Perry, William J. (Hrsg.): *U.S. Nuclear Weapons Policy: Confronting Today's Threats*. Brookings Institution Press: Washington, D.C., 2006; McCgwire, Michael: „The Rise and Fall of the NPT: An Opportunity for Britain“. *International Affairs* 81 (1), 2005, S. 121). Im Zusammenhang mit diesem Phänomen, der Abforderung von Nichtaufrüstung seitens der Nichtnuklearwaffenstaaten bei gleichzeitiger Aufrüstung durch Nuklearwaffenstaaten, kam IAEO Generaldirektor Mohamed ElBaradei zum Schluss: „If we do not stop applying double standards, we will end up with more nuclear weapons“ (World Policy Institute: *Nuclear Weapons: The Good the Bad and the Ignored, November/December 2003*, retrieved 28.8.2019, from https://worldpolicy.org/world-policy-institute-2/).

73 Cf. Joyner (Fn. 69), S. 76 und Moffatt (Fn. 57), S. 30.

74 Zum Begriff des *de iure* bzw. *de facto* Nuklearwaffenstaates cf. Fn. 77.

> In the long run, international law, and with it the stability of the international order which it is intended to govern, are bound to suffer from the continuing difference of views with regard to the legal status of weapons as deadly as nuclear weapons. It is consequently important to put an end to this state of affairs: the long-promised complete nuclear disarmament appears to be the most appropriate means of achieving that result.[75]

In diesem Zusammenhang wurde der Erfüllung der Abrüstungsverpflichtung unter Art. VI NPT größte Bedeutung zugemessen:

> In these circumstances, the Court appreciates the full importance of [...] Article VI of the Treaty on the Non-Proliferation of Nuclear Weapons [...] the obligation involved here is an obligation to achieve a precise result – nuclear disarmament in all its aspects [...] In the view of the Court, [fulfilling the obligation expressed in Article VI] remains without any doubt an objective of vital importance to the whole of the international community today.[76]

Dies erlaubt den Schluss, dass die anhaltende Weigerung der Nuklearwaffenstaaten gemäß Art. VI NPT abzurüsten, als destabilisierend betrachtet werden kann. Das als „grand bargain" bezeichnete Synallagma des NPT, fußt auf Verzicht im Gegenzug für Abrüstung. Wird die eine Pflicht nicht befolgt, könnten Staaten dem Beispiel Nordkoreas folgen, vom Vertrag zurücktreten, und nach einer Ansicht zulässigerweise über Nuklearwaffen disponieren.[77] Mohammed

---

75 *Legality of the Threat or Use of Nuclear Weapons*, Advisory Opinion 8.7.1996. ICJ Rep. 1996, S. 226, Rz. 98.

76 Ibid., Rz. 99 und 103.

77 Die Marshallinseln beriefen sich etwa unter Berücksichtigung der Tatsache, dass 188 der 193 Mitglieder der VN auch Parteien des NPT sind, darauf, dass Bestimmungen des Abkommens im Lichte übereinstimmender *opinio iuris* und umfassender Staatenpraxis den Charakter einer völkergewohnheistrechtlichen Norm angenommen hätten (cf. *Obligations concerning Negotiations relating to Cessation of the Nuclear Arms Race and to Nuclear Disarmament* (Fn. 72)). Nach dieser Auffassung könnte auch die in Art. II NPT enthaltene Nichtproliferationsverpflichtung eine ähnliche Natur aufweisen, und somit NPT-Nichtvertragsparteien an eine entsprechende Pflicht binden. Gegen ein solches Verständnis sprechen Zweifel im Hinblick auf die Frage ob sich die Rechtsüberzeugung der NPT Vertragsparteien auch über den Vertrag hinaus erstreckt, und auch die Relevanz der Praxis zwischen NPT Vertragsparteien für die Bildung einer außervertraglichen Norm. In diesem Zusammenhang ist vor allem die Nichtbeteiligung besonders betroffener Staaten beachtlich (cf. *North Sea Continental Shelf (Germany v. Denmark; Germany v. Netherlands)*, Judgment 20.2.1969. ICJ Rep. 1969, S. 47, Rz. 73–74). Die Tatsache, dass mehrere Nichtvertragsparteien des NPT Nuklearwaffen erworben haben, und dies nicht regelmäßig als rechtswidrig erachtet wird, spricht gegen eine völkergewohnheitsrechtliche Geltung von Art. II

El-Baradei selbst warnte wenige Monate nach dem Rücktritt Nordkoreas explizit davor, dass eine anhaltende Anwendung von „Doppelstandards“ zu nuklearer Aufrüstung führen werde.[78]

Vor diesem Hintergrund haben auch Staaten vor mangelnder Abrüstung als möglichen Auslöser nuklearen Wettrüstens gewarnt,[79] die globale Stabilität und kollektive Sicherheit gefährdet gesehen, und die Gefahr einer Untergrabung des breiteren Nichtproliferationsregimes erkannt.[80] Schließlich ist in

---

NPT. Vor diesem Hintergrund ist auch zu hinterfragen, ob eine Bezeichnung von NPT-Nuklearwaffenstaaten als „*de iure*“ und nicht-NPT-Nuklearwaffenstaaten als „*de facto*“, treffend ist.

78 *Nuclear Weapons: The Good, the Bad and the Ignored* (Fn. 72).

79 UN Conference on Disarmament: *Final record of the 1250th plenary meeting, Statement by Ambassador So Se Pyong, Permanent Representative of the Democratic People's Republic of Korea, 10 March 2011 (UN Doc CD/PV.1215)*, retrieved 28.8.2019, from https://undocs.org/CD/PV.1215: „[...] high-handed policies on nuclear weapons, which are based on a double standard, have reduced the Treaty on the Non-Proliferation of Nuclear Weapons [...] to dead paper [...] a sure way of plunging the world into a nuclear arms race. There can be no justification for the fact that certain countries take issue with the peaceful nuclear activities of countries they detest, while keeping out of their obligations to disarm their own nuclear weapons.“; UN Conference on Disarmament, *Final record of the 1395th plenary meeting, Statement by the Permanent Representative of South Africa to the Conference on Disarmament, Ms. Mxakato-Diseko, 2 August 2016 (UN Doc CD/PV.1395)*, retrieved 28.8.2019, from https://undocs.org/cd/PV.1395: „It is widely acknowledged that the nuclear non-proliferation regime is under significant stress. [...] It is a denial of the fact that nuclear weapons pose an existential threat to humanity and that a double standard cannot deliver consistent, long-term results. Credible arguments against proliferation cannot be made by those who extol the alleged virtues of nuclear weapons in arguing that they provide security and have in fact protected us from another world war, or that they somehow act as a deterrent against contemporary threats. It is time to acknowledge that arguments in favour of the retention of nuclear weapons only serve as an encouragement for proliferation and undermine the nuclear non-proliferation regime.“

80 UN Conference on Disarmament: Final record of the 1308th plenary meeting, Statement of Mr. Timerman (Argentina), 3 March 2014 (UN Doc CD/PV.1308), retrieved 28.8.2019, from https://undocs.org/cd/PV.1308: „My Government notes with concern that four decades of significant progress in the field of non – proliferation, in the 43 years that have elapsed since the entry into force of the Non – Proliferation Treaty, have not been matched by equivalent advances in nuclear disarmament. Argentina considers that existing nuclear arsenals continue to be disproportionately large, constituting a threat to global stability and collective security and undermining the efforts that we are all investing in the non – proliferation of nuclear weapons. For

diesem Zusammenhang auch auf den Atomwaffenverbotsvertrag hinzuweisen, welcher in seiner Präambel Sorge über schleppende nukleare Abrüstung äußert, und vor den katastrophalen Folgen einer, wenn auch nur versehentlichen, Detonation warnt.[81]

Das Problem eines Doppelstandards bei der Umsetzung des NPT wirkt demnach insofern destabilisierend, als es zu einer Ungewissheit im Hinblick auf die Legalität von Nuklearwaffen, Untergrabung des Nichtproliferationsregimes, Zunahme nuklear bewaffneter Staaten bzw. Nuklearwaffen, und der damit einhergehenden Gefahr einer Detonation, beitragen könnte. Der Rücktritt Nordkoreas ist derzeit noch ein Einzelfall, läuft aber, ähnlich wie der Fall Burundis im Zusammenhang mit dem IStGH, Gefahr wegbereitend zu wirken.[82] Eine Destabilisierungsgefahr bezieht sich nach diesem Verständnis also sowohl auf den NPT selbst, im Sinne der Gefahr weiterer Austritte, als auch auf die internationale Ordnung, im Sinne der genannten Auffassung des IGH.

---

that reason, my Government reiterates its support for all measures that promote a dynamic commitment to non – proliferation and the complete elimination of nuclear weapons in accordance with the principles of transparency, irreversibility and verification of nuclear disarmament measures. Accordingly, it advocates the entry into force of the Comprehensive Nuclear – Test – Ban Treaty as an important tool for preserving the credibility of the non – proliferation regime, which is now at risk. The failure of some States to ratify that Treaty both delays its entry into force and strengthens the argument that the regime is implemented under a double standard.“

81 Treaty on the Prohibition of Nuclear Weapons, 7 July 2017, retrieved 9.12.2018, from https://treaties.un.org/Pages/ViewDetails.aspx?src=TREATY&mtdsg_no=XXVI-9&chapter=26&clang=_en: „[14] *Concerned* by the slow pace of nuclear disarmament, the continued reliance on nuclear weapons in military and security concepts, doctrines and policies, and the waste of economic and human resources on programmes for the production, maintenance and modernization of nuclear weapons [...] [2] *Deeply concerned* about the catastrophic humanitarian consequences that would result from any use of nuclear weapons, and recognizing the consequent need to completely eliminate such weapons, which remains the only way to guarantee that nuclear weapons are never used again under any circumstances [...] [3] *Mindful* of the risks posed by the continued existence of nuclear weapons, including from any nuclear-weapon detonation by accident, miscalculation or design, and emphasizing that these risks concern the security of all humanity, and that all States share the responsibility to prevent any use of nuclear weapons“.

82 Zur Gefahr weiterer Rücktritte cf. Bunn, George: „The Nuclear Nonproliferation Treaty: History and Current Problems“. *Arms Control Today* 33, December 2003, S. 2, 4 und 5.

IV. Vorliegen eines Doppelstandards

Im Hinblick auf die Erzeugung der im NPT in zwei Staatenklassen unterteilten Normen von einem Doppelstandard zu sprechen, erscheint nur beschränkt überzeugend. Dass dies im engeren Sinn ungerechtfertigt wäre ist nicht offenkundig, und auch im weiteren Sinn, erscheint das Modell vor dem Hintergrund gerechtfertigt, dass mit 190 Parteien geradezu die gesamte Staatengemeinschaft der pragmatischen und temporären Lösung einer Nichtproliferation im Gegenzug für zukünftige Abrüstung zustimmte.

Problematischer ist der Doppelstandard im Hinblick auf die Anwendung des NPT. Auch wenn der IGH in Abwesenheit eines Streitfalls zwischen den Parteien nicht in der Sache entschied, weisen die durch die Marshallinseln vor dem IGH wegen der Nichtumsetzung der Abrüstungsverpflichtung im NPT angestrengten Verfahren darauf hin, dass nach einer Auffassung mangelnde Abrüstung durch die Nuklearwaffenstaaten rechtswidrig ist. Anhand des Nuklearwaffengutachtens kann auch erkannt werden, dass der IGH den NPT so interpretiert, dass NPT-Nuklearwaffenstaaten nicht nur verhandeln, sondern auch tatsächlich abrüsten müssen. Da neben Nichtproliferation und friedlicher Nutzung von Atomenergie auch Abrüstung als Inhalt von Ziel und Zweck des NPT erachtet werden kann,[83] könnte das Versäumnis dies bisher getan zu haben, eine erhebliche Vertragsverletzung des NPT im Sinne des Art. 60 WVK darstellen.

Da nach einer, etwa von den Marshallinseln vertretenen, Auffassung das Abrüstungsversäumnis der Nuklearwaffenstaaten eine Verletzung von Art. VI NPT darstellt, kann von einem im engeren Sinn ungerechtfertigten Doppelstandard gesprochen werden. Während Nordkorea also zunächst, wie geradezu sämtliche Nichtnuklearwaffenstaaten, seine Pflichten der Nichtaufrüstung gemäß Art. II und Sicherungsmaßnahmen gemäß Art. III erfüllte, unterließen Nuklearwaffenstaaten die ihnen nach Art. VI auferlegten Abrüstungsmaßnahmen. Der Doppelstandard liegt also darin, dass einer Gruppe von Staaten die Erfüllung ihrer Pflichten gemäß NPT abverlangt wird, während man einer anderen Gruppe gegenüber auf eine Durchsetzung verzichtet.

---

83 Joyner, Daniel H.: *Interpreting the Nuclear Non-Proliferation Treaty.* Oxford University Press: Oxford 2013, S. 33–34; Moffatt (Fn. 57), S. 12.

V. Kausalität

War dieser Umstand aber tatsächlich kausal für den Rücktritt? Eine gesamtheitliche Betrachtung der nuklearen Bestrebungen Nordkoreas offenbart, dass für den Staat energiepolitische Erwägungen ebenso ausschlaggebend waren wie verteidigungspolitische. Teilinhalt der nach der ersten Rücktrittsnotifikation mit den USA getroffenen Vereinbarung, war die Lieferung von fossilen Brennstoffen, und Zurverfügungstellung von nuklearer Reaktortechnologie.[84] Als diese Lieferungen ausblieben, fiel ein Anreiz für die anhaltende Suspendierung des Rücktritts weg.[85] Es lässt sich nur darüber spekulieren, ob Nordkorea nicht ausgetreten wäre, wenn die Nuklearwaffenstaaten, vor allem aber die USA, ihren Abrüstungsverpflichtungen nachgekommen wären. Da sich Nordkorea allerdings über 18 Jahre hinweg zur Nichtaufrüstung verpflichtet, Inspektionen zugelassen, und, wie dargestellt, sich in vertretbarer Weise als potentielles Ziel nuklearer Angriffe gesehen hat, erscheint es plausibel, dass der Rücktritt im Falle einer Abrüstung der USA ausgeblieben wäre.

Im Ergebnis, handelt es sich im gegenwärtigen Zusammenhang um einen Doppelstandard bei der Anwendung der Normen des NPT, wonach Nichtnuklearwaffenstaaten auf Aufrüstung verzichten, während Nuklearwaffenstaaten ihre Abrüstungspflichten verletzen. Da dies auf rechtswidrige Weise geschieht, kann von einem im engeren Sinn ungerechtfertigten Doppelstandard gesprochen werden. Dieser weist einen glaubhaften Kausalitätszusammenhang mit dem Rücktritt Nordkoreas auf, und kann dabei als ein Element der vom IGH in seinem Nuklearwaffengutachten befürchteten Destabilisierung der internationalen Ordnung erkannt werden.

---

84 „ [T]he United States had no will to implement the DPRK-US Agreed Framework, [...] it did not faithfully honor its commitment to provide the LWRs [Low Water Reactors]. The key point in the DPRK-US Agreed Framework is the US provision of LWRs, in return for our nuclear freeze. [...] What is more, the United States did not faithfully honor its legal obligation to supply 500,000 tonnes of heavy fuel oil [...] to us every year in compensation for the energy loss caused by our freeze on the graphite-moderated reactors“ (KCNA (Fn. 59)).

85 Ibid.

D. Austritt der USA aus dem Menschenrechtsrat der Vereinten Nationen

I. Berufung auf einen Doppelstandard

Im März 2017 kündigte der damalige US-Außenminister Rex Tillerson an, dass die USA, in Abwesenheit einschlägiger Reformen, aufgrund von „Einwänden im Hinblick auf die einseitige Agenda des Menschenrechtsrates gegenüber Israel", aus dem Menschenrechtsrat austreten würden.[86] Im folgenden Juni wiederholte die damalige ständige Vertreterin der USA bei den VN, Nikki Haley, dass die USA angesichts „chronischer antiisraelischer Einseitigkeit" ihre weitere Mitarbeit im Rat prüften.[87] Im Dezember verurteilte Haley im Rahmen einer Sitzung des Sicherheitsrates einen „Doppelstandard" gegenüber Israel und meinte, dass der Staat „Welle um Welle der Voreingenommenheit durch die VN und ihrer Sonderorganisationen widerstanden" habe.[88] Ein halbes Jahr darauf, zogen sich die USA schließlich aus dem Rat zurück. Dabei wurde ausdrücklich bemängelt, dass der Rat den Staat Israel nicht auf Basis menschenrechtlicher Überlegungen, sondern aus Voreingenommenheit verurteile.[89]

---

86 Lynch, Collum / Hudson, John: „Tillerson to U.N. Rights Council: Reform or We're Leaving". *Foreign Policy*, 14.3.2017, retrieved 16.5.2019, from https://foreignpolicy.com/2017/03/14/tillerson-to-u-n-rights-council-reform-or-were-leaving/.

87 Sampathkumar, Mythili: „Nikki Haley warns US may pull out of UN Human Rights Council over 'anti-Israel bias'". *Independent*, 6.6.2017, retrieved 28.8.2019, from https://www.independent.co.uk/news/world/americas/us-politics/nikki-haley-un-human-rights-council-anti-israel-bias-ambassador-arab-countries-saudi-arabia-a7775381.html.

88 „To the United Nations [sic!] shame, this has been a disproportionately hostile place for the Middle East's most enduring democracy. The United States refuses to accept the double standard [. . .] For decades, Israel has withstood wave after wave of bias in the UN and its agencies" (SR der VN: *Verbatim Record, 18 December 2017 (UN Doc. S/PV.8138)*, retrieved 28.8.2019, from https://undocs.org/en/S/PV.8138).

89 „[T]he council's continued and well-documented bias against Israel is unconscionable. [. . .] there is the matter of the chronic bias against Israel. [. . .] This disproportionate focus and unending hostility towards Israel is clear proof that the council is motivated by political bias, not by human rights." (US Department of State: *Remarks on the UN Human Rights Council, Mike Pompeo, Secretary of State, Nikki Haley, U.S. Permanent Representative to the United Nations, 19 June 2018*, retrieved 28.8.2019, from https://perma.cc/MPB4-9AQW).

II. Inhalt des vermeintlichen Doppelstandards

Das Problem liege laut USA konkret darin, dass der Rat seit seinem Bestehen Israel per Resolution öfter verurteilt habe, als sämtliche andere Staaten der Welt zusammen, und die Tagesordnung des Rates zu einer automatischen Verurteilung Israels führe.[90] Zugleich würden andere Staaten, welche schwere menschenrechtliche Verstöße begangen hätten, von jeder oder angemessener Verurteilung verschont.[91]

In diesem Zusammenhang wird also nicht der Vorwurf erhoben, dass hinsichtlich der Entstehung einer Norm Doppelstandards vorlägen. Vielmehr wird bemängelt, wie die Normen welche das Handeln des Menschenrechtsrates bestimmen angewendet werden, sodass der Staat Israel verurteilt wird, während Menschenrechtsverletzungen anderer Staaten nicht beachtet werden würden.

Zusammenfassend lässt sich daher der Schluss ziehen, die USA seien vom Menschenrechtsrat unter Berufung auf Doppelstandards bei der Anwendung der Normen, welche der Arbeit des Menschenrechtsrats zugrunde liegen, zurückgetreten.

III. Destabilisierende Wirkung

Inwiefern kann aber tatsächlich von einer Destabilisierung auf Basis dieses vorgeblichen Doppelstandards und des amerikanischen Rückzugsakts gesprochen werden?

---

90 „Since its creation, the council has adopted more resolutions condemning Israel than against the rest of the world combined. [...] Last year, the United States made it clear that we would not accept the continued existence of agenda item seven, which singles out Israel in a way that no other country is singled out." (*Pompeo / Haley* (Fn. 89)).

91 „For too long, the Human Rights Council has been a protector of human rights abusers [...] Human rights abusers continue to serve on and be elected to the council. The world's most inhumane regimes continue to escape scrutiny, and the council continues politicizing and scapegoating of countries with positive human rights records in an attempt to distract from the abusers in their ranks. [...] When a so-called Human Rights Council cannot bring itself to address the massive abuses in Venezuela and Iran, and it welcomes the Democratic Republic of Congo as a new member, the council ceases to be worthy of its name [...] Earlier this year, as it has in previous years, the Human Rights Council passed five resolutions against Israel – more than the number passed against North Korea, Iran, and Syria combined." (*Pompeo / Haley* (Fn. 89)).

Viele der von den USA im Hinblick auf die Tätigkeit des seit 2006 bestehenden Menschenrechtsrats geäußerten Bedenken sind nicht neu. Tatsächlich spiegeln sich darin Ansichten wider, welche zur Einstellung der Tätigkeit seines Vorgängergremiums, der Menschenrechtskommission, geführt hatten. Der damalige Generalsekretär der VN, Kofi Annan, erkannte im gegenständlichen „Glaubwürdigkeitsdefizit" der Kommission eine Gefahr für den Ruf des Systems der VN als Ganzes, und fürchtete, dass ein Scheitern von Reformen den „Verlust öffentlichen Vertrauens in die VN als solche" bedeuten könne.[92] Eine von den VN eingesetzte „special task force", welche Herausforderungen für die Organisation identifizieren sollte, kam zum Schluss, dass die Kommission ihre „Glaubwürdigkeit und Professionalität eingebüßt" habe, und Staaten ihre Mitgliedschaft einsetzten um andere zu verurteilen und sich selbst vor Verurteilungen zu schützen.[93] Thomas M. Franck bemängelte ebenso eine „Lawine" an Verurteilungen Israels, während schwerwiegendere Verletzungen anderer Staaten ignoriert wurden.[94] Resolutionen hätten sich auf rechtliche Prinzipien und Normen berufen, seien aber weniger aus rechtsstaatlichen als aus politischen Motiven und auf Basis von Abstimmungshandel erzeugt worden.[95]

---

92 „We have reached a point at which the commission's declining credibility has cast a shadow on the reputation of the United Nations system [...] Unless we re-make our human rights machinery, we may be unable to renew public confidence in the United Nations itself." (BBC: *Annan Says Rights Body Harming UN, BBC News Online, 7.4.2005*, retrieved 28.8.2019, from http://news.bbc.co.uk/2/hi/europe/4419333.stm).

93 „We are concerned that in recent years States have sought membership of the Commission not to strengthen human rights but to protect themselves against criticism or to criticize others. The Commission cannot be credible if it is seen to be maintaining double standards in addressing human rights concerns." (GV der VN: A More Secure World: Our Shared Responsibility, Report of the Secretary-General's High-Level Panel on Threats, Challenges, and Change, 2 December 2004 (UN Doc A/59/565), Rz. 283, retrieved 28.8.2019, from https://undocs.org/A/59/565).

94 „In respect of human rights, the treatment of Israel, in both the Commission and the General Assembly, is in a class by itself. [...] These very serious, if nonmandatory, sanctions voted against Israel for human rights violations contrast with the lack of action against far more serious offenders. [...] Against this background, the avalanche of charges against Israel, even those which have some basis in fact and the many which do not, provide ample justification for charging the human rights components of the system with practicing an indecent double standard." (Franck, Thomas M.: „Of Gnats and Camels: Is there a Double Standard at the United Nations?". *AJIL* 78(4), 1984, S. 824–825).

95 „Resolutions will often refer to principles of the UN or obligations of international law. As a result, when such documents are released all who were not privy to

Aryeh Neier hatte diesbezüglich die Befürchtung geäußert, dass „Doppelstandards" welche einzelne Staaten begünstigen, Überzeugungsarbeit bei anderen Staaten erschweren.[96] Eine Untergrabung der Universalität von Menschenrechten könne zudem zu einer Desillusionierung oder Entmutigung bei menschenrechtlichen Vorkämpferstaaten führen.[97]

Anhand jüngerer Stellungnahmen des aktuellen Generalsekretärs der VN, António Guterres, vor dem Rat selbst,[98] und einer Resolution der Generalversammlung,[99] ist erkennbar, dass ähnliche Bedenken nun hinsichtlich des Rats fortbestehen. Empirische Analysen zu Resolutionen im Hinblick auf Inhalt, Einbringerstaaten und Abstimmungsverhalten, bestätigen diese Befürchtungen,

---

closed-door negotiations might gain the impression that the considerations that produced these documents are reflected in their texts. Yet, States being primarily guided by self-interest, rather than the rule of law, will employ the latter when it conveniently coincides with political interest. [...] The tendency is to regard any human rights abuse as negotiable: blocs of votes for or against an offender are traded for past or future favors, which often pertain to some quite different area of concern". (Franck (Fn. 94), S. 831).

96 „Over time, as the inconsistencies inherent to the new double standard are revealed, it may become less possible to persuade Burma or Cambodia to halt abuses that escape criticism in China or India, or to push Guatemala to desist from practices that, when committed by Mexico, are not mentioned" (Neier, Aryeh: „The New Double Standard". *Foreign Policy* 105, 1996, S. 91).

97 „Moreover, as human rights advocates become cynical about inconsistencies that result from their efforts -and aware of the cynicism these inconsistencies inspire in countries sanctioned for violations that are tolerated in more powerful states- they may lose the will to persist. The human rights cause is based on the premise that certain rights are universal. The cause will founder [sic!] if that principle is abandoned." (Neier (Fn. 96), S. 91).

98 „Mr. President, To make human rights a reality for everyone, we need far more determined and coherent action. We must speak up for human rights in an impartial way without double standards." (UN Secretary General: *Remarks to Human Rights Council, 26 February 2018*, retrieved 28.8.2019, from https://www.un.org/sg/en/content/sg/speeches/2018-02-26/remarks-human-rights-council).

99 „*Reaffirming* the importance of ensuring the universality, objectivity and nonselectivity of the consideration of human rights issues, as affirmed in the Vienna Declaration and Programme of Action adopted by the World Conference on Human Rights on 25 June 1993, and the elimination of double standards" (GV der VN: *Resolution 72/171 adopted on 19 December 2017, Strengthening United Nations action in the field of human rights through the promotion of international cooperation and the importance of non-selectivity, impartiality and objectivity* (UN Doc A/RES/72/171), retrieved 28.8.2019, from https://undocs.org/en/A/RES/72/171).

und zeigen, unter anderem, dass einseitige Verurteilungen Israels im Rat so häufig auftreten wie einst in der Kommission.[100]

Bei Betrachtung betreffender Herausforderungen der Kommission bzw. des Rats, drängt sich zurecht ein Hinweis auf die rechtlich beschränkte Signifikanz des Menschenrechtsrats, sowie die häufig ins Treffen geführte Abgrenzung zwischen Charta-basierten Mechanismen und solchen, welche auf anderen völkerrechtlichen Verträgen fußen, auf. Es ergibt auch Sinn, Entscheidungen, welche von Experten getroffen werden, eine andere Bedeutung beizumessen, als solchen, welche das Ergebnis politischer Willensbildung sind. Dennoch darf nicht außer Acht gelassen werden, dass der Menschenrechtsrat in der Regel nach einem rechtlichen Maßstab prüft – insbesondere auf Basis menschenrechtlicher Verträge und der Satzung der VN. Obwohl die Resolutionen des Rats rechtlich beschränkte Wirkung entfalten, kristallisiert sich darin zumindest die Rechtsansicht zahlreicher Staaten im Hinblick auf einzelne Akte als Unrechtsakte heraus. Damit wird maßgeblich Einfluss auf den zentralen Mechanismus völkerrechtlicher Normenkontrolle ausgeübt: Selbstbeurteilung. Selbst bei differenzierter Betrachtung der Tätigkeit des Rats, ist also eine gewisse rechtliche und praktische Bedeutung nicht ausgeschlossen. Insofern

---

100 „After four years in operation the United Nations Human Rights Council (UNHRC) is subject to criticism, and various scholars and practitioners alike present and discuss reform proposals. In the present paper we study systematically the controversial decisions in the UNHRC. We find that controversial proposals are introduced by countries with a blemished human rights record, and that in the votes on these proposals the council members belonging to the European Union (EU) vote very distinctly from the remaining members and have preferences quite different from those member states that violate human rights. Extending an empirical approach frequently used in parliamentary research we can also show that in votes in the UNHRC preferences of member states dominate over their membership to particular blocs. As controversial votes also heavily polarize the UNHRC we argue that the problems faced by the UNHRC's predecessor, namely the Commission on Human Rights, have reappeared. [. . .] The two only systematic studies focusing on voting in the UNHRC that we are aware of focus on specific aspects. Cox (2010, 111ff) suggests that resolutions targeting particular countries (most notably Israel) are as prevalent in the new body as they were in its predecessor." Hug, Simon und Lukács, Richard: „Preferences or blocs? Voting in the United Nations Human Rights Council". *The Review of International Organizations* 9, 2014, S. 83 (Verweis auf Cox, Eric: „State interest and the creation and functioning of the United Nations Human Rights Council". *Journal of International Law and International Relations* 6(1), 2010, S. 111ff).

laufen derartige Resolutionen mitunter Gefahr, sonst eher widerrechtlich als Gegenmaßnahmen deklarierte Völkerrechtsbrüche zu legitimieren. Zudem kann ein Glaubwürdigkeitsdefizit eines Mechanismus die Glaubwürdigkeit anderer „kontaminieren“. Die Effektivität des Systems des Menschenrechtsschutzes als Ganzes droht beeinträchtigt zu werden, wenn die Öffentlichkeit, und etwa israelische Behörden und Gerichte, nicht zwischen Menschrechtsrat – und Ausschuss unterscheiden.[101]

Im Übrigen bezeichnete der damalige Präsident des Rates, Vojislav Suc (Slowenien), den Austritt der USA, als bedauerlichen Schritt angesichts aktueller Herausforderungen des Multilateralismus.[102] Der Rat fungiere als ein Frühwarnsystem und liefere bedeutende Resultate für Opfer menschenrechtlicher Verletzungen.[103] Zugleich kündigten die USA an, dass neben ihrem Austritt auch eine Einstellung finanzieller Beiträge an den Rat (und den Hohen

---

101 „The perception of double standards and of non-human-rights-related motives being behind the pronouncements of international human rights bodies, risks contaminating the credibility of the system as a whole. There is some justification for the concern that Israel's violations received disproportionate attention, and that resolutions are passed which clearly seem to indicate double standards. This opens the mechanisms up to attacks on their credibility, and makes it easier for the Israeli government and courts to disregard them. [...] Nonetheless, the general public does not distinguish between a UN Human Rights Council and a UN Human Rights Committee, and if one is tainted with bias, then the other's image is doomed together with it. [...] The grounded perception of bias against Israel within certain human rights bodies is raised here due to the concern that it impinges upon the credibility of the international human rights system and, consequently, weakens the potential impact and role that these bodies should be playing in bringing about an end to the violations. [...] A perception of bias makes it easier to claim that Israel's security concerns are ignored and for the authorities to fall back on the automatic security grounds as an answer to any allegation.“ Lubell, Noam: „Still waiting for the goods to arrive: The delivery of human rights to the Israeli-Palestinian Conflict“. In Gilbert, Geoff / Hampson, Françoise und Sandoval, Clara (Hrsg.): *The Delivery of Human Rights*. Routledge: Abingdon on Thames et al. 2011, S. 225–226 (Fußnoten entfernt).

102 HRC der VN: *Press Statement by the President of the Human Rights Council, Ambassador Vojislav Šuc (Slovenia), 19 June 2018*, retrieved 28.8.2019, from at https://www.ohchr.org/EN/HRBodies/HRC/Pages/NewsDetail.aspx?NewsID=23220&LangID=E.

103 Ibid.

Kommissar) in Höhe von 22% seines Budgets, dem Prozentsatz des amerikanischen Beitrags zum Gesamtbudget der VN, beabsichtigt sei.[104]

Zusammenfassend lässt sich hinsichtlich der destabilisierenden Wirkung des gegenständlichen Doppelstandards resümieren, dass (1) bekannte Probleme der Menschenrechtskommission nun im Rat auftreten, und daher auch ein entsprechendes Schicksal droht, (2) damit die Glaubwürdigkeit der Vereinten Nationen als solche betroffen ist, (3) verletzende Staaten schwerer zu Konformität zu bewegen sein könnten, (4) Vorreiterstaaten entmutigt werden könnten, (5) Resolutionen des Rats als Vorwand für Völkerrechtsverletzungen dienen könnten, (6) das breitere System des Menschenrechtsschutzes kontaminiert werden könnte, da Öffentlichkeit, Behörden und Gerichte nicht immer zwischen Rat und anderen Mechanismen unterscheiden, (7) ein weiteres Element des Multilateralismus ins Wanken gerät, (8) ein menschenrechtliches Frühwarnsystem bzw. ein Opferschutzmechanismus gefährdet wird, und (9) die Finanzierung des Rats und der VN beeinträchtigt wird.

IV. Vorliegen eines Doppelstandards

Eine Untersuchung der Tätigkeit des Menschenrechtsrates zwischen 2006 und 2016, den ersten zehn Jahren seines Bestehens, offenbart unter anderem eine Auseinandersetzung mit Israel in mehr als der Hälfte aller 135 einen Staat verurteilenden Resolutionen,[105] mehr als einem Viertel der Sondersitzungen,[106] und dem einzigen staatspezifischen ständigen Tagesordnungspunkt, Punkt 7[107]. Darüber hinaus sind einseitig formulierte Mandate erkennbar, welche etwa im Zusammenhang mit den Erkundungsmissionen im Libanon (2006) und Gaza

104 „We'll calculate 22 percent of the Human Rights Council and the High Commissioner's budget, and our remittances to the U.N. for this budget year will be less 22 percent of those costs — and we'll say specifically that's what we're doing." (Politico: *Bolton Presses Russia About Meddling in U.S. Election Process, 23 August 2018*, retrieved 28.8.2019, from https://www.politico.com/story/2018/08/23/john-bolton-russia-meeting-election-meddling-794339).

105 UN Watch: *The U.N. and Israel: Key Statistics from UN Watch, UN Human Rights Council*, retrieved 28.8.2019, from https://unwatch.org/un-israel-key-statistics/.

106 HRC der VN: *Special sessions*, retrieved 28.8.2019, from https://www.ohchr.org/EN/HRBodies/HRC/SpecialSessions/Pages/SpecialSessions.aspx.

107 HRC der VN: *Resolution 5/1 Institution-building of the United Nations Human Rights Council of 18 June 2007, Annex, V. Agenda and Framework for the Programme of Work*, retrieved 28.8.2019, from ap.ohchr.org/documents/e/hrc/resolutions/a_hrc_res_5_1.doc.

(2009), sich darauf beschränkten, lediglich israelische Rechtsverletzungen in mehrseitigen bewaffneten Konflikten zu untersuchen.[108] Zugleich hat es der Rat verabsäumt, sich auf ähnliche Weise im Untersuchungszeitraum (2006–2016) mit erheblichen Menschenrechtsverletzungen in anderen Staaten auseinanderzusetzen, oder sich deutlich weniger intensiv mit ihnen beschäftigt.[109] Eine vergleichende Bewertung, welche präzise beurteilt, inwiefern israelische Akte zu Unrecht behandelt, oder andere zu Unrecht nicht behandelt wurden, wäre nicht einfach durchzuführen. Dass die von Israel begangenen Rechtsverletzungen weder qualitativ noch quantitativ einzigartig sind, und die beschriebene Konzentration daher ungerechtfertigt ist, erscheint dennoch naheliegend.

---

108 HRC der VN: *Second special session, 13 November 2006, The grave situation of human rights in Lebanon caused by Israeli military operations (UN Doc A/HRC/RES/S-2/1)*, retrieved 28.8.2019, from https://ap.ohchr.org/documents/dpage_e.aspx?si=A/HRC/RES/S-2/1: „*The Human Rights Council* [. . .] 7. *Decides* to establish urgently and immediately dispatch a high-level commission of inquiry comprising eminent experts on human rights law and international humanitarian law, and including the possibility of inviting the relevant United Nations special procedures to be nominated to the Commission: (*a*) To investigate the systematic targeting and killings of civilians by Israel in Lebanon; (*b*) To examine the types of weapons used by Israel and their conformity with international law; (*c*) To assess the extent and deadly impact of Israeli attacks on human life, property, critical infrastructure and the environment“; HRC der VN: *Ninth special session, 9 and 12 January 2009, The grave violations of human rights in the Occupied Palestinian Territory, particularly due to the recent Israeli military attacks against the occupied Gaza Strip (UN Doc A/HRC/S-9/L.1. S-9/1)*, retrieved 28.8.2019, from https://documents-dds-ny.un.org/doc/UNDOC/LTD/G09/102/84/PDF/G0910284.pdf?OpenElement: „*The Human Rights Council* [. . .] 14. *Decides* to dispatch an urgent, independent international fact-finding mission, to be appointed by the President of the Council, to investigate all violations of international human rights law and international humanitarian law by the occupying Power, Israel“.

109 Die NGO UN Watch bemängelt, dass es im betreffenden Zeitraum etwa keine verurteilende Resolution im Hinblick auf Verletzungen in China („Verweigerung von Grundrechten“), Irak („Tötungen durch Milizen“), Russland („Verfolgung von Dissidenten“) oder Saudi Arabien („Hinrichtungen“) gab, oder das deutlich weniger Resolutionen zu Verletzungen durch andere Staaten ergingen, darunter Nordkorea (9 Resolutionen, „Zwangsarbeitslager“), Iran (6 Resolutionen, „Folter“), Sudan (3 Resolutionen, „Bombardierung von Zivilisten“), oder Libyen (2 Resolutionen, „Massenhinrichtungen“) (UN Watch: *UN Proprotionality: Total UN Human Rights Council Condemnations in its first decade*, retrieved 28.8.2019, from https://unwatch.org/wp-content/uploads/2016/08/Proprtionality-image-68-vs-67.jpg).

Wie illustriert, lässt sich im gegenwärtigen Zusammenhang durchaus von einem Doppelstandard sprechen: Einem strengen, welcher häufig, gründlich, und gelegentlich einseitig ohne erkennbare sachliche Rechtfertigung überproportional oft den Staat Israel verurteilt, per Resolution, Sondersitzung, Tagesordnungspunkt oder Mandatsumschreibung. Demgegenüber wird ein weniger strenger Standard auf andere Staaten angewandt, welche selten, oder gar nicht, trotz *prima facie* erfolgter Menschenrechtsverletzungen durch den Rat behandelt werden. Zu klären bleibt, ob sich dieser Doppelstandard auf die Entstehung oder Anwendung von Normen bezieht, und es sich dabei um einen Doppelstandard im engeren oder weiteren Sinn handelt.

Als durch eine Resolution der Generalversammlung auf Basis von Art. 13 der Satzung der VN, also einer empfehlenden Kompetenz, geschaffenes Nebenorgan, genießen weder die Resolutionen des Rats selbst, noch das ihn konstituierende Dokument über ihre institutionelle Dimension hinaus rechtliche Bindungswirkung. Auch wenn also die Ungleichbehandlung Israels auf in solchen Resolutionen fußenden Regeln beruht, und diese gegen ranggleiche Prinzipien der Universalität, Unbefangenheit, Objektivität oder Nicht-Selektivität verstoßen,[110] so handelt es sich auf dieser Ebene weder bei dem einen noch dem anderen um Rechtsnormen. Verfolgt man das Handeln des Menschenrechtsrats auf die rechtsverbindliche Ebene zurück, jener der Satzung, so ist erkennbar, dass eine Ungleichbehandlung nicht auf ihre Bestimmungen zurückzuführen ist. Zugleich verstößt eine intensive Auseinandersetzung mit Israel bei gleichzeitig weniger intensiver Auseinandersetzung mit anderen Staaten per se vordergründig gegen keine völkerrechtliche Pflicht. Im Ergebnis handelt es sich also um einen Doppelstandard bei der Anwendung völkerrechtlicher, menschenrechtlicher Normen, welcher lediglich im weiteren Sinn ungerechtfertigt, da nicht erkennbar rechtswidrig, ist.

V. Kausalität

Die USA haben sich im Rahmen ihres Austritts auf einen Doppelstandard gegenüber Israel, welcher sich insbesondere in einer unverhältnismäßigen Anzahl verurteilender Resolutionen, und dem Tagesordnungspunkt 7 ausdrückt, berufen.

Im Zuge der Erklärung des amerikanischen Austritts, wurden neben Voreingenommenheit gegenüber Israel aber auch andere Bedenken geäußert. In

110 HRC der VN: Resolution 5/1 (Fn. 107): „A. Principles [...] Universality [...] Impartiality [...] Objectivity [...] Non-selectiveness [...]".

diesem Zusammenhang wurde insbesondere bemängelt, und auch der Austritt damit begründet, dass (1) Staaten, welche zu den schwersten Menschenrechtsverletzern zählten, Mitglieder des Rats wären, (2) solche Staaten ihre Mitgliedschaft nutzen würden um gegen sie gerichtete Verurteilungen durch den Rat zu verhindern, (3) Mitgliedschaft nicht auf einem fairen Wahlverfahren, sondern Kollusion basiere, (4) der Rat in seiner Mission der Verteidigung der Menschenrechte versagt habe, da viele der schlimmsten Menschenrechtsverletzungen ignoriert und so Verletzer von ihrer Verantwortung entbunden werden würden, (5) Staaten, welchen die Probleme des Rats bewusst seien, aufgrund einer Konzentration auf Eigeninteressen dabei versagt hätten Reformmaßnahmen zu unterstützen, und (6) die USA durch ihre Teilnahme den Rat nicht länger legitimieren wollten.[111] Obwohl diese Bedenken nicht israelspezifisch sind, beziehen sie sich dennoch insofern auf den Doppelstandard, als sie nicht den hohen Standard für Israel, sondern Ursachen für den niedrigen Standard, welcher gegenüber anderen Staaten angelegt wird, anprangern.

Interessant ist, dass der Austritt zugleich, etwa seitens des amerikanischen nationalen Sicherheitsberaters, John Bolton, auf Voreingenommenheit gegenüber den USA selbst zurückgeführt wurde.[112] Dieser sah, unter anderem, in der Tätigkeit des Menschenrechtsrats eine Gefahr für den amerikanischen Exzeptionalismus. Die Erklärung über den Austritt der USA erwähnte gleichfalls ausdrücklich auch eine Unterminierung der „nationalen Interessen der USA".[113]

Zudem erfolgte der Austritt einen Tag nachdem der VN-Hochkommissar für Menschenrechte, Zeid Ra'ad al Hussein, die USA für ihre damalige Politik der Trennung von Familien bei illegalen Grenzübertritten kritisierte.[114] Obwohl sich die Austrittserklärung nicht explizit auf den Umstand bezog,

---

111 *Pompeo / Haley* (Fn. 89).

112 UN Watch: *Two interviews by U.S. National Security Advisor John Bolton, on June 19–20, 2018, on U.S. exit from the UN Human Rights Council*, retrieved 28.8.2019, from https://unwatch.org/john-bolton-u-s-left-un-human-rights-council/.

113 „[W]hen organizations undermine our national interests and our allies, we will not be complicit." (*Pompeo / Haley* (Fn. 89)).

114 HRC der VN: *Opening Statement and Global Update of Human Rights Concerns by UN High Commissioner for Human Rights Zeid Ra'ad Al Hussein at the 38th Session of the Human Rights Council, 18 June 2018*, retrieved 28.8.2019, from https://www.ohchr.org/EN/HRBodies/HRC/Pages/NewsDetail.aspx?NewsID=23206&LangID=E.

wurde erwähnt, dass sich die USA sich „nicht von einer heuchlerischen Institution belehren lassen“ werden.[115]

Der Austritt wurde somit hauptsächlich mit Doppelstandards gegenüber Israel, aber auch der Haltung des Rats gegenüber den USA selbst begründet. Dennoch ist ein Kausalzusammenhang zwischen einem im weiteren Sinn ungerechtfertigten Doppelstandard bei der Anwendung von Normen und dem Austritt der USA unverkennbar.

E. Conclusio

Doppelstandards tragen zur Destabilisierung der Völkerrechtsordnung insofern bei, als sie insbesondere den Rückzug einzelner Staaten aus multilateralen Verträgen und Institutionen bewirken können. So verschieden die Einzelfallstudien zu IStGH, NPT und dem Menschenrechtsrat sind, so ähnlich waren sich die betreffenden Staaten in ihrer Berufung auf Doppelstandards, wenn sie ungerechtfertigte Ausnahmen im Zuge der Erzeugung oder Anwendung von Normen anprangerten. Obwohl sich behauptete Doppelstandards im Hinblick auf exzeptionelle oder selektive Behandlung auf Erzeugung als auch Anwendung bezogen, erschienen Bedenken hinsichtlich der Anwendung von Normen überzeugender. Dabei waren die Doppelstandards auf die sich Staaten explizit beriefen, nicht immer mit identifizierten deckungsgleich. Trotz eines Kausalzusammenhanges zwischen allen untersuchten Rückzugsakten und Doppelstandards, waren letztere für keinen Rückzugsakt ausschließlich kausal.

Auf Basis der drei untersuchten Fallstudien scheint ein Zusammenhang zwischen behaupteten oder tatsächlichen Doppelstandards und Rückzugsakten aus internationalen Verträgen und Institutionen, ebenso wie eine damit einhergehende Destabilisierungsgefahr, unverkennbar. Die Eintracht der Staatengemeinschaft basiert auf der formellen Gleichheit ihrer Subjekte, sowohl im als auch vor dem Recht. Um die eingangs erwähnte Metapher zu bedienen, droht die Harmonie der Gemeinschaft gestört zu werden, wenn manche Gottheit wie ein Ochse behandelt wird.

---

115 „The United States [. . .] will not take lectures form hypocritical bodies and institution [sic!]“ (*Pompeo / Haley* (Fn. 89)).

Christina Binder*

Rückzug aus Verträgen im internationalen Investitionsrecht: eine allgemein völkervertragsrechtliche Perspektive auf die rezenten Rückzugstendenzen aus der ICSID Konvention

A. Einleitung

Der Rückzug aus völkerrechtlichen Verträgen ist zum einen im allgemeinen Völkerrecht – genauer, im Wiener Übereinkommen über das Recht der Verträge (WVK) – geregelt. Andererseits enthalten auch besondere Vertragsregime – etwa im Bereich der Menschenrechte oder des Wirtschaftsrechts – Rückzugsbestimmungen, die vom allgemeinen Völkerrecht abweichen, um den speziellen Bedürfnissen der betreffenden Vertragsregime Rechnung zu tragen.

Damit steht auch der Rückzug aus Verträgen im Zeichen der Debatte um die Fragmentierung des Völkerrechts. Besondere Regime kontrahieren aus dem allgemeinen Völkerrecht heraus. Gleichsam als Planeten, die sich aber trotzdem im Universum des Völkerrechts situieren; um bei dem schon vor Jahren von *Simma* und *Pulkowski* geprägten Bild zu bleiben: „Of planets and the universe".[1] Dies soll auch das Leitmotiv für diesen Beitrag über rezente Rückzugstendenzen aus der ICSID Konvention sein.

So ist das Investitionsrecht ein gutes Beispiel für den Rückzug aus besonderen Vertragsregimen. Die Rückzugsbestimmungen der ICSID Konvention reflektieren das der Konvention zugrundeliegende Dreiecksverhältnis Gaststaat der Investition – Heimatstaat des Investors – Investor. Art. 71 und 72 ICSID Konvention stehen im Zeichen der Notwendigkeit, die Interessen von Investoren im Fall eines Rückzugs vom Vertrag durch den Gaststaat zu schützen. Dabei gibt es – angesichts der Kündigungen der ICSID Konvention durch

---

* Univ.-Prof. MMag. Dr. Christina Binder, E.MA., Universität der Bundeswehr München. Die Autorin dankt Mag. *Isabella Brunner* für wertvolle Unterstützung bei der Erstellung der Schriftfassung des Vortrags.

1 Simma, Bruno / Pulkowski, Dirk: „Of Planets and the Universe: Self-contained Regimes in International Law". *EJIL* 17(3) 2006, S. 483–529.

Ecuador, Venezuela und Bolivien und der in dem Zusammenhang vor Investitionsschiedsgerichte gebrachten Fälle – auch entsprechende Judikatur, die den Rückzug aus der ICSID Konvention und deren Rechtsfolgen thematisiert.[2] Allerdings ist die Judikatur der Tribunale nicht einheitlich. Die Investitionsschiedsgerichte legen Art. 71 und 72 ICSID Konvention unterschiedlich aus. Dies führt zu entsprechender Rechtsunsicherheit. Diesfalls kann, wie ich zeigen möchte, ein allgemein völkervertragsrechtlicher Blick helfen, um die divergierende Judikatur der Investitionsschiedsgerichte völkerrechtlich zu verorten. Das allgemeine Völkerrecht bietet also Ansätze für eine zukünftige Vereinheitlichung der Judikatur.

Dementsprechend wird der Beitrag zunächst kurz den Rückzug aus Verträgen im allgemeinen Völkerrecht und in besonderen Vertragsregimen generell behandeln (Teil B). Dann geht er auf das besondere Vertragsregime des Investitionsrechts und konkret auf den Rückzug aus der ICSID Konvention ein. Dabei zeigt er, dass die Rückzugsbestimmungen der ICSID Konvention, speziell Art. 71 und 72, den besonderen Bedürfnissen des Investitionsrechts Rechnung tragen, Investitionsschiedsgerichte allerdings unterschiedliche Positionen vertreten, wie diese Bestimmungen ineinandergreifen und zu verstehen sind. Dies führt zu divergierender Judikatur (Teil C). Vor diesem Hintergrund behandelt Teil D, dass eine allgemein völkervertragsrechtliche Perspektive helfen kann, die verschiedenen Entscheidungen der Investitionsschiedsgerichte zu verorten und „Ordnung“ in die unterschiedlichen Positionen zu bringen. Diesfalls wirkt das allgemeine Völkerrecht, das „Universum“, positiv ordnend auf den Planeten des Investitionsrechts zurück.

---

2 Cf. *Fábrica de Vidrios Los Andes, C.A. and Owens-Illinois de Venezuela, C.A. v. Bolivarian Republic of Venezuela,* ICSID Case No. ARB/12/21, Award, 13.11.2017; *Valores Mundiales, S.L. and Consorcio Andino S.L. v. Bolivarian Republic of Venezuela,* ICSID Case No. ARB/13/11, Award, 25.7.2017; *Blue Bank International & Trust (Barbados) Ltd. v. Bolivarian Republic of Venezuela,* ICSID Case No. ARB/12/20, Award, 26. April 2017; *OI European Group B.V. v. Bolivarian Republic of Venezuela,* ICSID Case No. ARB/11/25, Decision on Stay of Enforcement of the Award, 4.4.2016; *Venoklim Holding B.V. v. Bolivarian Republic of Venezuela,* ICSID Case No. ARB/12/22, Award, 3.4.2015.

B. Generelles zum Rückzug aus Verträgen: Allgemeines Völkervertragsrecht und spezielle Vertragsregime

Der Rückzug aus Verträgen nimmt im allgemeinen Völkerrecht – konkret in der WVK – einen wichtigen Platz ein.[3] So ist der gesamte Teil V der WVK der Vertragsbeendigung gewidmet; den Gründen, im Fall derer eine einseitige Vertragsbeendigung (Art. 60ff. WVK) möglich ist; dem Verfahren (Art. 65-67 WVK) und den Rechtsfolgen der Beendigung (Art. 70 WVK). Die Konstruktion der Bestimmungen veranschaulicht die Sorge der Gründungsväter der WVK ob der Gefahr, die ein einseitiger Rückzug aus Verträgen zu bieten schien.

So gestattet die WVK den einseitigen Rückzug vom Vertrag durch eine Vertragspartei nur unter den engen Voraussetzungen der Art. 60-62 WVK (erhebliche Vertragsverletzung, nachträgliche Unmöglichkeit der Erfüllung und grundlegende Änderung der Umstände). Die Anwendungsvoraussetzungen sind eng; die Schwelle für die Vertragsbeendigung liegt hoch.

Darüber hinaus sind die Anwendungsvoraussetzungen an ein langwieriges und komplexes Verfahren gekoppelt: Art. 65ff. WVK beruhen weitgehend auf den Instrumenten der friedlichen Streitbeilegung. Das Verfahren kann über 2 Jahre dauern und ist für den Eintritt der Rechtsfolgen konstitutiv, der Vertrag bleibt während der Zeit in Kraft. Das Verfahren endet auch nur mit einer unverbindlichen Empfehlung der Vergleichskommission.

Die in der WVK vorgesehenen Rechtsfolgen einer Vertragsbeendigung (Art. 70 WVK) kennzeichnen sich durch ihre offene und allgemein gehaltene Formulierung: gemäß Art. 70 WVK werden die Parteien mit *ex nunc*-Wirkung von ihrer Erfüllungspflicht befreit, die zuvor entstandene Rechtslage bleibt unberührt. Art. 70 WVK ist insbesondere wegen der Vielzahl der möglichen Situationen, auf die er Anwendung finden soll, sehr allgemein gehalten. Er lässt deswegen aber zahlreiche Fragen unbeantwortet, wie zum Beispiel wie die Rechte von Dritten/Individuen im Einzelfall ausgestaltet sind. Wie noch zu zeigen ist, erfordern diese Fragen besondere Regelungen im Investitionsrecht.

Dementsprechend stellen sich zahlreiche Herausforderungen im Zusammenhang mit dem Rückzug aus völkerrechtlichen Verträgen im allgemeinen Völkerrecht: die Rückzugsbestimmungen der WVK sind notwendigerweise

---

3 Cf. dazu generell Binder, Christina: „Die Grenzen der Vertragstreue im Völkerrecht". In: Bogdandy, Armin von / Peters, Anne (Hrsg.): *Beiträge zum ausländischen öffentlichen Recht und Völkerrecht*. Springer: Heidelberg et al. 2012; Binder, Christina: „Stability and Change in Times of Fragmentation: The Limits of *Pacta Sunt Servanda* Revisited". *Leiden Journal of International Law* 25(4), 2012, S. 909.

abstrakt und generell gehalten. Sie spiegeln die Charakteristika des allgemeinen Völkerrechts wider, das auf zahlreiche Situationen Anwendung finden muss. Die Bestimmungen der WVK sind auch sehr restriktiv, angesichts der Gefahr die ein ungeordneter Rückzug für die Vertragsstabilität zu bieten scheint. Sie eröffnen nur begrenzte Möglichkeiten des Rückzugs aus Verträgen. Es ist also wenig verwunderlich, dass Staaten sich kaum auf die Bestimmungen berufen haben; dass also die Rückzugspraxis und -rechtsprechung im Bereich des allgemeinen Völkerrechts entsprechend mager ist.

Dabei sind die Bestimmungen der WVK auch Ausdruck des traditionell zwischenstaatlich-horizontalen Völkerrechts. Dieses trägt den Notwendigkeiten besonderer Vertragsregime nur ungenügend Rechnung. Deswegen sehen diese in der Regel Kündigungsmöglichkeiten vor, die den Anforderungen ihres Regimes entsprechen. Sie ermöglichen einen „systemadäquaten" Rückzug aus dem Regime.

C. Rückzugsbestimmungen im internationalen Investitionsrecht und rezente Rückzugstendenzen aus der ICSID Konvention

I. Investitionsschutzverträge (die ICSID Konvention) als Verträge zu Gunsten Dritter

Dies wird auch im Investitionsrecht deutlich. Investitionsschutzverträge, speziell die ICSID Konvention, unterscheiden sich vom klassischen horizontal-zwischenstaatlichen Recht der Verträge durch das ihnen zugrundeliegende Dreiecksverhältnis, das Investoren zu Berechtigten d.h. Begünstigten macht.

Die Natur der Investorenrechte (*nature of investor rights*) ist dabei zwar umstritten: Investorenrechte werden teils als derivativ (als vom Heimatstaat abgeleitet), teils als direkt,[4] qualifiziert.[5] So ist Investitionsrecht, was

---

4 Cf. generell Binder, Christina: „A Treaty Law Perspective on Intra-EU BITs". *Journal of World Investment & Trade* 17(6), 2016, S. 964–983; cf. Voon, Tania / Mitchell, Andrew / Munro, James: „Parting Ways: The Impact of Investors Rights on Mutual Termination of Investment Treaties". *ICSID Review-FILJ* 29(2), 2014, S. 455: „The main argument given in support of the direct rights theory is that it is 'better able to explain the concepts that are created by investment treaty arbitrations [i.e.] the ability of an investor to succeed in a claim despite the assertions of its home State that the tribunal lacks jurisdiction, the ability of investors to waive their rights to bring a claim'."

5 Cf. Kriebaum, Ursula: „The Nature of Investment Disciplines". In: Douglas, Zachary / Pauwelyn, Joost / Vinuales, Jorge (Hrsg.): *The Foundations of International Investment*

die Rechtsstellung von Individuen anbelangt, traditionell zwischen diplomatischem Schutz und Menschenrechten angesiedelt.[6] Für die Zwecke dieses Beitrags kann die Frage allerdings dahingestellt bleiben. Es genügt, auf das Dreiecksverhältnis Gaststaat – Heimatstaat – Investor zu verweisen, das eben auch besondere Bestimmungen betreffend den Rückzug aus Investitionsschutzverträgen notwendig macht.

So trägt auch die ICSID Konvention der besonderen Rechtsstellung des Investors im Bereich des Investitionsrechts Rechnung. Schon in der Präambel der ICSID Konvention wird auf das Dreiecksverhältnis Gaststaat-Heimatstaat-Investor hingewiesen. Um nur eine Passage zu zitieren:

> „Eingedenk der Notwendigkeit, zugunsten der wirtschaftlichen Entwicklung international zusammenzuarbeiten, und eingedenk der Bedeutung, welche internationalen privaten Investitionen auf diesem Gebiet zukommt, im Hinblick darauf, dass im Zusammenhang mit derartigen Investitionen Streitigkeiten zwischen Vertragsstaaten und Angehörigen anderer Vertragsstaaten jederzeit entstehen können, [...] in Anbetracht der besonderen Bedeutung, die [die Vertragsstaaten] der Schaffung internationaler Vergleichs- und Schiedseinrichtungen beimessen, denen Vertragsstaaten und Angehörige anderer Vertragsstaaten auf Wunsch solche Streitigkeiten unterbreiten können, [...] in der Erkenntnis, dass die gegenseitige Einwilligung der Parteien, solche Streitigkeiten unter Inanspruchnahme der genannten Einrichtungen einem Vergleichs- oder Schiedsverfahren zu unterwerfen, eine rechtsverbindliche Vereinbarung darstellt“.

Im Rahmen der materiellen Bestimmungen ist vor allem Art. 25 ICSID Konvention zu nennen, der Investoren direkten Zugang zum ICSID gewährt indem er auf die Zuständigkeit des Zentrums für alle „unmittelbar mit einer Investition

---

Law: Bringing Theory into Practice. OUP: Oxford 2014, S. 49 ff. Hinsichtlich der Natur der Investorenrechte cf. auch Paparinskis, Martins: „Investment Arbitration and the Law of Countermeasures“. *BYIL* 79(1), 2008, S. 268; Hinsichtlich Gegenmaßnahmen cf. Binder, Christina: „Circumstances Precluding Wrongfulness“. In: Bungenberg, Marc et al. (Hrsg.): *International Investment Law.* Nomos: Baden-Baden 2015, S. 442, para. 78; Duijzentkunst, Bart L.S.: „Treaty Rights as Tradable Assets: Can Investors Waive Investment Treaty Protection?“. *ICSID Review* 25(2), 2010, S. 412–419; Gourgourinis, Anastasios: „Investors' Rights ‘qua’ Human Rights? Revisiting the ‘Direct’/’Derivative’ Rights Debate“. In: Fitzmaurice, Malgosia / Merkouris, Panos (Hrsg.): *The Interpretation and Application of the European Convention of Human Rights.* Martinus Nijhoff: Leiden et al. 2013, S. 155. Zu beachten ist, dass die Natur der Investorenrechte auch von der Wortwahl der jeweiligen Investitionsverträge abhängig ist (cf. dazu Voon / Mitchell / Munro (Fn. 4), S. 455).

6 Cf. Kriebaum (Fn. 5), S. 48 ff.

zusammenhängenden Rechtsstreitigkeiten zwischen einem Vertragsstaat [...] einerseits und einem Angehörigen eines anderen Vertragsstaats andererseits" verweist. (Cf. diesbezüglich im Detail unten Teil D.II).

All dies illustriert das Dreiecksverhältnis, das die ICSID Konvention charakterisiert: als zwischenstaatlicher Vertrag, der Investoren eine besondere Rechtsstellung einräumt. Hierfür weicht die ICSID Konvention in entscheidenden Stellen vom einschlägigen Völkervertragsrecht ab.

Ebendies zeigt sich auch in den Rückzugsbestimmungen der Konvention, Art. 71 und 72.

II. Die Rückzugsbestimmungen der ICSID Konvention: Art. 71 und 72

Art. 71 und 72 ICSID Konvention eröffnen eine regimespezifische Rückzugsmöglichkeit, die dem Dreiecksverhältnis Gaststaat-Heimatstaat-Investor Rechnung trägt.[7] Wie ist diese konkret ausgestaltet?

a. Vertragstext/Wortlaut der Bestimmungen (Artikel 71, 72 ICSID Konvention)

Zunächst zum Wortlaut der Bestimmungen. Art. 71 ICSID Konvention legt fest, dass die Kündigung 6 Monate nach Eingang der Notifikation bei der Weltbank, als Depositar der ICSID Konvention,[8] wirksam wird. Die Rechte und Pflichten für den kündigenden Staat bleiben also noch ein halbes Jahr nach der Kündigung aufrecht. Damit knüpft die ICSID Konvention den Rückzug aus der Konvention einzig an prozedurale Voraussetzungen. Die Frist von 6 Monaten lässt den anderen Vertragsparteien Zeit, sich auf den Rückzug des kündigenden Staates vorzubereiten. Materielle Gründe (wie grundlegende Umstandsänderung, etc.) sind – anders als im allgemeinen Völkervertragsrecht – keine

7 Beachtenswert ist, dass die WVK explizit auf die im jeweiligen Vertrag enthaltenen Bestimmungen als primär anwendbare Normen verweist; cf. Art. 54 WVK: „Die Beendigung eines Vertrags oder der Rücktritt einer Vertragspartei vom Vertrag können erfolgen a) nach Maßgabe der Vertragsbestimmungen oder b) jederzeit durch Einvernehmen zwischen allen Vertragsparteien nach Konsultierung der anderen Vertragsstaaten."; cf. auch Art. 70 WVK.

8 Cf. Art. 73 ICSID Konvention. Dies entspricht Art. 77(1.c) WVK, wonach eine der Aufgaben des Depositars die Entgegennahme von Vertragsunterzeichnungen sowie die Entgegennahme von und Verwahrung aller sich auf den Vertrag beziehenden Urkunden, Notifikationen und Mitteilungen ist.

vorgesehen, was die Gefahr von Streitigkeiten bei der Abwicklung des Rückzugs minimiert.

Vor allem Art. 72 ICSID Konvention trägt dann der Tatsache Rechnung, dass die Konvention ein Vertrag zugunsten Dritter, nämlich der Investoren, ist. So normiert Art. 72: „Eine Notifikation eines Vertragsstaats nach den Art. 70 und 71 berührt nicht die auf diesem Übereinkommen beruhenden Rechte und Pflichten des betreffenden Staates, [. . .], die sich aus einer vor Eingang dieser Notifikation bei der Verwahrstelle erteilten Zustimmung zur Zuständigkeit des Zentrums ergeben."[9]

Art. 72 ICSID Konvention bezieht sich insofern speziell auf die Wirkung des Rückzugs im Bereich des *consent* indem er normiert, dass der Rückzug einer Vertragspartei eine schon erteilte Zustimmung unberührt lässt. Die sich daraus ergebenden Rechte und Pflichten bleiben also über die 6-Monatsfrist hinaus wirksam. Sie werden geschützt und von späteren Entwicklungen entkoppelt. Ohne Art. 72 könnte etwa der Gaststaat der Investition – oder der Heimatstaat des Investors – die Zustimmung zur Zuständigkeit des Zentrums jederzeit widerrufen; zB durch Rückzug aus der Konvention. Das hätte entsprechende Rechtsunsicherheit für Investoren zur Folge. Dem wird durch Art. 72 ICSID Konvention vorgebeugt. Im Sinn des Vertrauensschutzes hinsichtlich einer schon erteilten Zustimmung zur Zuständigkeit des Zentrums (*perfected consent)* bestimmt Art. 72, dass diese weiterwirke. Mit Blick auf das allgemeine Völkervertragsrecht derogiert Art. 72 ICSID Konvention dem Art. 70 WVK vor allem, was die Rechtsfolgen des Rücktritts anbelangt.[10] Die dem Investor erteilte Zustimmung zur Zuständigkeit wird auf eine internationale Ebene gehoben. Art. 72 ICSID Konvention trägt den Besonderheiten des Investitionsrechts im Fall des Rückzugs vor allem mit Blick auf den Schutz von Investoren Rechnung.

b. Divergierende Interpretationen/Lesarten von Art. 71 und 72 ICSID Konvention

So weit so gut; strittig ist allerdings, wie zu zeigen ist, vor allem das Zusammenspiel zwischen Art. 71 und 72 ICSID Konvention; und, was unter „erteilter Zustimmung" gemäß Art. 72 zu verstehen ist. Konkret geht es um die Frage, bis

---

9 Zu einer umfassenden Übersicht von Beiträgen über Art. 72 ICSID Konvention cf. Binder, Christina: „Article 72". In: Schreuer, Christoph et al. (Hrsg.): *The ICSID Convention: A Commentary*, Cambridge University Press: Cambridge 2021³.

10 Art. 71 ICSID Konvention charakterisiert sich, wie erinnerlich, vor allem durch die prozedurale Komponente und das Nichtvorsehen von materiellen Endigungsgründen.

wann das von einem Gaststaat – etwa in einem bilateralen Investitionsschutzvertrag oder einem nationalen Gesetz einseitig gemachte – Angebot betreffend die Zuständigkeit des Zentrums von einem Investor angenommen werden muss um zuständigkeitsbegründend zu wirken. Bis wann *consent* also perfektioniert werden muss, damit der Investor das Recht behält, auch nach erfolgter Kündigung Verfahren vor Investitionsschiedsgerichten einzuleiten.

Die in Literatur und Judikatur vertretenen Positionen divergieren; insgesamt lassen sich drei Auffassungen unterscheiden:

1. Die notwendige Perfektionierung des *consent* vor der Notifikation der Kündigung: Diesfalls müsste, als Voraussetzung für die Zuständigkeit, der *consent* perfektioniert sein, bevor die Kündigung notifiziert wird;[11]
2. Die noch mögliche Perfektionierung während der 6-Monatsfrist[12] auf Basis eines einseitigen Angebots des Gaststaates, etwa in einem nationalen Gesetz oder in einem BIT;
3. Die fortwährend mögliche Perfektionierung des *consent* (vereinzelt in der Literatur vertreten; cf. z.B. *Reisman*).[13]

Auch Investitionsschiedsgerichte haben, wie zu zeigen ist, diesfalls unterschiedliche Positionen vertreten.

III. Entscheidungen der Investitionsschutztribunale: Venoklim v Venezuela, Blue Bank v Venezuela und Fábrica de Vidrios v Venezuela

Tatsächlich gibt es gewisse Rückzugstendenzen aus der ICSID Konvention, die auch zu entsprechenden Fällen vor Investitionsschiedsgerichten geführt haben. Konkret haben sich bislang 3 Staaten aus der Konvention zurückgezogen: im Mai 2007 kündigte Bolivien die ICSID Konvention; im Juli 2009 Ecuador; und im Jänner 2012 Venezuela.[14] Die Kündigungen wurden jeweils 6 Monate später wirksam.

---

11 Cf. *Fábrica v. Venezuela* (Fn. 2).

12 Cf. *Venoklim Holding v. Venezuela* (Fn. 2); *Blue Bank International v. Venezuela* (Fn. 2).

13 Wenn etwa ein Gesetz die mögliche Annahme des Investors vorsieht, müsste das Gesetz geändert werden.

14 Cf. Voon, Tania / Mitchell, Andrew D.: „Denunciation, Termination and Survival: The Interplay of Treaty Law and International Investment Law". *ICSID Review* 31(2), 2016, S. 416ff; cf. auch Schreuer, Christoph: „Denunciation of the ICSID Convention and

Diese Kündigungen haben auch zu entsprechendem Fallrecht geführt; vor allem im Kontext von Venezuelas Rückzug gibt es Entscheidungen der Investitionsschiedsgerichte.[15] Die diesbezügliche Judikatur zeigt die verschiedenen Positionen der Tribunale zum Verhältnis von Art. 71 und Art. 72 der ICSID Konvention.

Die Positionen der Tribunale lassen sich wie folgt kategorisieren. Sie entsprechen vor allem den ersten beiden der zuvor genannten Optionen.

Einige Tribunale (*Venoklim, Blue Bank v Venezuela*) hielten es nicht für notwendig, dass der *consent* zum Zeitpunkt der Notifikation der Kündigung schon perfektioniert sein müsse.[16] Vielmehr genüge eine Perfektionierung bis die Kündigung gemäß Art. 71 ICSID Konvention wirksam würde – also innerhalb der 6-Monatsfrist – um zuständigkeitsbegründend zu wirken.

In *Venoklim* hatte der Investor einen „*Request for Arbitration*" eingebracht und insofern das *offer of consent* im Niederlande-Venezuela BIT nach der Notifikation von Venezuelas Kündigung aber vor Ende der 6-Monatsfrist des Art. 71 ICSID Konvention akzeptiert. Das *Venoklim* Tribunal wies Venezuelas Einrede, dass *consent vor* der Notifikation der Kündigung perfektioniert werden müsse, zurück. Nach Auffassung des Tribunals würde dies den *effet utile* der 6-Monatsfrist mindern: so wäre die 6-Monatsfrist dazu da, Investoren Zeit zu geben, auf die Kündigung zu reagieren. Das *Venoklim* Tribunal befand zudem, dass „consent to" in Art. 72 auf ein einfaches Angebot (*offer to arbitrate*) verweise und nicht notwendigerweise auf perfektionierten *consent*. Dementsprechend könne ein einseitig vom Gaststaat vor der Kündigung gemachtes Angebot/*offer* auch noch innerhalb der 6-Monatsfrist nach erfolgter Kündigung angenommen werden.

Consent to Arbitration". In: Waibel, Michael et al. (Hrsg.): *The Backlash against Investment Arbitration.* Wolters Kluwer: Austin et al. 2010, S. 353 ff.

15 Cf. *Fábrica v. Venezuela* (Fn. 2); *Valores Mundiales v. Venezuela* (Fn. 2); *Blue Bank International v. Venezuela* (Fn. 2); *OI European Group v. Venezuela,* (Fn. 2). Cf. weiters *Venoklim Holding v. Venezuela* (Fn. 2).

16 Cf. auch *Inversión y Gestión de Bienes, IGB, S.L. and IGB18 Las Rozas, S.L. v. Kingdom of Spain,* ICSID Case No. ARB/12/17, Decision on Jurisdiction, 21.6.2013, Rz. 58–68: Die Kläger waren venezolanische Unternehmen, die in Spanien investiert hatten. Spanien war der Ansicht, dass keine Gerichtsbarkeit des Tribunals bestehe, u.a. aufgrund Venezuelas Kündigung der ICSID Konvention. Das Tribunal untersuchte Art. 71 und 72 ICSID Konvention und fand, u.a., dass die Kündigung 6 Monate nach der entsprechenden Notifikation wirksam werde; die Rechte und Pflichten vor der Kündigungsnotifikation blieben weiterhin aufrecht, bis die Kündigung wirksam werde.

Das Tribunal in *Blue Bank v Venezuela* vertrat eine ähnliche Position. Der Investor hatte den „*Request for Arbitration*" unter dem Barbados-Venezuela BIT nach der Notifikation der Kündigung aber vor Ende der 6-Monatsfrist des Art. 71 ICSID Konvention eingebracht. Auch diesfalls hielt das Tribunal die Perfektionierung des *consent* innerhalb der 6-Monatsfrist für ausreichend. Konkret bezog sich das *Blue Bank* Tribunal in seiner Analyse fast ausschließlich auf Art. 71 ICSID Konvention und erklärte, dass die Kündigung 6 Monate nach der Notifikation wirksam würde; während dieser Zeit bleibe Venezuela noch Vertragspartei der ICSID Konvention. Auf dieser Basis kam es zu dem Schluss, dass das *agreement to arbitrate* geschlossen worden war während Venezuela noch Vertragspartei der ICSID Konvention wäre. Eine gesonderte Auseinandersetzung mit Art. 72 ICSID Konvention sei vor diesem Hintergrund unnötig und die Annahme des *offer of consent* noch während der 6-Monatsfrist nach erfolgter Kündigung zulässig, so das Tribunal.[17]

Das Tribunal in *Fábrica de Vidrios v Venezuela* entschied trotz vergleichbarer Ausgangssituation anders. Der Investor hatte den „*Request for Arbitration*" (im Rahmen des Niederlande-Venezuela BIT) wieder nach Venezuelas Kündigung aber vor Ende der 6-Monatsfrist eingebracht. Nach einer detaillierten Analyse des Falles erklärte das *Fábrica de Vidrios* Tribunal, dass *consent* perfektioniert sein müsse, bevor die Notifikation der Kündigung eingebracht würde, um auch nach erfolgter Kündigung zuständigkeitsbegründend zu wirken, und das Recht aufrechtzuerhalten, ein Verfahren einzuleiten.[18] Das *Fábrica de Vidrios* Tribunal unterschied dabei zwischen Art. 71 und Art. 72 ICSID Konvention – zwischen der Rechtsstellung des Staates als Vertragspartei der ICSID Konvention und der Rechtsstellung des Staates als Partei (oder mögliche Partei) in ICSID Schiedsverfahren. Das Tribunal stellte klar, dass *consent* nur *perfected consent*

---

17 *Blue Bank International v. Venezuela* (Fn. 2), Rz. 120: „If the Claimant filed its Request for Arbitration on 25 June 2012, and if Venezuela's denunciation did not take effect until six months following its 24 January 2012 notice of denunciation (*i.e.* until 24 July 2012), then the agreement to arbitrate was formed before the expiry of the six-month period during which Venezuela, despite its denunciation, was still party to the ICSID Convention. Accordingly, the majority of the Tribunal finds that the question whether, under Article 72 of the ICSID Convention, consent given by the Respondent prior to denunciation remained valid even after the denunciation took effect and the Respondent was no longer a State party to the ICSID Convention, does not need to be addressed."

18 *Fábrica v. Venezuela* (Fn. 2), Rz. 271.

und nicht ein einseitiges *offer of consent* meinen könne. Auf dieser Basis lehnte das Tribunal seine Zuständigkeit ab.

IV. Fazit

Divergierende Entscheidungen. Die Investitionsschiedsgerichte beurteilen die Frage, bis wann *consent* perfektioniert werden müsse, und damit das Verhältnis von Art. 71 und 72 ICSID Konvention, sehr verschieden. *Venoklim* und *Blue Bank* lassen eine Perfektionierung noch während der 6-Monatsfrist nach erfolgter Notifikation der Kündigung zu. *Fábrica de Vidrios* geht demgegenüber von der notwendigen Perfektionierung bevor die Kündigung notifiziert wurde aus.

Diese unterschiedliche Beurteilung der Bedingungen für den Rückzug aus der ICSID-Konvention schadet der Rechtssicherheit. Vor diesem Hintergrund möchte ich in einem nächsten Schritt eine allgemein völkervertragsrechtliche Perspektive auf die Entscheidungen werfen, um, wie ich hoffe, die Entscheidungen völkerrechtlich zu verorten und um entsprechende Leitlinien für zukünftige Fälle zu geben.

D. Eine allgemein völkervertragsrechtliche Perspektive auf rezente Rückzugstendenzen aus der ICSID Konvention

Wie ist die divergierende Judikatur der Tribunale aus der Sicht des allgemeinen Völkervertragsrechts zu beurteilen? Vier Perspektiven bieten sich an: 1. die Klärung des Verhältnisses zwischen Art. 71 und Art. 72 ICSID Konvention unter Bezugnahme auf *lex generalis – lex specialis* Erwägungen; 2. eine Beurteilung auf Basis der Regeln der völkerrechtlichen Vertragsinterpretation; 3. eine Bezugnahme auf Erwägungen des Vertrauensschutzes/des guten Glaubens/der Rechtssicherheit; und schließlich 4. eine Situierung der divergierenden Entscheidungen im allgemeinen Völker(vertrags)recht.

I. Das lex specialis – lex generalis Prinzip

Die altbekannte Regel *lex specialis derogat legi generali* ist auch auf das Verhältnis von Art. 71 und 72 ICSID Konvention anwendbar.[19] Art. 71 bezieht sich allgemein auf die Rechtsstellung des kündigenden Staates und ist insofern die generelle Norm; Art. 72 enthält eine spezielle Regelung für die vor der

19 Zum *lex specialis – lex generalis* Prinzip cf. u.a. Simma / Pulkowski (Fn. 1), S. 485ff.

Notifikation der Kündigung erteilte Zustimmung zur Zuständigkeit des Zentrums. Er ist insofern die spezielle Regelung. Das spezifische Szenario der schon erteilten Zustimmung/des *perfected consent* wird herausgegriffen. Damit ist Art. 72 ICSID Konvention auf Fälle der schon erteilten Zustimmung vorrangig anwendbar; er fungiert als *lex specialis*. Das *lex generalis – lex specialis* Prinzip verlangt insofern eine Anwendung des spezielleren Art. 72 in der spezifischen Konstellation der schon erteilten Zustimmung wodurch Art. 71 in diesem Bereich überlagert wird.

Es wäre insofern unzulässig, sich, wie das *Blue Bank* Tribunal, nur auf Art. 71 ICSID Konvention zu stützen und Art. 72 außer Acht zu lassen; schlicht eine Missachtung des *lex specialis* Prinzips. Auch die Lesart des *Venoklim* Tribunals, dass die Perfektionierung des *consent* noch während der 6-Monatsfrist möglich sei, verbietet sich auf der Basis des *lex specialis* Prinzips. Dies natürlich unter der Voraussetzung, dass die „Zustimmung" sich auf *perfected consent* und nicht nur ein einseitiges „*offer*" von Seiten des Gaststaats – etwa in einem Gesetz oder BIT – bezieht. Was mich zu den Regeln der völkerrechtlichen Vertragsinterpretation bringt.

II. Die Regeln der völkerrechtlichen Vertragsinterpretation (Art. 31ff. WVK)

Die Auslegungsregeln der WVK – Art. 31 bis 33 WVK, die auch geltendes Völkergewohnheitsrecht kodifizieren[20] – sind für die Interpretation der Rückzugsbestimmungen der ICSID Konvention (Art. 71 und 72 ICSID Konvention) einschlägig. Der vor allem relevante Art. 31(1) WVK normiert dementsprechend: „Ein Vertrag ist nach Treu und Glauben in Übereinstimmung mit der gewöhnlichen, seinen Bestimmungen in ihrem Zusammenhang zukommenden Bedeutung und im Lichte seines Zieles und Zweckes auszulegen." Damit wird auf den Wortlaut und den systematischen Zusammenhang von Vertragsbestimmungen ebenso wie auf Ziel und Zweck eines Vertrags verwiesen, um den Sinn einer Vertragsbestimmung zu eruieren.

Wie zu zeigen ist, spricht auch die Vertragsinterpretation für die Sichtweise, dass *consent* vor der Notifikation der Kündigung perfektioniert werden muss.

Die Wortlautinterpretation des Art. 72 ICSID Konvention verweist zwar auf „erteilte Zustimmung" zur Zuständigkeit des Zentrums und könnte sich

---

20 Zu Art. 31 ff. WVK cf. generell Dörr, Oliver / Schmalenbach, Kirsten (Hrsg.): *Vienna Convention on the Law of Treaties: A Commentary*. Springer: Heidelberg et al. 2018.

allenfalls auch noch auf ein einseitig vom Gaststaat gemachtes „Angebot“, auf ein *offer of consent* beziehen.[21]

Dass dieses Angebot auch angenommen – *consent* also perfektioniert – werden muss, ergibt sich allerdings aus einer systematischen Interpretation und mit Blick auf Ziel und Zweck der ICSID Konvention. Eine systematische Interpretation der Bestimmung in ihrem Zusammenhang macht deutlich, dass Art. 72 ICSID Konvention eine Sonderregel/*lex specialis* im Hinblick auf Art. 71 ICSID Konvention normiert, der die notwendige Perfektionierung des *consent* eben vor Eingang der Kündigungsnotifikation festlegt. Könnte das Angebot noch während der 6-Monatsfrist angenommen werden – wie vom *Blue Bank* und vom *Venoklim* Tribunal vertreten – würde Art. 72 überflüssig, da ja Art. 71 ICSID Konvention ohnedies bestimmt, dass eine Kündigung erst 6 Monate nach Notifikation der Kündigung wirksam wird. Noch aufschlussreicher ist allerdings ein Blick auf Art. 25(1) ICSID Konvention, der die Zuständigkeit des ICSID regelt. Art. 25(1) normiert diesfalls, dass eine schriftliche Einwilligung beider Parteien (des Gaststaates der Investition und des Investors) für die Zuständigkeit des Zentrums/eines Tribunals notwendig ist. Liegt eine solche Zustimmung vor, kann diese nicht einseitig zurückgenommen werden. „Erteilte Zustimmung“ bedeutet also gemäß Art. 25(1) die Zustimmung beider Parteien (Gaststaat-Investor); was die Annahme des Angebots des Gaststaats durch den Investor/die Perfektionierung des *consent* voraussetzt. Insofern legt eine systematische Interpretation der Rückzugsbestimmungen in Art. 71 und 72 ICSID Konvention mit Blick auf Art. 25 ICSID Konvention nahe, dass „erteilte Zustimmung“ in Art. 72 ICSID Konvention nur *perfektionierten consent* (also die Zustimmung beider Parteien/die (schriftliche) Annahme des Angebots durch den Investor) vor Eingang der Kündigungsnotifikation bedeuten kann.[22]

Dies wird auch von einer teleologischen Interpretation unter Bezugnahme auf Ziel und Zweck der ICSID Konvention gestützt. Vor allem die Präambel der ICSID Konvention macht deutlich, dass auf die Interessen von

---

21 Cf. aber *Fábrica v. Venezuela* (Fn. 2), Rz. 299 ff.

22 Art. 25 ICSID Konvention: „1. Die Zuständigkeit des Zentrums erstreckt sich auf alle unmittelbar mit einer Investition zusammenhängenden Rechtsstreitigkeiten zwischen einem Vertragsstaat [. . .] einerseits und einem Angehörigen eines anderen Vertragsstaats andererseits, wenn die Parteien schriftlich eingewilligt haben, die Streitigkeiten dem Zentrum zu unterbreiten. Haben die Parteien ihre Zustimmung erteilt, so kann keine von ihnen sie einseitig zurück nehmen“.

beiden – Investoren wie Gaststaaten – abzustellen ist.[23] In der Präambel der ICSID Konvention (dem üblichen Ort in einem Vertrag, um Ziel und Zweck zum Ausdruck zu bringen), wird ausdrücklich auf die besondere Bedeutung, „die [die Vertragsstaaten der ICSID] der Schaffung internationaler Vergleichs- und Schiedseinrichtungen beimessen" verwiesen, „denen Vertragsstaaten und Angehörige anderer Vertragsstaaten *auf Wunsch* solche Streitigkeiten unterbreiten können" und auf die „Erkenntnis, dass die *gegenseitige Einwilligung* der Parteien, solche Streitigkeiten unter Inanspruchnahme der genannten Einrichtungen einem Vergleichs- oder Schiedsverfahren zu unterwerfen, eine rechtsverbindliche Vereinbarung darstellt". Die Notwendigkeit des gegenseitigen Einverständnisses zwischen Investor und Gaststaat zur Unterbreitung der Streitigkeit charakterisiert also die ICSID Konvention und kann als Teil ihres Zieles und Zweckes angesehen werden.[24]

Eine einseitige Bezugnahme auf Investoreninteressen um eine mögliche Perfektionierung des *consent* noch während der 6-Monatsfrist zu argumentieren, wie dies vom *Venoklim* Tribunal getan wurde, verbietet sich insofern. Sie widerspricht dem Ziel und Zweck der ICSID Konvention, der die Interessen beider schützt: von Gaststaaten wie von Investoren.[25]

Insgesamt indizieren auch die Regeln der Vertragsinterpretation, dass beim Verweis auf „erteilte Zustimmung" in Art. 72 ICSID Konvention einzig *perfected consent* gemeint sein kann. Damit hat meines Erachtens einzig das *Fábrica de Vidrios* Tribunal Art. 71 und 72 ICSID Konvention korrekt interpretiert, indem es u.a. auf den Wortlaut des Art. 72 („Zustimmung", die – nach Ansicht des Tribunals – nur von beiden Parteien gegeben werden kann) den systematischen Zusammenhang von Art. 71 und 72 ICSID, und auf Ziel und Zweck der Interpretation abstellt.[26] Das *Fábrica de Vidrios* Tribunal kommt auf dieser

---

23 In der Präambel der ICSID Konvention heißt es: „Eingedenk der Notwendigkeit, zugunsten der wirtschaftlichen Entwicklung international zusammenzuarbeiten, und eingedenk der Bedeutung, welche internationalen privaten Investitionen auf diesem Gebiet zukommt [. . .]".

24 Im Sinne von Buffard, Isabelle / Zemanek, Karl: „The 'Object and Purpose' of a Treaty: An Enigma?". *ARIEL* 3(1) 1998, S. 343; auch eine teleologische Interpretation verweist insofern auf die notwendige Perfektionierung des *consent*.

25 Sh. auch: Tzanakopoulos, Antonios: „Denunciation of the ICSID Convention under the General International Law of Treaties". In: Hofmann, Rainer / Tams, Christian (Hrsg.): *International Investment Law and General International Law: From Clinical Isolation to Systemic Integration*?. Nomos: Baden-Baden 2011, S. 82.

26 *Fábrica v. Venezuela* (Fn. 2), Rz. 271: „Starting with the ordinary meaning of the words used in that provision, it is clear that it is addressed to all entities that have the

Basis zu dem Schluss, dass *consent* vor Eingang der Kündigungsnotifikation perfektioniert werden muss.

III. Das Prinzip des guten Glaubens, Vertrauensschutz und Rechtssicherheit

Ebenso sprechen Vertrauensschutzerwägungen und das Prinzip des guten Glaubens für die notwendige Perfektionierung des *consent* vor Notifikation der Kündigung. Angesichts der obgenannten Interpretation des Begriffs „Zustimmung zur Zuständigkeit", die das Einverständnis beider Teile – also *perfected consent* – voraussetzt, darf ein Staat in gutem Glauben darauf vertrauen, dass, sobald er die Kündigung notifiziert hat, Investitionsschiedsgerichte sich nur für jene Fälle zuständig erklären, bei denen *consent* vor der Kündigungsnotifikation

---

possibility to consent to the jurisdiction of the Centre by virtue of their link to the Contracting State that has denounced the ICSID Convention pursuant to Article 71 "; Rz. 274: „First, if 'consent to the jurisdiction' means unilateral consent rather than perfected consent, then there would have been no utility in including the words 'any nationals of [the Contracting] State' (and probably the word 'agencies') in Article 72. That is because, unlike for the Contracting State itself, it does not make sense to talk about unilateral consent given by nationals of that State that could generate 'rights and obligations under [the ICSID] Convention'. A Contracting State can give its unilateral consent in a legal instrument such as an investment treaty or in domestic legislation but there is no equivalent possibility for a national of that State to do so. In other words, where a national of the Contracting State gives its 'consent to the jurisdiction of the Centre' that will always be as perfected consent, either in the form of an arbitration agreement in an investment contract or in the form of an arbitration agreement that comes into existence when a national of one Contracting State accepts another Contracting State's offer to arbitrate as recorded in an investment treaty or domestic legislation. The principle of *effet utile* requires that the Tribunal interpret Article 72 in such a way so as to give effect to all its terms"; Rz. 284: „ First, it would be very unusual for an appeal to the object and purpose of a treaty to lead to an interpretation that is fundamentally at odds with the ordinary meaning of terms in the context. In the present case, it would compel the Tribunal to accept an interpretation that would render meaningless several words in Article 72 as well as attributing a special meaning to the term 'consent' that would be inconsistent with the meaning of that term in the core provision on the jurisdiction of the Centre and in the remaining provisions of the ICSID Convention. It would also potentially leave Article 72 without any purpose at all because it is doubtful whether unilateral consent by a Contacting [sic] State to ICSID arbitration in an investment treaty or in domestic legislation could give rise to 'rights and obligations' under the ICSID Convention."

perfektioniert wurde.[27] Art. 25(1) und Art. 72 ICSID Konvention heben das *pacta sunt servanda*-Prinzip auf die völkerrechtliche Ebene, aber eben nur in Bezug auf jene Fälle, in denen die Zustimmung vor Notifikation der Kündigung erteilt wurde.

Umgekehrt stellt der Vertrauensschutz der Investoren – wie vom *Venoklim* Tribunal ins Treffen geführt – kein Argument für eine längere Frist – konkret eine noch mögliche Perfektionierung noch während der 6-Monatsfrist – dar. Investoren steht es ja frei, ein in einem BIT oder einem nationalen Gesetz gemachtes Angebot eines Staates schon zu einem früheren Zeitpunkt anzunehmen, damit *consent* zu perfektionieren und entsprechende Rechtssicherheit zu erlangen.

Aus Erwägungen der Rechtssicherheit verbietet sich vor allem die umfassendste – in der Literatur teils vertretene – Interpretation, dass ein Investor noch nach Ende der 6-Monatsfrist ein einseitiges Angebot des Staates (*offer*) annehmen könne, um so die Zuständigkeit des Zentrums zu begründen. Diesfalls träte niemals ein Zustand der Rechtssicherheit für den Gaststaat im Hinblick auf mögliche Verfahren ein, was unangemessen scheint.

Insofern sprechen auch Vertrauensschutzerwägungen, das Prinzip des guten Glaubens und Überlegungen der Rechtssicherheit für die notwendige Perfektionierung des *consent* vor der Notifikation der Kündigung als Voraussetzung für die Zuständigkeitsbegründung.

IV. Einbettung in allgemeines Völkervertragsrecht – Artikel 31(3.c) und 70(2) WVK

Die notwendige Perfektionierung des *consent* als Voraussetzung für die Zuständigkeit ergibt sich schließlich aus einem Blick in das allgemeine Völkerrecht – Art. 31(3.c) WVK und Art. 70 WVK. So ist, wie auch von *Tzanakopoulos* vertreten, keine „self-contained" Interpretation des Begriffs „Zustimmung" in Art. 72 ICSID Konvention indiziert. Vielmehr ist eine Einbettung in allgemeines Völker(vertrags)recht geboten.[28]

---

27 Zum Prinzip des guten Glaubens im Allgemeinen cf. Cheng, Bin: *General Principles of Law as Applied by International Courts and Tribunals.* Cambridge University Press: Cambridge 2006, S. 105 ff.; Kolb, Robert: *Good Faith in International Law.* Hart Publishing: Oxford et al. 2017.

28 Tzanakopoulos (Fn. 25), S. 93.

a. Artikel 31(3.c) WVK

Zunächst verweist eine harmonisierende Interpretation, konkret Art. 31(3.c) WVK, das Prinzip der systemischen Integration,[29] auf eine notwendige Perfektionierung des *consent* vor der Notifikation der Kündigung als Voraussetzung für die Zuständigkeit der Investitionsschiedsgerichte. So liest eine harmonisierende Interpretation (Art. 31(3.c) WVK) Art. 71 und 72 ICSID Konvention unter Bezugnahme auf andere „anwendbare einschlägige Völkerrechtssätze". Dies wäre vor allem Art. 70(1.b) WVK, der die Rechtsfolgen für den Rückzug im allgemeinen Völkervertragsrecht normiert.[30] Art. 70(1.b) WVK besagt diesbezüglich, dass die „vor Beendigung des Vertrags durch dessen Durchführung begründeten Rechte und Pflichten der Vertragsparteien und ihre dadurch geschaffene Rechtslage von der Kündigung unberührt" bleibt. Dies könnte auch „vested/acquired rights", wohlerworbene Rechte von Individuen/Investoren umfassen, die von der Kündigung entsprechend unberührt bleiben. Damit entspricht Art. 70(1.b) WVK grundsätzlich Art. 72 ICSID Konvention. Art. 72 ist allerdings präziser, da er sich konkret auf Fälle „erteilter Zustimmung" bezieht. Interpretiert man nun Art. 72 ICSID Konvention mit Blick auf Art. 70(1.b) WVK, legt dies nahe, dass es sich hierbei um *perfected consent* handeln muss. Geschaffen wird eine Rechtslage iSd Art. 70(1.b) WVK eben durch eine beidseitige Zustimmung – *perfected consent* – nicht durch ein einseitiges *Offer*/Angebot etwa in einem BIT, das vom Investor erst angenommen werden muss. Auch eine sinngemäße, Art. 70(1.b) WVK entsprechende, Interpretation impliziert also, dass *consent* vor der Notifikation der Kündigung perfektioniert worden sein muss, um zuständigkeitsbegründend zu wirken. Art. 70(1.b) WVK informiert das Verständnis von Art. 72 ICSID Konvention in diesem Sinn.[31]

---

29 Cf. generell zur systemischen Integration und Art. 31(3.c) WVK McLachlan, Campbell: „The Principle of Systemic Integration and Article 31(3)(c) of the Vienna Convention". *The International and Comparative Law Quarterly* 54(2) 2005, S. 279–319.

30 Cf. diesbezüglich auch Art. 54(a) WVK, der die Beendigung eines Vertrags im Einklang mit dessen Bestimmungen ermöglicht. Cf. generell zu Art. 70 WVK Wittich, Stephan: „Article 70: Consequences of the termination of a treaty". In: Dörr / Schmalenbach (Fn. 20), S. 1283–1300.

31 Tzanakopoulos (Fn. 25), S. 93; cf. auch Art. 12(2) des Fakultativprotokolls zum Internationalen Pakt über bürgerliche und politische Rechte vom 19.12.1966: „Die Kündigung berührt nicht die weitere Anwendung dieses Protokolls auf Mitteilungen nach Art. 2, die vor dem Wirksamwerden der Kündigung eingegangen sind."

b. Artikel 70(1.b) WVK

Gleichfalls legt eine direkte Bezugnahme auf Art. 70(1.b) WVK dieses Ergebnis nahe. So ist das *lex specialis – lex generalis* Prinzip auch auf das Verhältnis zwischen dem besonderen Vertragsregime des Investitionsrechts und dem allgemeinen Völkerrecht anwendbar. Ein Rückfall vom Investitionsrecht in das allgemeine Völkerrecht ist dementsprechend in dem Ausmaß möglich, indem die Bestimmungen des (hier) Art. 72 ICSID Konvention Art. 70(1.b) WVK nicht verdrängen. Art. 70(1.b) WVK könnte insofern in Teilbereichen anwendbar bleiben und nur dahingehend verdrängt werden, als Investorenrechte/*perfected consent* auf völkerrechtliche Ebene gehoben werden. In den anderen Bereichen blieben die Rechtsfolgen der Beendigung eines Vertrags – Art. 70 (und insbesondere Abs. (1.b)) WVK anwendbar. Diesfalls gilt wieder das zuvor Gesagte. Damit von einer „geschaffenen Rechtslage"/*acquired rights* gesprochen werden kann, wäre jedenfalls perfektionierter *consent* und kein einseitiges *offer*/Angebot etwa in einem BIT notwendig.

Vor allem die Bezugnahme auf „die vor Beendigung des Vertrags durch dessen Durchführung geschaffene Rechtslage" ist von Relevanz, die sich nach hL auch auf „vested/acquired rights of individuals" bezieht. Damit allfällige Investorenrechte aber als „begründete Rechte" iSd Art. 70(1.b) WVK gelten können, ist jedenfalls eine Vereinbarung (*perfected consent*) – und kein einseitiges offer/ Angebot etwa in einem BIT – notwendig.

Auch eine Bezugnahme auf allgemeines Völkerrecht (Art. 31(3.c) und Art. 70(1.b) WVK)/eine Einbettung des Investitionsrechts im weiteren Universum des allgemeinen Völker(vertrags)rechts führt insofern zu dem Schluss, dass *consent* vor Notifikation der Kündigung perfektioniert werden muss, um die Zuständigkeit eines Investitionsschiedsgerichts zu begründen.

IV. Fazit

Eine allgemein völker(vertrags)rechtliche Perspektive legt also nahe, dass *consent* vor Notifikation der Kündigung zu perfektionieren ist, um entsprechende Wirkungen zu entfalten. Die Interpretation des Tribunals in *Fábrica de Vidrios* erscheint damit als die richtige Sichtweise auf das Verhältnis von Art. 71 und 72 ICSID Konvention.

E. Abschließende Beurteilung

Regelungen in besonderen Vertragsregimen tragen den besonderen Bedürfnissen der betreffenden Regime Rechnung. Dies zeigt sich auch in den

Rückzugsbestimmungen – Art. 71, 72 – der ICSID Konvention. Die Schaffung besonderer Regelungen, die vom allgemeinen Völkerrecht abweichen, ist meines Erachtens keine Gefahr für die Einheit des Völkerrechts; kein Zeichen von Fragmentierung oder Schwächung. Vielmehr spiegelt es Diversität und Stärke wider, da die jeweiligen Regelungen/Bestimmungen ja den besonderen Bedürfnissen der Regime Rechnung tragen.

Problematisch erscheint eher die divergierende und teils widersprüchliche Judikatur der Investitionsschiedsgerichte im Kontext der rezenten Rückzugstendenzen. Die Investitionsschiedsgerichte haben unterschiedliche Lesarten der Beurteilung des von Art. 71 und 72 gezogenen Rechtsrahmens für einen Rückzug aus der ICSID Konvention entwickelt. Dies trägt zur Rechtsunsicherheit bei.

Hier kann, wie ich hoffe gezeigt zu haben, eine allgemein-völkerrechtliche Perspektive helfen, um die teils widersprüchliche Rechtsprechung der Investitionsschiedsgerichte im Kontext aktueller Rückzüge zu ordnen und besser in den Griff zu bekommen. Eine solche Perspektive vermag Ansätze für eine zukünftig einheitlichere Rechtsprechung und konsistente Interpretation zu bieten. Eine konsequente Orientierung an akzeptierten Regeln des allgemeinen Völkerrechts täte den Investitionsschiedsgerichten entsprechend gut. Sie könnte zu mehr Rechtssicherheit führen und würde den Planeten des Investitionsrechts entsprechend besser im weiteren Universum des Völkerrechts verankern.

Teil III: Gewohnheitsrecht nach der 2. Lesung der Völkerrechtskommission

Jörg Kammerhofer*

Die ILC und die Grundlagen des Völkergewohnheitsrechts im Spannungsfeld zwischen Pragmatik und Theorie

A. Drei Zugänge

I. Die ILC-Studie: Pragmatischer Astigmatismus

Michael Wood hat sich in den vergangenen Jahren in der International Law Commission (ILC) an das Völkergewohnheitsrecht gewagt. Ein länger und heißer umfehdetes Thema gibt es im Recht wohl nicht als das Gewohnheitsrecht, auch kann man kaum daran zweifeln, dass es gewichtige rechtstheoretische Fragen aufwirft. Wood aber, der unser Augenmerk konsequent auf den Erkenntnisprozess gerichtet hat, ist kein Theoretiker und hat es *fast* geschafft, die Theorie aus seinem ILC-Projekt herauszuhalten. Wer sich und seinem Projekt als Aufgabe setzt, „to offer practical guidance to those ... called upon to identify rules of customary international law",[1] der will die Theorie gar nicht anrühren. Wer aber unter solchen Auspizien theoretische Fragen entscheidet, dem kann entgegengehalten werden, dass die unbegründete „Entscheidung" der ILC *keine* Rechtswirkung hat. Um rechtlich, ganz besonders aber rechtstheoretisch überzeugend zu sein, bedarf es aber Argumente, nicht Dezision.

Teilweise kann man diese Schwerpunksetzung auf den eigentümlichen Bedeutungsgehalt des Wortes „theory" in der englischsprachigen Rechtswissenschaft zurückführen. In einem im Zusammenhang mit seinem ILC-Projekt erschienenen Aufsatz besprechen Omri Sender und Wood unter dem Begriff

---

* Priv.-Doz. Mag. Dr. Jörg Kammerhofer, LL.M. (Cambridge), Universität Freiburg. Der vorliegende Beitrag gibt weitgehend den am 14. Juni 2019 gehaltenen Vortrag wieder. Für die gegenständliche Publikation wurde die Vortragsfassung geringfügig verändert, insbesondere durch Hinzufügens von Nachweisen und Anpassung der Sprache. Der Vortrag beruht teilweise auf Forschungsergebnissen meiner Habilitationsschrift: Kammerhofer, Jörg: *International Investment Law and Legal Theory. Expropriation and the Fragmentation of Sources*. Cambridge University Press: Cambridge, UK 2021.

1 Wood, Michael: *Second Report on Identification of Customary International Law*, UN Doc. A/CN.4/L.672 (22.5.2014), Rz. 12.

der „theory of customary international law" die Frage des relativen Gewichts von *usus* und *opinio*, die man hierzulande eindeutig der Rechtsdogmatik zuordnen würde.[2] Wenn Rechtsdogmatik bereits als „Theorie" bezeichnet wird, dann wird auch verständlich, warum genuin rechtstheoretische und -philosophische Fragestellungen nur wenig Raum einnehmen. Und es gibt gute Gründe, warum die ILC einen pragmatischen Zugang wählen sollte. Insbesondere ist die Selbstbeschränkung auf das positive Recht willkommen, die Spekulationen über oder Totalkritik am Gewohnheitsrecht Einhalt gebieten kann. Von Seiten der ILC, wenn auch diplomatisch verklausuliert, zu hören, dass die Idee des „modern custom",[3] also der besonderen Gewohnheitsrechtserzeugungsregeln für humanitäres Völkerrecht und die Menschenrechte, aus Sicht der Quellen des positiven Völkerrechts nicht trägt,[4] ist zu begrüßen.

Aber auch wenn politisch-ideologische Spekulationen nicht der richtige Weg sind, so gibt es doch echte theoretische Probleme, die *so* nicht klarer gefasst werden. Michael Woods Zugang ist nämlich ganz orthodox: Er verfolgt, wie ich das nenne, einen „default empiricism" – einen rein pragmatischen Rechtserscheinungsempirismus, nach dem der herrschenden Meinung, hauptsächlich aus IGH-Rechtsprechung, auch in Bereichen zu folgen ist, in denen dessen Judikatur keine (das Wort bewusst verfremdet:) „Rechts-Kraft" mehr entfaltet. In dieser Weise wird ein Konservativismus in substantiellen Positionen – zum Beispiel hinsichtlich der Völkerrechtssubjektivität – mit dem gerade beschriebenen methodischen Pragmatismus verbunden. Die Probleme, die dieser Zugang bereitet, möchte ich im zweiten Teil an einigen Beispielen zeigen; als polemische, aber doch zutreffende Bezeichnung dafür habe ich „pragmatischer Astigmatismus" gewählt.

---

2 Sender, Omri / Wood, Michael: „The Emergence of Customary International Law: Between Theory and Practice". In: Brölmann, Catherine / Radi, Yannick (Hrsg.): *Handbook on the Theory and Practice of International Lawmaking.* Edward Elgar: Cheltenham, UK/Northampton, USA 2016, S. 133–159 (S. 137 ff.).

3 E.g. Roberts, Anthea Elizabeth: „Traditional and Modern Approaches to Customary International Law", *AJIL* 95(4), 2001, S. 757–791; Meron, Theodor: „The Continuing Role of Custom in the Formation of International Humanitarian Law", *AJIL* 90(2), 1996, S. 238–249. Zur Kritik des Phänomens des „modern custom", Kammerhofer, Jörg: „Orthodox Generalists and Political Activists in International Legal Scholarship". In: Happold, Matthew (Hrsg.): *International Law in a Multipolar World.* Routledge: Abington, New York 2011, S. 138–157 (S. 146–153).

4 Cf. e.g. Wood, Michael: *First Report on Formation and Evidence of Customary International Law*, UN Doc A/CN.4/L.663 (17.05.2013), Rz. 96–100.

II. Theorie nach d'Aspremont: Frustrierter Ikonoklasmus

Jean d'Aspremont hat 2018 ein Buch mit dem Titel „International Law as a Belief System"[5] vorgelegt; dieses ist ein Beispiel für die sich rasch multiplizierenden theoretischen Zugänge zum Völker(gewohnheits)recht. In seinem Buch schickt er sich an, eine theoretisch fundierte Kritik am ILC-Projekt zu liefern, die wiederum auf der Idee beruht, dass die orthodoxe Lehrmeinung ein „belief system" – also ein System von Glaubenssätzen – sei. Was meint er damit? Es ist meines Ermessens eine Fundamentalkritik an der Völkerrechtswissenschaft, ein Reduktionismus scharfer Gangart. Die „fundamental doctrines of international law" – unter anderem das Völkergewohnheitsrecht – werden als „clusters of modes of legal reasoning"[6] bezeichnet, die ein „belief system" darstellten. Diese wiederum seien „dominant interrelated attitudes of the members of a community or society as to what they regard as true or acceptable or as to make sense of the world."[7] D'Aspremont argumentiert, dass, wenn das alles nur Glaubenssätze sind, man sie einer „temporary suspension" zuführen könne und solle. Von dieser Aufhebung verspricht er sich eine „discontinuation by international lawyers of their knowledge and sensibilities about the fundamental doctrines they have been trained to mechanically reproduce and respond to."[8]

Im ersten Zugriff klingt dieser Satz eher schwammig, aber er will nichts weniger als einen Großteil des völkerrechtlichen Gedankengebäudes zur Disposition stellen. Wenn man nämlich gewisse Inhalte auch nur eine Sekunde lang aufheben kann, dann kann man sie auch gleich ganz weglassen oder ganz anders denken. Diese dekonstruktive Zugangsweise ist einerseits heilsam: sie zeigt die Schwachstellen der orthodoxen Lehrmeinung auf; sie kann uns auch zeigen, wo diese „fundamental doctrines" eben nur Meinung sein könnten und nicht unbedingt das positive Recht widerspiegeln. D'Aspremont geht aber zu weit, denn eine saubere Scheidung zwischen Recht einerseits und Meinung andererseits kann die Reduktion auf ein „belief system" nicht leisten. Diese Kritik wird zurecht von Rechtsdogmatikern als zu esoterisch abgelehnt. Die treffende polemische Bezeichnung wäre demnach also „frustrierter Ikonoklast".

---

5 D'Aspremont, Jean: *International Law as a Belief System.* Cambridge University Press: Cambridge et al. 2018.

6 D'Aspremont (Fn. 5), S. 8.

7 D'Aspremont (Fn. 5), S. 4–5.

8 D'Aspremont (Fn. 5), S. 18.

III. Der Dritte Weg: Rechts(dogmatik)nahe Völkerrechtstheorie

Es gibt einen dritten Weg der rechts- bzw. rechtsdogmatiknahen Völkerrechtstheorie, welchen ich (nicht überraschend) in der Reinen Rechtslehre verwirklicht sehe, auch und gerade hinsichtlich der Quellenlehre, auch im für Positivisten schwierigen Terrain des Gewohnheitsrechts. Einerseits brauchen wir gerade dort eine theoretisch fundierte Kritik, müssen aber andererseits einen Zugang wählen, der in der Lage ist, die rechtserkenntnistheoretischen Voraussetzungen so zu konstruieren, dass das Recht – das positive Völkerrecht – in seiner Struktur „adäquat" dargestellt wird. Und das tut meines Ermessens die Reine Rechtslehre mit ihrer „Strukturanalyse des Rechts",[9] wie Adolf Julius Merkl das genannt hat. Diese Verschränkung von Recht, Dogmatik und Theorie kann am besten anhand von konkreten Beispielen gezeigt werden.

B. Beispiele

I. Verbalpraxis

Als erstes ist die Verbalpraxis zu nennen. Da die Völkerrechtswissenschaft wie -praxis sich viel stärker als die Lehre und Praxis des innerstaatlichen Rechts auf das Gewohnheitsrecht verlassen muss, aber genauso „textversessen"[10] ist wie diese, stellt sie immer stärker auf Texte als Grundlage unserer Argumente für das Entstehen von Völkergewohnheitsrecht ab. Es ist nunmehr herrschende Lehre und ständige Rechtsprechung, dass „verbale Übung", unter anderem aus Stellungnahmen, völkerrechtlichen Verträgen oder Resolutionen, für die Erzeugung von Gewohnheitsrecht relevant ist. Zum Beispiel im Kriegsvölkerrecht ist

---

9 Merkl, Adolf Julius, „Prolegomena einer Theorie des rechtlichen Stufenbaues". In: Verdross, Alfred (Hrsg.), *Gesellschaft, Staat und Recht: Festschrift für Hans Kelsen zum 50. Geburtstag.* Springer: Wien 1931, S. 252–294 (S. 275 f.); nachgedruckt in Schambeck, Herbert / Klecatsky, Hans / Marcic, Réne (Hrsg.), *Die Wiener rechtstheoretische Schule: Schriften von Hans Kelsen, Adolf Merkl, Alfred Verdross.* Europa-Verlag: Wien 1968, S. 1311–1361 (S. 1311); nachgedruckt in Mayer-Maly, Dorothea / Schambeck, Herbert / Grussmann, Wolf-Dietrich (Hrsg.): *Adolf Julius Merkl. Gesammelte Schriften.* Band 1/Erster Teilband, S. 437–492 (S. 437); Lippold, Rainer: *Recht und Ordnung. Statik und Dynamik der Rechtsordnung.* Manz: Wien 2000, S. 394.

10 Kammerhofer, Jörg, „Taking the Rules of Interpretation Seriously, but not Literally? A Theoretical Reconstruction of Orthodox Dogma", *Nordic Journal of International Law* 86(2), 2017, S. 125–150 (S. 125): „International lawyers, like all lawyers, obsess about language. This is not surprising: all we do all day is play with words, clauses, sentences: text(s)."

sie der faktischen Übung – „battlefield practice“ – gleichwertig; in der ICRC-Studie[11] überwiegen Handbücher und Regelwerke als Nachweis der Staatenpraxis.

Das pragmatische Temperament vieler Kollegen trägt noch besonders zu diesem Trend bei – kein Faktor, der uns irgendwie helfen könnte, soll verworfen werden. Auch Wood schließt sich in seinen Berichten der orthodoxen Meinung an. Mehr noch, er glaubt, dass diejenigen, die der Verbalpraxis kritisch gegenüberstehen, ein gefährliches Spiel treiben: „[V]iews to the contrary ... are too restrictive. Accepting such views could also be seen as encouraging confrontation and, in some cases, even the use of force.“[12] Dass die Ablehnung der Verbalpraxis zum Krieg führen kann, ist ein emotionalisierendes Argument; leider sind die angeführten *rechtlichen* Argumente nicht ausgearbeitet. Wood belässt es im Wesentlichen bei einem Zitat von Mark Villiger, einem wichtigen Protagonisten der klassischen Debatte zum Thema: „[T]he term ‚practice‘ ... is general enough ... to cover any act or behaviour ... it is not made entirely clear in what respect verbal acts originating from a State would be lacking“.[13]

Im ILC-Endbericht aus 2018 zeigt sich, wie der oben erwähnte „default empiricism“ als Begründung der orthodoxen Lehrmeinung zur Verbalpraxis dient. Der Bericht gibt als entscheidendes Argument an, dass „it is now *generally accepted* that verbal conduct ... may also count as practice“.[14] Aber wieso soll die generelle Anerkennung ein schlagender Rechtserkenntnis- oder gar -erzeugungsgrund sein? Erkenntnis ist keine Diktatur der Mehrheit, sie basiert nicht auf Plebisziten – weder unter Wissenschaftlern noch unter Richtern. Wenn mit dieser „allgemeinen Anerkennung“ die Staatenpraxis gemeint ist, dann bewegen wir uns sogar im Bereich der Zirkelschlüssigkeit: Die Praxis sagt uns, dass die Praxis relevant ist, daher ist die Praxis relevant. Als pragmatisches Argument für die Verbalpraxis ist die Phrase „ganz herrschende Meinung“ stark, als rechtswissenschaftliches oder -theoretisches Argument ist es außerordentlich schwach.

---

11 Retrieved 18.1.2021, from https://ihl-databases.icrc.org/customary-ihl/eng/docs/home.

12 Wood (Fn. 1), S. 37.

13 Wood, Second Report (Fn. 1), Rz. 37, er zitiert Villiger, Mark E.: *Customary International Law and Treaties. A Manual on the Theory and Practice of the Interrelation of Sources.* Brill/Nijhoff: Leiden, 1997², S. 21.

14 International Law Commission: *Report of the International Law Commission. Seventieth session* (30 April–1 June and 2 July–10 August 2018), UN Doc A/73/10 (2018), Rz. 66, Conclusion 6 (2).

Man kann der herrschenden Meinung auf zwei Arten begegnen, von denen eine rechtsdogmatisch, die andere theoretisch ist. D'Aspremont zum Beispiel hat in seiner treffenden rezenten Kritik am ILC-Projekt ein Problem aus der klassischen Debatte neu aufgeworfen: „[T]he International Law Commission's formal acceptance that practice and *opinio juris* can be extracted from the very same acts collapses the distinction between the two tests".[15] Das betrifft aber vorrangig die Frage der zulässigen Beweismittel für die zwei Elemente und ist eine eher dogmatische Frage.

Ich möchte mich aber im Folgenden auf den rechts*theoret*ischen Einwand konzentrieren und auf die klassische Debatte rekurrieren, denn Karol Wolfke hat 1993, wohl instinktiv, in seinem Buch des Pudels Kern getroffen. Er schreibt gegen die Verbalpraxis, dass sie „neglects the very essence of every kind of custom, which for centuries has been based upon material deeds and not words. ... customs arise from acts of conduct and not from promises of such acts".[16]

Diesem Gedanken kann man sich anschließen; im Gewohnheitsrecht ist vieles umstritten, aber wenn es, historisch gesprochen, *eine* Konstante gibt, dann die, dass es zu dessen Erzeugung *Gewohnheiten* bedarf, das heißt, dass sich der Tatbestand aus der Übung bildet. Das, was man immer schon gemacht hat, dazu ist man auch verpflichtet oder berechtigt. Mit Siegfried Brie gesprochen: es ist „[d]as Erfordernis der praktischen Übung des Rechtssatzes".[17] Das Tun oder Unterlassen von „x" kann dazu führen, dass eine gewohnheitliche Norm mit dem Tatbestandsmerkmal x entsteht. Wenn also Völkergewohnheitsrecht ein *Gewohnheits*recht sein soll, dann kann das in einem Text beschriebene Verhalten (das heißt: der Inhalt eines Textes) nicht eine Übung dieses Verhaltens sein. Der Satz „Staat A unterlässt das Verhalten x." ist nun einmal nicht ein Unterlassen von x, sondern maximal eine akkurate Beschreibung des Verhaltens von A. A fortiori für die Verwendung normativer Sprache: „A soll x unterlassen." ist *noch* weniger identisch mit „A unterlässt x" – und ist auch noch weniger Beweis für Verhalten als der Indikativsatz. Wenn verbale Akte also eine Rolle haben können, dann entweder als recht absurdes Tatbestandsmerkmal „Sprechen über x" oder als eher minder beweiskräftiges Indiz, dass sich so verhalten *wurde*.

---

15 D'Aspremont, Jean: „The Four Lives of Customary International Law", *International Community Law Review* 21(3–4), 2019, S. 229–256 (S. 249).

16 Wolfke, Karol: *Custom in Present International Law.* Brill/Nijhoff: Leiden 1993², S. 42.

17 Brie, Siegfried: *Die Lehre vom Gewohnheitsrecht. Eine historisch-dogmatische Untersuchung.* Minerva: Frankfurt/Main, 1899, S. 12.

Das gilt besonders für völkerrechtliche Verträge als Beweismittel für Staatenpraxis: Das in ihnen stipulierte Verhalten ist eben gesollt, es ist keine Beschreibung, kein Nachweis, dass es so geschehen ist oder wird, sondern dass es so geschehen *soll*. Hier hilft der Rückschluss auf das innerstaatliche Recht: Nur weil Diebstahl in § 127 StGB verboten ist, ist der Diebstahlsparagraph doch kein probates Mittel, um nachzuweisen, dass Diebstähle tatsächlich unterlassen werden – schon alleine, weil verbotswidrig etliche Diebstähle vorkommen.

In Geschichte und Theorie ist die Sache nicht ganz so eindeutig wie gerade dargestellt. Zum einen gab es in der vieljahrhundertalten Debatte über die Natur des Gewohnheitsrechts auch Ansätze, die *usus* bloß als Ausdruck des *tacitus consensus populi*[18] sehen wollten. Zum Beispiel beschreibt Brie die Haltung der Kommentatoren so: „Handlungen . . . von einer gewissen Beschaffenheit galten . . . als erforderlich für Bildung eines Gewohnheitsrechts. . . nur deshalb, weil in ihnen der für Entstehung eines Gewohnheitsrechts erforderliche consensus tacitus in geeigneter Weise sich bekunde."[19] Der ILC-Studie mit ihrer Betonung des Wortlauts von Art 38(1)(b) IGH-Statut: „a general practice accepted as law" und der damit verbundenen kritischen Haltung zur Idee der *opinio iuris*[20] kann man durchaus zugestehen, der Verbalpraxis größeren Raum zu geben. Verbalakte wären demnach Ausdruck von und somit Beweismittel für den alleinig gewohnheitsrechtsbildenden *consensus*. Freilich müsste sich die ILC *dann* den Einwand gefallen lassen, dass ihre starke Unterstützung für die Zweielementelehre[21] fallen müsste.

Auf sprachphilosophischer Basis wiederum könnte man einwenden, die Theorie der Sprechakte würde nicht hinreichend gewürdigt. Sprache kann nämlich manchmal mehr als nur deskriptive Funktion haben, zum Beispiel: „Ich taufe dieses Schiff auf den Namen ‚SMS Viribus Unitis'." oder „I now pronounce you man and wife." Warum also können nicht gewisse Äußerungen Verbalakte sein und somit als Verbalpraxis Teil der gewohnheitsrechtsbildenden Übung? Das wird hier auch nicht vertreten; ich meine aber, dass nicht *alle* Akte Sprechakte

18 D.1.3.35: „Sed et ea, quae longa consuetudine comprobata sunt ac per annos plurimos observata, velut tacita civium conventio non minus quam ea quae scripta sunt iura servantur."

19 Brie (Fn. 17), S. 142.

20 Cf. Wood (Fn. 1), Rz. 68: „While the term opinio juris has undoubtedly become established in referring to this element, it is suggested that ‚accepted as law' may be the better term. . . . Use of this term from the Statute goes a large way towards overcoming the opinio juris ‚paradox' referred to above . . . ."

21 ILC (Fn. 14), Rz. 66, Conclusion 2.

sind und dass nicht *alle* physischen Akte durch Sprechakte ersetzt werden können. Zum Beispiel ist der Satz „Ich überreiche Dir hiermit dieses Buch" *kein* Sprechakt, insofern als die körperliche Übergabe des Buches nicht durch das Aussprechen dieser Worte geschieht. Das Buch ist immer noch in meiner Hand. Aber tatbestandsbildend für eine Buch-Gebotsnorm kann nur der *usus* der körperlichen Übergabe sein; der einzige Tatbestand, der aus dem *usus* von Aussagen dieser Art folgen kann, ist der der Vornahme der Aussage, nicht der des Inhalts der Aussage.

Diese Problematisierung der Verbalpraxis bleibt meines Ermessens trotz dieser Einwände schlagend, denn Völkergewohnheitsnormen, die tatsächliches Verhalten vorschreiben, bedürfen zu ihrer Erzeugung der ständigen Übung dieses tatsächlichen Verhaltens. Das Folterverbot wird hinsichtlich seines *usus* nicht dadurch konstituiert, dass Staaten Erklärungen abgeben, dass sie nicht foltern, sondern nur durch das tatsächliche Unterlassen des Folterns. Das Gewohnheitsrecht ist nun einmal eine primitive Rechtserzeugungsmethode und der ständig steigende Bedarf an komplexen Regelungen im internationalen Verkehr kann daran nichts ändern.

II. Rechtserkenntnis oder Rechtserzeugung

Ein zweites Beispiel, welches anscheinend zentrale Bedeutung für die aktuelle Debatte gewonnen hat, ist die nahezu ausschließliche Betrachtung der Rechtserkenntnis sowie die Einführung einer eigenartigen Förmlichkeit des Erkenntnisverfahrens. Es gibt einen starken Trend, nur mehr von der „identification" bzw. „ascertainment", statt von „creation" zu sprechen. Das ist im ILC-Projekt offensichtlich, aber auch in der aktuellen wissenschaftlichen Debatte schlägt sich das nieder. Die „conclusions" im ILC-Bericht „concern the way in which the existence and content of rules of customary international law are to be *determined*"[22] – also gerade nicht, wie sie erzeugt, sondern wie sie nachzuweisen seien. Es sei also eine Frage der „legal methodology",[23] nicht der „processes by which customary international law develops over time."[24]

Im ILC-Bericht ist das wegen dessen pragmatischer Zielsetzung etwas weniger störend, es ist aber trotzdem Ausdruck einer tiefergehenden Problematik, die eine theoretisch ambitionierte Wissenschaft *nicht* umgehen kann. Wenn also d'Aspremont in einem Aufsatz auf die von ihm propagierte Idee der

22 ILC (Fn. 14), Rz. 66 Conclusion 1.
23 ILC (Fn. 14), Rz. 66 Conclusion 1 (1).
24 ILC (Fn. 14), Rz. 66 Conclusion 1 (5).

Völkerrechtsquellen als Mittel zur „law-ascertainment“[25] rekurriert, wenn er in der Monographie schreibt von der „establishment of two distinct facts, that is, practice and opinio juris', the 'dominant modes of legal reasoning to *determine the existence and content* of a rule of customary international law',[26] wird der Rechtserzeugungsnorm jede Relevanz für die Rechtserkenntnis abgesprochen. Vielmehr noch, implizit wird damit insgesamt die rechtliche Normierung der Rechtserzeugung negiert.

Wenn also einerseits Staatenpraxis und *opinio iuris* „nur“, aber doch die einzigen zulässigen Mittel zur Erkenntnis der Geltung und/oder des Inhalts von Gewohnheitsrechtsnormen sind, wenn das also die Methode ist, ist es nicht andererseits seltsam, dass dieses Erkenntnisverfahren so formelhaft und unflexibel ausgestaltet ist, dass es fast wie eine Rechtserzeugungsregel anmutet? Ist nicht viel wahrscheinlicher, dass eine ganze Reihe von (Beweis-)Mitteln und Methoden dazu geeignet sind, die Geltung und den Inhalt des geltenden Völkergewohnheitsrechts zu erkennen? Ist es nicht viel wahrscheinlicher, dass die zwei Elemente *usus* und *opinio iuris* Gewohnheitsrecht *erzeugen*, das heißt, dass sie Teil der Erzeugungsregel, nicht bloß Erkenntnismethode sind? Würde das nicht auch eher dem traditionellen Verständnis der völkerrechtlichen Quellenlehre entsprechen?

Andersherum gewendet: Wie wahrscheinlich ist es, dass *usus* und *opinio iuris*, wie sie seit vielen Jahrhunderten in kontroverser Diskussion in unterschiedlichster Ausprägung erörtert wurden, ausschließlich epistemisches Hilfsmittel sind und mit Rechtserzeugung nur kontingent etwas zu tun haben? Wäre das nicht so, als ob man *usus* und *opinio* die Rolle des Mikroskops zusprechen würde, mit dessen Hilfe man die Zellteilung beobachtet, und nicht die der Zellteilung selbst? Wie stellt man sich dann das Zustandekommen von Völkergewohnheitsrecht vor? Brauchen wir keine Übung, brauchen wir keinen Glauben an die Verbindlichkeit dieser Übung? Wäre es nicht sinnvoller, die Erkenntnismethode der Erzeugungsregel folgen zu lassen als umgekehrt, also dass wir zum Beispiel als Rechtswissenschaftler die Genese der Norm nachvollziehen, indem wir Vorkommnisse der Übung und *opinio* zählen und dokumentieren?[27]

Bei einem Bundesgesetz würde wohl niemand annehmen, vom Beschluss des Nationalrats oder der Gegenzeichnung des Bundeskanzlers als bloße Erkenntnismittel zu sprechen. Es ist daher auch hochproblematisch und irreführend,

---

25 D'Aspremont (Fn. 15), S. 239.

26 D'Aspremont (Fn. 5), S. 88.

27 Kammerhofer, Jörg: *Uncertainty in International Law. A Kelsenian Perspective*. Routledge: Abingdon, New York 2010, S. 60.

von *usus* und *opinio* als „theory" der Völkergewohnheitsrechtserzeugung zu sprechen – aber diese Terminologie prägt den aktuellen Diskurs stark. Wenn nämlich wahrscheinlicher ist, dass wir über Quellen(erzeugungs)recht sprechen und uns dessen bedienen, um Recht zu erkennen, dann steht uns nicht frei, eine Theorie zu erzeugen und zu verwerfen, denn andernfalls würde mehr oder minder direkt gesagt werden, dass das Recht – nämlich das Recht der Rechtserzeugung – zur Disposition des oder der Erkennenden steht.

III. Eine Quellenordnung für das Völkerrecht?

Die Frage der Rechtswissenschaft sollte daher sein: Wie ist die Rechtserzeugungsregel für Völkergewohnheitsrecht ausgestaltet? Wir müssen also diejenige Völkerrechtsnorm finden, die uns aufzeigt, wie Völkergewohnheitsrecht erzeugt werden soll. Aber genau die Notwendigkeit dieses Rechts scheint in der heutigen Debatte meist unbewusst-atheoretisch, manchmal ausdrücklich-antitheorethisch angezweifelt zu werden. Anders gewendet: Es scheint mitunter davon ausgegangen zu werden, dass die Erzeugung des Völkerrechts nichts mit dem Recht zu tun hat, sondern rein faktischer Natur ist. Das scheint beim ILC-Projekt der Fall gewesen zu sein, aber nicht als wohldurchdachte Theorie der Faktizität; es lässt sich auch nicht konsequent nachweisen, eben weil die Frage nicht thematisiert wurde und somit implizit teils für, teils gegen die Rechtlichkeit argumentiert wird.

Für Rüdiger Wolfrum sind Rechtsquellen „the process and procedure through which binding rules of international law ... are generated".[28] Ulrich Fastenrath schreibt so eine Haltung dem „empirischen Positivismus" zu, für den Quellen „lediglich als empirische Beschreibung der Verfahren, in denen üblicherweise Normen entstehen, die regelmäßig befolgt werden ... bzw. als verpflichtend erlebt werden"[29] angesehen werden. Die Idee der Rechtserzeugung allein aus Fakten führt zu einer Vermengung des Seins mit dem Sollen, einer kategorischen Dichotomie,[30] und das wiederum hat ganz reale Konsequenzen. Wenn wir das Sollen der Normen nicht vom Sein der Welt trennen könnten, dann wären wir nicht mehr in der Lage, Imperative zu verstehen – aber das tun

---

28 Wolfrum, Rüdiger: „Sources of International Law". In: Wolfrum, Rüdiger (Hrsg): *Max Planck Encyclopedia of Public International Law.* Oxford University Press: Oxford Bd. 9 2012. S. 299–313 (S. 300, Rz. 6).

29 Fastenrath, Ulrich: *Lücken im Völkerrecht. Zu Rechtscharakter, Quellen, Systemzusammenhang, Methodenlehre und Funktionen des Völkerrechts.* Duncker & Humblot: Berlin 1991, S. 86.

30 Kelsen, Hans: *Allgemeine Theorie der Normen.* Manz: Wien 1979, S. 44.

wir ohnehin automatisch. Recht ist etwas, was den Anspruch aufstellt, dass man es befolgen soll[31] (auch wenn man das dann tatsächlich nicht tut). Warum sollte dann die – für unsere Erkenntnis von und Umgang mit Normen essentielle – Dichotomie für die Erzeugung von Normen nicht mehr gelten? Wenn Recht aus nacktem Faktum entsteht, dann fällt jedweder Unterschied von Sollen und Sein gleichsam an der Wurzel – an der Quelle. Das lässt sich zum Beispiel an D'Aspremonts „belief system" erkennen: Warum sollte die generelle Anerkennung durch „Völkerrechtsprofis" – also Praktiker und Wissenschaftler – notwendigerweise rechtlich allein hinreichend sein, eher denn (bloß) soziologisch relevant oder praktisch wirksam?

Selbst wenn man davon ausgeht, dass die Quellenerzeugung rechtsförmig geschieht, bleiben die Fragen und Probleme nicht aus. Um die Völkerrechtsquellen zu identifizieren und auszulegen, müssen wir, im Idiom der Reinen Rechtslehre gesprochen, die höchsten positiven Ermächtigungsnormen der Rechtsordnung „Völkerrecht" finden. Es braucht also „[e]ine Analyse der positiven, die generelle Normerzeugung regelnden Rechtssätze der Völkerrechtsverfassung".[32]

Im Hinblick auf das Völkerrecht sind die Grenzen unserer Rechtserkenntnis weit enger gesteckt als im innerstaatlichen Recht. Es scheint, als dass diejenigen Menschen, die damals in der Position waren, einen Willensakt zu erzeugen, dessen subjektiver Sinn eine gegliederte Verfassung des Völkerrechts ist, wohl *nichts* dergleichen gemacht haben. Wir haben auch schlicht keine autoritative Information über die höchsten Schichten des völkerrechtlichen Stufenbaus.[33]

Die Verfassung des Völkerrechts ist, die höchsten Ebenen des Stufenbaus sind spekulativ. Aber das heißt nicht, dass wir „anything goes" sagen können. Hier gilt es ganz besonders, methodisch sauber zu arbeiten – und die Reine Rechtslehre ist meines Ermessens hier unübertroffen mit ihrer Rechtswissenschaftstheorie. Die Idee, die Rechtswissenschaft darauf zu beschränken, einerseits die positiven Normen je einer Normenordnung möglichst exakt zu beschreiben und zu analysieren, und andererseits diese normativistischen Erkenntnisse nicht zu vermengen mit empirischen, psychologischen oder politologischen, ist zwar weder einfach noch führt das zu Lösungen.

Darum geht es der Reinen Rechtslehre aber auch gar nicht: sie hat ein analytisches, ein forschendes, ein wissenschaftstheorethisches Verständnis von

31 Ibid. S. 112.

32 Métall, Rudolf Aladár: „Skizzen zu einer Systematik der völkerrechtlichen Quellenlehre". *ZöR* 11, 1931, S. 416–428 (S. 421).

33 Cf. Kammerhofer (Fn. 27), S. 230–240.

unserem Fach. Die Rechts*wissenschaft* – nicht die gesamte Juristerei[34] – soll Probleme aufzeigen und analysieren; „lösen“ kann sie diese nur sehr beschränkt. Keinesfalls fühlt sie sich berufen, der Politik die Entscheidung durch Supplikation eines elitistischen „Juristenrechts“ zu entziehen. Dieser Beitrag versuchte aufzuzeigen, wie lohnend es ist, über die bequemen Annahmen der orthodoxen Völkerrechtsdogmatik hinauszugehen, ohne die Basis des positiven Rechts zu verlassen.

C. Schluss

Nach der hier vorgetragenen Kritik an Pragmatismus wie theoretischer Überhöhung muss ich auch Kritik an *meiner* Vorgangsweise zu Wort kommen lassen. Für so manche Rechtsdogmatiker ist dieser Zugang zu theoretisch; in dieser Weise könne man das Fach nicht „in seiner ganzen Breite vertreten“. Für Rechtsphilosophen wiederum ist er zu dogmatisch, denn er nehme zu wenig Rücksicht auf Erkenntnisse und Geschichte der Philosophie. Ich will aber trotzdem für ihn werben, weil dies meines Ermessens die Zukunft der „Völkerrechtsgeneralisten“ sein muss. Die zunehmende Spezialisierung der Völkerrechtslehre bedeutet einerseits, dass niemand mehr alle Spezialgebiete des Völkerrechts gleichermaßen beforschen kann. Solch eine Spezialisierung führt aber unweigerlich zur Trivialisierung des Allgemeinen Teils des Völkerrechts bzw. des „Klammerwissens“ der Völkerrechtslehre. Die Rechtstheorie ist das einzig probate Mittel, das Völkerrecht und seine Lehre zusammenzuhalten und auf eine (theoretisch) nachhaltige Grundlage zu stellen.

Der dritte Weg der Reinen Rechtslehre ist nicht einer mit dem Ziel, „maßvolle Theorie“ zu sein, denn das impliziert, dass die Wahrheit im Kompromiss besteht, sondern eine *konsequent rechtliche* Theorie, eine Theorie, die das positive Recht ernst nimmt, aber auch aufzeigt, wo das Recht endet und man sich nur mehr am Fetisch des Pragmatismus oder Notwendigkeitsphantasien ergötzen. Das Fazit ist bestechend (aber täuschend) simpel: Das rechte Maß für die Rechtswissenschaft ist das positive Recht.

---

34 Merkl, Adolf Julius: „Zum Interpretationsproblem“, *Grünhutsche Zeitschrift für das Privat- und Öffentliche Recht der Gegenwart* 42, 1916, S. 535–556 (S. 543), nachgedruckt in Schambeck / Klecatsky / Marcic (Hrsg.) (Fn. 9), S. 1059–1077 (S. 1066), nachgedruckt in Mayer-Maly / Schambeck / Grussmann (Hrsg.) (Fn. 9), S. 63–83 (S. 70): „Der Rechtspraktiker ist und sei Jurist und Mensch nicht bloß in einer Person, sondern auch in derselben Handlung! Sogar etwas unjuristisch zu werden zugunsten des ethischen Postulates, ganzer Mensch zu sein, wird man ihm verzeihen dürfen.“

Ralph Janik*

Die Grenzen des Gewohnheitsrechts: Staatenpraxis und *opinio iuris* im Syrienkrieg

A. Einleitung

Der Konflikt in Syrien hat auch maßgebliche völkergewohnheitsrechtliche Komponenten: von der Anerkennungspraxis im Zusammenhang mit Oppositionsgruppen über Waffenlieferungen bis hin zu den unterschiedlichen Interventionen vor Ort. Nachdem es in all diesen Fragen zu einer Vermengung zwischen politischen, moralischen und rechtlichen Erwägungen kam, blieb und bleibt oft unklar, ob und in welchem Ausmaß Staaten ihre Handlungen auch als rechtlich legitimiert ansahen.

Im Folgenden soll daher versucht werden, die Rolle des Völkergewohnheitsrechts und seine Grenzen in einem der schwerwiegendsten Kriege der letzten Jahrzehnte zu beleuchten. Zentral ist die Frage, wann es im Lichte vitaler staatlicher Interessen an seine Grenzen stößt.

Dabei braucht es vorab einige kurze Klarstellungen. Heute wird die Dyade aus Staatenpraxis und *opinio iuris* nur vereinzelt in Zweifel gezogen. Kein Element kann für sich genommen alleine das Gewohnheitsrecht prägen.[1] Gleichzeitig verschwimmen bisweilen die Grenzen. Staatenpraxis hat viele Gesichter. Nur einige wenige Staaten treten selbst als Gewaltakteure auf.[2] Auch wenn man beim *ius ad bellum* reflexartig an militärische Mittel denken mag, wird es über weite Strecken durch andere Handlungen geprägt. Darüber hinaus ist der zwischenstaatliche Krieg zur Ausnahme geworden, Bürgerkriegsparteien sind wiederum nicht vom völkerrechtlichen Gewaltverbot erfasst.[3]

---

* Lektor, Universität Wien; Adjunct Professor, Webster Vienna Private University.

1 International Law Commission: *Draft conclusions on identification of customary international law, with commentaries 2018, Report of the International Law Commission Seventieth session* (30 April–1 June and 2 July–10 August 2018), UN Doc A/73/10 (2018), S. 126.

2 Siehe dazu die jährlichen Berichte des Heidelberger Instituts für Konfliktforschung verfügbar unter https://hiik.de/konfliktbarometer/aktuelle-ausgabe/.

3 Cf. Lieblich, Eliav: „Internal Jus Ad Bellum". *Hastings Law Journal* 67(3), 2016, S. 687–748.

Daraus erwächst eine Reihe von Fragen. Die erste betrifft die handlungsspezifische Asymmetrie: Eine restriktive Definition des Kriteriums der Staatenpraxis würde den Teilnehmerkreis im Bereich des *ius ad bellum* stark einschränken. Es wäre absurd, nur durch aktive (kriegerische) Handlungen völkergewohnheitsrechtlich partizipieren zu können. Alleine deswegen muss auch das Unterlassen, im konkreten Fall das bewusste Abstehen von Gewalt, als Übung zählen.[4] Dabei gilt es freilich, den Hintergrund zu beachten. Auch bei passiven Handlungen muss der rechtliche Hintergrund geprüft werden.[5] Es macht einen essentiellen Unterschied, ob ein Staat aufgrund militärischer Unterlegenheit oder geostrategischer Realitäten keine Gewalt ausüben *kann* oder es aus rechtlichen Gründen nicht tun *will*.

Damit rücken Stellungnahmen und andere staatliche Ausdrucksformen in den Vordergrund. Sie stellen nicht nur *opinio iuris*, sondern auch Übung dar. Anzeichen für diese Doppelfunktion finden wir bereits bei Westlake, der die Gewohnheit noch an die Zustimmung knüpft:

> The best evidence of the consent which makes international law is the practice of states appearing in their actions, in the treaties they conclude, and in the judgments of their prize and other courts, so far as in all these ways they have proceeded on general principles and not with a view to particular circumstances, and so far as their actions and the judgments of their courts have not been encountered by resistance or protest from other states.[6]

Mit Bezug auf das *ius ad bellum* kann die realpolitische Sonderstellung militärisch bedeutsamer und sonstiger kriegführender Staaten zumindest in der grauen Theorie keine Auswirkungen auf die völker(gewohnheits-)rechtliche Einordnung haben: Eine handlungsspezifische Hierarchie, die militärisches Vorgehen höher einstuft als friedvolle Handlungen unbeteiligter Staaten, muss alleine aufgrund der souveränen Gleichheit zurückgewiesen werden. Ebenso

---

4 Siehe bereits Michael Woods Second report on identification of customary international law, 22. Mai 2014, UN Doc A/CN.4/672, Rz. 42. Siehe auch Zemanek, Karl, „What is "State Practice" and who Makes it?". In: Beyerlin, Ulrich / Bothe, Michael / Hofmann, Rainer / Petesmann, Ernst-Ulrich (Hrsg.): *Recht zwischen Umbruch und Bewahrung. Festschrift für Rudolf Bernhardt*. Springer: Berlin/Heidelberg/New York 1995, S. 289–306.

5 ILC-Artikel 6 (Fn. 1). Siehe, neben den Commentaries, auch den Third report on identification of customary international law by Michael Wood, Special Rapporteur, 27.03.2015, UN Doc A/CN.4/682, Rz. 20.

6 Oppenheim, Lassa (Hrsg.): *The Collected Papers of John Westlake on Public International Law*. Cambridge University Press: Cambridge 1914, S. 83.

soll sich kein Staat eigenmächtig aufgrund seiner militärischen Vormachstellung als „specially affected“ sehen oder selbst einstufen können. Besonders bedeutsame Interessen müssen *ante bellum* vorliegen, sie werden nicht erst *durante bello* geschaffen.

Zweitens sind Anwender und die Völkerrechtswissenschaft zum sauberen und extensiven Umgang mit gewohnheitsrechtlichen Einstufungen der Staatenpraxis angehalten. Im Zeitalter der Massenkommunikation gibt es keine Entschuldigungen für leichtfertige Pauschalurteile hinsichtlich des völkergewohnheitsrechtlichen Status einer Norm oder der Annahme eines hohen Grads an Zustimmung zu etwaigen neu entstehenden oder sich verändernden Regeln. Die zunehmend vereinfachte Verfügbarkeit staatlicher Stellungnahmen lässt überoptimistischen und bisweilen inflationären Ausdehnungen des Völkergewohnheitsrechts keinen Raum. Es gibt keine Entschuldigungen dafür, aufgrund einer beschränkten Anzahl von leicht verfügbaren Stellungnahmen willkürlich Mehrheiten oder kontinuierliche, unwidersprochene Übungen zu konstruieren.

Umgekehrt steigt aufgrund der Fülle der Kommunikationsweisen, von Social Media bis hin zu traditionellen Medien, die Unübersichtlichkeit. Regierungsmitglieder können einander widersprechen, Premierminister weiter gehen als Außenminister oder (VN-)Botschafter. Am Ende des Tages gilt es daher, zwischen politischem und rechtlichem Gehalt zu differenzieren. Auch die Art der Ausdrucksform verdient Beachtung: Ein Tweet in der Hitze des Gefechts (im wahrsten Sinne des Wortes!) kann sich von einer sorgfältig ausgearbeiteten Rechtsposition eines Außenministeriums stark unterscheiden und hat dementsprechend weniger Gewicht.[7]

Drittens, und damit zusammenhängend, verdient die Rolle innerstaatlicher Gerichte mehr Beachtung. Eine Regierung mag ihr Handeln als völkergewohnheitsrechtlich begründet erachten, während (Höchst-)Gerichte zu gänzlich anderen Ergebnissen gelangen. Staaten sind oft keine monolithischen Meinungsblöcke. In solchen Fällen bleibt die Frage offen, wem die finale Handlungskompetenz für das Gewohnheitsrecht zukommt.

B. Gewalt und Völkergewohnheitsrecht

Das Völkergewohnheitsrecht hat einen schlechten Ruf. Dem war jedoch nicht immer so, gilt es doch als die möglicherweise älteste und lange auch

7 Wood (Fn. 4), Rz. 29.

bedeutsamste Rechtsquelle. In den klassischen Lehrbüchern des 19. und frühen 20. Jahrhunderts finden wir bei von Liszt „die tatsächliche Übung als Kundgebung des Rechtsbewusstseins“[8], bei Heffter die „übereinstimmende Handlungsweise“ mitsamt der „übereinstimmenden Sitte und Bildung der Nationen“[9] oder bei Hershey den „tacit consent and imitation“, als die „oldest and intrinsically the most important portion of international law; for it is deeply rooted in the habits, sentiments, and interests of mankind.“[10]

Neben Verträgen als Verschriftlichung bestehender Regeln zeigt es sich neben den bereits angesprochenen öffentlichen Stellungnahmen auf Konferenzen, in diplomatischen Korrespondenzen und – aufgrund ihres wesensinhärenten *bias* und dem Spannungsfeld zwischen objektiver Darstellung der Rechtslage und dem „national interest“ des jeweiligen Staates jedoch nur in Abstrichen – den Rechtsmeinungen juristischer Berater.[11] Insbesondere Wheaton betonte in diesem Zusammenhang außerdem die Rolle der großen Völkerrechtler als „witnesses of the sentiments and usages of civilized nations“, deren Bedeutung durch die Verweise von Staatsmännern weiter steigt.[12]

Heute leidet das Völkergewohnheitsrecht allerdings unter zahlreichen oberflächlichen Auseinandersetzungen. Insbesondere die pauschalen, bisweilen wohl von Wunschvorstellungen getriebenen Annahmen über den völkergewohnheitsrechtlichen Status einiger Menschenrechte haben sich hier als wenig hilfreich erwiesen,[13] zumal diese das enge Korsett traditioneller,

---

8 Von Liszt, Franz: *Das Völkerrecht systematisch dargestellt.* Verlag von O. Haering: Berlin 1898, S. 6 f.

9 Heffter, August Wilhelm: *Das Europäische Völkerrecht der Gegenwart.* Verlag von E. H. Schroeder: Berlin 1867, S. 16.

10 Hershey, Amos S: *The Essentials of International Public Law.* The MacMillan Company: New York 1919, S. 20.

11 Martti Koskenniemi, *The Politics of International Law.* Hart Publishing: Oxford 2011, Kapitel 2. Siehe außerdem bereits Hershey (Fn. 10), S. 20 ff. Cf. Wheaton, Henry: *Elements of International Law.* Little, Brown, and Company: Boston 1866, S. 27.

12 Ibid., S. 24.

13 Siehe dazu Beham, Markus: *State Interest and the Sources of International Law. Doctrine, Morality, and Non-Treaty Law.* Routledge: New York und Oxon 2018. Siehe auch Henkin, Louis: „Human Rights and State ‘Sovereignty’“. *Georgia Journal of International and Comparative Law* 25(1), 1995, S. 31–45 (S. 36 f.): Human rights law has shaken the sources of international law, reshaped its character, enlarged its domain. Human rights law is all new law, at most half a century old. Human rights law has been established largely by treaty – the U.N. Charter and international human rights covenants and conventions – but without any foundation or context of custom. Human rights treaties continue to increase, a reflection of the system’s steady drift

rein-zwischenstaatlicher Praxis sprengen.[14] Dass selbst der Internationale Gerichtshof in seinen Urteilen und Rechtsgutachten in quasi-legislatorischer Manier Völkergewohnheitsrecht identifiziert, ohne derartige Einstufungen näher zu begründen, ist dabei gewiss nicht hilfreich.[15] Die von D'Amato in provokativer Manier aufgeworfene Frage, ob es sich um einen Vogel, ein Flugzeug oder *ius cogens* handelt, muss man leider auch auf diese Rechtsquelle ummünzen.[16]

Eine Problemlage, die auch das Gewaltverbot und seine Ausnahmen betrifft. Man denke etwa einmal mehr an den *Nicaragua*-Fall: Zwar begründet das Urteil die parallele völkergewohnheitsrechtliche Bedeutung des allgemeinen Gewaltverbots mithilfe von Resolutionen der VN-Generalversammlung, dem dazugehörigen Abstimmungsverhalten und der KSZE-Schlussakte.[17] In Bezug auf die indirekte Gewalt, aber auch andere Teilfragen, vom Selbstverteidigungsrecht über die Intervention auf Einladung bis hin zur humanitären Intervention, war der Internationale Gerichtshof indes weniger sorgsam. Die Feststellung des völkergewohnheitsrechtlichen Status von Art. 3(g) der Resolution zur Definition des Begriffs der Aggression[18] lässt sich getrost als apodiktisch bezeichnen, zumal sie ohne nähergehende Auseinandersetzung mit der Staatenpraxis erfolgte. Der Gerichtshof hatte hier zwar insofern keinen allzu hohen Rechtfertigungs- und Begründungsruck als es um wenig streitbare Grundregeln des Völkerrechts ging.[19] Dennoch steht diese Vorgehensweise

---

toward human values. It is a reflection, too, of the new sensitivity of states and of the state system to pressures leading to consent. It is perhaps the only instance of a new body of international law born and grown in response to an idea, to public opinion-domestic and international opinion.

14 Ibid., S. 37 f.

15 Talmon, Stefan: „Determining Customary International Law: The ICJ's Methodology between Induction, Deduction and Assertion". *EJIL* 36(2), 2015, S. 417–443.

16 D'Amato, Anthony: „It's a bird, it's a plane, it's jus cogens!". *Connecticut Journal of International Law* 6(1), 1990, S. 1–6.

17 Military and Paramilitary Activities in and against Nicaragua (Nicaragua v. United States of America), Judgment (merits) 26.06.1986. ICJ Rep. 1986, S. 14, Rz. 189–190, 204 und 264.

18 Ibid., Rz. 195.

19 Cf. Rijpkema, Peter P.: „Customary International Law in the Nicaragua Case". *Netherlands Yearbook of International Law* 20, 1989, S. 91–116 (S. 97): . . . the burden of proving the existence of a rule of customary international law is indeed lighter if there exist concordant views as to the applicability of that rule to the dispute. In that case, the Court proceeds from the presumption that the rule in question exists,

sinnbildlich für seinen Umgang mit dem Völkergewohnheitsrecht: *Was der Gerichtshof sagt, gilt.* Erläuterungen gibt und braucht es keine, das Gericht ruht sich auf der ihm übertragenen Autorität aus. Es obliegt der Wissenschaft, sich an seinen Feststellungen abzuarbeiten.

Ein weiteres, vornehmlich technisches Problem betrifft die weithin bekannte schwierige Abgrenzung zwischen Völkergewohnheitsrecht und parallel bestehendem Vertragsrecht. Insbesondere bei Verträgen mit hohem Partizipationsgrad – wozu die Satzung der VN offensichtlich gehört – bleibt bisweilen unklar, ob Staaten aufgrund ihrer vertraglichen oder der gewohnheitsrechtlichen Verpflichtung handeln. So können Handlungen im Bereich des *ius ad bellum* nicht nur als Gewohnheitsrecht, sondern auch als spätere Übung bei der Anwendung eines Vertrags im Sinne von Art. 31 Abs. 1 lit. b WVK gewertet werden. Letztere wird in der Lehre schließlich als Unterkategorie des Gewohnheitsrechts verstanden, die wesentlichen Unterschiede liegen in den unterschiedlichen Anforderungen hinsichtlich der Verbreitung der Praxis, die im Falle von Verträgen geringer sind.[20] Im Extremfall – also dann, wenn sämtliche Staaten einem Vertrag angehören – bleibt offen, ob paralleles Gewohnheitsrecht überhaupt entstehen kann und wie (das „Baxter Paradox“[21]).

C. Völkergewohnheitsrecht im Syrienkonflikt

Dieses Spannungsfeld hat sich auch in Syrien gezeigt, wo die im Zuge des „Arabischen Frühlings“ Ende Februar 2011 einsetzenden Proteste im darauffolgenden Jahr in einen nicht-internationalen bewaffneten Konflikt mündeten,[22] der

---

and therefore less stringent proof suffices to establish the existence of both a settled practice and an opinio juris.

20 De Chazournes, Laurence Boisson: „Subsequent Practice, Practices, and "Family-Resemblance": Towards Embedding Subsequent Practice in its Operative Milieu – A Multi-Actor Perspective“. IRPA Working Paper – GAL Series No. 1/2013.

21 Cf. Thirlway, Hugh: „Professor Baxter's Legacy: Still Paradoxical?“. ESIL Reflections 6(3), 23.3.2017, retrieved 3.11.2019, from https://esil-sedi.eu/post_name-121/.

22 Das Internationale Komitee vom Roten Kreuz sprach im Mai 2012 von einem bewaffneten Konflikt in einigen syrischen Gebieten und ab August 2012 von einem bewaffneten Konflikt im ganzen Land, cf. Reuters: „Some Syria violence amounts to civil war: Red Cross“. 8. May 2012, retrieved 3.11.2019, from https://www.reuters.com/article/us-syria-redcross/some-syria-violence-amounts-to-civil-war-red-cross-idUSBRE8470D920120508 und ICRC, „Syria: ICRC urges full respect for international humanitarian law“. 4.8.2012, retrieved 3.11.2019 from https://www.icrc.org/en/doc/resources/documents/news-release/2012/syria-news-2012-07-31.htm.

mit fortschreitender Dauer wiederum Merkmale eines gemischten sowie eines transnationalen Konflikts aufwies.[23] Dementsprechend soll im Folgenden auf die einschlägigen Handlungen im Rahmen des Interventions- und Gewaltverbots eingegangen werden.

I. Interventionsverbot und Anerkennungspraxis

Staaten haben rund um den Konflikt in Syrien bereits unterhalb der Schwelle von Gewalt Handlungen gesetzt, die einer näheren rechtlichen Erörterung bedürfen:[24] Eine Reihe von Regierungen, darunter insbesondere die USA unter Barack Obama oder auch die ehemalige Hohe Vertreterin der EU für Außen- und Sicherheitspolitik Catherine Ashton, hatten Assad bereits ab Sommer 2011 die Legitimität abgesprochen und (teils mehrfach) seinen Rücktritt gefordert.[25] Umgekehrt wurde der syrische Nationalrat (der „Syrian National Council") während der Frühphase des Konflikts von zahlreichen Staaten als die „einzige legitime Vertretung des syrischen Volkes" bzw. seiner „Bestrebungen" („aspirations") bezeichnet und auch zu Friedensgesprächen eingeladen.

Grundsätzlich handelt es sich hierbei allerdings um keine rechtlichen, sondern um politische Akte. Auf formaler Ebene wurde und wird Assad allgemein weiterhin als Staatsoberhaupt Syriens angesehen.[26] Sein Vertreter bei den Vereinten Nationen blieb seit 2006 stets derselbe, er lief – im Gegensatz zu

---

23 Zu den Konflikttypen cf. Vité, Sylvain: „Typology of armed conflicts in international humanitarian law: legal concepts and actual situations". *International Review of the Red Cross* 91(873), 2009, S. 69–94. Für eine gelungene konzise Übersicht sei das von Vox News angefertigte Video „Syria's war: Who is fighting and why" vom 7. April 2017 empfohlen, retrieved 3.11.2019, from https://www.youtube.com/watch?v=JFpanWNgfQY.

24 Siehe Janik, Ralph: „Das Interventionsverbot im Zeitalter der Demokratie: Zwischen Obsoleszenz und (Wieder-)Auferstehung". In: Bockley, Andrea / Kriebaum, Ursula / Reinisch, August (Hrsg.): *Nichtstaatliche Akteure und Interventionsverbot. Beiträge zum 39. Österreichischen Völkerrechtstag 2014 in Klosterneuburg*. Peter Lang: Frankfurt a.M. et al. 2015, S. 107–130.

25 Washington Post, „Assad Must Go, Obama Says". 2.8.2011, retrieved 3.11.2019, from https://www.washingtonpost.com/gdpr-consent/?destination=%2fpolitics%2fassad-must-go-obama-says%2f2011%2f08%2f18%2fgIQAelheOJ_story.html%3f, sowie The Wall Street Journal, „Obama Renews Call for Assad to Step Down". 24.2.2015, retrieved 3.11.2019, from https://www.wsj.com/articles/obama-renews-call-for-assad-to-step-down-1424804546.

26 So stand es etwa außer Streit, dass die Regierung Assads – und keine andere Entität – im Namen Syriens der Chemiewaffenkonvention beitreten sollte, cf. die OPCW

seinem Amtskollegen während des Konflikts in Libyen 2011 – auch nicht über. Außerdem wurde Syrien aus der Arabischen Liga ausgeschlossen, ohne dass eine andere Vertretung dessen Sitz eingenommen hätte. Aus heutiger Sicht gilt es mehr denn je zu bedenken, dass am Ende des Tages die faktischen Machtverhältnisse entscheiden. Im Falle Assads hatten die USA oder auch Frankreich zwischenzeitlich sogar angedeutet, sich mit seinem Machtverbleib anfreunden zu können.[27]

Dem traditionellen Souveränitätsverständnis folgend kann allerdings auch eine politische Aufwertung von Oppositionellen gepaart mit Rücktrittsaufforderungen als ungebührliche Einmischung in die inneren Angelegenheiten eines Staats oder gar als Aufruf zur Revolte und damit als Verstoß gegen das Interventionsverbot gewertet werden.[28] Dies umso mehr, wenn es sich nicht um friedlich agierende Oppositionelle oder Demonstranten, sondern um bewaffnete Gruppen handelt.

In Summe zeugt der Konflikt in Syrien – wie im Übrigen bereits in Libyen, wo die Rebellen in einem relativ frühen Stadium (noch bevor sie den Großteil des Landes und insbesondere die Hauptstadt unter ihre Kontrolle gebracht hatten) auch *de iure* als neue Regierung anerkannt wurden – von einem Bedeutungsverlust des Interventionsverbots. Im Falle schwerwiegender Menschenrechtsverletzungen werden dahingehende Protestrufe gerne überhört. Abgesehen davon sind die Möglichkeiten zu Gegenmaßnahmen innerhalb dieses Bereichs ohnedies begrenzt.

II. Indirekte Gewalt – Praxis ohne Rechtsüberzeugung

Neben unterschiedlichen Anerkennungen wurden syrische Rebellengruppen – unabhängig von einer konkreten Einstufung als „islamistisch" oder „moderat" auch durch die Ausbildung von Kämpfern oder Waffenlieferungen unterstützt.

Entscheidung vom 27.9.2013, retrieved 3.11.2019, from https://www.opcw.org/sites/default/files/documents/EC/M-33/ecm33dec01_e_.pdf.

27 Cf. Ahmed Aboudouh, "Donald Trump's attempt to rehabilitate Bashar al-Assad is a losing battle". The Independent, 17.12.2018, retrieved 3.11.2019, from https://www.independent.co.uk/voices/donald-trump-omar-al-bashir-visit-syria-assad-sudan-damascus-rehabilitation-middle-east-a8687071.html oder The Wall Street Journal, „France's Macron Shifts Country's Stance on Removing Assad From Power". 22.6.2017, retrieved 3.11.2019, from https://www.wsj.com/articles/frances-macron-shifts-countrys-stance-on-removing-assad-from-power-1498145163.

28 Talmon, Stefan: „Recognition of Opposition Groups as the Legitimate Representative of a People". *Chinese Journal of International Law* 12(2), 2013, S. 219–253.

Dabei gilt es, den breiteren geopolitischen Kontext zu bedenken: Zum einen ist der Krieg in Syrien in die breitere regionale Konfrontation zwischen dem Iran und Saudi-Arabien eingebettet.[29] Zum anderen besteht bereits seit den 1970er Jahren eine Nahebeziehung zwischen Russland (bzw. der damaligen Sowjetunion), das in Syrien eine von zwei Militärbasen außerhalb des Gebiets der ehemaligen Sowjetunion betreibt, und dem Assad-Regime. Primär standen daher Katar und Saudi-Arabien als rivalisierende regionale Akteure Assad gegenüber, während die Türkei eine Zwitterstellung zwischen unmittelbaren Eigeninteressen und der größeren, globalen Dimension einnahm, die wiederum das Engagement des Vereinigten Königreichs, Frankreichs, und der USA erklärt.[30]

Neben unmittelbarer, also durch die eigenen Streitkräfte oder andere einem Staat zurechenbare Akteure gesetzten Handlungen gegen andere Staaten, fallen auch militärische Unterstützungsleistungen unter das Gewaltverbot.[31] Zusätzlich untersagt allgemeines Völkergewohnheitsrecht allgemein die Unterstützung von Verletzungen des humanitären Völkerrechts (mitsamt einem korrespondierenden *Gebot*, dessen Einhaltung im Rahmen der zur Verfügung stehenden Mitteln zu fördern bzw. einzufordern).[32] Das betrifft insbesondere

---

29 Hiltermann, Joost, „Syria: The Hidden Power of Iran". New York Review of Books, 3.3.2017, retrieved 3.11.2019, from https://www.nybooks.com/daily/2017/04/13/syria-hidden-power-of-iran/.

30 Erste Berichte über saudische Waffenlieferungen, die wiederum von Kroatien gekauft wurden, gab es 2013, Chivers, C.J. / Schmitt, Eric: „Saudis Step Up Help for Rebels in Syria With Croatian Arms". The New York Times, 25.3.2013, retrieved 3.11.2019, from https://www.nytimes.com/2013/02/26/world/middleeast/in-shift-saudis-are-said-to-arm-rebels-in-syria.html. Für eine Übersicht cf. Hiltermann, Joost, „*The Syrian Conflict and International Support for Rebel Groups, written submission to the Dutch Parliament's Foreign Affairs Committee.*". International Crisis Group, 28.9.2018, retrieved 3.11.2019, from https://www.crisisgroup.org/middle-east-north-africa/eastern-mediterranean/syria/syrian-conflict-and-international-support-rebel-groups; für das Vereinigte Königreich cf. House of Commons Defence Committee, „UK military operations in Syria and Iraq. Second Report of Session 2016–17", 21.9.2016, retrieved 3.11.2019, from https://publications.parliament.uk/pa/cm201617/cmselect/cmdfence/106/106.pdf, 78; France 24, „France delivered arms to Syrian rebels, Hollande confirms". 21.8.2014, retrieved 3.11.2019, from https://www.france24.com/en/20140821-france-arms-syria-rebels-hollande.

31 Cf. insbesondere den Nicaragua-Fall (Fn. 19), Rz. 195.

32 Cf. Regel 144 der Gewohnheitsrechts-Studie des Internationalen Komitees vom Roten Kreuz, retrieved 3.11.2019, from https://ihl-databases.icrc.org/customary-ihl/eng/docs/v1_rul_rule144.

Waffenlieferungen an Konfliktparteien jeder Art, also neben Staaten auch bewaffnete Gruppen.[33]

Im Regelfall fehlt damit eine Rechtsgrundlage. Das völkerrechtliche Selbstverteidigungsrecht steht bekanntermaßen nur Staaten zu und eine Bitte der Regierung, oppositionellen Rebellen zu helfen, erscheint dezent denkabsurd. Auch eine Sicherheitsratsresolution zwecks Parteinahme für Oppositionsgruppen wäre vielfach an einen Übergang der Anerkennung geknüpft (was die bestehende Regierung in eine nicht-staatliche bewaffnete Gruppe transformiert und dementsprechend wenn, dann erst gegen Ende eines Konflikts passiert).

An diesen Grundsätzen wurde auch in Syrien nicht gerüttelt. Kein einziges Land hat seine Waffenlieferungen ausdrücklich als völkerrechtskonform gerechtfertigt. Der ehemalige französische Staatspräsident François Hollande etwa hat die materielle Unterstützung für syrische Rebellengruppen erst nachträglich mit den Worten begründet, dass Frankreich „die einzigen Syrer, die eine Demokratie vorbereiten, nicht alleine lassen könne", ohne dabei nähere (rechtliche) Details zu erörtern.[34] Auch der britische Verteidigungsminister hielt sich bei seiner Anfragebeantwortung zum genauen Ausmaß der Unterstützung und der konkreten Benennung der ausgewählten Rebellengruppen über weite Strecken bedeckt.[35]

Insofern lässt sich hier gewiss nicht von Rechtsüberzeugung sprechen. Wie eingangs dargelegt, hat ILC-Sonderberichterstatter Wood theoretische Ausführungen zur Möglichkeit der Herausbildung von Völkergewohnheitsrecht ohne subjektives Element eigens zurückgewiesen. Dazu passt es auch, dass Russlands Außenminister Sergei Lawrow allfällige Waffenlieferungen an syrische Rebellen ausdrücklich als Völkerrechtsverstoß gewertet hat, ohne auf juristische Entgegnungen zu stoßen.[36]

---

33 Ruys, Tom: „Of Arms, Funding and "Non-lethal Assistance"—Issues Surrounding Third-State Intervention in the Syrian Civil War". *Chinese Journal of International Law* 13(1), 2014, S. 13–53 (S. 26 ff.).

34 Hollande (Fn. 33).

35 House of Commons Defence Committee (Fn. 33), S. 78.

36 France 24, „Arming Syrian rebels a breach of international law, Russia says". 13.3.2013, retrieved 3.11.2019, from https://www.france24.com/en/20130313-russia-foreign-minister-arm-syria-rebels-breach-international-law.

III. Intervention auf Einladung: Back to Basics

Anders verhält es sich mit dem Konzept der Intervention auf Einladung: Russland hat insbesondere ab Herbst 2015 mit massiver Waffengewalt auf Seiten Assads eingegriffen, um seinen Machterhalt zu sichern. Hier besteht allgemein ein bemerkenswerter Gegensatz zwischen Teilen der Lehre und der Staatenpraxis.

So hat das Institut de Droit international im Jahr 1975 unter dem Eindruck des Vietnamkriegs und der Stellvertreterkriege zwischen Osten und Westen eine Rechtsmeinung verabschiedet, derzufolge in *Bürgerkriegen* jegliche Intervention völkerrechtswidrig ist. Keine Seite – also weder bewaffnete Gruppen noch die amtierende und allgemein anerkannte Regierung – darf unterstützt werden.[37]

Grundsätzlich, so die dahinterstehende Annahme, gebietet das Selbstbestimmungsrecht schließlich, dass ein Volk sich seine Staats- und Regierungsform gegebenenfalls auch im Rahmen eines bewaffneten Konflikts selbst geben soll.[38] Das Institut de Droit international definiert den „civil war" schließlich als einen nicht-internationalen bewaffneten Konflikt, in dem eine Regierung gegen aufständische Bewegungen kämpft, die die Machthaber oder die soziale, wirtschaftliche oder soziale Ordnung stürzen wollen (oder, in Abwesenheit einer Regierung, als Konflikt um das Gewaltmonopol).[39] Jede Einmischung von außen würde das Ergebnis dieses Machtkampfs verzerren, das damit möglicherweise auch in den Augen der Betroffenen selbst illegitim erscheinen könnte.[40]

Interventionen sind daher nur erlaubt, um vorangegangene Verletzungen dieses Neutralitätsgebots auszugleichen.[41] Außerdem erachtet das Institut de Droit international die Unterstützung von Regierungen als legitim, wenn es

---

37 Institut de Droit international, The Principle of Non-Intervention in Civil Wars, Session of Wiesbaden – 1975. Siehe auch Marston, G: „United Kingdom Materials on International Law 1986". *BYIL* 57(1), 1987, S. 487–654 (S. 616): „any form of interference or assistance is prohibited (except possibly of a humanitarian kind') when a civil war is taking place and control of the state's territory is divided between warring parties."

38 Cf. Fabry, Mikulas: *Recognizing States. International Society and the Establishment of New States Since 1776*. Oxford University Press: Oxford 2010, S. 10 ff.

39 Institut de Droit international (Fn. 42), Art. 1 (a).

40 Pickering, Jeffrey: „Forging Democracy at Gunpoint". *International Studies Quarterly* 50(3), 2006, S. 539–559.

41 Institut de Droit International (Fn. 42), Art. 5.

sich um keinen Bürgerkrieg im politischen Sinne handelt, also keinen Konflikt, bei dem Bürger gewaltsam gegen ein unterdrückerisches Regime aufbegehren, um eine gerechtere Regierungsform zu schaffen – was sich verneinen lässt, wenn eine Regierung gegen terroristische Akteure kämpft.[42] Demgemäß bestätigt die Staatenpraxis im Kampf gegen den „Islamischen Staat", bei dem (auch) Einladungen des Iraks und der anerkannten libyschen Regierung als Rechtfertigung gedient haben, einen derartigen zweckorientierten Zugang zum Interventionsverbot in Bürgerkriegen.[43] Allerdings sind nicht alle Fälle dermaßen klar gelagert – in vielen nicht-internationalen bewaffneten Konflikten wird die große Frage, ob es sich um *Terroristen oder Freiheitskämpfer* handelt, nicht gestellt.

So nachvollziehbar das grundsätzliche Verbot der Intervention in Bürgerkriegen in der von politischem Denken geprägten völkerrechtlichen Theorie sein mag, scheinen Staaten ihm nicht zu folgen. Dies umso weniger, als ein derart strenges Interventionsverbot auch vom Internationalen Gerichtshof im Nicaragua-Fall nicht ins Feld geführt wurde. Im Gegenteil, bei seiner Zurückweisung des Gedankens, eine allfällige Bitte von Seiten der Rebellen als rechtliche Grundlage für ein etwaiges Eingreifen zu akzeptieren, sprach der Gerichtshof ausdrücklich davon, dass Interventionen (nur) auf Seiten der Regierung erlaubt seien.[44]

Die Reaktionen auf die russische und iranische Unterstützung Assads entsprechen dieser Sichtweise. Beide Länder bezogen sich ausdrücklich auf sein (schriftliches) Ansuchen.[45] Auch im Zusammenhang mit dem Kampf gegen den „Islamischen Staat" betonte Russland, sich im Gegensatz zu den westlichen Ländern „auf allgemein anerkannte Regeln des Völkerrechts" berufen zu können.[46]

---

42 Gray, Christine: *International Law and the Use of Force*. Oxford: Oxford University Press 2018, S. 118.

43 Bannelier-Christakis, Karine: „Military Interventions against ISIL in Iraq, Syria and Libya, and the Legal Basis of Consent". *Leiden Journal of International Law* 29(3), 2016, S. 743–775.

44 Nicaragua-Fall (Fn. 19), Rz. 246.

45 BBC: „Russia joins war in Syria: Five key points". 1.10.2015, retrieved 3.11.2019, from https://www.bbc.com/news/world-middle-east-34416519; Newsweek: „Iran goes Against Russia, says it's staying in Syria as U.S. Military Threatens 'New Actions'". 21.5.2018, retrieved 3.11.2019, from https://www.newsweek.com/iran-goes-against-russia-says-its-staying-syria-us-military-threatens-new-937522.

46 TASS: „Lawmakers authorize use of Russian military force for anti-IS airstrikes in Syria". 30.9.2015, retrieved 3.11.2019, from https://tass.com/politics/824795.

Eine weitere Bestätigung erfuhr diese Auffassung aus der Reaktion auf Russlands Eingreifen. Auch wenn es für seine Verletzungen des *ius in bello* scharf kritisiert wurde, ging kein Staat so weit, die Unterstützung für Assad auch aus Sicht des *ius ad bellum* oder des Interventionsverbots als völkerrechtswidrig zu bezeichnen. Überhaupt überwogen moralische und strategische Bewertungen gegenüber juristischen.[47] So drückte die einige wenige Tage nach Russlands Eingreifen im Herbst 2015 verabschiedete gemeinsame Stellungnahme Frankreichs, Deutschlands, Katars, der Türkei, des Vereinigten Königreichs und der USA vom Oktober 2015 die „tiefe Sorge" vor einer „weiteren Eskalation" aus, die zu mehr Extremismus und einer weiteren Radikalisierungen führen werde. Demgemäß riefen sie Russland dazu auf, die Angriffe auf die syrische Opposition und Zivilisten einzustellen und sich auf den Kampf gegen den „Islamischen Staat" zu konzentrieren.[48] Ein ähnlicher Wortlaut wurde auch in einer drei Tage später verabschiedeten NATO-Stellungnahme gewählt, die ebenfalls keine Ausführungen bezüglich des *ius ad bellum* machte.[49]

Nur in Ansätzen wurden Aussagen getätigt, die sich zumindest indirekt auf das Selbstbestimmungsrecht im oben beschriebenen Sinn beziehen.[50] Der damalige US-Verteidigungsminister Ash Carter streifte im Zuge dieser

---

47 Cf. die Stellungnahme von Samantha Power beim 7795ten Treffen des VN-Sicherheitsrats anlässlich der russischen Vorgehensweise in Aleppo: Die USA has been trying around the clock to work with the armed groups, with countries that have attempted to exert influence, and with the Russian Federation, and was never really given notice as to what the Russian Federation's plans were. Russia decides that it is going to have a pause, decides the pause is over and presents faits accomplis to the United Nations and the international community, even though it is the people of the United Nations who are there, vulnerable, on the ground, trying to make deal happen for the sake of the most vulnerable.

48 Foreign & Commonwealth Office: „Joint declaration on recent military actions of the Russian Federation in Syria". 2.10.2015, retrieved 3.11.2019, from https://www.gov.uk/government/news/joint-declaration-on-recent-military-actions-of-the-russian-federation-in-syria.

49 NATO: „Statement by the North Atlantic Council on incursions into Turkey's airspace by Russian aircraft". 5.10.2015, retrieved 3.11.2019. from https://www.nato.int/cps/en/natohq/news_123392.htm.

50 So etwa bereits die beim Sicherheitsrats-Treffen vom 4. Oktober 2011 getätigte Aussage der US-Vertreterin Susan Rice; sie bezog sich allerdings auf das (erstmalige) russische Veto, nicht auf das Eingreifen auf Seiten Assads: During this season of change, the people of the Middle East can now see clearly which nations have chosen to ignore their calls for democracy and instead prop up desperate, cruel dictators. Those who oppose this draft resolution and give cover to a brutal regime will have to

Debatte – ob bewusst oder nicht – an eine solche Argumentationslinie an, als er Russland vorwarf, mit der Unterstützung des syrischen Regimes „anscheinend" gegen alle Kontrahenten Assads vorzugehen, also „the whole rest of the country of Syria"[51] und damit auch gegen Gruppen, die zum zukünftigen politischen Übergang gehören sollten. Allerdings bezogen sich seine Aussagen auf die Zielsetzung und die Erfolgsaussichten des russischen Vorgehens, ohne sich rechtlicher Terminologien zu bedienen; Russland würde letztlich „Öl ins Feuer gießen".

Davon abgesehen dürften in der Staatenwelt allerdings keine grundsätzlichen Einwände gegen die Möglichkeit bestehen, selbst despotische Regierungen direkt militärisch zu unterstützen, zumal das oben skizzierte politische Konzept des *Bürgerkriegs* als „Freiheitskampf" eine rechtlich unbestimmte Kategorie bleibt.[52] Dies umso mehr, als sich der Krieg in Syrien nicht eindeutig als solcher kategorisieren lässt und zusätzlich Elemente eines Stellvertreterkriegs und eine hohe Anzahl ausländischer Kämpfer aufweist. Im Umkehrschluss haben sowohl der Iran als auch Russland die Interventionen von Seiten anderer Staaten kritisiert, da diese ohne dem Einverständnis Assads erfolgten.[53] Eine (völkerrechtliche) Antwort auf diese Vorwürfe blieb aus.

Somit haben die letzten Jahre damit eindringlich gezeigt, dass bis heute kein völkergewohnheitsrechtliches Verbot von Waffenlieferungen und anderen Formen der Unterstützung von Regierungen in Bürgerkriegen besteht.[54]

---

answer to the Syrian people and, indeed, to people across the region who are pursuing the same universal aspirations.

51 Department of Defense Press Briefing by Secretary Carter in the Pentagon Briefing Room, 30.9.2015, retrieved 3.11.2019 from https://www.defense.gov/Newsroom/Transcripts/Transcript/Article/621301/department-of-defense-press-briefing-by-secretary-carter-in-the-pentagon-briefi/.

52 Akande, Dapo: „Would It Be Lawful For European (or other) States to Provide Arms to the Syrian Opposition?". EJIL: Talk!, 17.1.2013, retrieved 3.11.2019, from https://www.ejiltalk.org/would-it-be-lawful-for-european-or-other-states-to-provide-arms-to-the-syrian-opposition/.

53 Newsweek, „Iran tells U.S.: We were invited to Iraq and Syria, what about you?". 25.5.2015, retrieved 3.11.2019, from http://newsweek.com/iran-tells-us-we-were-invited-iraq-syria-what-about-you-945166.

54 Ruys (Fn. 36), S. 52 f. Cf. auch Visser, Laura: „Russia's Intervention in Syria". EJIL: Talk!, 25.11.2015, retrieved 3.11.2019, from http://www.ejiltalk.org/russias-intervention-in-syria/.

IV. Humanitäre Intervention: Immer noch keine Grundlage

Obwohl westliche Staaten schon früh ein Ende der Amtszeit Assads gefordert und die Menschenrechtsverletzungen seines Regimes kritisiert hatten, kam es erst im April 2017 zu einem *direkten* Eingreifen von Seiten der USA bzw., beim zweiten Angriff, zusätzlich auch Frankreichs und des Vereinigten Königreichs. Beide Male erfolgten diese als Reaktion auf vorangegangene Chemiewaffen-Angriffe, die Assad und seinen Truppen angelastet wurden. Die USA standen außerdem bereits im Spätsommer 2013 kurz davor, aus demselben Grund Luftangriffe auszuführen. Damals konnte Russland mit einer diplomatischen Initiative, die den syrischen Beitritt zur Chemiewaffen-Konvention und die Zerstörung sämtlicher Chemiewaffen-Bestände vorsah, Angriffe gegen Assad in buchstäblich letzter Sekunde abwehren.

In allen drei Situationen wurde eine primär akademische Debatte rund um das Konzept der humanitären Intervention geführt, also die Rechtmäßigkeit des Einsatzes von Waffengewalt zum Schutz fundamentaler Menschenrechte ohne Sicherheitsrats-Resolution oder einen bewaffneten Angriff im Sinne des Selbstverteidigungsrechts. Viele Argumente haben sich hier seit Jahrzehnten nicht gewandelt – von McDougal und Reisman wurde bereits im Zuge des Biafra-Kriegs und der damaligen Blockade des Sicherheitsrats eine restriktive Interpretation des Gewaltverbots vorgenommen, derzufolge humanitäre Interventionen weder eine Verletzung der territorialen Unversehrtheit (umso mehr, wenn es zu keiner Besetzung kommt) noch der politischen Unabhängigkeit (umso mehr, wenn es zu keinem Regime Change kommt) des betroffenen Staats darstellen. Außerdem stünden sie auch nicht im Widerspruch zu den sonstigen Zielen der Vereinten Nationen, weil die Satzung ausdrücklich die Förderung der Menschenrechte nennt.[55]

Parallel dazu wurde und wird die humanitäre Intervention – auch von Reisman und McDougal – als mögliche zusätzliche gewohnheitsrechtliche Grundlage für den Einsatz von Waffengewalt diskutiert.[56] Bis heute werden bei diesem

---

55 Reisman, W. Michael / McDougal, Myres S.: „Humanitarian Intervention to Protect the Ibos". In: Lillich, Richard B. (Hrsg.): *Humanitarian Intervention and the United Nations*. University Press of Virginia: Virgina 1973, S. 179–193 (S. 167).

56 Mc Dougal, Myres S / Reisman, Michael W: „Rhodesia and the United Nations: The Lawfulness of International Concern". *AJIL* 62(1), 1968, S. 1–19 und wenig später darauf „Response by Professors McDougal and Reisman". *International Lawyer* 3(2), 1969, S. 438–445.

Thema die Vertragsinterpretation, die Bedeutung späterer vertraglicher Übung und das allgemeine Gewohnheitsrecht gerne vermengt.

Im Zusammenhang mit den jüngsten Militärschlägen gegen Assads Streitkräfte gilt es, zwischen dem juristischen und politischen Gehalt der darauffolgenden Stellungnahmen zu unterscheiden. Zwar wurden die Luftschläge von zahlreichen Staaten begrüßt. Gleichzeitig haben nicht einmal die USA selbst ihr Verhalten als humanitäre Intervention gerechtfertigt. Allgemein gaben sie sich völkerrechtlich eher wortkarg. Hatte Barack Obamas Rechtsberater Harold Hongju Koh im Zuge der geplanten Intervention im Herbst 2013 noch einen Blogbeitrag zur Rechtsgrundlage verfasst,[57] schien die Trump-Administration gar nicht erst auf diese Debatte eingehen zu wollen. Trump sprach anfangs zwar davon, wie sich seine Einstellung gegenüber Assad durch den Anblick der Opfer des Angriffs mit Saringas gewandelt habe. Letztlich betonte er jedoch das US-Sicherheitsinteresse daran, „to prevent and deter the spread and use of deadly chemical weapons", gepaart mit dem Vorwurf, dass Syrien die Chemiewaffenkonvention verletzt und das Drängen des Sicherheitsrats ignoriert hatte.[58] Zwei Tage später kam außerdem eine allem Anschein nach von der Trump-Administration verfasste Stellungnahme zur Rechtsgrundlage der Militärschläge in Umlauf, die unter anderem auf das Leid der Betroffenen verwies.[59] Eine nähere rechtliche Auseinandersetzung unterblieb jedoch. Die USA haben sich – wie im Übrigen auch im Zusammenhang mit dem Schutz der Kurden im Nordirak 1991 oder der Kosovo-Intervention 1999 – *nicht* auf die Möglichkeit und Rechtmäßigkeit humanitärer Interventionen berufen. Alleine deswegen kann man ihre Angriffe in Syrien vom April 2017 und die Reaktionen darauf nicht als Kristallisationspunkt für ein entstehendes völkergewohnheitsrechtliches Recht auf humanitäre Interventionen deuten.

Auch die Argumentationslinien rund um die Angriffe im Jahr darauf zeigen ein ähnliches Bild. Trump betonte hier einmal mehr das US-Sicherheitsinteresse daran, die Verbreitung und den Einsatz von Chemiewaffen zu unterbinden

57 Koh, Harold Hongju: „Syria and the Law of Humanitarian Intervention (Part II: International Law and the Way Forward)". Just Security, 2.10.2013, retrieved 3.11.2019, from https://www.justsecurity.org/1506/koh-syria-part2/.

58 „Statement by President Trump on Syria". 6.4.2017, retrieved 3.11.2019, from https://uk.usembassy.gov/statement-president-trump-syria/

59 Lederman, Marty: „(Apparent) Administration Justifications for Legality of Strikes Against Syria". Just Security, 8.4.2017, retrieved 3.11.2019, from https://www.justsecurity.org/39803/apparent-administration-justifications-legality-strikes-syria/.

und zu verhindern.[60] Ebenso verwies der französische Vertreter beim VN-Sicherheitsrat darauf, dass der Einsatz von Chemiewaffen, eine „fundamental rule of our collective security", nicht mehr toleriert und Frankreich „its full responsibility in the fight against the proliferation of chemical weapons" wahrnehmen werde.[61]

Eine Ausnahme bildet das Vereinigte Königreich, das sich ausdrücklich auf die humanitäre Intervention als Rechtsgrundlage berief.[62] Damit blieb es seinem Kurs treu, hatte der damalige Premierminister doch bereits 1992 (erstmals) die Durchsetzung einer Flugverbotszone im Irak mit „extreme humanitarian need" begründet (zumeist in Verbindung mit einer impliziten Autorisierung durch den Sicherheitsrat in Resolution 688).[63]

Die internationalen Reaktionen sprechen jedoch auch hier gegen ein allgemeines oder auf den Einsatz von Chemiewaffen beschränktes Recht auf humanitäre Interventionen.

So unterteilten Alonso Gurmendi Dunkelberg, Rebecca Ingber, Priya Pillai und Elvina Pothelet in einer beeindruckenden Gesamtschau die Reaktionen von 133 Staaten in zehn unterschiedliche Kategorien, von politischer und rechtlicher Unterstützung über fehlende ausdrückliche Stellungnahmen bis hin zu ausdrücklichen Zurückweisungen.[64] Dabei gelangten sie zu dem Schluss, dass mit Ausnahme des Vereinigten Königreichs und möglicherweise der USA und Frankreichs kein einziger Staat die Luftangriffe gegen Assad ausdrücklich als rechtmäßig verteidigt hat. Der Großteil der positiven Stellungnahmen war politischer Natur, ohne auf die Rechtslage einzugehen. Umgekehrt haben lediglich 16 Staaten, darunter neben Syrien auch Russland und der Iran, die

60 „Statement by President Trump on Syria". 134.2018, retrieved 3.11.2019, from https://www.whitehouse.gov/briefings-statements/statement-president-trump-syria/.

61 Mr. Delattre (France), Security Council meeting 8225, 9. April 2018, S. 12.

62 Policy paper: Syria action – UK government legal position, published 14 April 2018, retrieved 3.11.2019, from https://www.gov.uk/government/publications/syria-action-uk-government-legal-position/syria-action-uk-government-legal-position.

63 Cf. *BYIL* 63(1), 1992, 825–827; cf. auch Krisch, Nico: „Unilateral Enforcement of the Collective Will: Kosovo, Iraq, and the Security Council". *Max Planck United Nations Yearbook* 3(1), 1999, S. 59–103.

64 Gurmendi Dunkelberg, Alonso / Ingber, Rebecca / Pillai, Priya / Pothelet, Elvina: „Mapping States' Reactions to the Syria Strikes of April 2018–A Comprehensive Guide". Just Security, 7.5.2019, retrieved 3.11.2019, from https://www.justsecurity.org/55835/mapping-states-reactions-syria-strikes-april-2018-a-comprehensive-guide/.

Militärschläge als illegal bezeichnet, während vier weitere sie (nur) politisch verurteilten.

Damit bestätigt sich ein langfristiger Trend. Sofern Waffengewalt tatsächlich als Reaktion auf vorangegangene schwerwiegende Menschenrechtsverletzungen eingesetzt wird, scheuen sich viele Staaten vor einer ausdrücklichen (völkerrechtlichen) Verurteilung. In solchen Ausnahmesituationen dürfte der Zweck bisweilen die Mittel heiligen. Fehlende politische oder rechtliche Zurückweisungen reichen allerdings nicht für die Entstehung von neuem Völkergewohnheitsrecht.[65] Dies umso mehr, wenn sie auf primär oder ausschließlich auf politischen und moralischen Erwägungen beruhen. Umgekehrt zeugt die fehlende Bereitschaft zur Akzeptanz humanitärer Interventionen als eigenständige Rechtsgrundlage von den insbesondere unter kleineren und schwächeren Staaten weit verbreiteten Sorgen vor der Missbrauchsgefahr eines solchen Rechts. Auf unabsehbare Zeit wird dieser Gedanke damit weiterhin im aus der Kosovo-Intervention bekannten „illegal but legitimate"-Paradigma feststecken.

V. Ausweitung der Selbstverteidigung

Die Frage der Rechtsgrundlage direkter militärischer Eingriffe stellte sich außerdem ab 2015 im Zuge des Kampfes gegen den „Islamischen Staat". Hier fehlte eine Sicherheitsrats-Resolution zur ausdrücklichen Autorisierung von Gewalt, während Assad, wie oben angemerkt, nur Russland und dem Iran seine Zustimmung zur Anwendung militärischer Mittel auf syrischem Staatsgebiet erteilt hatte.

Die übrigen Staaten beriefen sich wiederum auf Selbstverteidigung im Sinne von Art. 51 der Satzung der VN. Konkreter Hintergrund war eine Bitte der irakischen Regierung, die im Juni 2014 mit Mosul ihre zweitgrößte Stadt an den „Islamischen Staat" verloren hatte, um Unterstützung. Der Kampf gegen den „Islamischen Staat" innerhalb des Iraks beruhte folglich auf seiner Zustimmung, innerhalb Syriens hingegen auf dem kollektiven Selbstverteidigungsrecht.

Damit stand einmal mehr die große Frage im Raum, ob dieses auch gegen Angriffe durch terroristische Akteure zusteht. Schließlich ging trotz der staatsähnlichen Struktur des „Islamischen Staats" niemand so weit, ihn als Staat im Sinne des Völkerrechts zu bezeichnen.

---

65 Shaw, Malcolm: *International Law.* Grotius Publications: Cambridge 1991, S. 725.

Die USA,[66] Australien,[67] die Türkei,[68] Kanada[69] sowie das Vereinigte Königreich[70] bezogen sich dabei auf die „unable or unwilling"-Doktrin. Dieser Ansicht zufolge ist Selbstverteidigung gegen nicht-staatliche bewaffnete Gruppen erlaubt, wenn der Staat, auf dessen Gebiet sie sich befinden, entweder nicht in der Lage *oder* nicht willens ist, selbst effektiv gegen diese vorzugehen und grenzüberschreitende Angriffe zu verhindern. Es kommt dabei zu keinem Einsatz von Waffengewalt gegen die betroffene Regierung.

Diese Rechtsansicht ist insbesondere unter schwächeren Staaten umstritten. So steht die Befürchtung im Raum, bei Terrorismus stets als „unable" zu gelten und damit zum Ziel von Interventionen werden zu können.[71] Auf einer allgemeineren Ebene wird eine zunehmende Aufweichung des Gewaltverbots befürchtet.[72] Es gehört schließlich zum Wesen des Terrorismus, dass Anschläge sich nicht immer verhindern lassen.

Wohl auch deshalb haben in Syrien einige Länder das Selbstverteidigungsrecht nur allgemein angeführt, also ohne näher auf die syrische Regierung und damit auf die „unable or unwilling"-Doktrin einzugehen.[73] Insbesondere

---

66 Letter dated 23 September 2014 from the Permanent Representative of the United States of America to the United Nations addressed to the Secretary General, S/2014/695.

67 Letter dated 9 September 2015 from the Permanent Representative of Australia to the United Nations addressed to the President of the Security Council, S/2015/693.

68 Letter dated 24 July 2015 from the Chargé d'affaires a.i. of the Permanent Mission of Turkey to the United Nations addressed to the President of the Security Council, S/2015/563.

69 Letter dated 31 March 2015 from the Chargé d'affaires a.i. of the Permanent Mission of Canada to the United Nations addressed to the President of the Security Council, S/2015/221.

70 Ohlin, Jens David: „The UK Government's Position on Unwilling & Unable". Opinio Juris, 26.11.2015, retrieved 3.11.2019, from http://opiniojuris.org/2015/11/26/the-uk-governments-position-on-unwilling-unable/.

71 Ahmed, Dawood: „Defending Weak States Against the "Unwilling or Unable" Doctrine of Self-Defense". *Journal of International Law and International Relations* 9(1), 2013, S. 1–37.

72 Corten, Olivier: „The 'Unwilling or Unable' Test: Has it Been, and Could it be, Accepted?". *Leiden Journal of International Law* 29(3), 2016, S. 777–799.

73 Cf. Letter dated 7 June 2016 from the Permanent Representative of Belgium to the United Nations addressed to the President of the Security Council, S/2016/523; für Dänemark cf. den Letter dated 11 January 2016 from the Permanent Representative of Denmark to the United Nations addressed to the President of the Security Council, S/2016/34; für Norwegen cf. den Letter dated 3 June 2016 from the Permanent

Frankreich, das im November 2015 selbst zum Ziel von verheerenden Terroranschlägen wurde, betonte bereits in seinem Brief vom September 2015, dass die terroristischen Handlungen des „Islamischen Staats" neben der Bedrohung für den Irak gleichermaßen „a direct and extraordinary threat to the security of France" darstellen.[74] Auch die von Frankreich nach den Anschlägen von Paris eingebrachte und verabschiedete Sicherheitsratsresolution, die zum Kampf gegen den „Islamischen Staat" aufrief, nahm keinen Bezug zur „unable or unwilling"-Doktrin oder gar zum Selbstverteidigungsrecht, weil sie lediglich davon sprach, „im Rahmen des Völkerrechts" vorzugehen.[75]

Dabei gilt es zu bedenken, dass diese Doktrin auch in anderen Konflikten nur spärliche ausdrückliche Zustimmung verbuchen konnte.[76] In Summe ist es den USA und den wenigen anderen Staaten, die diese Rechtsansicht vertreten, bislang also nicht gelungen, sie allgemein völkergewohnheitsrechtlich durchzusetzen.[77]

Dennoch hat Syrien das Selbstverteidigungsrecht auf eine andere Art verändert bzw. einen bereits seit Längerem bestehenden Wandel weiter bestätigt. So besteht beim Kampf gegen den „Islamischen Staat" eine Parallele zum Libanonkrieg 2006. Damals wurde das israelische Vorgehen gegen die Hisbollah, die die Grenzregion im Süden des Libanon kontrollierte,[78] wegen der

---

Representative of Norway to the United Nations addressed to the President of the Security Council, S/2016/513; die deutsche Haltung ist insofern unklar als der Brief an den Sicherheitsrat betont, dass der „Islamische Staat" einen Teil Syriens besetzt, über den die syrische Regierung keine effektive Kontrolle ausübt, cf. Letter dated 10 December 2015 from the Chargé d'affaires a.i. of the Permanent Mission of Germany to the United Nations addressed to the President of the Security Council, S/2015/946. Dazu sogleich bei den Ausführungen zur anderwärtigen Weiterentwicklung des Selbstverteidigungsrechts gegen nicht-staatliche bewaffnete Gruppen.

74 Identical letters dated 8 September 2015 from the Permanent Representative of France to the United Nations addressed to the Secretary General and the President of the Security Council, S/2015/745.

75 Sicherheitsrats-Resolution 2249 vom 20.11.2015.

76 Chachko, Elena / Deeks, Ashley: „Which States Support the 'Unwilling and Unable' Test?". Lawfare, 10.10.2016, retrieved 3.11.2019, from https://www.lawfareblog.com/which-states-support-unwilling-and-unable-test.

77 Siehe schon Brunnée, Jutta / Toope, Stephen J.: „Self-Defence against non-state actors: Are powerful states willing but unable to change international law?". *International and Comparative Law Quarterly* 67(2), 2018, S. 263–286.

78 Report of the Secretary-General on the United Nations Interim Force in Lebanon (For the period from 22 July 2005 to 20 January 2006), 18.01.2006, S/2006/26, 4 (Rz. 18 und 21); Report of the Secretary-General on the United Nations Interim Force in

Unverhältnismäßigkeit kritisiert – nicht aber, weil Israel *per se* kein Recht auf Selbstverteidigung gegen derartige nicht-staatliche Akteure habe.[79] Auch das Vorgehen gegen den „Islamischen Staat" lässt sich als Kampf gegen einen territorial verankerten bewaffneten Akteur verstehen. Diese Argumentationslinie ist folglich verwandt mit der „unable or unwilling"-Doktrin, erscheint aber aufgrund der strengeren Kriterien hinsichtlich der Urheber der vorangegangenen Angriffe doch als weniger missbrauchsanfällig. Sie greift schließlich erst dann, wenn quasi-staatliche (von Arnauld spricht von „quasi-de-facto-Regimen"[80]) Entitäten andere Staaten angreifen. Beim Kampf gegen „territorial verfestigte Akteure" (dazu sogleich) scheint die internationale Staatengemeinschaft kein grundsätzliches Problem mit der Berufung auf das Selbstverteidigungsrecht zu haben.

Eine Rechtsansicht, die auch das deutsche Bundesverfassungsgericht und wenig später die wissenschaftlichen Dienste beim Deutschen Bundestag im Zusammenhang mit einer Rechtsansicht zum Vorgehen der Türkei gegen die kurdischen „Volksverteidigungseinheiten" (YPG) im Nordosten Syriens im Oktober 2019 teilten.[81]

Hintergrund sind die türkischen Sicherheitsbedenken aufgrund der weitreichenden Gebietskontrolle der syrischen Kurden, die im Kampf gegen den „islamischen Staat" maßgebliche Unterstützung erhielten. Hier berief sich die Türkei abermals auf ihr Selbstverteidigungsrecht, zumal eine Nahebeziehung zur türkischen PKK bestehe:[82]

Lebanon (For the period from 21 January 2006 to 18 July 2006), 21.07.2006, S/2006/560, 6 (Rz. 27f); cf. auch Human Rights Council: „Report of the Commission of Inquiry on Lebanon pursuant to Human Rights Council resolution S-2/1, 23. November 2006, A/HRC/3/2, 23 (Rz. 57).

79 Ibid. (Rz. 61). Die Konflikte zwischen Israel und der Hamas im Gaza-Streifen 2008/2009 und 2014 eignen sich aufgrund des Status Israel als (eingeschränkte) Besatzungsmacht und der damit einhergehenden Nicht-Anwendbarkeit des Gewaltverbots wiederum nicht als Fallstudien.

80 Von Arnauld, Andreas: *Völkerrecht*. Heidelberg: C.F. Müller 2019, S. 517.

81 Bundesverfassungsgericht, Beschluss des Zweiten Senats vom 17. September 2019 – 2 BvE 2/16, Rz. 50, retrieved 3.11.2019, from https://www.bundesverfassungsgericht.de/SharedDocs/Downloads/DE/2019/09/es20190917_2bve000216.pdf?__blob=publicationFile&v=1; Wissenschaftliche Dienste beim Deutschen Bundestag: „Völkerrechtliche Aspekte der türkischen Militäroperation „Friedensquelle" in Nordsyrien", Wed 2 – 3000 – 116/19, 17.10.2019, S. 7f.

82 Letter dated 9 October 2019 from the Permanent Representative of Turkey to the United Nations addressed to the President of the Security Council, S/2019/804.

> Turkey initiated Operation Peace Spring on 9 October 2019, in line with the right of self-defence as outlined in Article 51 of the Charter of the United Nations, to counter the imminent terrorist threat, to ensure Turkey's border security, to neutralize terrorists starting from along the border regions adjacent to Turkish territory and to liberate Syrians from the tyranny of PKK's Syrian branch, PKK/PYD/YPG, as well as Deash. Turkey's national security has been under the direct and imminent threat of terrorist organizations operating in the east of the Euphrates in Syria, among which Deash and PKK/PYD/YPG are at the forefront.

In der Lehre wurde diese Invasion und die geplante Errichtung einer „Sicherheitszone" als klare Verletzung und ungebührliche Ausdehnung von Art. 51 der Satzung der VN zurückgewiesen.[83] Auch die wissenschaftlichen Dienste beim deutschen Bundestag sprachen davon, dass die Türkei ihrer „Darlegungs- und Beweispflicht hinsichtlich einer akuten Selbstverteidigungslage" (noch) nicht hinreichend nachgekommen sei und sprachen gar von einer „völkerrechtswidrigen Aggression der Türkei" gegen die Syrien das Selbstverteidigungsrecht zusteht.[84]

Damit tut sich eine Kluft zwischen Theorie und Praxis auf. Das Gutachten bemängelt den fehlenden juristischen Gehalt der Reaktionen anderer Staaten. Während die syrische Regierung offen von Aggression sprach, gaben sich sogar Russland und der Iran aus strategischen Gründen ungleich zurückhaltender.[85] Aus den Reihen der NATO-Mitglieder war Griechenland zunächst das einzige Land, das den türkischen Einmarsch explizit als Verletzung des Völkerrechts bezeichnete. Auch die deutsche Bundesregierung blieb verhalten, Außenminister Maas bezeichnete das türkische Vorgehen erst auf Nachfrage in einem TV-Interview einige Tage nach Veröffentlichung des Gutachtens als völkerrechtswidrig.[86]

---

83 Cf. Kreß, Claus: „A Collective Failure to Prevent Turkey's Operation 'Peace Spring' and NATO's Silence on International Law". EJIL: Talk!, 14.10.2019, retrieved 3.11.2019, from https://ejiltalk.org/a-collective-failure-to-prevent-turkeys-operation-peace-spring-and-natos-silence-on-international-law/.

84 Wissenschaftliche Dienste beim Deutschen Bundestag (Fn. 87), S. 8 und 14.

85 Cf. Janik, Ralph: „Research Services of German Bundestag Rejects Turkey's Syria Invasion: Illegal, but Who Cares?". OpinioJuris, 23.10.2019, retrieved 3.11.2019, from http://opiniojuris.org/2019/10/23/research-services-of-german-bundestag-rejecting-turkeys-syria-invasion-illegal-but-who-cares/.

86 BR 24: „Maas wirft Türkei Völkerrechtsverletzung vor". 21.10.2019, retrieved 3.11.2019, from https://www.br.de/nachrichten/deutschland-welt/maas-wirft-tuerkei-voelkerrechtsverletzung-vor,RfVqBaC.

Ein Zögern, das realpolitische Hintergründe hat: Die Türkei ist Teil der NATO und genießt seit 1997 den Status als Beitrittskandidat zur EU, die Verhandlungen laufen seit 2005. Außerdem gilt es, die im Jahr geschlossene Abmachung zwischen der EU und der Türkei beim Umgang mit Flüchtlingen aus dem Nahen und Mittleren Osten, insbesondere aus Syrien, zu bedenken. Die EU ist damit auf die Türkei angewiesen. Es erscheint naheliegend, dieses Abhängigkeitsverhältnis als Erklärung dafür heranzuziehen, wieso sich der Rat der Europäischen Union in seiner Stellungnahme zum türkischen Einmarsch nicht zu einer dezidiert-rechtlichen Verurteilung durchringen konnte.[87] Eine Ausdehnung des völkergewohnheitsrechtlichen Selbstverteidigungsrechts auf etwaige zukünftig auftretende und nicht-hinreichend konkretisierte Bedrohungen lässt sich daraus freilich nicht ableiten. Manchmal scheitert das Recht eben an der Realität.

D. Conclusio

Das System der kollektiven Sicherheit stieß in Syrien wiederholt an seine Grenzen. Russland und China machten mehrfach von ihrem Veto-Recht Gebrauch, um eine Verurteilung des Einsatzes von Chemiewaffen sowie Verletzungen des humanitären Völkerrechts, Sanktionen oder die Begründung der Zuständigkeit des Internationalen Strafgerichtshofs zu verhindern.[88] Eine Sicherheitsrats-Resolution zur Autorisierung von Gewalt wurde bislang nicht angedacht.

Der Syrienkrieg stellt damit auch das Völkergewohnheitsrecht vor zahlreiche Herausforderungen. Bei durch und durch von (geo- und macht-)politischen Interessen dominierten Situationen spielt es oft keine oder eine bloß untergeordnete Rolle. So viel Realismus muss sein. Die Praxis und Ansichten von

---

87 Council of the EU: „North East Syria: Council adopts conclusions". 14.10.2019, retrieved 3.11.2019, from https://www.consilium.europa.eu/en/press/press-releases/2019/10/14/council-conclusions-on-north-east-syria/. Im Vorfeld hatte Erdogan im Falle einer Verurteilung des Einmarsches als Okkupation noch damit gedroht, „die Tore zu öffnen" und die in der Türkei befindlichen Flüchtlinge nach Europa zu schicken. Reuters: „Turkey's Erdogan threatens to send Syrian refugees to Europe". 10.10.2019, retrieved 3.11.2019, from https://www.reuters.com/article/us-syria-security-turkey-europe/turkeys-erdogan-threatens-to-send-syrian-refugees-to-europe-idUSKBN1WP1ED.

88 Melling, Graham / Dennett, Anne: „The Security Council veto and Syria: responding to mass atrocities through the 'Uniting for Peace' resolution". *Indian Journal of International Law* 53(3–4), 2018, S. 285–307.

Staaten treten hier nicht immer offen zu Tage. Damit ändert sich die Rechtslage bisweilen nur sehr langsam.

Dennoch haben die letzten Jahre gezeigt, dass das Interventionsverbot die politische Aufwertung von Oppositionsgruppen zu „legitimen Vertretern" des jeweiligen betroffenen Volks in Bürgerkriegen gestattet. Selbst frühe Anerkennungen, also bevor die bestehende Regierung die Kontrolle über den Großteil ihres Gebiets verloren hat, stoßen nicht notwendigerweise auf breite Kritik.

Umgekehrt hat sich an der seit den Stellvertreterkriegen aus der Zeit des Kalten Krieges bestehenden Rechtslage rund um das Verbot von indirekter Gewalt trotz zahlreicher Verletzungen dieser Grundsätze nichts geändert. Kein Staat hat argumentiert, dass Waffenlieferungen an syrische Rebellen legal seien.

Selbiges gilt für Interventionen auf Einladung: Russland und der Iran wurden zwar für ihre Rolle im Syrienkrieg kritisiert. Eine fundamentale völkerrechtliche Zurückweisung der Unterstützung einer Regierung, die Menschenrechte oder das humanitäre Verletzung massiv verletzt, ist allerdings ausgeblieben.

Ebenso besteht nach wie vor kein Recht auf humanitäre Interventionen, die nicht auf einer Resolution des Sicherheitsrats beruhen. So gab es nach dem Einsatz von Chemiewaffen zwar zahlreiche positive Reaktionen auf die Militärschläge gegen Assad. Gleichzeitig war das Vereinigte Königreich das einzige Land, das sich ausdrücklich auf den Gedanken der humanitären Intervention berief. Wie so oft gilt es folglich auch hier, zwischen politischen und rechtlichen Stellungnahmen zu unterscheiden.

Die maßgeblichsten Auswirkungen fanden im Bereich des Rechts auf Selbstverteidigung statt: Das geschlossene Handeln gegen den „Islamischen Staat" bestätigte die Möglichkeit zum Einsatz militärischer Mittel gegen territorial verankerte, also staatsähnliche Gewaltakteure – unabhängig davon, ob die betroffene Regierung zustimmt oder nicht. Die weiter gefasste „unable or unwilling"-Doktrin hat sich indes nach wie vor nicht durchgesetzt.

Die (vorläufig) letzte Phase des Syrienkriegs wurde mit dem türkischen Einmarsch im Nordosten eingeläutet. Obwohl die Türkei hier eine ungebührlich weite und damit völkerrechtswidrige Interpretation des Selbstverteidigungsrechts anführte, waren die internationalen Reaktionen eher verhalten. In Kriegen übertrumpfen geopolitische Realitäten nur allzu häufig das trockene Recht.

Damit wird es umso wichtiger, von den vielfältigen Möglichkeiten zur Analyse der Stellungnahmen von Staatenvertretern Gebrauch zu machen. Der im Zusammenhang mit den US-Militärschlägen genannte Blogeintrag von Alonso Gurmendi Dunkelberg, Rebecca Ingber, Priya Pillai und Elvina Pothelet kann hier als „best practice"-Beispiel genannt werden. Sie haben unter Einbeziehung einiger auf sozialen Netzwerken vertretener Völkerrechtler aus aller Welt unterschiedlichste Reaktionen, von diplomatischen Noten und Briefen über Ansprachen, TV-Interviews oder Tweets, zusammengefasst und kategorisiert. Eine derartige Sammlung wäre auch für die anderen hier diskutierten Themen und natürlich zahlreiche andere Themen von unschätzbarem Wert. Wenn völkergewohnheitsrechtliche Erwägungen ernst genommen und nicht als bloßes Bauchgefühl oder von Wunschvorstellungen des Autors abqualifiziert werden sollen, brauchen sie nun einmal eine möglichst ähnlich breite und genaue Gesamtschau der Staatenpraxis.

Elisabeth Hoffberger-Pippan*

Methodologie zur Feststellung des Bestehens von humanitärem Völkergewohnheitsrecht: Gang einer Untersuchung am Beispiel chemischer Waffen

A. Einleitung

Das humanitäre Völkerrecht ist von Beginn an durch eine Vielzahl multilateraler Verträge gekennzeichnet. Angefangen von der Haager Landkriegsordnung aus 1899 bzw. 1907[1] bis hin zu den vier Genfer Konventionen[2] und den beiden 1977 bzw. dem 2005 verabschiedeten Zusatzprotokoll(en)[3], schuf die internationale Staatengemeinschaft ein zum Teil in sich geschlossenes und ineinander verwobenes Konglomerat an Normen des humanitären Völkerrechts.[4] Nahezu

---

* Univ.-Ass. Dr. Elisabeth Hoffberger-Pippan, Universität Linz.

1 Übereinkommen vom 29.7.1899, betreffend die Gesetze und Gebräuche des Landkrieges. (II. Übereinkommen der I. Haager Friedenskonferenz); Übereinkommen vom 18.10.1907, betreffend die Gesetze und Gebräuche des Landkrieges. (IV. Übereinkommen der II. Haager Friedenskonferenz).

2 Genfer Abkommen (I) zur Verbesserung des Loses der Verwundeten und Kranken der bewaffneten Kräfte im Felde, 12.8.1949, UNTS Vol. 75 Nr. 973/I; Genfer Abkommen (II) zur Verbesserung des Loses der Verwundeten, Kranken und Schiffbrüchigen der bewaffneten Kräfte zur See, 12.8.1949, UNTS Vol. 75 Nr. 971; Genfer Abkommen (III) über die Behandlung der Kriegsgefangenen, 12.8.1949, UNTS Vol. 65 Nr. 972; Genfer Abkommen (IV) vom über den Schutz von Zivilpersonen in Kriegszeiten, 12.8.1949, UNTS Vol. 75 Nr. 973.

3 Zusatzprotokoll zu den Genfer Abkommen vom 12. August 1949 über den Schutz der Opfer internationaler bewaffneter Konflikte (Protokoll I), 6.8.1977, UNTS Vol. 1125 Nr. 17512; Zusatzprotokoll zu den Genfer Abkommen vom 12. August 1949 über den Schutz der Opfer nicht internationaler bewaffneter Konflikte (Protokoll II), 6.8.1977, UNTS Vol. 1125 Nr. 17513; Zusatzprotokoll zu den Genfer Abkommen vom 12. August 1949 über die Annahme eines zusätzlichen Schutzzeichens (Protokoll III), 8.12.2005, UNTS Vol. 2404 Nr. 43425.

4 Gasser, Hans-Peter: „Humanitarian Law, International". In: Lachenmann, Frauke / Wolfrum, Rüdiger (Hrsg.): *The Law of Armed Conflict and the Use of Force. Max Planck Encyclopedia of Public International Law.* Oxford University Press: Oxford 2017, S. 480–494.

zeitgleich mit dem Inkrafttreten jener Verträge, die Feindseligkeiten als solche regulieren und jener, die nicht am bewaffneten Konflikt teilnehmende Personen unter besonderen Schutz stellen, trat unter anderem die Chemiewaffenkonvention[5] in Kraft, welche die Genfer Konventionen und deren Zusatzprotokolle[6] durch ein explizites Verbot des Einsatzes chemischer Waffen im bewaffneten Konflikt ergänzt hat.[7]

In seiner 2005 veröffentlichten Studie[8] hat sich das Internationale Komitee des Roten Kreuzes (IKRK) der einzigartigen Herausforderung gestellt jene Normen des humanitären Völkerrechts zu identifizieren, denen mittlerweile gewohnheitsrechtlicher Status zuerkannt werden kann und welche damit auch im nicht internationalen bewaffneten Konflikt Anwendung finden.[9] Die vom IKRK hierbei angewandte Methode sollte den bestehenden völkerrechtlichen Grundsätzen sowie der Judikatur des Internationalen Gerichtshofes (IGH) entsprechen und zeitgleich die Besonderheiten des bewaffneten Konflikts ausreichend berücksichtigen.[10]

Im Jahr 2018 verabschiedete die Völkerrechtskommission (ILC) die „Draft Conclusions on Identification of Customary Law"[11] (ILC Draft Conclusions), einen Katalog von insgesamt 16 Schlussfolgerungen zur Ermittlung bzw. Identifizierung völkergewohnheitsrechtlicher Normen. Im Folgenden wird die vom IKRK in seiner Studie aus 2005 angewandte Methode im Verhältnis zu den 2018 verabschiedeten ILC Draft Conclusions näher analysiert und hierbei der Frage nachgegangen, inwieweit das IKRK von den Feststellungen der ILC

---

5 Übereinkommen über das Verbot der Entwicklung, Herstellung, Lagerung und des Einsatzes chemischer Waffen und Vernichtung solcher Waffen (CWC), 3.9.1992, UNTS Vol. 1975 Nr. 33757.

6 Art. 35 Abs. 2 Protokoll I.

7 Boothby, William H.: Weapons and the Law of Armed Conflict. Oxford University Press: Oxford 2016², S. 25–33; Loets, Adrian: „Arms Control". In: Lachenmann, Frauke / Wolfrum, Rüdiger (Hrsg.): *The Law of Armed Conflict and the Use of Force. Max Planck Encyclopedia of Public International Law*, Oxford University Press: Oxford 2017, S. 80–86.

8 Henckaerts, Jean-Marie / Doswald-Beck, Louise: *Customary Humanitarian Law* Vol. I, International Committee of the Red Cross. Cambridge University Press: Cambridge 2005.

9 Vorausgesetzt, dass eine solche Norm der Natur nach auch im nicht internationalen bewaffneten Konflikt angewendet werden kann.

10 Henckaerts / Doswald-Beck (Fn. 8), S. xiii.

11 Draft Conclusions on Identification of Customary International Law, with Commentaries (UN Doc. A/73/10), *YBILC* 2018, vol. II, Part Two, S. 122–156.

Draft Conclusions abweicht bzw. diesen entspricht. Anhand eines konkreten Beispiels – dem Verbot des Einsatzes chemischer Waffen im bewaffneten Konflikt – soll die zum Teil unterschiedliche, zum Teil auch sehr ähnliche Herangehensweise illustriert werden. Zugleich werden auf Basis einer eingehenden Analyse des gewohnheitsrechtlichen Verbotes chemischer Waffen auch Rückschlüsse auf die Natur des Völkergewohnheitsrechts im Allgemeinen gezogen.

I. Geschichtlicher Hintergrund zur Studie des IKRK

Die Internationale Konferenz zum Schutz der Kriegsopfer trat 1993 zusammen, um über eine bessere Einhaltung bzw. Beachtung der Bestimmungen des humanitären Völkerrechts zu diskutieren.[12] In ihrer Abschlusserklärung[13] ersuchte sie die Regierung der Schweizer Eidgenossenschaft, eine zwischenstaatliche Arbeitsgruppe ins Leben zu rufen, die 1995 ihre Empfehlungen der Weltöffentlichkeit präsentierte. Eine wesentliche Erkenntnis der Arbeitsgruppe war, dass durch den Abschluss weiterer völkerrechtlicher Verträge die Einhaltung des humanitären Völkerrechts nicht besser bewerkstelligt werden könnte. Vielmehr sei insbesondere die Relevanz gewohnheitsrechtlicher Normen im Kontext bewaffneter Konflikte näher zu untersuchen. In weiterer Folge lud die Arbeitsgruppe das IKRK ein, eine Studie über das Bestehen des humanitären Völkergewohnheitsrechts durchzuführen, welche unter anderem relevante Staatenpraxis näher analysierte und hierbei auch Militärhandbücher miteinander verglich.[14] Im Dezember 1995 hat die Internationale Konferenz des Roten Kreuzes und Roten Halbmondes diesen Vorschlag aufgegriffen und das IKRK offiziell mit der Ausarbeitung einer solchen Studie beauftragt.[15] 2005 wurde die Studie bei Cambridge University Press veröffentlicht.[16]

---

12 Henckaerts / Doswald-Beck (Fn. 8), S. xxxiii.

13 International Conference for the Protection of War Victims, Geneva, 30 August – 1 September 1993, Final Declaration, *International Review of the Red Cross* 296, 1993, S. 38, retrieved 27.8.2019. from https://www.icrc.org/en/doc/resources/documents/misc/57jms8.htm.

14 Henckaerts / Doswald-Beck (Fn. 8), S. xxxiii.

15 26th International Conference of the Red Cross and Red Crescent, Geneva, 3–7.12.1995, Resolution I, International Humanitarian Law: From Law to Action; Report on the Follow-Up to the International Conference for the Protection of War Victims, *International Review of the Red Cross* 310,1996, S. 58 retrieved 27.9.2019, from https://www.icrc.org/en/doc/resources/documents/resolution/26-international-conference-resolution-1-1995.htm.

16 Henckaerts / Doswald-Beck (Fn. 8).

II. Dogmatische Herangehensweise des IKRK

Zur Feststellung des Bestehens gewohnheitsrechtlicher Normen bediente sich das IKRK der induktiven Methode, indem es relevante Staatenpraxis analysierte. Zeitgleich bemühte es sich um den Nachweis ausreichender Rechtsüberzeugung, um so auf das Bestehen völkergewohnheitsrechtlicher Normen zu schließen.[17] Das IKRK orientierte sich hierbei nicht an einzelnen Vertragsbestimmungen, sondern kreierte einen davon unabhängigen und keinen Anspruch auf Vollständigkeit erhebenden Katalog humanitär-rechtlicher Normen.[18] Insgesamt 161 Regeln – thematisch gruppiert – sind hierbei zu Tage getreten.[19] Die Studie war stets vom Bemühen getragen, die vom IGH in ständiger Rechtsprechung[20] postulierten Grundsätze zum Völkergewohnheitsrecht zu beachten. Gleich mehrfach hat das IKRK betont, dass der gewählte Zugang den geltenden Regeln des Völkerrechts entsprechen soll.[21] Die Staatenpraxis hat demnach nahezu einheitlich, extensiv und repräsentativ zu sein.[22] Diese Terminologie entspricht ungefähr den ILC Draft Conclusions aus 2018, denen zufolge die Staatenpraxis allgemein sein muss, das heißt, sie hat ausreichend verbreitet, repräsentativ und konsistent zu sein.[23] Eklatant divergierende Staatenpraxis kann das Entstehen einer völkergewohnheitsrechtlichen Norm verhindern,[24] wohingegen geringfügige Abweichungen dem Entstehen einer ebensolchen Norm nicht entgegenstehen.[25] Für die Ermittlung der Staatenpraxis hat sich

---

17 Ibid. S. xxxvi. Diese Methode wendet auch der IGH an. Cf. ICJ, *Delimitation of the Maritime Boundary in the Gulf of Maine Area (Canada v. United States of America)*, Judgement 20.10.1984. ICJ Rep. 1984, S. 246, Rz. 17.

18 Henckaerts / Doswald-Beck (Fn. 8), S. xxxvi. Cf. auch ICRC Database, Customary IHL, retrieved 27.9.2019, from https://ihl-databases.icrc.org/customary-ihl/eng/docs/home.

19 Ibid., Regel 74.

20 Cf. e.g. ICJ, *Fisheries (United Kingdom v. Norway)*, Judgment 2.2.1973. ICJ Rep. 1973, S. 3; ICJ, *Continental Shelf (Libyan Arab Jamahiriya v. Malta)*, Judgment 3.6.1985. ICJ Rep. 1985, S. 13; IGH, *North Sea Continental Shelf (Federal Republic of Germany v. Netherlands & Denmark)*, Judgment 20.2.1969. ICJ Rep. 1969, S. 43.

21 Henckaerts / Doswald-Beck (Fn 8.), S. xxxviii.

22 IGH, Nordsee Festlandsockel Fall (Fn. 20), S. 43, Rz. 74.

23 Schlussfolgerung 8, ILC Draft Conclusions (Fn. 11). Zu beachten ist, dass die sprachlichen Unterschiede der ILC und des IKRK lediglich geringfügiger Natur sind und damit keine rechtliche Relevanz haben.

24 IGH, Fischerei Fälle (Fn. 20), S. 131.

25 ICJ, *Military and Paramilitary Activities in and against Nicaragua (Nicaragua v. United States of America)*, Judgment (merits) 27.6.1986. ICJ Rep. 1986, S. 14, Rz. 186.

das IKRK in erster Linie einer eingehenden Analyse der verschiedensten Militärhandbücher bedient, doch auch das Verhalten von Staaten bei Abschluss völkerrechtlicher Verträge wurde in die Feststellungen des IKRK miteinbezogen. Auch nationale Gesetze und öffentlich kundgemachte Stellungnahmen staatlicher Hoheitsträger, sowie das Verhalten von Staaten bei Verabschiedung von Resolutionen der Generalversammlung und des Sicherheitsrates wurden vom IKRK zum Nachweis der Staatenpraxis bzw. Rechtsüberzeugung herangezogen.[26]

Wenngleich die Studie des IKRK sich zur Einhaltung völkerrechtlicher Vorgaben bekennt, so sind dennoch einige Besonderheiten feststellbar. Während die ILC Draft Conclusions aus 2018 deutlich hervorheben, dass es für die Ermittlung der Staatenpraxis und Rechtsüberzeugung immer eines zweifachen Prüfungsschrittes bedarf,[27] ist genau diese Trennung in der Studie aus 2005 kaum erkennbar. Die ILC selbst gesteht zu, dass im Rahmen der Identifizierung völkergewohnheitsrechtlicher Normen nicht immer genau feststellbar ist, ob beispielsweise das Verhalten eines Staates bei Vertragsabschluss als Staatenpraxis oder doch Rechtsüberzeugung zu qualifizieren ist und in manchen Fällen staatliches Handeln bzw. Verhalten sowohl Staatenpraxis als auch Rechtsüberzeugung darstellen kann und somit diese beiden Elemente trotz der erforderlichen Trennung faktisch zusammenfallen.[28] Dennoch bleibt anzumerken, dass es im Hinblick auf die Studie des IKRK an mancher Stelle hilfreich gewesen wäre, deutlicher zwischen Staatenpraxis und *opinio iuris* zu differenzieren. Neben Fragen der Staatenpraxis bzw. der Praxis internationaler Organisationen und internationalen Gerichtsentscheidungen, enthält die Studie des IKRK auch einige Besonderheiten, die den Umständen des humanitären Völkerrechts Rechnung tragen sollen. Nichtstaatliche bewaffnete Akteure spielen hierbei eine wesentliche Rolle. Statistisch betrachtet ist die Mehrzahl der bewaffneten Konflikte als nicht international einzustufen.[29] Umso mehr stellt sich die Frage, ob bzw. inwiefern jene bewaffneten Gruppen am völkergewohnheitsrechtlichen Normsetzungsprozess Teilhabe erfahren können.[30] In der überwiegenden

26 Henckaerts / Doswald-Beck (Fn. 8), S. xxxviii.
27 Schlussfolgerung 3, Kommentar, Rz. 8, ILC Draft Conclusions (Fn. 11).
28 Ibid.
29 Bellal, Anyssa: *The War Report* 2017, Geneva Academy, 2018, S. 24–28.
30 Clapham, Andrew: „The Rights and Responsibilities of Armed Non-State Actors: The Legal Landscape & Issues Surrounding Engagement". Ownership of Norms Project – Toward a better protection of civilians in armed conflicts, Draft for Comment, Februar 2010, S. 5, retrieved 4.9.2019, from http://ssrn.com/abstract=1569636.

Literatur wird die Teilnahme nicht staatlicher bewaffneter Gruppen am völkergewohnheitsrechtlichen Normsetzungsprozess abgelehnt.[31] Dennoch sind diese nach h.A. an die Bestimmungen des humanitären Völkerrechts gebunden.[32] In Ermangelung einer Teilnahme nicht staatlicher bewaffneter Gruppen am völkergewohnheitsrechtlichen Normsetzungsprozess hat das IKRK diese in seine Studie nicht aufgenommen.

Überdies hat das IKRK davon abgesehen, sich mit dem Beginn des Entstehens einer völkergewohnheitsrechtlichen Norm zu befassen. Ziel war es vorrangig, den momentanen *status quo* zu identifizieren.[33] Wenngleich in der Praxis hauptsächlich bereits bestehende Normen von Relevanz sind und das zeitliche Entstehen ebensolcher Normen tendenziell von untergeordneter Bedeutung ist, so bleibt doch kritisch anzumerken, dass der Beginn des Entstehens einer völkergewohnheitsrechtlichen Norm zumindest aus akademischer Perspektive durchaus interessant wäre. Genauso wenig befasst sich das IKRK mit der *persistent objector* Frage.[34] Während es zunächst noch darauf hinweist, dass in der Literatur mitunter die Ansicht vertreten wird, dass es das Konzept des *persistent objector* gar nicht gäbe (die h.A. ist der Ansicht, dass dies lediglich für *ius cogens*[35] Bestimmungen zutrifft),[36] betont es in weiterer Folge, dass es im Rahmen des Entstehens völkergewohnheitsrechtlicher Normen durchaus Staaten geben kann, die sich der Bindung an eine im Entstehen begriffene völkergewohnheitsrechtliche Norm verwehren,[37] doch eine eingehende Analyse darüber ist letztlich ausgeblieben.

---

31 Ibid. Aber cf. Oberleitner, Gerd: „Ownership", Rechtsschaffung und die Befolgung völkerrechtlicher Standards durch nichtstaatliche bewaffnete Akteure. *ZöR* 2017, S. 53–73.

32 Ibid. Dinstein, Yoram: *Non-International Armed Conflicts in International Law.* Cambridge University Press: Cambridge 2014, S. 70–75.

33 Henckaerts / Doswald-Beck (Fn. 8), S. xxxi-liv.

34 Ausführlicher cf. Olufemi, Elias: „Persistent Objector". In: Wolfrum, Rüdiger (Hrsg.): *Max Planck Encyclopedia of Public International Law*, Vol. VIII. Oxford University Press: Oxford 2012, S. 280–286.

35 Ausführlicher cf. Frowein, Jochen A.: „Ius Cogens." In: Wolfrum, Rüdiger (Hrsg.): *Max Planck Encyclopedia of Public International Law*, Vol. VI. Oxford University Press: Oxford 2012, S. 443–446.

36 Henckaerts / Doswald-Beck (Fn. 8), S. xlv.

37 Ibid.

B. Völkergewohnheitsrecht am Beispiel Chemischer Waffen

Die vom IKRK angewandte Methodologie, ihre Gemeinsamkeiten sowie Unterschiede im Verhältnis zu den ILC Draft Conclusions aus 2018 lassen sich besonders eindrucksvoll am Beispiel chemischer Waffen erklären. Es gilt als völkergewohnheitsrechtlich anerkannt, dass der Einsatz chemischer Waffen im internationalen sowie im nicht internationalen bewaffneten Konflikt verboten ist. Bei genauerer Betrachtung dieses Grundsatzes treten jedoch einige Fragen auf, deren Beantwortung einer genauen rechtlichen Analyse bedarf.

I. Die Definition chemischer Waffen

Bei einem Blick auf die Studie des IKRK fällt auf, dass gleich drei Bestimmungen zu den chemischen Waffen bzw. zu deren Unterformen explizit Stellung nehmen. Regel 74 hält zunächst fest, dass der Einsatz chemischer Waffen im bewaffneten Konflikt verboten ist und stellt in weiterer Folge klar, dass dies sowohl für den internationalen, als auch für den nicht internationalen bewaffneten Konflikt gilt.[38] Regel 75 verbietet indes den Einsatz so-genannter *riot control agents* (Mittel zur Bekämpfung von Unruhen).[39] Hierbei handelt es sich um Reizstoffe, die dazu verwendet werden, um bei der betroffenen Person Hautirritationen und Schleimhautreizung zu erzeugen. Typischerweise werden derartige Substanzen bei Ausschreitungen größeren Ausmaßes, etwa bei Großveranstaltungen verwendet, um Gruppen von Menschen aufzulösen. Sie sind aber auch schon in anderen Szenarien, wie beispielsweise bei Polizeikontrollen, oder im militärischen Kontext zum Einsatz gekommen.[40] Zu guter Letzt verbietet Regel 76 den Einsatz jeglicher Art von Herbiziden, sofern diese ihrer Natur nach als chemische Waffen zu qualifizieren sind.[41] Da chemische Waffen grundsätzlich ein Mindestmaß an Toxizität erfordern,[42] würde dies eigentlich den Schluss nahelegen, dass harmlose Unkrautvernichtungsmittel auch im bewaffneten Konflikt zum Einsatz gelangen dürften. Bei näherer Betrachtung der für das Völkerrecht allgemeingültigen, in der Chemiewaffenkonvention enthaltenen Legaldefinition chemischer Waffen, an welche sich auch das IKRK

38 Ibid., S. 259.

39 Ibid., S. 263–265.

40 Casey-Maslen, Stuart / Connolly, Sean: *Police Use of Force under International Law*. Cambridge University Press: Cambridge 2017, S. 197–200.

41 Henckaerts / Doswald-Beck (Fn. 8), S. 265–267.

42 Art. II Z. 2 CWC.

gebunden sieht,[43] gelangt man schnell zu einem anderen Ergebnis. Chemische Waffen sind demnach „toxische Chemikalien und ihre Vorprodukte, mit Ausnahme derjenigen, die für nach diesem Übereinkommen nicht verbotene Zwecke bestimmt sind, solange diese nach Art und Menge mit solchen Zwecken vereinbar sind."[44] Die Formulierung wurde bewusst weit getroffen, sodass an und für sich sämtliche chemische Substanzen unter die Begriffsbestimmung fallen, sofern diese als toxisch einzustufen sind.[45] Die Toxizität muss zwar ein Mindestmaß erreichen, indem die Waffe den Tod, vorübergehende Handlungsunfähigkeit oder auch Dauerschaden bei Mensch oder Tier verursachen kann,[46] doch gerade der Begriff der „vorübergehenden Handlungsunfähigkeit" lässt eine vergleichsweise weite Interpretation zu, sodass auch lediglich Schleimhautreizung verursachende Herbizide vom Begriff der chemischen Waffe und damit vom Verbot deren Einsatzes im bewaffneten Konflikt umfasst sind.[47] Selbiges kann auch für die so-genannten *riot control agents* gesagt werden. Zu beachten bleibt lediglich, dass zusätzlich zum allgemeinen Verbot des Einsatzes chemischer Waffen im bewaffneten Konflikt gemäß Art. I Abs. 1 lit. a CWC der Einsatz von *riot control agents* noch einmal explizit in Art. 1 Abs. 5 CWC verboten ist.[48] Die Studie des IKRK stellt sowohl Herbizide als auch *riot control agents* eigentlich neben die chemischen Waffen. Zum einen könnte dies aus rein pragmatischen Erwägungen erfolgt sein, um die Besonderheit der Herbizide bzw. *riot control agents* im Rahmen ihres Einsatzes als Waffe im bewaffneten Konflikt hervorzuheben. Andererseits droht damit gleichzeitig auch eine Unterminierung des weiten Begriffsverständnisses der chemischen Waffe im Sinne der Chemiewaffenkonvention.

In der Studie des IKRK nicht erwähnt werden indes *incapacitants*. Hierbei handelt es sich um chemische Substanzen, welche in erster Linie dazu verwendet werden, um beim Gegenüber permanente oder zumindest langanhaltende Schädigung, wie eine mehr-minütige Bewusstlosigkeit hervorzurufen.[49] Gerade

43 Krutzsch, Walter / Trapp, Ralf: „Definitions and Criteria". In: Krutzsch, Walter et al. (Hrsg.), *Chemical Weapons Convention, A Commentary*. Oxford University Press, Oxford 2014, S. 73–104, S. 85.

44 Art. II Abs. 1 lit. a CWC.

45 Boothby (Fn. 7), S. 226.

46 Art. II Z 2 CWC.

47 Boothby (Fn. 7), S. 226–229.

48 Ausführlicher hierzu cf. Crowley, Michael: *Chemical Control, Regulation of Incapacitating Chemical Agent Weapons, Riot Control Agents and their Means of Delivery*. Palgrave Macmillan: Hampshire 2016, S. 123–124.

49 Ibid.

in den letzten Jahren wurde seitens mehrerer Staaten argumentiert, dass derartige Substanzen nicht unter den Begriff der chemischen Waffe im Sinne der Chemiewaffenkonvention zu subsumieren wären, wenn sie nicht im Annex zur Chemiewaffenkonvention explizit genannt werden.[50] Dem kann zweifellos entgegengehalten werden, dass dieser Annex nicht als erschöpfend zu betrachten ist und zahlreiche chemische Substanzen dort bislang nicht ihren Niederschlag gefunden haben und dennoch als chemische Waffe im Sinne des Art. II Z. 2 CWC zu qualifizieren sind, da es letztlich auf deren Toxizität bzw. Wirkung auf den menschlichen Organismus ankommt und nicht auf ein formales Prozedere im Sinne einer offiziellen Aufnahme in den Annex.[51] Das IKRK hat offensichtlich bewusst Abstand davon genommen, sich mit der rechtlichen Qualifizierung von *incapacitants* auseinanderzusetzen. In Anbetracht der steigenden Bedeutung dieser besonderen Kategorie chemischer Waffen im militärischen Kontext wird dies aber zumindest in Zukunft zwingend notwendig sein.

Das IKRK selbst kann in Bezug auf die Besonderheiten der CWC bzw. auf die mitunter komplex anmutende Kategorisierung chemischer Waffen freilich nicht derartig explizit Stellung nehmen. In der jetzigen Form der Studie bleiben daher einige Fragen offen, die aber mit wenigen Schritten beantwortet werden könnten. Es wäre mit Sicherheit als positiv zu bewerten, wenn sich das IKRK noch offener zur Definition chemischer Waffen im Sinne der CWC bekennt bzw. auch die Kategorisierung entsprechend vorgenommen hätte. Nach derzeitigem Stand lässt sich der Studie nämlich nicht entnehmen, dass eigentlich auch *riot control agents* und Herbizide als chemische Waffen zu qualifizieren sind, während *incapacitants* gleich gar nicht erwähnt werden. Auf der anderen Seite muss entgegengehalten werden, dass der vom IKRK gewählte Ansatz ein pragmatischer war, der vor allem dem Rechtsanwender in der Praxis eine schnelle Entscheidungsfindung ermöglichen sollte, wohingegen die Abhandlung akademischer Fragestellungen wohl unter anderem den Autoren der Chemiewaffenkonvention vorbehalten bleibt.

II. Verträge

Völkerrechtliche Verträge sind eine der wichtigsten Referenzpunkte für den Nachweis des Bestehens völkergewohnheitsrechtlicher Normen. Gemäß Art. 6

---

50 Ausführlicher hierzu cf. Fidler, David P., „The Meaning of Moscow: 'Non-lethal' Weapons and International Law in the Early 21st Century". *International Review of the Red Cross* 859 (87), 2005, S. 536.

51 Krutzsch / Trapp (Fn. 43), S. 85.

der ILC Draft Conclusions kann das Verhalten von Staaten im Rahmen des Vertragsabschlusses als Staatenpraxis qualifiziert werden und insoweit zum Entstehen oder zum Nachweis völkergewohnheitsrechtlicher Normen beitragen.[52] Gleichermaßen können aber gemäß Art. 10 Abs 2 der ILC Draft Conclusions völkerrechtliche Verträge auch zum Nachweis entsprechender Rechtsüberzeugung herangezogen werden. Dies wäre beispielsweise bei Stellungnahmen durch Staaten im Rahmen von Vertragsschlussverhandlungen der Fall.[53] Völkerrechtliche Verträge können aber auch „als solches" für den Nachweis des Bestehens völkergewohnheitsrechtlicher Normen herangezogen werden. In solch einem Fall hat der völkerrechtliche Vertrag für die Existenz der völkergewohnheitsrechtlichen Norm keine konstitutive Wirkung, ist aber dafür umso eher geeignet, konkrete völkergewohnheitsrechtliche Normen schriftlich widerzuspiegeln und damit auch Rechtsklarheit zu schaffen.[54] Klarerweise ist insbesondere der Ratifikationsstand völkerrechtlicher Verträge ein wichtiges Indiz für das etwaige Bestehen einer völkergewohnheitsrechtlichen Norm.[55]

In seinen Ausführungen zu den chemischen Waffen betont auch das IKRK die Bedeutung völkerrechtlicher Verträge für den Nachweis des Bestehens völkergewohnheitsrechtlicher Normen.[56] Zahlreiche völkerrechtliche Verträge verbieten den Einsatz chemischer Waffen im bewaffneten Konflikt, so unter anderem die Haager Deklaration über Stickgase aus 1899[57], das Gas Protokoll aus 1925[58], die Chemiewaffenkonvention aus 1992[59] sowie das Statut des

---

52 Unter „Verhalten" können demnach die Vertragsverhandlungen selbst, der Vertragsabschluss aber auch die Implementierung der jeweiligen Norm in die innerstaatliche Rechtsordnung verstanden werden. Cf. Schlussfolgerung 4 Abs. 5, ILC Draft Conclusions (Fn. 11).

53 Schussfolgerung 6 Abs. 4, ILC Draft Conclusions (Fn. 11).

54 Schlussfolgerung 11 Abs. 1, ILC Draft Conclusions (Fn. 11).

55 Eritrea-Ethiopia Claims Commission, Partial Award: Prisoner of War, 1.07,2003, UNRIAA Vol. XXVI, E/F.06.V.7), S. 73–114, S. 86–87.

56 Henckaerts / Doswald-Beck (Fn. 8), S. 259.

57 Haager Deklaration über Stickgase, 29.07.1899, retrieved 28.8.2019, from https://ihl-databases.icrc.org/ihl/INTRO/165?OpenDocument.

58 Protokoll über das Verbot des Einsatzes im Krieg von Stick- und Giftgasen sowie anderen Gasen, und des Einsatzes bakteriologischer Mittel der Kriegsführung, 17.6.1925, UNTS Vol. 94 Nr. 2138.

59 Übereinkommen über das Verbot der Entwicklung, Herstellung, Lagerung und des Einsatzes chemischer Waffen und über die Vernichtung solcher Waffen, 3.9.1992, UNTS Vol. 1975 Nr. 33757.

Internationalen Strafgerichtshofes aus 1998[60]. Nicht immer scheint das Rekurrieren problemlos zu verlaufen. Vor allem im Bereich der völkerrechtlichen Verträge zeigen sich in der Praxis einige Schwierigkeiten, die sich auch unmittelbar auf die rechtliche Beurteilung hinsichtlich des Bestehens völkergewohnheitsrechtlicher Normen auswirken kann.

a. Unterschiedlicher Anwendungsbereich völkerrechtlicher Verträge

Die vom IKRK zitierten Verträge zur Untermauerung des Verbotes chemischer Waffen im bewaffneten Konflikt verfügen über zum Teil unterschiedliche materielle Anwendungsbereiche und werfen somit einige Fragen auf.

Sowohl die Haager Deklaration über Stickgase aus 1899, als auch das Gas Protokoll aus 1925 sind auf den internationalen bewaffneten Konflikt beschränkt.[61] Erst die Chemiewaffenkonvention 1992 postuliert ein allgemeines Verbot chemischer Waffen (und dies sogar unter gewissen Voraussetzungen außerhalb bewaffneter Konflikte). Die Haager Deklaration aus 1899 verbietet lediglich den Einsatz von Gasen unter dem Einsatz von Projektilen, wohingegen liquide Substanzen nicht verboten sind.[62] Dies würde bedeuten, dass Waffen, wie Pfefferspray (dem eigentlich eine die Schleimhäute reizende Flüssigkeit zugrunde liegt) gar nicht von der Haager Deklaration umfasst wären.[63] Es stellt sich überdies die Frage, welche chemischen Waffen bzw. Gase als Stickgase oder als gesundheitsschädlich zu qualifizieren sind. Obschon der allgemeine Sprachgebrauch eine Gesundheitsschädigung bereits bei erhöhter Schleimhautreizung (Rötung, Husten) annehmen würde, so ist den vorbereitenden Arbeiten zur Haager Deklaration zu entnehmen, dass nur jene Gase erfasst sein sollten, die beim Betroffenen schweres Leid verursachen.[64] Eine weitere Besonderheit hinsichtlich der Haager Deklaration besteht auch darin, dass bereits 1899 ein derartiges Verbot in einem völkerrechtlichen Vertrag verortet wurde, obwohl der erste tatsächliche Einsatz chemischer Waffen im bewaffneten Konflikt

60 Römisches Statut für den Internationalen Strafgerichtshof, 17.7.1998 UNTS Vol. 2187 Nr. 38544.

61 Ausführlicher hierzu cf. Boothby (Fn. 7), S. 103–132.

62 Boothby (Fn. 7), S. 103–105.

63 Longuet, Samuel: „Permitted for law enforcement purposes but prohibited in the conduct of hostilities: The case of riot control agents and expanding bullets". *International Review of the Red Cross* 98 (1), 2016, S. 251–252.

64 The Proceedings of the Hague Peace Conference 1899, Publications of the Carnegie Endowment for International Peace, Division of International Law. Oxford University Press: New York 1920, S. 79–105.

der Neuzeit mit dem Jahr 1914 datiert ist.[65] Diese „vorauseilende" prohibitive Maßnahme wird also vom IKRK zum Nachweis des Bestehens völkergewohnheitsrechtlicher Normen verwendet, obwohl zum Zeitpunkt des Inkrafttretens der praktische Einsatz dieser Gase im bewaffneten Konflikt noch gar nicht stattgefunden hat. Anders als die Haager Deklaration verbietet das Genfer Gas Protokoll aus 1925 nicht nur Gase, sondern auch sämtliche liquide Substanzen.[66] Die Chemiewaffenkonvention versteht unter chemischen Waffen wiederum „toxische Chemikalien und ihre Vorprodukte, mit Ausnahme derjenigen, die für nach diesem Übereinkommen nicht verbotene Zwecke bestimmt sind, solange diese nach Art und Menge mit solchen Zwecken vereinbar sind."[67] Der unterschiedliche Anwendungsbereich der hier zitierten völkerrechtlichen Verträge wirft die allgemeine Frage auf, inwieweit diese für die Identifizierung völkergewohnheitsrechtlicher Normen herangezogen werden können. Scheinbar eignen sie sich nur bedingt, um den allmählichen Prozess eines breiten und allumfassenden Verbotes chemischer Waffen zu untermauern. Eine genauere Betrachtung bzw. Analyse selbiger Verträge scheint indes weniger geeignet: Zu unterschiedlich sind deren Anwendungsbereiche. Es wäre mit Sicherheit hilfreich gewesen, auf diesen Umstand in der Studie des IKRK zumindest aufmerksam zu machen.

b. Die Bedeutung völkerrechtlicher Verträge und internationaler Gerichtsentscheidungen für das Feststellen des Beginns einer völkergewohnheitsrechtlichen Norm

Das IKRK selbst hat betont, lediglich den völkergewohnheitsrechtlichen *status quo* aufzugreifen zu wollen und sich nicht mit der Frage nach dem Zeitpunkt des Entstehens völkergewohnheitsrechtlicher Normen zu befassen. In akademischer Hinsicht ist aber gerade diese Frage interessant. Es scheint, dass insbesondere völkerrechtliche Verträge, genauer genommen ihr Zeitpunkt des Inkrafttretens, herangezogen werden, um den Beginn des Entstehens einer völkergewohnheitsrechtlichen Norm festzulegen. Das bedeutet nicht, dass der

---

65 Verwey, Wil D.: *Riot Control Agents and Herbicides in War: Their Humanitarian, Toxicological, Ecological, Military, Polemological, and Legal Aspects.* A. W. Sijthoff: Leiden 1977, S. 196.

66 Solis, Gary D.: *The Law of Armed Conflict: International Humanitarian Law in War.* Cambridge University Press: Cambridge 2016², S. 759.

67 Art. II Z. 1 lit. a CWC. Ausführlicher zum Begriff der chemischen Waffe cf. Krutzsch / Trapp (Fn. 43), S. 85.

Vertrag selbst für das Entstehen einer gewohnheitsrechtlichen Norm konstitutive Wirkung hat. Im Gegenteil, es bedarf stets der beiden Elemente „Staatenpraxis“ und „Rechtsüberzeugung“, doch der Zeitpunkt des Inkrafttretens völkerrechtlicher Verträge wird faktisch als Zeitpunkt für das Entstehen einer völkergewohnheitsrechtlichen Norm herangezogen. In Bezug auf den internationalen bewaffneten Konflikt wird beispielsweise in der Literatur mehrheitlich vertreten, dass spätestens ab 1928, das heißt, mit Inkrafttreten des Gas Protokolls, ein völkergewohnheitsrechtliches Verbot zum Einsatz chemischer Waffen im internationalen bewaffneten Konflikt bestanden hat.[68] Der Wortlaut des Vertrages würde sogar darauf schließen lassen, dass bereits vor Inkrafttreten ein ebensolches Verbot bestanden hätte. Der einleitende Text des Vertrages lautet nämlich wie folgt: „In der Erwägung, dass der Gebrauch von erstickenden, giftigen oder ähnlichen Gasen sowie von allen derartigen Flüssigkeiten, Stoffen oder Verfahrensarten im Kriege mit Recht in der allgemeinen Meinung der zivilisierten Welt verurteilt worden ist (. . .).“[69] Der Wortlaut „verurteilt worden ist“ legt zunächst den Schluss nahe, dass bereits vor 1928 ein völkergewohnheitsrechtliches Verbot zum Einsatz chemischer Waffen im internationalen bewaffneten Konflikt bestanden hat. Da aber kaum feststellbar ist, zu welchem Zeitpunkt exakt eine derartige völkergewohnheitsrechtliche Norm entstanden sein könnte, wird offiziell erst ab 1928 ein völkergewohnheitsrechtliches Verbot zum Einsatz chemischer Waffen im internationalen bewaffneten Konflikt angenommen.[70] Bei Abschluss des Genfer Gas Protokolls wurden allerdings zahlreiche Vorbehalte eingebracht, wonach das Verbot des Einsatzes chemischer Waffen im internationalen bewaffneten Konflikt nur im Rahmen einer so-genannten Erstanwendung gelten sollte.[71] In der Literatur bzw. auch in der Praxis wurde das Einbringen der insgesamt 21 Vorbehalte zum Anlass genommen, festzustellen, dass sich das völkergewohnheitsrechtliche Verbot des Einsatzes chemischer Waffen im internationalen bewaffneten Konflikt auf die Erstanwendung dieser Waffen beschränken würde, wohingegen Gegenmaßnahmen völkerrechtlich nicht verboten seien. Es schien, dass das Einbringen

68 Tabassi, Lisa: „Impact of the CWC: Progressive Development of Customary International Law and Evolution of the Customary Norm Against Chemical Weapons“. *Quarterly Journal of the Harvard Sussex Program on CBW Armament and Arms Limitation* 63, 2004, S. 1–2.

69 Protokoll über das Verbot der Verwendung von erstickenden, giftigen oder ähnlichen Gasen sowie von bakteriologischen Mitteln im Kriege, Präambel.

70 Krutzsch / Trapp (Fn. 43), S. 85; Tabassi (Fn. 68), S. 1–2.

71 Henckaerts / Doswald-Beck (Fn. 8), S. 259–260.

derartig vieler Vorbehalte unmittelbar den materiellen Gehalt der völkergewohnheitsrechtlichen Norm zu verändern vermochte.[72] Mittlerweile haben allerdings zahlreiche Staaten, die vormals einen Vorbehalt zum Genfer Gas Protokoll eingebracht haben, die Chemiewaffenkonvention ratifiziert, sodass letztlich nur mehr fünf Staaten (Angola, Irak, Israel, Nordkorea und Libyen) verbleiben, wobei drei dieser fünf Staaten (Israel, Nordkorea und Libyen) zum Ausdruck gebracht haben, derartige Waffen gar nicht mehr zum Einsatz zu bringen bzw. gerade an deren endgültiger Eliminierung zu arbeiten.[73]

Für den nicht internationalen bewaffneten Konflikt wird in erster Linie das Inkrafttreten der Chemiewaffenkonvention 1998 als Beginn des Bestehens eines völkergewohnheitsrechtlichen Verbotes des Einsatzes chemischer Waffen herangezogen.[74] Eine nahezu ähnlich große Bedeutung scheint aber auch das 1995 ergangene *Tadić*-Urteil zu haben.[75] Darin beruft sich das International Criminal Tribunal for the Former Yugoslavia (ICTY) auf die weltweite Ächtung des Einsatzes chemischer Waffen seitens des Irak gegenüber der eigenen Zivilbevölkerung, obwohl sämtliche damals für den Irak rechtsverbindliche völkerrechtliche Verträge den Einsatz chemischer Waffen nur im internationalen bewaffneten Konflikt verboten haben.[76] Es wurde daraus mitunter die Schlussfolgerung gezogen, dass bereits vor Inkrafttreten der Chemiewaffenkonvention ein völkergewohnheitsrechtliches Verbot des Einsatzes chemischer Waffen im nicht internationalen bewaffneten Konflikt bestanden hat.[77]

Es zeigt sich somit, dass sich in erster Linie völkerrechtliche Verträge, die Völkergewohnheitsrecht reflektieren, aber auch internationale Gerichtsentscheidungen, besonders eignen, das Entstehen einer völkergewohnheitsrechtlichen Norm festzumachen. Wenngleich das IKRK sich in seiner Studie mit der Frage des Beginns einer völkergewohnheitsrechtlichen Norm nicht befasst hat, so bleibt anzumerken, dass eine genauere Analyse dieses Aspektes auch Rückschlüsse über die Natur des Völkergewohnheitsrechts im Allgemeinen zulässt und einmal mehr die Bedeutung völkerrechtlicher Verträge als auch internationaler Gerichtsentscheidungen für das Völkergewohnheitsrecht zum Ausdruck bringt.

---

72 Ibid.

73 Ibid.

74 Tabassi (Fn. 68), S. 1–2.

75 ICTY, *Tadić*, Entscheidug der Berufungskammer, 2.10.1995, IT-94-1, Rz. 120.

76 Ibid.

77 Krutzsch/ Trapp (Fn. 43), S. 75–80.

c. Die Bedeutung von Vorbehalten für das Völkergewohnheitsrecht

Ob und inwieweit einem völkerrechtlichen Vertrag bei der Identifizierung gewohnheitsrechtlicher Normen Bedeutung (gemeint ist Gewohnheitsrecht im Sinne des Vertragswortlautes) beizumessen ist, hängt unter anderem davon ab, ob der Vertrag Vorbehalte zulässt. Sind Vorbehalte durch den Vertrag selbst ausgeschlossen, ist die Wahrscheinlichkeit groß, dass der Vertrag einen signifikanten Beitrag zur Feststellung des Bestehens völkergewohnheitsrechtlicher Normen leisten wird, vorausgesetzt, dass ausreichend viele Staaten den Vertrag ratifizieren. Dass die Chemiewaffenkonvention als völkerrechtlicher „Goldstandard" auch bei der Ermittlung bzw. Identifizierung völkergewohnheitsrechtlicher Normen gilt, liegt mit Sicherheit zum einen an ihrem hohen Ratifikationsstand[78], zum anderen aber auch an der Tatsache, dass der Vertrag das Einbringen von Vorbehalten gerade nicht zulässt.[79] Dieser Umstand hat auch in der Literatur dazu beigetragen, spätestens ab dem Jahr 1998 ein völkergewohnheitsrechtliches Verbot des Einsatzes chemischer Waffen im nicht-internationalen bewaffneten Konflikt anzunehmen.[80] Die Zulässigkeit von Vorbehalten kann aber nicht automatisch zur „Wertlosigkeit" eines Vertrages für die Feststellung völkergewohnheitsrechtlicher Normen führen.[81] Das Genfer Gas Protokoll aus 1925 verbietet erstickende, giftige oder ähnliche Gase sowie alle derartigen Flüssigkeiten, Stoffe und Verfahrensarten im Kriege. Sowohl in der Literatur als auch von der Organisation für das Verbot chemischer Waffen (OPCW) wird mitunter der Ansatz vertreten, dass mit 1928, das heißt, mit Inkrafttreten des Gas Protokolls, der Einsatz derartiger Substanzen im internationalen bewaffneten Konflikt völkergewohnheitsrechtlich verboten war.[82] Die im Gas Protokoll verortete weitreichende und nahezu allumfassende

---

78 Es haben alle Staaten die CWC ratifiziert. Cf. CWC UNTS, retrieved 3.9.2019, from https://treaties.un.org/pages/ViewDetails.aspx?src=TREATY&mtdsg_no=XXVI-3&chapter=26.

79 Art. XXII CWC. Ausführlicher hierzu cf. Herbach, Jonathan: „Articles XXIV: Reservations, Depositary and Authentic Texts". In: Krutzsch, Walter et al. (Hrsg.): *Chemical Weapons Convention: A Commentary.* Oxford University Press: Oxford 2014, S. 423–430.

80 Tabassi (Fn. 68), S. 1–2.

81 Schlussfolgerung 11, Kommentar, Abs. 5, ILC Draft Conclusions (Fn. 11). Ausführlicher zu den Vorbehalten im Völkerrecht im Allgemeinen cf. Walter, Christian: „Article 19, Formulation of Reservations". In: Dörr, Oliver / Schmalenbach, Kirsten (Hrsg.): *Vienna Convention on the Law of Treaties, A Commentary.* Springer: Berlin 2018², S. 263–315.

82 Tabassi (Fn. 68), S. 1–2. Krutzsch / Trapp (Fn. 43), S. 85–90.

Formulierung hat allerdings zahlreiche Staaten dazu veranlasst, durch das Einbringen von Vorbehalten die weitgreifenden Bestimmungen dahingehend abzuschwächen, dass nunmehr lediglich die Erstanwendung von Waffen im Sinne des Gas Protokolls verboten sein sollte.[83] Die OPCW scheint nun davon ausgegangen zu sein, dass das ab 1928 geltende völkergewohnheitsrechtliche Verbot des Einsatzes chemischer Waffen im Sinne des Genfer Gas Protokolls sich durch das Einbringen dieser Vorbehalte lediglich auf die Erstanwendung derartiger Substanzen beschränken würde.[84] Dogmatisch ist dieser Ansatz durchwegs interessant, legt er doch den Schluss nahe, dass das Einbringen von Vorbehalten, insbesondere wenn dies von einer signifikanten Anzahl von Staaten vollzogen wird, geeignet ist, völkergewohnheitsrechtliche Bestimmungen inhaltlich zu verändern bzw. zu konturieren. Es sei an dieser Stelle noch einmal darauf hingewiesen, dass mittlerweile die meisten Staaten, die einen Vorbehalt zum Genfer Gas Protokoll eingebracht haben, die Chemiewaffenkonvention ratifiziert haben oder zumindest zum Ausdruck gebracht haben, derartige Waffen nicht mehr anzuwenden.[85]

Vor dem Hintergrund der hier gemachten Ausführungen lässt sich daher zweierlei festhalten. Zum einen – und das mag wohl weniger überraschen – haben für den Zweck der Identifizierung völkergewohnheitsrechtlicher Normen insbesondere Verträge, die keine Vorbehalte zulassen, eine signifikante Bedeutung. Gleichzeitig kann dadurch aber nicht auf Irrelevanz völkerrechtlicher Verträge geschlossen werden, die Vorbehalte zulassen.[86] Im Gegenteil, im Falle des Genfer Gas Protokolls führte das Einbringen zahlreicher Vorbehalte letztlich sogar zu einer unmittelbaren „Korrektur" des völkergewohnheitsrechtlichen Verbots des Einsatzes chemischer Waffen im internationalen bewaffneten Konflikt. Dies zeigt einmal mehr die Verzahnung vertraglicher sowie völkergewohnheitsrechtlicher Normen auf, deren klare Trennung nicht immer leicht und scheinbar auch gar nicht immer möglich ist.

---

83 Für eine detaillierte Übersicht über die eingebrachten Vorbehalte cf. Protocol for the prohibition of the use in war of asphyxiating, poisonous or other gases, and of bacteriological methods of warfare, LNTS Vol. 94, S. 65, retrieved 3.9.2019, from https://treaties.un.org/Pages/showDetails.aspx?objid=0800000280167ca8.

84 Tabassi (Fn. 68), S. 1–2.

85 Henckaerts / Doswald-Beck (Fn. 8), S. 259–260.

86 Schlussfolgerung 11, Kommentar, Abs. 5, ILC Draft Conclusions (Fn. 11).

III. „ States, whose interests are specially affected“

Neben der Heranziehung von Verträgen für die Identifizierung völkergewohnheitsrechtlicher Normen, hat das IKRK insbesondere öffentliche Stellungnahmen von Staatsorganen, als auch Militärhandbücher einer eingehenden Analyse unterzogen. Während öffentliche Stellungnahmen in erster Linie für den Nachweis der Rechtsüberzeugung relevant sind,[87] dienen Militärhandbücher vorwiegend zur Begründung der Staatenpraxis.[88] Bei dieser kommt es darauf an, dass sie generell ist, das heißt, sie muss ausreichend verbreitet (*sufficiently widespread*), repräsentativ und konsistent sein.[89] In der Praxis wird es freilich selten vorkommen, dass jene Übung von sämtlichen Staaten auch tatsächlich vollzogen wird. Für das Entstehen einer völkergewohnheitsrechtlichen Norm ist dies auch nicht zwingend notwendig.[90] Es reicht aus, dass nur gewisse Staaten an jener Praxis teilnehmen, sofern eine repräsentative Anzahl von Staaten vertreten ist, wobei hier auch geographische Aspekte eine Rolle spielen. Sollte keine von allen Staaten gleichsam praktizierte Praxis vorliegen, so ist es zumindest erforderlich, dass besonders betroffene Staaten an der Übung teilgenommen haben. Diesen Grundsatz hat der IGH vor mehr als 50 Jahren in seinem berühmten *Nordsee Kontinentalsockel*-Fall postuliert. Der Gerichtshof hielt fest: „very widespread and respresentative participation in the convention might suffice of itself, provided it included that of States whose interests were specially affected.“[91] Obwohl der IGH in seiner nachfolgenden Rechtsprechung das von ihm im *Nordsee Kontinentalsockel*-Fall entwickelte Konzept nicht mehr explizit erwähnt hat,[92] wurde dessen Existenz bzw. Anwendbarkeit bei der Identifizierung völkergewohnheitsrechtlicher Normen in der Literatur nicht mehr in Frage gestellt.[93] Dies gilt auch für das IKRK und seine im

---

87 Ibid. Schlussfolgerung 10 Z. 2.

88 Henckaerts / Doswald-Beck (Fn. 8), S. li.

89 Schlussfolgerung 8 Z. 1, ILC Draft Conclusions (Fn. 11). Auf die zum Teil geringfügigen und rechtlich unerheblichen sprachlichen Abweichungen des IKRK wurde bereits in Fn. 23 hingewiesen.

90 Shaw, Malcolm N.: *International Law*. Cambridge University Press: Cambridge 2014[7], S. 58–63.

91 IGH, *Nordsee Kontinentalsockel* Fall (Fn. 20), Rz. 73.

92 Tladi, Dire: „Progressive Development and Codification of International Law: The Work of the International Law Commission During Its Sixty-Sixth Session“. *South African Yearbook of Interantional Law* (38), 2013, S. 130.

93 Ausführlicher hierzu cf. Heller, Kevin Jon: „Specially Affected States and the Formation of Custom“. *AJIL*, 112/2, 2018, S. 191–243.

Jahr 2005 veröffentliche Studie, in welcher es mehrmals betont, dass für die Identifizierung völkergewohnheitsrechtlicher Normen jedenfalls die Praxis jener Staaten einer näheren Betrachtung unterzogen werden sollte, die von der in Rede stehenden Norm besonders betroffen sind.[94] Dies erhebt sodann die Frage, was unter dem Begriff des „specially affected state" überhaupt zu verstehen ist und wie sich dies auf das Verbot der Anwendung chemischer Waffen im bewaffneten Konflikt auswirken könnte. Der Terminus „affected" legt zunächst den Schluss nahe, dass die Praxis all jener Staaten von besonderer Relevanz ist, deren Bevölkerung – dem allgemeinen Wortverständnis des Begriffes „affected" entsprechend – selbst Opfer des Einsatzes solcher Waffen war. Zu denken wäre hier an Proteste gegen den Einsatz chemischer Waffen durch den betroffenen Staat gegenüber dem angreifenden Staat.[95] Der Einsatz derartiger Waffen im internationalen bewaffneten Konflikt ist aber spätestens seit den 30er Jahren derartig stark zurück gegangen, dass aus praktischer Perspektive vor allem der Einsatz chemischer Waffen im nicht internationalen bewaffneten Konflikt von Relevanz ist. Die Halabdscha Giftgas-Attacke 1988, im Rahmen derer Saddam Hussein während des Ersten Golfkrieges gegen die eigene kurdische Bevölkerung im Norden des Landes mit diversen chemischen Substanzen, wie beispielsweise Sarin- und Senfgas vorging und die tausende Todesopfer forderte und bei abertausenden Menschen schwere gesundheitliche Dauerschäden verursachte, ist nur eines von mehreren tragischen Beispielen für den Einsatz chemischer Waffen im nicht internationalen bewaffneten Konflikt.[96] Die scharfe Reaktion der internationalen Staatengemeinschaft[97] wird in der Studie des IKRK deutlich hervorgehoben,[98] was den Schluss nahe legen könnte, dass ein völkergewohnheitsrechtliches Verbot zum Einsatz chemischer Waffen im nicht internationalen bewaffneten Konflikt bereits vor Inkrafttreten der Chemiewaffenkonvention 1997 bestanden hat.[99] Damit noch nicht geklärt

---

94 Henckaerts / Doswald-Beck (Fn. 8), S. li.

95 Cambridge Dictionary, „to affect", retrieved 4.9.2019, from https://dictionary.cambridge.org/dictionary/english/affect.

96 Boothby (Fn. 7), S. 124; Sivakumaran, Sandesh: *The Law of International Armed Conflict*. Oxford University Press: Oxford 2012, S. 394. Zur genaueren Kategorisierung des bewaffneten Konflikts im Irak cf. Kurijaka, Kristina M.: „The Iraqi Use of Chemical Weapons Against the Kurds: A Case Study in the Regulation of Chemical Weapons in International Law". *Penn State International Law Review* 9,1991, S. 121–145.

97 Cf. auch ICTY, *Tadić* (Fn. 75), Rz. 120.

98 Henckaerts / Doswald-Beck (Fn. 8), S. 261–262. Cf. auch ICTY, Tadić (Fn. 75), Rz 120.

99 Tabassi (Fn. 68), S. 1–2.

ist die Frage, inwieweit sich das vom IGH postulierte Erfordernis der ausreichenden Berücksichtigung der „specially affected states" bei der Identifizierung des völkergewohnheitsrechtlichen Verbotes des Einsatzes chemischer Waffen tatsächlich auswirkt. Ganz grundsätzlich ist die Studie des IKRK vom Bemühen gekennzeichnet, ein breites Spektrum an Staatenpraxis zu gewährleisten.[100] Das IKRK hat aber im Zusammenhang mit der Halabdscha Giftgas-Attacke insbesondere die Praxis der USA, als auch Großbritanniens für den Nachweis des Bestehens oder Nichtbestehens einer völkergewohnheitsrechtlichen Norm herangezogen. Dies ist deshalb interessant, weil weder die USA noch Großbritannien potenziell „Betroffene" des Einsatzes chemischer Waffen sind, sondern derartige Waffen in erster Linie produzieren oder von diesen selbst zum Einsatz gelangen. Auch an anderer Stelle der IKRK-Studie zeigt sich die auffallende Präsenz vor allem US-amerikanischer Staatenpraxis. Vor dem Inkrafttreten der Chemiewaffenkonvention war nach Ansicht des IKRK auch beispielsweise nicht abschließend geklärt, ob das Genfer Gas Protokoll aus 1925 auch *riot control agents* verbietet.[101] Offizielle Stellungnahmen durch China, Frankreich, Italien und der ehemaligen Tschechoslowakei wurden vor allem der US-amerikanischen Staatenpraxis diametral gegenübergestellt.[102] In zahlreichen Militärhandbüchern betonen die USA, dass das Genfer Gas Protokoll aus 1925 *riot control agents* nicht explizit verbietet,[103] sodass der Einsatz derartiger Waffen im Vietnam-Krieg auch nicht gegen das Völkerrecht verstoßen hat.[104] Offensichtlich hat vor allem die Staatenpraxis der USA das IKRK dazu veranlasst, daran zu zweifeln, dass das Genfer Gas Protokoll auch *riot control agents* verbietet.[105] Der Hauptgrund für die offensichtlich verstärkte Berücksichtigung der US-amerikanischen Staatenpraxis kann vor allem jener sein, dass die USA als weltweit größter Waffenerzeuger und als militärisch engagiertes Land generell über vermehrte Staatenpraxis im Verhältnis zu anderen Staaten verfügt.

---

100 Henckaerts / Doswald-Beck (Fn. 8), S. 259.

101 Ibid., S. 263–264.

102 Ibid.

103 Vereinigte Staaten, Field Manual 27-10, Das Recht des Bodenkriegs, US-amerikanisches Verteidigungsministerium, 18.7.1956 idFv 15.7.1976, Rz. 38.

104 Henckaerts / Doswald-Beck (Fn. 8), S. 263. Ausführlicher zum Einsatz von *riot control agents* im Vietnam-Krieg cf. Hank, Ellison D.: *Chemical Warfare during the Vietnam War: Riot Control Agents in Combat*. Routledge: The Hague 2011.

105 Henckaerts / Doswald-Beck (Fn. 8), S. 263. Es ist allerdings zu beachten, dass das IKRK ablehnende Staatenpraxis nicht nur bei den USA, sondern auch bei Australien und Neuseeland festgestellt hat. Für eine genauere Auflistung cf. ibid.

Keineswegs hat das IKRK beabsichtigt, einem politisch wie wirtschaftlich mächtigen Staat bei der Identifizierung völkergewohnheitsrechtlicher Normen besonderes Augenmerk zu schenken.[106] Im Gegenteil, die Studie ist sichtlich vom Willen geleitet, ein möglichst breites Spektrum an Staatenpraxis abzudecken. Faktisch ist jedoch erkennbar, dass vor allem Waffen erzeugende Länder das Entstehen völkergewohnheitsrechtlicher Normen maßgeblich beeinflussen. Man könnte daher meinen, der Terminus „*specially affected state*", wie er vom IKRK verstanden bzw. verwendet wird, bezieht sich im Hinblick auf das Verbot des Einsatzes chemischer Waffen im bewaffneten Konflikt auf Waffen produzierende Staaten.

IV. *Hierarchie zugunsten völkerrechtlicher Verträge?*

Vor dem Hintergrund der bisherigen Ausführungen wird deutlich, dass insbesondere völkerrechtliche Verträge, aber auch das Verhalten von Staaten im Zusammenhang mit Vertragsschlussverfahren im Rahmen der Identifizierung gewohnheitsrechtlicher Normen für das IKRK eine besondere Rolle gespielt haben. Dies mag einerseits pragmatische, andererseits auch rechtliche Gründe haben. Pragmatisch betrachtet ist insbesondere die eingehende Analyse des Verhaltens von Staaten im Rahmen von Vertragsschlussverfahren geeignet, besonders einfach und unkompliziert auf das mögliche Bestehen einer völkergewohnheitsrechtlichen Norm zu schließen. Zahlreiche Dokumente, einschließlich der *travaux préparatoires* sind mittlerweile sogar online abrufbar und lassen die rechtliche Haltung der Staaten, als auch ihre bisherige Praxis in Bezug auf bestimmte im Entstehen begriffene völkergewohnheitsrechtliche Normen ermitteln. Zeitgleich darf nicht vergessen werden, dass den einzelnen Instrumentarien für die Ermittlung der Staatenpraxis bzw. Rechtsüberzeugung *a priori* kein Vorrang einzuräumen ist.[107] Wie sich insbesondere bei den chemischen Waffen herauskristallisiert hat, scheinen insbesondere völkerrechtliche Verträge geeignet, sowohl den Beginn, als auch das Ende einer gewohnheitsrechtlichen Norm mitzubestimmen. Gleichzeitig haben auch Entscheidungen internationaler Gerichte, wenngleich sie selbst kein Nachweis von Staatenpraxis sind, eine hohe Aussagekraft in Bezug auf die Identifizierung völkergewohnheitsrechtlicher Normen. So hat das IKRK den Nachweis des Bestehens eines völkergewohnheitsrechtlichen Verbots des Einsatzes chemischer Waffen im bewaffneten Konflikt zunächst anhand der Chemiewaffenkonvention

---

106 Schlussfolgerung 8 Abs. 4, ILC Draft Conclusions (Fn. 11).
107 Schlussfolgerung 6 Z. 3, ILC Draft Conclusions (Fn. 11).

geführt.[108] Es ist sodann relativ rasch dazu übergegangen, auch das *Tadić*-Urteil, welches 1995 und damit zwei Jahre vor Inkrafttreten der Chemiewaffenkonvention ergangen ist, für den Nachweis des Bestehens einer entsprechenden völkergewohnheitsrechtlichen Norm heranzuziehen. Wenngleich sich letztlich das Jahr 1997 durchgesetzt zu haben scheint,[109] so bleibt das *Tadić*-Urteil dennoch von enormer Bedeutung. Rein faktisch betrachtet lässt sich somit sehr wohl eine gewisse Hierarchie zugunsten völkerrechtlicher Verträge feststellen. Die ILC scheint diesen Umstand in ihren Draft Conclusions aus 2018 auch berücksichtigt zu haben. So betont sie, dass *in concreto* gewissen Formen der Staatenpraxis eine erhöhte Bedeutung zukommt.[110]

C. Schlussbetrachtungen

Die 2005 veröffentlichte Studie des IKRK kann zweifelsfrei als Meilenstein beschrieben werden. Die erfolgreiche Bewältigung dieser Mammutaufgabe ist mit Sicherheit auch auf den vom IKRK bewusst pragmatisch gewählten Ansatz zurückzuführen. Die Studie schafft es zunächst, mit einfach verständlichen Worten den Kerngehalt völkergewohnheitsrechtlicher Normen wiederzugeben und ist somit vor allem für die Praxis von enormer Relevanz. Bei genauerem Hinblick ergeben sich allerdings auch einige – auf den pragmatischen Ansatz zurückzuführende – Schwächen.

Die so gut wie nie vorgenommene klare Trennung zwischen Staatenpraxis und Rechtsüberzeugung macht es vor allem in akademischer Hinsicht schwierig, den Wesensgehalt völkergewohnheitsrechtlicher Normen im Detail zu eruieren. Vor allem hat auch die ILC in ihren 2018 veröffentlichten Draft Conclusions mehrfach auf die Notwendigkeit einer zweifachen Prüfung hingewiesen. Gleichzeitig ruft das Nichtbefassen mit der *persistent objector*-Frage ein wenig Enttäuschung hervor, wenngleich es durchaus verständlich ist, dass sich das IKRK mit dieser Frage wohl auch aus politischen Gründen nicht näher auseinandersetzen wollte. Dass der Beginn des Entstehens völkergewohnheitsrechtlicher Normen ebenso wenig Eingang in die Studie fand, ist wohl auf den enormen Umfang der relevanten Bestimmungen zurückzuführen. Gleichzeitig ist das Feststellen des Beginns einer völkergewohnheitsrechtlichen Norm auch nicht immer einfach.

---

108 Henckaerts / Doswald-Beck (Fn. 8), S. 259–260.
109 Tabassi (Fn. 68), S. 1–2.
110 Schlussfolgerung 6, Kommentar, Abs. 8, ILC Draft Conclusions (Fn. 11).

Vor allem die Regeln zu den chemischen Waffen haben die vom IKRK gewählte Methode besonders ausführlich veranschaulicht. So scheinen insbesondere völkerrechtliche Verträge, aber auch internationale Gerichtsentscheidungen für den Nachweis des Bestehens völkergewohnheitsrechtlicher Normen von Relevanz, wenngleich weder Verträge noch internationale Gerichtsentscheidungen selbst Staatenpraxis bzw. Rechtsüberzeugung darstellen. Verträge eignen sich allerdings nur bedingt für die Ermittlung völkergewohnheitsrechtlicher Normen. Wie sich am Beispiel chemischer Waffen gezeigt hat, sind die Anwendungsbereiche der einzelnen Abkommen äußerst unterschiedlich, sodass Verträge, welche ein Verbot chemischer Waffen konstatieren, nur allgemein zum Nachweis des Bestehens völkergewohnheitsrechtlicher Normen herangezogen werden können, insbesondere, um bestehende Staatenpraxis bzw. Rechtsüberzeugung zu untermauern. Gleichzeitig dienen Verträge, aber auch internationale Gerichtsentscheidungen dazu, den Beginn des Entstehens einer völkergewohnheitsrechtlichen Norm zu dokumentieren, obschon Verträge bzw. internationale Gerichtsentscheidungen selbst für das Entstehen gewohnheitsrechtlicher Normen nicht konstitutiv sind. Überdies wurde in der Studie des IKRK einmal mehr ersichtlich, welch signifikante Rolle Verträge, die keine Vorbehalte zulassen, bei der Ermittlung völkergewohnheitsrechtlicher Normen spielen. Dies hat die Chemiewaffenkonvention eindrucksvoll illustriert. Auf der anderen Seite haben aber auch Verträge, die Vorbehalte zulassen eine besondere Bedeutung, vor allem, wenn zu einem Vertrag oder einer vertraglichen Bestimmung zahlreiche solcher Vorbehalte eingebracht wurden. Das Einbringen von Vorbehalten zum Genfer Gas Protokoll aus 1925 schien beispielsweise unmittelbar Einfluss auf den Kerngehalt des völkergewohnheitsrechtlichen Verbotes des Einsatzes chemischer Waffen im internationalen bewaffneten Konflikt gehabt zu haben. Obschon die Studie des IKRK vom ständigen Bemühen getragen ist, umfassende Staatenpraxis und Rechtsüberzeugung zu analysieren, ist dennoch eine faktisch große Bedeutung US-amerikanischer Praxis feststellbar. Es ist daher fraglich, ob unter dem Begriff der „*specially affected states*“ in Bezug auf Waffen vor allem jene Staaten relevant sind, die diese erzeugen. Insgesamt kann festgehalten werden, dass vor allem die Ausführungen des IKRK zu den chemischen Waffen die enorme Bedeutung völkerrechtlicher Verträge für die Identifizierung völkergewohnheitsrechtlicher Normen widerspiegeln und gleichzeitig auch die Verwobenheit zwischen Vertrags- und Gewohnheitsrecht zum Ausdruck bringen.

Teil IV: Schlummerndes Potential der Allgemeinen Rechtsgrundsätze

Markus P. Beham*

Die allgemeinen Rechtsgrundsätze zwischen Gerechtigkeit und Rechtsvergleichung – Eine rechtshistorische Perspektive

A. Einleitung

Die erste internationale Anstrengung einer Kodifikation der Völkerrechtsquellen geht nach gemeiner Auffassung auf die beiden Haager Konferenzen 1899 und 1907 zurück.[1] Eine für das Jahr 1915 geplante dritte Haager Konferenz sollte aufgrund der sich seit der Ermordung des österreichischen Thronfolgers überschlagenden Ereignisse nicht zustande kommen.[2]

Erst Art. 14 der Völkerbundsatzung schuf die notwendige Grundlage, um diese Idee weiter verfolgen zu können.[3] Dem auf dieser Grundlage instituierten Advisory Committee of Jurists[4] ist im Wesentlichen die heute gemeinhin akzeptierte Auflistung anwendbarer Völkerrechtsquellen, insbesondere die Aufnahme der allgemeinen Rechtsgrundsätze geschuldet.[5] Entsprechend

---

* Akademischer Rat DDr. Markus P. Beham, LL.M. (Columbia), Universität Passau. Einzelne Abschnitte wurden gegenüber dem mündlichen Vortrag ergänzt, einerseits im Hinblick auf das geschriebene Wort, andererseits um die Erkenntnisse der anschließenden Diskussion zu berücksichtigen. Ebenso wurde die Struktur geringfügig adaptiert.

1 Insbesondere auf die Bestrebungen im Zusammenhang mit der Errichtung eines internationalen Prisenhofs (dazu weiter unten).

2 Cf. dazu noch Lammasch, Heinrich: „Die Vorbereitung der dritten Friedenskonferenz". *Frankfurter Zeitung und Handelsblatt* (58/81) 22.3.1914, S. 1.

3 Art. 14 Völkerbundsatzung, StGBl. 1920/303: „Der Rat wird mit dem Entwurf eines Planes zur Errichtung eines ständigen internationalen Gerichtshofs betraut und hat den Plan den Bundesmitgliedern zu auf und unterbreiten. Dieser Gerichtshof befindet über alle ihm von den Parteien unterbreiteten internationalen Streitfragen. Er erstattet ferner gutachtliche Äußerungen über jede ihm vom Rate oder der Bundesversammlung vorgelegten Streitfrage oder sonstige Angelegenheit."

4 Für die Sammlung relevanter Dokumente hierzu https://www.icj-cij.org/en/pcij-other-documents, retrieved 10.1.2021, from ibid.

5 Permanent Court of Justice Advisory Committee of Jurists, *Procès-Verbaux of the Proceedings of the Committee June 16th-July 24th 1920 with Annexes*. Van Langenhuysen Brothers: Den Haag 1920, S. 351.

dem gültigen Narrativ der Rechtsquellenlehre gehen diese zusammen mit der einhergehenden Kontroverse auf das Statut des Ständigen Internationalen Gerichtshofs (StIGH) zurück.[6]

Alain Pellet und Daniel Müller schreiben in ihrem Kommentar zu Art. 38 IGH-Statut, „it probably points to a rather fortunate middle way between a mechanical application of the rules of law [. . .] and the dangers of the ‚gouvernement des juges' ".[7] Nirgendwo in der Lehre der Völkerrechtsquellen spiegelt sich diese Gegensätzlichkeit so sehr wider als in den allgemeinen Rechtsgrundsätzen: Positivismus oder Naturrecht, Rechtsanwendung oder Rechtsentwicklung, der kleinste gemeinsame Nenner einer Rechtsvergleichung oder Gerechtigkeit.

Wie schon der Titel dieses Beitrags aufgreift, wird seit jeher über Charakter und Funktion dieser Rechtsquelle diskutiert, wenn nicht gar gestritten.[8] Während die Diskussionen im Rahmen der vorbereitenden Arbeiten für das StIGH-Statut durch das Advisory Committee of Jurists, insbesondere zwischen Baron Descamps und Elihu Root, oft zu einem Grabenkampf zwischen Positivismus und Naturrecht hochstilisiert werden,[9] lohnt es sich zunächst, ins Gedächtnis zu rufen, dass der Tagesordnungspunkt lediglich zwei Tage in Anspruch nahm und das Komitee nur vormittags von 9.30 Uhr bis spätestens 13.00 Uhr tagte.[10] Dies war offenbar notwendig um die Gesundheit einiger gebrechlicherer

6 Cf. dazu etwa Schroeder, Werner: „Allgemeine Rechtsgrundsätze". In: Reinisch, August (Hrsg.): *Österreichisches Handbuch des Völkerrechts. Band 1 – Textteil.* Manz: Wien 2013, S. 96, Rz. 431; Beham, Markus P./ Fink, Melanie/ Janik, Ralph: *Völkerrecht verstehen.* Facultas: Wien 2019, S. 58–59.

7 Pellet, Alain / Müller, Daniel: „Article 38". In: Tams, Christian J. (Hrsg.): *The Statute of the International Court of Justice. A Commentary.* Oxford University Press: Oxford 2019, S. 822, Rz. 2.

8 Bemerkenswert sind in diesem Zusammenhang die Abweichende Meinung von Richter Tanaka in den *Südwestafrika*-Fällen sowie die Abweichenden Meinungen von IGH-Richter Antônio Augusto Cançado Trindade. Cf. e.g. *Jurisdictional Immunities of the State (Germany v. Italy: Greece intervening),* Dissenting Opinion of Judge Cançado Trindade. ICJ Rep. 2012, S. 179. Möglicherweise wird die anstehende Arbeit der Völkerrechtskommission Klarheit schaffen.

9 Cf. die Ausführungen bei Cassese, Antonio: *International Law.* Oxford University Press: Oxford, New York 2005, S. 191.

10 Cf. die *Procès-Verbaux of the Proceedings of the Committee June 16th-July 24th 1920 with Annexes*, op.cit., im Weiteren abgekürzt als PV.

Mitglieder zu schonen, Zeit für das weiterführende Studium zu ermöglichen und die Erstellung des täglichen Protokolls zu erleichtern.[11]

Zudem wurde nach einem etwas schleppenden Start der Sitzungen am 1. Juli 1920, dem ersten Tag der Debatte über einen Rechtsquellenkatalog für den geplanten Gerichtshof, pragmatisch beschlossen, dass jedes Mitglied nur mehr 15 Minuten sprechen dürfe.[12] Beschränkungen von Rederechten sichern zwar einen effizienteren Sitzungsablauf, stärken aber nicht notwendigerweise eine parlamentarische Diskussionskultur.

Bereits am 3. Juli 1920 wurde der so bis heute gültige Kompromissvorschlag von Root und Phillimore eingebracht und angenommen: „general principles of law recognised by civilised nations" bzw. „les principes généraux de droit reconnus par les peuples civilisés". So finden sich auch heute noch im Statut des Internationalen Gerichtshofs (IGH) in der österreichischen (zugleich ältesten)[13] Übersetzung[14] „die von den zivilisierten Staaten anerkannten allgemeinen Rechtsgrundsätze", respektive „die allgemeinen, von den Kulturstaaten[15] anerkannten Rechtsgrundsätze" in der Schweizer Übersetzung[16] und „die von den Kulturvölkern[17] anerkannten allgemeinen Rechtsgrundsätze" in der – zugleich „bundesdeutschen"[18] – Übersetzung des Übersetzungsdienstes der Vereinten Nationen.[19]

Was dabei im kollektiven Gedächtnis der Völkerrechtsquellenlehre als emotionales Zerwürfnis hinsichtlich des Charakters der allgemeinen Rechtsgrundsätze zurückgeblieben ist,[20] summiert sich der großzügigsten Berechnung nach

---

11 Cf. Spiermann, Ole: „‚Who attempts too much does nothing well': The 1920 Advisory Committee of Jurists and the Statute of the Permanent Court of International Justice". *BYIL* 73, 2002, S. 200–201.

12 PV 281. Cf. auch Spiermann (Fn. 11), S. 212.

13 Cf. dazu Beham, Markus P.: „Lost in translation. Varying German-language versions of international treaties and documents". *Völkerrechtsblog* 17.6.2019, retrieved 10.1.2021, from https://voelkerrechtsblog.org/lost-in-translation/.

14 BGBl. Nr. 120/1956.

15 Bereits Grewe hat auf die unterschiedliche Bedeutung von Zivilisations- und Kulturbegriff im deutschen Sprachraum hingewiesen. Cf. Grewe, Wilhelm G.: *Epochen der Völkerrechtsgeschichte*. Nomos: Baden-Baden 1984, S. 522–526. Die österreichische Übersetzung dürfte damit näher am Telos der authentischen Sprachfassungen liegen.

16 SR 0.193.501.

17 Cf. Fn. 15.

18 (Deutsches) BGBl. II 1973, S. 430.

19 https://www.unric.org/de/voelkerrecht/86.

20 Cf. Fn. 9.

auf maximal zehn Nettostunden Diskussion.[21] Dem gegenüberstellen lassen sich wohl mehrere Buchmeter, die sich diesem Text widmen.[22]

Der gegenständliche Beitrag ist ein Versuch, Charakter und Funktion dieses – wie es schon Robert Jennings[23] und nun Philipp Janig in diesem Band[24] im Hinblick auf die allgemeinen Völkerrechtsgrundsätze bezeichnen – „enigmatischen" Konzepts aus rechtshistorischer Perspektive zu erschließen. Dabei soll auch zur Disposition gestellt werden, wie weit eine solche historische Interpretation der allgemeinen Rechtsgrundsätze tatsächlich einen Gegensatz zwischen Positivismus und Naturrecht erkennen lässt.

Die Gliederung folgt dabei den drei „Tatbestandselementen" von Art. 38(1) (c) StIGH-Statuts respektive des heutigen IGH-Statuts. Zunächst stellt sich die Frage, was aus Sicht des Komitees als „allgemeiner Rechtsgrundsatz" zu verstehen ist (B). Dabei endet die Erzählung 1920, sowohl aus methodischen, als auch aus pragmatischen Gründen, zumal sich Philipp Janig in diesem Band mit der weiteren Entwicklung der allgemeinen Rechtsgrundsätze beschäftigt. Anschließend stellt sich die Frage nach der Qualität des Anerkennungsvorgangs (C). Zuletzt soll der Telos des heute meist als problematisch empfundenen Zusatzes „recognized by civilized nations" bzw. „reconnus par les peuples civilisés" zu Diskussion gestellt werden (D).

B. Allgemeine Rechtsgrundsätze

Wie auch die von Philipp Janig in seinem Beitrag aufgegriffenen Beispiele verdeutlichen,[25] muss sich der Frage nach dem Begriffsverständnis aus unterschiedlichen Richtungen genähert werden. Schließlich kann die rechtliche Ebene nicht ohne die Berücksichtigung der sprachlichen ergründet werden.

Wenn in älteren Lehrbüchern die Rede von „general principles of law", „justice" und „equity" ist, so gilt es zunächst zu hinterfragen, mit welchem Verständnis die jeweiligen Autoren die Begriffe verwendeten oder am Ende doch gar keine dogmatische Schablone angelegt hatten. Das würde letztlich nicht

---

21 Cf. Spiermann (Fn. 11), S. 217.

22 Cf. beispielhaft die Verweise bei Pellet / Müller (Fn. 7).

23 Jennings, Robert Y.: „What is International Law and How Do We Tell It When We See It?". *Schweizerisches Jahrbuch für Internationales Recht* 37, 1981, S. 71.

24 Janig, Philipp: „Allgemeine Rechtsgrundsätze des Völkerrechts (general principles of international law): Entwirrung eines enigmatischen Konzepts". In diesem Band, S. 211.

25 Ibid.

weniger bedeuten, als eine hermeneutische Textanalyse sämtlicher Schriften eines Akteurs vor dem Hintergrund seiner Ausbildung samt allfälliger Einflüsse. Die Ergründung eines so umfangreichen Corpus kann im Rahmen dieses Beitrags nur auf eine Annäherung beschränkt bleiben, auf Grundlage der relevanten Arbeitsdokumente und blitzlichtartig eingestreuter Fundstellen, von denen angenommen werden könnte, dass sie den Vertretern im Advisory Committee of Jurists bekannt waren.

I. Vorverständnisse

Bereits in den Vorschlägen einzelner Staaten hinsichtlich der Errichtung eines Gerichtshofs, so etwa von Deutschland, der Schweiz und den skandinavischen Ländern Dänemark, Norwegen und Schweden, fanden sich die Begriffe „general principles of law", „general principles of law and equity" sowie „general principles of justice and equity".[26] Auch aus rechtssoziologischer Sicht scheint die finale Fassung auf Basis des Kompromisses von Phillimore und Root nicht zu überraschen. Bin Cheng strich bereits hervor, dass der Begriff „general principles of law" im innerstaatlichen Recht wenigstens dreier Heimatstaaten von insgesamt zehn Richtern vorhanden war: Brasilien, Italien und Spanien.[27]

Der Rückgriff auf „allgemeine Rechtsgrundsätze" im Völkerrecht ist insgesamt nicht neu.[28] Ohne die Begriffs- und Ideengeschichte der allgemeinen Rechtsgrundsätze bis hin zu Bartolus und Baldus zurückverfolgen zu müssen,[29] wird die Schiedspraxis des späten 18. und ausgehenden 19. Jahrhunderts für das Verständnis des Begriffs im Geiste der Komiteemitglieder ausschlaggebend gewesen sein.

Das erhöhte Aufkommen dieser Streitbeilegungsform ermöglichte auch die Entwicklung eines Verständnisses für die Notwendigkeit eines internationalen Rechtsquellenkatalogs.[30] In den frühesten Phasen der Entwicklung entschieden Schiedsrichter nämlich nicht bloß aufgrund von Fakten und Rechtslage, sondern traten – wie auch heute oft noch in der Unterstützung zur Vergleichsfindung – als Verhandler und Mediatoren zwischen den Parteien auf.[31]

---

26 Cf. dahingehend Cheng, Bin: *General Principles of Law as Applied by International Courts and Tribunals*. Stevens & Sons: 1953, S. 6–7.

27 Ibid., S. 19.

28 Cf. auch Pellet / Müller (Fn. 7), S. 923–924, Rz. 253.

29 Cf. dazu Verdross, Alfred: *Die Quellen des universellen Völkerrechts*. Rombach: Freiburg 1973, S. 120–121.

30 Cf. Pellet / Müller (Fn. 7), S. 822–823, Rz. 4–5.

31 Cf. ibid., S. 823, Rz. 5.

Verdross listet in seinem Buch über die Völkerrechtsquellen beginnend mit der Schiedskommission des Jay-Vertrags von 1795 – der „justice and equity" als Entscheidungsbasis vorsah – aber bereits eine Reihe von Verfahren, in denen auf allgemeine Rechtsgrundsätze zurückgegriffen wurde.[32] James Brown Scott verfolgt in seinen Schilderungen der Diskussion im Advisory Committee of Jurists das Konzept bis in die Mitte des 18. Jahrhunderts auf englische Positionen in Rechtsfragen aus dem österreichischen Erbfolgekrieg zurück, wo in einem Bericht aus dem Jahr 1753 auf das „Law of Nations, founded upon Justice, Equity, Convenience, and the Reason of the Thing, and confirmed by long Usage" verwiesen wird.[33]

Doch erst mit der Errichtung des Ständigen Schiedshofs im Rahmen der Haager Friedenskonferenzen 1899 und 1907 wurde die Schiedsgerichtsbarkeit ein Stück weiter hin zur richterlichen Tätigkeit gerückt.[34] Art. 15 respektive Art. 37 der Haager Abkommen zur friedlichen Erledigung internationaler Streitfälle halten fest:

> International arbitration has for its object the settlement of differences between States by judges of their own choice, and on the basis of respect for law.

Das vormalige „equity *contra legem*" – Gerechtigkeit vor Recht – rückte zunehmend in den Hintergrund, bis es über Art. 38(2) StIGH-Statut ohne Parteienzustimmung nicht mehr denkbar war, wenngleich das Tribunal im *Norwegian Shipowners' Claims*-Fall noch 1922 auf die Feststellung des österreichischen Völkerrechtlers Heinrich Lammasch verweist: „[T]he arbiter shall decide in accordance with equity, *ex aequo et bono*, when positive rules of law are lacking [. . .]".[35] Aus der Sicht des Tribunals bedeutete „law and equity" die „general principles of justice as distinguished from any particular system of jurisprudence or the municipal law of any State".[36] Ginge Gerechtigkeit demnach als separate Erwägung vorbei an Rechtsprechung und Gesetz?

---

32 Cf. Verdross (Fn. 29), S. 122–124.

33 Scott, James Brown: *The Project of a Permanent Court of Justice and Resolutions of the Advisory Committee of Jurists. Report and Commentary.* Carnegie Endowment for International Peace: Washington 1920, S. 107.

34 Cf. Pellet / Müller (Fn. 7), S. 823, Rz. 6.

35 *Norwegian Shipowners' Claims* (Norwegen/Vereinigte Staaten von Amerika), Schiedsspruch vom 13.10.1922, S. 311.

36 Ibid.

Im *Antoine Fabini*-Schiedsverfahren zwischen Frankreich und Venezuela aus dem Jahr 1905 verwendete das Tribunal hingegen „general principles of law" in ihrer heute verstandenen rechtsvergleichenden Form:

> By reference to the general principles of the law of nations [. . .], i.e., to the rules common to most legislations or taught by doctrines [. . .].[37]

In Art. 7 des XII. Übereinkommens der II. Haager Friedenskonferenz über die Errichtung eines internationalen Prisenhofes von 1907 finden sich „the general principles of justice and equity", in der deutschen Übersetzung „die allgemeinen Grundsätze der Gerechtigkeit und der Billigkeit". Im Übereinkommen über die Errichtung eines Zentralamerikanischen Gerichtshofs von 1907 findet sich in Art. XXI und XXII gar der Verweis auf „principles of international law".[38] Kann hier klar zwischen Grundsätzen des Rechts auf der einen und der Gerechtigkeit auf der anderen Seite unterschieden werden?

Fraglich ist stets, ob „justice" und „equity" rechtshistorisch tatsächlich moralische Kategorien darstellten oder „justice" teils auch die Verhelfung zum Recht und „equity" den Bezug auf den Einzelfall sicherstellen sollten. Wie schwierig die Entflechtung der Begriffe und des Begriffsverständnisses ist, zeigt die Abhandlung des amerikanischen Rechtsgelehrten John Chipman Gray aus dem Jahr 1909 über *The Nature and Sources of the Law*:

> And I do not know of any system of Law where a judge is held to be justified in refusing to pass upon a controversy because there is no person or book or custom to tell him how to decide it. He must find out for himself; he must determine what the law ought to be; he must have recourse to the principles of morality. [. . .] But even when the motive of the judge is simply to bring one doctrine into harmony with another doctrine, or to extend a doctrine by analogy, he is acting in an ethical way, for it is a good thing in itself that the rules of the Law should be harmonious, and should be extended harmoniously.[39]

„Justice and equity", „Gerechtigkeit und Billigkeit" stehen am Beginn der historischen Auseinandersetzung. Mit der zunehmenden „Verrechtlichung" internationaler Streitbeilegung finden sich auch Bezüge auf innerstaatliche Rechtsordnungen in der Definition allgemeiner Rechtsgrundsätze. Die Diskussionen im Komitee ergeben kein anderes Bild.

---

37 Cf. *Antoine Fabiani*-Schiedsfall, X RIAA 1905, S. 117.

38 „Convention for the Establishment of a Central American Court of Justice". *AJIL* 21(2), 1908, S. 239–240.

39 Gray, John Chipman: *The Nature and Sources of the Law*. Columbia University Press: New York 1909, S. 285–286.

II. Advisory Committee of Jurists

Wer waren zunächst die relevanten Akteure? Das Komitee bestand aus insgesamt zehn Mitgliedern: Mineichiro Adatci für Japan, Rafael Altamira für Spanien, Clovis Bevilaqua für Brasilien, später durch Raoul Fernandez ersetzt, Baron Descamps für Belgien, Francis Hagerup für Norwegen, Albert de Lapradelle für Frankreich, Bernard Loder für die Niederlande, Lord Phillimore für das Vereinigte Köngreich, Arturo Ricci-Busatti für Italien und Elihu Root gemeinsam mit seinem Berater und Vertreter James Brown Scott für die USA.[40] Einige der Mitglieder hatten ihre eigenen Sekretäre anwesend.[41] Zudem nahmen von Seiten des Völkerbunds Untergeneralsekretär Dionisio Anzilotti und sein Mitarbeiter Åke Hammarskjöld, Bruder des späteren Generalsekretärs der Vereinten Nationen, Dag Hammarskjöld, teil.[42]

Mit Ausnahme von Elihu Root war die Arbeitssprache Französisch, sodass diese Textfassung des Protokolls grundsätzlich auch die „authentischere" ist.[43] Der tatsächliche Verlauf der Sitzungen lässt sich aus den anschließend vielfach redigierten Protokollen nicht in all seinen Facetten rekonstruieren, wird aber durch die offiziellen und privaten Berichte von Hammarskjöld, Korrespondenzen unter den Mitgliedern sowie die späteren Veröffentlichungen von Scott näher beleuchtet.[44] Einen besonders wertvollen Beitrag in der historischen Aufarbeitung hat dabei Ole Spiermann geleistet, der eine Vielzahl von Archivalien im Original sichten konnte.[45]

Die allgemeinen Rechtsgrundsätze erblickten in ihrer heutigen Form am 1. Juli 1920 mit dem Vorschlag eines Rechtsquellenkatalogs für den geplanten Gerichtshof von Baron Descamps das Licht der (formaljuristischen) Welt. Descamps Vorschlag enthielt die Formulierung „les règles de droit international telles que les reconnaît la conscience juridique des peuples civilisés" bzw. „the rules of international law as recognized by the legal conscience of civilised nations",[46] eine wohl auch an der Martens'schen

40 PV III-IV
41 Ibid.
42 Cf. Spiermann (Fn. 11), S. 190.
43 PV IV. Cf. auch Spiermann (Fn. 11) ibid. sowie id.: *International Legal Argument in the Permanent Court of International Justice. The Rise of the International Judiciary.* Cambridge University Press: Cambridge 2005, S. 7.
44 Cf. dahingehend auch Spiermann (Fn. 11), S. 191–192.
45 Cf. ibid.
46 PV 293 und 306.

Klausel[47] orientierte Wortwahl.[48] Pellet verortet dabei drei Positionen, welche dieser Vorschlag im Komitee hervorrief: erstens, ein solcher Katalog sei überhaupt entbehrlich; zweitens, dem Vorschlag von Descamps sei vollinhaltlich beizupflichten; drittens, Ablehnung.[49] Bekanntermaßen stieß sich Root an Descamps Formulierung mit der Folge einer Reihe von Alternativvorschlägen und Erläuterungen im Komitee, aus denen sich das Narrativ eines Gegensatzes zwischen Rootschem Positivismus und Descampschem Naturrecht ergeben hat.[50]

Doch vertrat Descamps nicht notwendigerweise ein rein destilliertes Naturrecht, sprach er doch von „fundamental law of justice and injustice deeply engraved on the heart of every human being and which is given its highest and most authoritative expression in the legal conscience of civilised nations“ bzw. „la loi fondamental du juste et de l'injuste, profondément gravée au cœur de tout être humain et qui reçoit son expression la plus haute et la plus autorisée dans la conscience juridique des peuples civilisés“.[51] Bin Cheng hat bereits darauf hingewiesen, dass „la conscience juridique des peuples civilisés“ nicht gleichzusetzen sein muss mit einem Gewissen, sondern „la conscience“ auch mit Rechtsverständnis übersetzt werden kann. An anderer Stelle spricht Descamps aber wieder von allgemeinen Rechtsgrundsätzen als „objective justice“ bzw. „justice objective“,[52] Lapradelle von „law, justice, and equity“ bzw. „le droit, la justice et l'équité“.[53]

Wie könnte nun eine solche objektive Gerechtigkeit erreicht werden? Einen wertvollen Ansatz zumindest für das US-amerikanische zeitgenössische Verständnis liefert Scott, der in seinen Ausführungen zu den Diskussionen im

47 Präambel der Haager Landkriegsordnung, RGBl 180/1913: „Solange, bis ein vollständigeres Kriegsgesetzbuch festgestellt werden kann, halten es die hohen vertragschließenden Teile für zweckmäßig festzusetzen, daß in den Fällen, die in den Bestimmungen der von ihnen angenommenen Ordnung nicht inbegriffen sind, die Bevölkerung und die Kriegführenden unter dem Schutze und der Herrschaft der Grundsätze des Völkerrechtes bleiben, wie sie sich aus den unter gesitteten Völkern feststehenden Gebräuchen, aus den Gesetzen der Menschlichkeit und aus den Forderungen des öffentlichen Gewissens ergeben.“

48 Cf. PV 323–324.

49 Pellet / Müller (Fn. 7), S. 828, Rz. 24.

50 Cf. Fn. 20.

51 PV 310–311.

52 PV 322–324.

53 PV 295.

Komitee etwa den amerikanischen höchstgerichtlichen Fall *Thirty Hogsheads*[54] *of Sugar v. Boyle* aus dem Jahr 1815 nannte:

> The law of nations is the great source from which we derive those rules [...] which are recognized by all civilized and commercial states throughout Europe and America. This law is in part unwritten, and in part conventional. To ascertain that which is unwritten, we resort to the great principles of reason and justice; but, as these principles will be differently understood by different nations under different circumstances, we consider them as being, in some degree, fixed and rendered stable by a series of judicial decisions.[55]

Es ging also hier um Grundsätze, die sich aus Vernunft im Sinne rationaler Deduktion und Gerechtigkeit ergäben, aber aufgrund möglicherweise unterschiedlicher Vorstellungen erst durch Gerichtsentscheidungen ihre wahre Konkretisierung erfahren würden: weniger objektive Gerechtigkeit im Sinne des Naturrechts als eine Ableitung auf Basis der juristischen Methodenlehre.

Ricci-Busatti schien im Komitee jedenfalls einen solchen Weg zu beschreiten, der die allgemeinen Rechtsgrundsätze als Instrument der Rechtsanwendung sieht. Er spricht von „general rules which permit the solution of any question" bzw. „règles générales qui permettent de résoudre toute question".[56] In dieselbe Kerbe schlägt wohl auch Fernandes mit seinem Verständnis „founded on certain incontrovertible principles of law" bzw. „principes de droit, supérieurs à toute controverse".[57] Daran anknüpfend setzt Phillimore seine berühmten allgemeinen Rechtsgrundsätze „accepted by all nations *in foro domestico*" bzw. „acceptés par toutes les nations *in foro domestico*" und spricht auch von „maxims of law" bzw. „maximes du droit".[58]

Welche unveränderlichen Grundsätze sind es, die eine Lösung jeder Frage erlauben? An welchen übergeordneten Maximen orientiert sich die Anwendung des positiven Rechts? Es sind dies nach heutigem Verständnis die Schlüsse der Logik (*a fortiori* und *e contrario*), die Regeln der Normenkollision (*lex posterior derogat legi priori*, *lex specialis derogat legi generali* und *lex superior derogat legi inferiori*) und die Auslegungsmaximen (nach Wortlaut, Systematik und Telos),

54 In diesem Fall ging es tatsächlich um „hogsheads of sugar", was allerdings einem Maß von etwa 300 Liter und keinem gezuckerten Sauschädel entspricht.

55 Scott (Fn. 33), S. 110.

56 PV 314–315.

57 PV 345.

58 PV 335.

wie sie die juristische Methodenlehre bilden:[59] die Spachteln, mit denen das Fundament der Dogmatik glattgezogen wird.

Pellet bemerkt, wohl auf Basis der Aussagen von Elihu Root, dass es dem Komitee insgesamt wichtiger war, eine Formulierung zu finden, die für Staaten akzeptabel wäre, als sich mit den zugrunde liegenden konzeptuellen Fragen auseinanderzusetzen.[60] Eine Mehrheit vertrat jedenfalls auch 1920 vordergründig die Ansicht, dass es zu keiner *non liquet* Situation kommen dürfte.[61] Vor dem Hintergrund des heutigen „Normenhungers"[62] schwer vorstellbar, konnte Heinrich Lammasch 1913 noch schreiben: „Der ‚Lücken' im Völkerrecht sind nur noch allzuviele."[63] Auch er fand, dass „*Rechtsanalogie* und *wissenschaftliche Entwicklung* [. . .] in solchen Fällen, in denen *positive Normen* des Völkerrechts fehlen, die Grundlage des Spruches bilden müssen."[64]

Nachdem der finale Kompromiss an den Rat des Völkerbunds übermittelt worden war, fand sich in einer ironischen Wende kurzzeitig noch der Vorschlag des Franzosen Henri Fromageot der Ergänzung „general principles of law and justice" im Text, was allerdings auf Betreiben des griechischen Vertreters Nicolas Politis wieder entfernt wurde.[65]

---

59 Nach dem wohl bekanntesten sowjetischen Völkerrechtler, Grigory Tunkin, dürften es jedenfalls bloß wertfreie Grundsätze sein, die als allgemeine Rechtsgrundsätze in Frage kämen, wie eben aus der juristischen Methodenlehre. Cf. Tunkin, Grigory: *Theory of International Law.* Harvard University Press: Cambridge 1974, S. 200.

60 Pellet / Müller (Fn. 7), S. 923, Rz. 251.

61 Cf. ibid., S. 829, Rz. 29.

62 Cf. Simma, Bruno: *Das Reziprozitätselement in der Entstehung des Völkergewohnheitsrechts.* Wilhelm Fink: München 1970, S. 28.

63 Lammasch, Heinrich: *Die Rechtskraft internationaler Schiedssprüche.* H. Aschehoug & Co.: Kristiania 1913, S. 44.

64 Ibid., S. 47. Cf. auch Lammasch, Heinrich: *Der Völkerbund zur Bewahrung des Friedens. Entwurf eines Staatsvertrages mit Begründung.* W. Trösch: Olten 1918, S. 36–37: „Diese Grundsätze sind dem zwischen den Parteien geltenden Völkerrecht zu entnehmen, ohne Unterschied, ob sie bloß zwischen diesen beiden Parteien, etwa in Kraft eines von ihnen geschlossenen Vertrages, oder ob sie in allgemeinerer Ausdehnung gelten, ob sie aus dem geschriebenen oder dem ungeschriebenen Rechte fließen, ob sie aus diesen Rechtsquellen unmittelbar oder bloß durch Analogieschluss abgeleitet werden können."

65 Cf. Pellet / Müller (Fn. 7), S. 831, Rz. 40; Spiermann (Fn. 11), S. 249.

C. Anerkannt

Nach diesem Versuch der Begriffserörterung stellt sich die Frage nach der Qualität der Anerkennung im Sinne des Art. 38(1)(c) StIGH-Statut. Denn nicht allgemeine Rechtsgrundsätze an sich, sondern lediglich „die von den zivilisierten Staaten *anerkannten* allgemeinen Rechtsgrundsätze“[66] sind es, die der Gerichtshof anzuwenden hat. Soll es sich hierbei um einen ausdrücklichen Willensentschluss oder eine Art *opinio iuris* handeln? Muss der Rechtsgrundsatz schlicht innerstaatlich feststellbar sein oder reichen schon Akzeptanz oder Bekanntheit der Existenz eines solchen allgemeinen Rechtsgrundsatzes?

Hierfür geben die Diskussionen im Advisory Committee of Jurists leider wenige Anhaltspunkte. Für Phillimore geht es um die Anerkennung *„in foro domestico“*.[67] Nach Lapradelle sind es „principles which formed the bases of national law [. . .] obtained unanimous or quasi-unanimous support“ bzw. „principes qui sont à la base du droit national [. . .] réuni autour d'eux l'unanimité ou la quasi-unanimité“.[68] Ricci-Busatti lehnte jedenfalls klar ab, „that the opinions of authors could be considered as a *source of law*, to be applied by the Court“ bzw. „que les opinions des auteurs puissent être considérées comme une *source de droit*, à appliquer par la Cour“.[69]

Der StIGH sowie sein Nachfolger schweigen notorisch zur Frage der Herleitung allgemeiner Rechtsgrundsätze. Vereinzelt finden sich aber Parteienanträge oder abweichende Meinungen von Richtern des IGH, in denen mit der rechtsvergleichenden Methode allgemeine Rechtsgrundsätze aus den Rechtssystemen selbst abgeleitet werden.[70] Gemeinhin findet sich dabei die Ansicht, dass neben den erwarteten großen Rechtsfamilien des Kontinentalrechts und des angelsächsischen „common law“ auch Scharia-Recht,[71] asiatisches Recht oder afrikanisches Stammesrecht – früher zudem noch Sowjetrecht[72] – zur Anwendung kommen.[73]

---

66 Hervorhebung durch den Autor.

67 PV 335.

68 PV 335.

69 PV 332.

70 Cf. dazu m.w.N. Pellet / Müller (Fn. 7), S. 928, Rz. 265.

71 So etwa ibid., S. 928, Rz. 264, Fn. 785: „*I.e.* mainly, civil (or continental) law and common law, from which probably all contemporary municipal laws borrow part of their rules; to this should certainly be added nowadays, at least in some fields, the Islamic system and the specific characters deriving from adherence to socialist doctrines.“

72 Cf. ibid.

73 Cf. insbesondere *North Sea Continental Shelf (Federal Republic of Germany v. Denmark & Netherlands)*, Separate Opinion of Judge Fouad Ammoun. ICJ Rep. 1969,

Sind damit auch soziale oder religiöse Normen Anerkennungsgegenstand? Es drängt sich die Frage auf nach der normativen Ordnung, aus der ein allgemeiner Grundsatz erwachsen kann, sofern damit nicht lediglich die rechtskulturelle Prägung von Staaten angesprochen ist. Damit wäre die Ausgestaltung der allgemeinen Rechtsgrundsätze jedenfalls fragmentiert.

Die unhinterfragte Offenheit der Lehre – und vereinzelter Richter – zum Scharia-Recht überrascht dabei, dürfte aber auf die rege Publikationstätigkeit vereinzelter muslimischer Völkerrechtler der letzten Jahrzehnte, prominent etwa Mohammed Cherif Bassiouni,[74] sowie einem insgesamt gestiegenen Interesse an dieser Materie[75] zurückzuführen sein. Es finden sich keine Lehrmeinungen, die das kanonische Recht, talmudische Lehren oder – um es polemisch auszudrücken – Dianetics als Maßstab allgemeiner Rechtsgrundsätze heranzuziehen suchen.[76]

S. 101, S. 135–141: „It is the common underlying principle of national rules in all latitudes which explains and justifies their annexation into public international law. Thus the general principles of law, when they effect a synthesis and digest of the law *in foro domestico* of the nations – of all the nations – seem closer than other sources of law to international morality. By being incorporated in the law of nations, they strip off any tincture of nationalism, so as to represent, like the principle of equity, the purest moral values. [...] Incorporated into the great legal systems of the modern world referred to in Article 9 of the Statute of the Court, the principle of equity manifests itself in the law of Western Europe and of Latin America, the direct heirs of the Romano-Mediterranean jus gentium; in the common law [...]; in Muslim law [...] by the Koran and the teaching of the four great jurisconsults of Islam condensed in the Shari'a [...]; Chinese law, [...], in harmony with the Marxist-Leninist philosophy; Soviet law [...]; Hindu law [...]; finally the law of the other Asian countries, and of the African countries." Cf. auch Dörr, Oliver: „Weitere Rechtsquellen des Völkerrechts". In: Ipsen, Knut: *Völkerrecht. Ein Studienbuch*, Epping, Volker / Heintschel von Heinegg, Wolff (Hrsg.), C.H. Beck: München 2018, S. 562, Rz. 3.

74 Beispielhaft etwa Bassiouni, M. Cherif: *The Shari'a and Islamic Criminal Justice in Time of War and Peace*. Cambridge University Press: Cambridge 2013; Bassiouni, M. Cherif (Hrsg.): *The Islamic Criminal Justice System*. Oceana Publications: Dobbs-Ferry 1982.

75 Cf. beispielhaft etwa den Konferenzband Frick, Marie-Luisa / Müller, Andreas (Hrsg.): *Islam and International Law. Engaging Self-Centrism from a Plurality of Perspectives*. Brill Nijhoff: 2013.

76 Falls sie doch existieren, sind sie obskur.

Schon der Wortlaut „of law“ bzw. „de droit“ scheint aber ein klares Bekenntnis des Advisory Committee of Jurists zur *Rechts*ordnung auszudrücken. Sofern diese rechtskulturell das positivierte Recht prägen, stellt dies natürlich eine andere Frage dar. Damit würde aber dann streng genommen nicht etwa Scharia-Recht anerkannt, sondern lediglich das von einem Staat innerstaatlich angewandte Scharia-Recht.

Auch das Jugoslawientribunal spricht in *Tadić* von den „major legal systems of the world“,[77] womit wohl die *Rechts*ordnung gemeint ist und nicht jede erdenkliche normative Ordnung. Das IStGH-Statut scheint in Art. 21(1)(c) als Spiegelbild der allgemeinen Rechtsgrundsätze ausschließlich das positivierte Recht heranzuziehen.[78]

Eine tiefergehende empirische Studie zur Aufnahme alternativer normativer Ordnungen als allgemeine Rechtsgrundsätze durch die Völkerrechtsgemeinschaft existiert nicht. Anzunehmen wäre aber, dass die herangezogenen Rechtsfiguren nicht zuletzt aufgrund kolonialer Überlagerungen ausschließlich auf kontinentales und angelsächsisches Rechtsverständnis beschränkt bleiben, mit einem Hang zum „common law“.[79] Der Verweis auf die Existenz allgemeiner Rechtsgrundsätze auch aus anderen normativen Ordnungen erschiene damit als eurozentristisches Feigenblatt, das aber letztlich auf die Tatsache historischer Genese der Rechtssysteme dieser Welt zurückzuführen ist.

D. Zivilisierte Staaten

Für einen Positivisten stellt sich abschließend die berechtigte Frage, ob die Bezeichnung der Anerkennungssubjekte als „civilized nations“ bzw. „peuples civilisés“ nicht möglicherweise eine bis heute relevante und wichtige normative Schranke für die Entstehung allgemeiner Rechtsgrundsätze zu sehen ist,

---

77 ICTY, *Prosecutor v. Duško Tadić*, IT-94-1-A, Appeals Chamber Judgment, 15.7.1999, Rz. 225.

78 Cf. auch Cassese (Fn. 9), S. 193; Thirlway, Hugh: „The Sources of International Law“. In: Evans, Malcolm D. (Hrsg.): *International Law.* Oxford University Press: Oxford 2010, S. 104.

79 Schon Lord Phillimore vertrat im Advisory Committee of Jurists, dass „common law“ Grundsätze im Wesentlichen auf die internationalen Beziehungen anwendbar seien respektive Völkerrecht darstellen. Cf. PV 316. Sieh hinsichtlich des Faktors Ausbildung im anglophonen Raum auch von Arnauld, Andreas: *Völkerrecht.* C.F. Müller: Heidelberg 2016, S. 112, Rz. 265.

anstatt diese „archaische“[80] Voraussetzung als historischen Rucksack schlicht zu überlesen.[81]

Bewertungen der Klausel reichen von „ein Relikt des eurozentristischen Verständnisses des Völkerrechts des 19. und frühen 20. Jahrhunderts“,[82] „nowadays entirely devoid of any particular meaning“,[83] „irrelevant and can be ignored“,[84] „murky“,[85] „out of place“[86] bis hin zu „inappropriate“.[87] Eine mittlerweile klassische Kritik findet sich in der Einzelmeinung von Richter Ammoun im *Nordsee Festlandsockel*-Fall.[88] Nach einer Reihe klassischer Autoren, zu

---

80 Dupuy, Pierre-Marie: „La pratique de l'article 38 du Statut de la Cour internationale de Justice dans le cadre des plaidoiries écrites et orales“. In: Office of Legal Affairs (Hrsg.): *Collection of Essays by Legal Advisers of States, Legal Advisers of International Organizations and Practitioners in the Field of International Law.* United Nations: New York 1999, S. 394.

81 So etwa Pellet / Müller (Fn. 7), S. 927, Rz. 262, aber auch schon *North Sea Continental Shelf*, Separate Opinion of Judge Fouad Ammoun, (Fn. 73), S. 133 und 136.

82 Krajewski, Markus: *Völkerrecht.* Nomos: Baden-Baden 2017, S. 95, Rz. 149. Anders Herdegen, Matthias: *Völkerrecht.* C.H. Beck: München 2018, S. 161.

83 Pellet / Müller (Fn. 7), S. 927, Rz. 261.

84 Dixon, Martin: *Textbook on International Law.* Oxford University Press: Oxford 2013, S. 42.

85 Fitzmaurice, Malgosia: „The History of Article 38 of the Statute of the International Court of Justice. The Journey From the Past to the Present“. In: Besson, Samantha / D'Aspremont, Jean (Hrsg.): *The Oxford Handbook on the Sources of International Law.* Oxford University Press: 2017, S. 193.

86 Thirlway, Hugh: *The Sources of International Law.* Oxford University Press: Oxford 2019, S. 108.

87 Yee, Sienho: *Towards an International Law of Co-progressiveness, Part II. Membership, Leadership and Responsibility.* Brill Nijhoff: Leiden 2014, S. 23.

88 Cf. *North Sea Continental Shelf*, Separate Opinion of Judge Fouad Ammoun (Fn. 73), S. 133–135: „Maintained and sometimes reinforced at the time of the great historical settlements [. . .], European international law had been defended by jurists of indisputable authority in the majority of branches of international law [. . .]. However great and powerful the thinking of these renowned jurists may be, their concept of a family of European and North Atlantic nations is nonetheless beginning to be blurred by the reality of the universal community, in the thinking of the internationalists of a new age [. . .]. What is more, the universalist jurists of Europe had been preceded by those of Asia and the Middle East [. . .]. [. . .] If it is borne in mind particularly that the general principles of law [. . .] are nothing other than the norms common to the different legislations of the world, united by the identity of the legal reason therefor, or the *ratio legis*, transposed from the internal legal system to the international legal system [. . .].“ Cf. dazu auch Danilenko, Gennady M., *Law-making in the International*

denen jedenfalls Akehurst,[89] Cheng,[90] Sørensen[91] oder Verdross[92] gezählt werden können, gilt heute jeder Staat, der Mitglied der Vereinten Nationen ist, als „zivilisiert". Immerhin hatte schon Lapradelle im Komitee bemerkt, „qui dit droit dit civilisation" respektive „law implies civilisation".[93]

Diese Lesart kann jedoch weder auf Basis der juristischen Methodenlehre, noch aus rechtshistorischer Betrachtung überzeugen. Freilich entstammt die Klausel dem (kolonialen) Völkerrechtsverständnis des ausgehenden 19. Jahrhunderts.[94] Im *Russische Entschädigungen*-Fall sprach das Tribunal noch von „States forming the European concert".[95] Nach wie vor erweckt der Begriff ein Sittenbild, wie es der Österreicher Heinrich Lammasch von einem Britischen Vertreter bei der Haager Friedenskonferenz, General Sir John Ardagh, zeichnet, als „Verteidiger der Dumdumkugeln wenigstens für den Krieg gegen die ‚Wilden'".[96]

Doch deutet der Begriff auch auf die Genese des Völkerrechts vor dem Hintergrund der Entstehung einer Staatlichkeit im heutigen Sinn. So schreibt Gray etwa: „Such relations [im Sinne des Law of Nations] obtain between modern civilized nations."[97] Das Interesse an der Teilnahme an einem multilateralen

---

Community. Martinus Nijhoff: Dordrecht 1993; S. 177; Vitanyi, Béla, „Les Positions de la Doctrine Concernant le Sens de la Notion de Principes Généraux de Droit Reconnus par les Nations Civilisées". *Revue Générale de Droit International Public* 86, 1982, S. 54–55.

89 Malanczuk, Peter: *Akehurst's Modern Introduction to International Law.* Routledge: London/New York 1997, S. 48.

90 Cheng (Fn. 26), S. 25.

91 Sørensen, Max: „Principes de Droit International Public. Cours Général". *Recueil des Cours de l'Académie de Droit International de La Haye* 101, 1960, S. 42.

92 Verdross (Fn. 27), S. 127, der soweit geht, auch die Mitgliedschaft in „anderen universellen Internationalen Organisationen" gelten zu lassen.

93 PV 335.

94 Mälksoo, Lauri: „Sources of International Law in the Nineteenth-Century European Tradition. Insights From Practice and Theory". In: Besson, Samantha / D'Aspremont, Jean (Hrsg.): op.cit., S. 148–150.

95 *Russian Claim for Interest on Indemnities (Damages Claimed by Russia for Delay in Payment of Compensation Owed to Russians Injured During The War Of 1877–1878)* (Russland/Türkei), Schiedsspruch vom 11. November 1912, S. 11, zitiert nach der Übersetzung auf der Webseite des Ständigen Schiedshofs, retrieved 10.1.2021, from https://pca-cpa.org/en/cases/89/.

96 Lammasch, Heinrich: „Aus meinem Leben. 1899–1905". In: Lammasch, Marga und Sperl, Hans (Hrsg.): *Heinrich Lammasch. Seine Aufzeichnungen, sein Wirken und seine Politik.* Franz Deuticke: Wien/Leipzig 1922, S. 14.

97 Gray (Fn. 39), S. 121.

Wertesystem ist es denn auch, wenn Edwin Borchard 1915 von „states professing membership in the international community"[98] oder Heinrich Lammasch 1918 von Staaten, die „höhere[n] Zivilisationsanspruch erheben", spricht.[99] Die bereits zitierte Entscheidung *Thirty Hogsheads of Sugar v. Boyle* spricht von „civilized and commercial states", solchen also, die in internationale Wirtschaftsbeziehungen eintreten möchten. Neben allen zynischen Beschwörungen der Zivilisation dürfte sich aber doch das Verbot der Sklaverei im 19. Jahrhundert zu einem Formalkriterium für die Zugehörigkeit in der Staatengemeinschaft entwickelt haben.[100] Teils wurde das Kriterium „friedliebend" im Sinne von Art. 2(4) der Satzung der Vereinten Nationen als moderne Alternative vorgeschlagen.[101]

Möglicherweise steht der nach wie vor problematische Begriff aber dem eigentlichen Telos der Klausel im Weg. So wie der Titel von Pippi Langstrumpfs Vater im Taka-Tuka-Land beim Lesen von Astrid Lindgrens Kinderbüchern befremdlich erscheinen und abzulehnen sein mag, ändert dies nichts an der Existenz der Romanfigur.[102] Ebensowenig sollte man vielleicht dem Element einer Vorschrift aufgrund veralteter, nunmehr politisch inkorrekter Terminologie so rasch die rechtliche Wirkung absprechen,[103] übersieht man dabei doch möglicherweise Ziel und Zweck der Verfasser. Angebrachter wäre es eher, aus den „zivilisierten Staaten" einen „Südseekönig" zu machen und anschließend auf der materiellen Ebene nach den möglichen Implikationen zu fragen. In der Martens'schen Klausel scheint sich jedenfalls meiner Erfahrung nach niemand am Begriff zu stoßen. „Zivilisiert" im Sinne von „humanistisch"?

98 Borchard, Edwin M.: *The Diplomatic Protection of Citizens Abroad or the Law of International Claims*. The Banks Law Publishing Co. 1922, S. 12.

99 Lammasch (Fn. 64), S. 36–37: „Alle Staaten, die auf höhere Zivilisation Anspruch erheben, müssen Streitigkeiten, die nicht durch unmittelbare Verhandlungen zwischen den Parteien geschlichtet worden sind, entweder durch eine gerichtliche oder durch eine schiedsgerichtliche Instanz schlichten lassen, sofern diese Streitigkeiten einer Beurteilung nach allgemeinen Grundsätzen fähig sind."

100 Cf. dazu Grewe (Fn. 15), S. 529.

101 So Malanczuk (Fn. 89), S. 48; Hobe, Stephan: *Einführung in das Völkerrecht. Begründet von Otto Kimminich*. UTB: Tübingen 2014, S. 216.

102 „Kein ‚Negerkönig' mehr bei Pippi Langstrumpf". *Die Presse* 6.7.2010, retrieved 10.1.2020, from https://diepresse.com/home/panorama/integration/579386/Kein-Negerkoenig-mehr-bei-Pippi-Langstrumpf.

103 Es sei denn, der Bestimmung würde die Schranke des *ius cogens superveniens* im Sinne von Art. 63 WVK entgegenstehen.

In der Tat erschiene es im Gegensatz zu einer rein formalen rechtsvergleichenden Betrachtung sinnvoll, darin eine normative Schranke zu sehen. Fraglich bleibt lediglich wofür. Bin Cheng zufolge ging es um die Klarstellung zwischen französischer und englischer Textfassung, dass „nations" nicht im Sinne von „people" zu verstehen sei.[104] Georg Schwarzenberger schrieb 1953 – nach Lesart gestützt auf seine Biographie und die Verbindung zu Radbruch wohl noch vor dem Eindruck des Zweiten Weltkriegs – im Hinblick auf den Ersten Weltkrieg, im Vorwort zu Chengs ikonischer Abhandlung zu den allgemeinen Rechtsgrundsätzen über das Advisory Committee of Jurists:

> They reintroduced the standard of civilisation into international law and drew a sharp, and necessary, dividing line between civilised and barbarian nations.[105]

Dies erinnert freilich an die ersten konzeptuellen Gehversuche des Völkerstrafrechts der 1920er und 1930er Jahre, bei denen „Vandalismus" und „Barbarei" noch den Rang der heutigen „Verbrechen gegen die Menschlichkeit" oder des „Genozids" einnahmen.[106] So hat auch Vladimir-Djuro Degan vorgeschlagen, diese Klausel als Schranke gegenüber Rechtsgrundsätzen eines politischen Systems nationalsozialistischer Prägung zu sehen.[107]

Weniger drastische Beispiele im modernen Kontext wären eine Orientierung der auf völkerrechtlicher Ebene übernommenen allgemeinen Rechtsgrundsätze an der Rechtsprechung internationaler Menschenrechtsgerichte und den Vertragsorganen der verschiedenen Menschenrechtsverträge.[108] „Zivilisiert"

---

104 Cheng (Fn. 26), S. 25.

105 Schwarzenberger, Georg: „Foreword". In: Cheng, Bin, *General Principles of Law as Applied by International Courts and Tribunals*. Stevens & Sons: 1953, S. xi.

106 Cf. zu den Arbeiten Raphaël Lemkins dahingehend Cooper, John: *Raphael Lemkin and the Struggle for the Genocide Convention*. Palgrave Macmillan: Basingstoke 2015, S. 18–19; Irvin-Erickson, Douglas: *Raphaël Lemkin and the Concept of Genocide*. University of Pennsylvania Press: Philadelphia 2017, S. 45–50; Lang, Berel: „The Concept of Genocide". In: Moses, A. Dirk (Hrsg.): *Genocide. Critical Concepts in Historical Studies. Volume I. The Discipline of Genocide Studies*. Routledge: London 2010, S. 116; Shaw, Martin: *What is Genocide?* Polity Press: Cambridge 2015^2, S. 14–15; Ternon, Yves: *L'État Criminel. Les Génocides au XXe Siècle*. Seuil: Paris 1995, S. 26.

107 Cf. Vladimir-Djuro, Degan: „General Principles of Law (A Source of General International Law)". *Finnish Yearbook of International Law* 3, 1992, S. 55–56.

108 So auch Petersmann, Ernst-Ulrich: „Constitutionalism and International Adjudication: How to Constitutionalize the U.N. Dispute Settlement System?". *New York University Journal of International Law and Politics* 31, 1998, S. 785, der argumentiert, dass der IGH „the general principles of international law in light of the human

im Sinne von „humanistisch“ bedeutet demnach auch eine Orientierung an Werten wie Menschenwürde. Das innere Recht eines „Schurkenstaats“ sollte zumindest aus normativer Sicht keine passende Schablone für die Lösung einer internationalen Streitigkeit liefern können. Aus dieser Sicht kann nicht jeder Staat, der Mitglied der Vereinten Nationen ist, automatisch als zivilisiert gelten.[109] Ebenso zynisch wäre es, das Formalkriterium für eine Mitgliedschaft in den Vereinten Nationen, „friedliebend“ zu sein, für eine faktische Aussage zum Charakter Nordkoreas heranzuziehen.

Vorstellbar wäre nach dieser Betrachtung die Klausel jedenfalls als Schranke gegenüber Regeln des Scharia-Rechts, die einer Geschlechterdiskriminierung, der Verletzung universeller Grundsätze über die Behandlung Minderjähriger oder grausamer, unmenschlicher oder erniedrigender Behandlung oder Strafe gleichkämen.[110]

Klar ist auch, dass dieser Anspruch an die Rechtsprechung des IGH auch ohne diesen Schritt dogmatischer Inklusion erfüllt sein wird. Aber es erscheint nicht abwegig, dass dies der Geist hinter der heute verpönten Phrase sein könnte, nicht bloß die Nachwehen eines kulturimperialistischen Völkerrechtsverständnisses.

---

rights jurisprudence of international human rights courts and the U.N. human rights bodies“ anwenden sollte.

109 Cf. zu diesem Gedankengang bereits Tomuschat, Christian: „Obligations Arising for States Without or Against Their Will“. *Recueil des Cours de l'Académie de Droit International de La Haye* 241, 1993, S. 319: „What matters are the principles recognized by all those States that seek to abide by standards of civilization respecting human dignity. In sum, the qualification 'civilized' is an essential screening element which permits distinctions between States, departing from formalistic reliance on sovereign equality. Unfortunately, it is a fact of life that a State machinery, usurped by a gang of unscrupulous politicians, can turn into an instrument of crime, both internally and externally. According to the law as it stands, even such a State does not forfeit automatically all of its rights under international law. But its legal régime and practice must be left out of consideration in determining the foundations of the international community, translated into legal substance by Article 38 (1) (c) of the ICJ Statute. It is therefore utterly wrong to state that under the auspices of the Charter of the United Nations every State must be acknowledged as a civilized nation.“

110 Cf. dazu bereits Beham, Markus P.: *State Interest and the Sources of International Law. Doctrine, Morality, and Non-Treaty Law.* Routledge: New York 2018, S. 112, Fn. 410. Im Hinblick auf Art. 21(1)(c) des IStGH-Statuts cf. id.: „Islamic Law and International Criminal Law“. In: Frick, Marie-Luisa und Müller, Andreas (Hrsg.): *Islam and International Law.* Martinus Nijhoff: The Hague 2013, Bd. 7, S. 359–361.

Maarten Bos argumentierte bereits, dass der Begriff lediglich den „idealism which animated Baron Descamps" widerspiegelt.[111]

E. Conclusio

Lässt sich rechtshistorisch ein Gegensatz zwischen Positivismus und Naturrecht in der Konzeption allgemeiner Rechtsgrundsätze erkennen? Eher drängt sich ein dritter Weg auf, der hin zur juristischen Methodenlehre der einzelnen nationalen Rechtssystemen führt: allgemeine Rechtsgrundsätze als rechtssoziologisches Eingeständnis der juristischen Ausbildung, die letztlich die Rechtsanwendung, auch im Mehrebenensystem, gewährleistet. Wie auch Art. 9 des IGH-Statuts heute fordert:

> At every election, the electors shall bear in mind not only that the persons to be elected should individually possess the qualifications required, but also that in the body as a whole the representation of the main forms of civilization and of the principal legal systems of the world should be assured.

Im Versuch einer Ausdifferenzierung der Meinungen im Advisory Committee of Jurists erschiene das jedenfalls als kleinster gemeinsamen Nenner in Frage zu kommen. In diese Richtung geht wohl auch die Abweichende Meinung von Richter Levi Carneiro im *Anglo-Iranian Oil Co*-Fall zwischen dem Vereinigten Königreich und Iran:

> It is inevitable that everyone of us in this Court should retain some trace of his legal education and his former legal activities in his country of origin. This is inevitable, and even justified, because in its composition the Court is to be representative of ‚the main forms of civilization and of the principal legal systems of the world' (Statute, Article 9), and the Court is to apply ‚the general principles of law recognized by civilized nations'. (Statute, Article 38 (1) (c).)[112]

---

111 Bos, Maarten: „The Recognized Manifestations of International Law. A New Theory of 'Sources'". *German Yearbook of International Law* 20, 1977, S. 42. Cf. auch Dixon, S. 42, der meint dass „possibly this was meant to exclude consideration of ‚primitive' or ‚underdeveloped' legal systems, rather than being a reference to the economic or political status of different countries". Ebenso Aust, Anthony: *Handbook of International Law.* Cambridge University Press: Cambridge et al. 2005, S. 8, Fn. 28: „‚Civilized' should not be seen as a demeaning term; the Statute is merely referring to states that have reached an advanced state of legal development."

112 *Anglo-Iranian Oil Co.* (Vereinigtes Königreich/Iran), Abweichende Meinung von Richter Levi Carneiro 22.7.1952, S. 161, Rz. 14.

Anerkannt wird, was in den innerstaatlichen Rechtssystemen, jedenfalls in der Rechtsausbildung, Ausdruck findet.

Ein Völkerrechtsystem, das völlig unabhängig unserer nationalen Rechtsverständnisse zur Anwendung gebracht wird, erschiene auch als sterile Utopie. Die allgemeinen Rechtsgrundsätze sichern den Richtern des damals StIGH und heute IGH die Möglichkeit, ihre rechtswissenschaftliche Ausbildung nicht im Sicherheitscontainer an den Toren des Friedenspalastes abzustreifen.

Der rechtshistorische Blick scheint damit auch die Sicht Sørensens zu bestätigen, die allgemeinen Rechtsgrundsätze seien „le ciment qui assure la cohésion du droit international avec les ordres juridiques nationaux". Sie legitimieren dadurch auch das Völkerrechtssystem an sich. In den Worten von *The Big Lebowski* sind die allgemeinen Rechtsgrundsätze damit „the rug that really tied the room together". Soviel ist dem Advisory Committee of Jurists in jedem Fall zu entnehmen.

Philipp Janig*

Allgemeine Rechtsgrundsätze des Völkerrechts (*general principles of international law*): Entwirrung eines enigmatischen Konzepts

A. Einleitung

Der Rechtsquellenkatalog des Art. 38(1) Statut des Internationalen Gerichtshofs (IGH) verweist, neben den völkerrechtlichen Verträgen und dem Völkergewohnheitsrecht, auch auf die sogenannten „*general principles of law recognized by civilized nations*" („die von den zivilisierten Staaten anerkannten allgemeinen Rechtsgrundsätze").[1] Diese Formulierung geht auf die Arbeit des *Advisory Committee of Jurists* des Völkerbundes zurück, das damit beauftragt war, einen Entwurf für das Statut des Ständigen Internationalen Gerichtshofs (StIGH) zu verfassen.[2] Während das Komitee sich nicht tiefgehend mit rechtstheoretischen bzw. rechtsdogmatischen Fragen hinsichtlich der allgemeinen Rechtsgrundsätze beschäftigte (und wohl aufgrund von zeitlichen Beschränkungen nicht damit beschäftigen konnte), kamen in der Debatte doch zwei vermeintlich gegensätzliche Positionen zum Ausdruck: dass es sich dabei entweder um naturrechtliche Rechtsgrundsätze handeln solle, oder um Rechtsgrundsätze, die aus nationalen Rechtsordnungen ableitbar sind.[3] Während die erste Position weitgehend eine Mindermeinung geblieben ist, ist die zweite Position in der heutigen Lehre und Rsp. anerkannt.

Darüber hinaus wurde in weiterer Folge im Schrifttum diskutiert, inwieweit sich aus dem Völkerrecht selbst „allgemeine Rechtsgrundsätze des

---

* *Philipp Janig* ist Wissenschaftlicher Mitarbeiter an der Professur für Internationales Recht und Internationaler Menschenrechtsschutz der Universität der Bundeswehr München.

1 Statute of the International Court of Justice, 33 UNTS 993; BGBl. Nr. 120/1956.

2 Cheng, Bin: *General Principles of Law as Applied by International Courts and Tribunals*. Cambridge University Press: Cambridge, 1953 (Nachdruck 2006), S. 1–26.

3 Beham, Markus: Die allgemeinen Rechtsgrundsätze zwischen Gerechtigkeit und Rechtsvergleichung – Eine rechtshistorische Perspektive". In diesem Band, S. 189.

Völkerrechts" („*general principles of international law*") ergeben könnten.[4] Dies wird auch auf die nicht qualifizierte Formulierung des Art. 38(1)(c) IGH Statut („*general principles of law*") gestützt.[5] Der Gegensatz zwischen allgemeinen Rechtsgrundsätzen des nationalen und solchen des internationalen Rechts wird auch im ersten Bericht des *Rapporteur on General Principles of Law* der International Law Commission (ILC), Marcelo Vázquez-Bermúdez, aufgegriffen, der klar zwischen „*general principles of law derived from national legal systems*" und „*general principles of law formed within the international legal system*" unterscheidet.[6] Während der Bericht vergleichsweise klare methodische Aussagen zu den sich aus dem nationalen Recht ergebenden Rechtsgrundsätzen trifft, ist er in Hinblick auf potentielle allgemeine Rechtsgrundsätze des Völkerrechts wesentlich unklarer.[7]

Der Bericht nennt etwa unterschiedliche Beispiele aus der Praxis, in denen allgemeine Rechtsgrundsätze des Völkerrechts thematisiert werden, ohne sie aber näher zu analysieren. Allerdings wird der Begriff in Literatur und Praxis äußerst uneinheitlich verwendet, worin wohl auch die Ursache vieler Unklarheiten in der derzeitigen Debatte liegt. Aus der Perspektive der Rechtsquellendogmatik stellt sich insbesondere die Frage, ob die Begriffsverwendung die Behauptung einer Norm impliziert, die über den allgemeinen Rechtsquellenkatalog hinausgeht (sie „normativ" ist),[8] oder nicht (sie „rein deskriptiv" ist). Auf Basis dieser Unterscheidung lassen sich drei verschiedene deskriptive

---

4 Der Ausdruck „*general principles of international law*" wird hier grundsätzlich mit „allgemeine Rechtsgrundsätze des Völkerrechts" übersetzt, solange keine anderwärtige offizielle Übersetzung vorhanden ist.

5 Lammers, Johan G.: „General Principles of Law Recognized by Civilized Nations". In: Kalshoven, Frits / Kuyper, Pieter J. / Lammers, Johan G. (Hrsg.): *Essays on the Development of the International Legal Order.* Sijthoff & Noordhoff: Alphen aan den Rijn / Rockville 1980, S. 53, S. 67; Zemanek, Karl: „The Legal Foundations of the International Legal System: General Course on Public International Law". *Recueil des Cours* 266, 1997, S. 9, S. 135–136; Voyiakis, Emmanuel: „Do General Principles Fill 'Gaps' in International Law?". *ARIEL* 14, 2009, S. 239, S. 242.

6 United Nations: *First Report on general principles of law by Marcelo Vázquesz-Bermúdez, Special Rapporteur (5.4.2019) (UN Doc A/CN.4/732)*, Rz. 189, 190–230 und 231–253, retrieved 2.9.2019, from http://legal.un.org/docs/?symbol=A/CN.4/732.

7 Dies soll in zukünftigen Berichten tiefergehend behandelt werden, ibid., Rz. 253.

8 Mit dem allgemeinen Rechtsquellenkatalog sind diejenigen Rechtsquellen gemeint, die in Art. 38(1) IGH Staut bzw. der Praxis des IGH selbst anerkannt sind: Verträge, Völkergewohnheitsrecht, allgemeine Rechtsgrundsätze des nationalen Rechts, einseitige Erklärungen und (verbindliche) Entscheidungen internationaler Organisationen.

Verwendungen des Begriffs der „allgemeinen Rechtsgrundsätze des Völkerrechts“ (*general principles of international law*) feststellen. Während diese kaum zusätzliche Fragen aufwerfen, gibt es ebenfalls zwei „normative“ Begriffsverwendungen, die konzeptionell strittiger sind. Wie gezeigt werden wird, handelt es sich dabei einerseits um vom Vertrags- und Gewohnheitsrecht abgeleitete Rechtsgrundsätze, andererseits um Rechtsgrundsätze deren Existenz auf internationaler Ebene durch Staaten in anderer Form anerkannt wurde.[9]

B. Rein deskriptive Begriffsverwendungen

I. Erste Kategorie: Synonym für allgemeine Rechtsgrundsätze des nationalen Rechts

Der Begriff der allgemeinen Rechtsgrundsätze des Völkerrechts wird z.T. schlicht synonym für Rechtsgrundsätze des nationalen Rechts i.S.d. Art. 38(1)(c) IGH Statut verwendet. Hinsichtlich der Methode ist dabei klar, dass sie sich diese Rechtsgrundsätze aus einem Rechtsvergleich repräsentativer nationaler Rechtsordnungen ergeben sollen.[10] In *Certain Documents and Data* vor dem IGH hat Australien etwa vorgebracht, dass:

> *the mere fact that a form of legal professional privilege exists in many domestic legal systems is not sufficient to generate a new general principle of international law[.]*[11]

---

9 Cf. auch *First Report on general principles of law* (Fn. 7), Rz. 173 m.w.N.; ebenso Vos, Jan A.: *The Function of Public International Law.* T.M.C. Asser Press: The Hague / Springer: Berlin, Heidelberg 2013, S. 122–123.

10 Zu dieser Methode Pellet, Alain / Müller, Daniel: „Article 38“. In: Zimmermann, Andreas / Tams, Christian J. (Hrsg.), *The Statute of the International Court of Justice: A Commentary.* Oxford University Press: Oxford 2019, S. 819, Rz. 256–270.

11 *Questions relating to the Seizure of Certain Documents and Data* (*Timor-Leste v. Australia*), Counter-Memorial Australia. ICJ Rep. 2014, S. 58, Rz. 4.21; cf. auch *Southern Pacific Properties (Middle East) Limited v. Arab Republic of Egypt*, ICSID Case No. ARB/84/3, Decision on Preliminary Objections to Jurisdiction, 27.11.1985, Rz. 62 (Vorbringen Ägyptens in Hinblick auf *Estoppel*); *Military and Paramilitary Activities in and against Nicaragua* (*Nicaragua v. US*) (Merits), Separate Opinion of President Nagendra Singh. ICJ Rep. 1986, S. 14, S. 152 (demzufolge das Gewaltverbot und das Selbstverteidigungsrecht entweder im Völkergewohnheitsrecht oder als „*a general principle of international law recognized by civilized nations*“ verankert ist, ohne aber auf methodische Fragen einzugehen).

In der Lehre wird der Begriff gleichfalls ohne nähere Auseinandersetzung i.Z.m. allgemeinen Rechtsgrundsätzen des nationalen Rechts verwendet.[12] Ebenso sprechen Investitionsschiedsgerichte von „*general principles of international law*“, wenn sie generell auf Art. 38(1)(c) IGH Statut verweisen.[13] So etwa in den *Yukos* Fällen:

> *The Parties dispute whether "clean hands" exists as a "general principle of international [sic] law recognized by civilized nations" in the meaning of Article 38(1)(c) of the Statute of the ICJ.*[14]

Den „*clean hands*“ Grundsatz bezeichnen diese Schiedsgerichte in weiterer Folge abwechselnd und scheinbar ohne Unterscheidung als ein „*general principle of law*“ bzw. „*general principle of international law*“.[15] Ein weiteres Beispiel ist die Obliegenheit zur Schadensminderung im Rahmen der Staatenverantwortlichkeit. In *Gabčíkovo-Nagymaros* stützte sich die Slowakei diesbezüglich auf einen allgemeinen Rechtsgrundsatz des Völkerrechts,[16] der sich laut

---

12 Ellis, Jaye: „General Principles and Comparative Law“. *EJIL* 22(4), 2011, S. 949–971; Bassiouni, M Cherif: „A Functional Approach to 'General Principles of International Law'“. *Michigan Journal of International Law* 11(3), 1990, S. 768, S. 772 („whether a fundamental principle of justice rises to the level of a 'General Principle of International Law' can best, though not exclusively, be determined by its existence in the national laws of 'civilized nations.'“); cf. auch Herdegen, Matthias: *Völkerrecht.* C. H. Beck: München 2019, §17; Paulus, Andreas: „Zusammenspiel der Rechtsquellen aus völkerrechtlicher Perspektive“. In: *Internationales, nationales und privates Recht: Hybridisierung der Rechtsordnungen? / Immunität* (Berichte der Deutschen Gesellschaft für Internationales Recht 46). C.F. Müller: Heidelberg et al. 2014, S. 7, S. 20.

13 *South American Silver Limited v. Plurinational State of Bolivia*, PCA Case No. 2013-15, Award, 30.8.2018, Rz. 446; *Saluka Investments B.V. v. The Czech Republic*, UNCITRAL, Partial Award, 17.3.2006, Rz. 449; ohne Verweis auf Art. 38(1)(c) IGH Statut, aber wohl ähnlich, cf. *Accession Mezzanine Capital L.P. and Danubius Kereskedohaz Vagyonkezelo v. Hungary*, ICSID Case No. ARB/12/3, Award, 17.4.2015, Rz. 67–68.

14 *Yukos Universal Limited (Isle of Man) v. Russian Federation*, PCA Case No. AA 227, Final Award, 18.7.2014, Rz. 1347; *Veteran Petroleum Limited (Cyprus) v. Russian Federation*, PCA Case No. AA 228, Final Award, 18.7.2014, Rz. 1347; *Hulley Enterprises Limited (Cyprus) v. Russian Federation*, PCA Case No. AA 226, Final Award, 18.7.2014, Rz. 1347.

15 Ibid., Rz. 1357–1363.

16 *Gabčíkovo-Nagymaros Project* (*Hungary v. Slovakia*), Judgment. ICJ Rep. 1997, S. 7, Rz. 80; cf. auch *Well Blowout Control Claim*, UN Compensation Commission, 15.11.1996, 109 ILR, S. 479, S. 502–503, Rz. 54.

Vorbringen aus dessen Akzeptanz in nationalen Rechtsordnungen ergeben soll.[17] Ebenso besprach das Schiedsgericht in *HEP v. Slovenia* die Obliegenheit als einen allgemeinen Rechtsgrundsatz des Völkerrechts,[18] obwohl sich Slowenien in seinem Vorbringen auf einen allgemeinen Rechtsgrundsatz des nationalen Rechts i.S.d. Art. 38(1)(c) IGH Statut stützte.[19] Der Inter-Amerikanische Gerichtshof für Menschenrechte stützte Partizipationsrechte von indigenen Völkern in *Sarayaku v. Ecuador*, nach einer vergleichsweise extensiven rechtsvergleichenden Untersuchung von nationalen Rechtsordnungen, auf einen allgemeinen Rechtsgrundsatz des Völkerrechts.[20]

Für diese terminologische Unklarheit kann es unterschiedliche Gründe geben. Eine *Study Group* der *International Law Association* (ILA) argumentierte etwa, dass es sich dabei unter anderem um Rechtsgrundsätze handle, die zwar ursprünglich aus dem nationalen Recht stammten, aber inzwischen klar im Völkerrecht anerkannt seien. Daher müssten sich (Schieds-)Richter zur Weiterentwicklung des Völkerrechts nicht mehr direkt mit nationalem Recht auseinandersetzen.[21] Allerdings könnten (Schieds-)Gerichte auch einfach darauf bedacht sein, den Charakter von allgemeinen Rechtsgrundsätzen als Quelle des Völkerrechts betonen, insbesondere, wenn – wie in Investitionsstreitigkeiten – auch das nationale Recht des Sitzstaats selbst anwendbar sein könnte. Dies

---

17 *Gabčíkovo-Nagymaros Project* (*Hungary v. Slovakia*) (Reply submitted by the Slovak Republic), 20.06.1995, 133, Rz. 6.36–6.37, retrieved 16.9.2019, from https://www.icj-cij.org/files/case-related/92/10973.pdf; cf. auch *AIG Capital Partners, Inc. and CJSC Tema Real Estate Company Ltd. v. The Republic of Kazakhstan*, ICSID Case No. ARB/01/6, Award, 7.10.2003, Rz. 10.6.4(1) (das auf dessen Verankerung im nationalen Recht von Staaten des common und civil law, sowie in völkerrechtlichen Verträgen und Dokumenten verweist); *Middle East Cement Shipping and Handling Co. S.A. v. Arab Republic of Egypt*, ICSID Case No. ARB/99/6, Award, 12.4.2002, Rz. 167 („this duty [to mitigate] can be considered to be part of the General Principles of Law").

18 *Hrvatska Elektroprivreda d.d. v. Republic of Slovenia*, ICSID Case No. ARB/05/24, Award, 17.12.2015, Rz. 215.

19 Ibid., Rz. 204.

20 *Kichwa Indigenous People of Sarayaku v. Ecuador* (Merits and Reparations), Inter-American Court of Human Rights, 27 June 2012, Rz. 164, retrieved 16.9.2019, from http://corteidh.or.cr/docs/casos/articulos/seriec_245_ing.pdf.

21 „Report of the Study Group on the Use of Domestic Law Principles in the Development of International Law". In: International Law Association (Hrsg.): *Report of the Seventy-Eight Conference held in Sydney 19–24 August 2018*. ILA: London 2019. S. 1170, S. 1189–1190, Rz. 61–62.

ergibt sich freilich bereits aus dem einleitenden Satz des Art. 38(1) IGH Statut, nachdem der „Gerichtshof [. . .] nach Völkerrecht zu entscheiden" hat.

II. Zweite Kategorie: Synonym für das allgemeine Völkerrecht

In anderen Zusammenhängen wird mit dem Begriff auf das „allgemeine Völkerrecht" verwiesen (somit das Völkergewohnheitsrecht und die allgemeinen Rechtsgrundsätze), oder auf das anwendbare Völkerrecht als Gesamtrechtsordnung.[22] So bestimmt etwa Art. 1 1. Zusatzprotokoll (ZP) zur Europäischen Menschrechtskonvention (EMRK), dass Eingriffe in das Recht auf Eigentum den in den *„general principles of international law"* (dt: „die allgemeinen Grundsätze des Völkerrechts") vorgesehenen Bedingungen genügen müssen.[23] Darunter fällt insbesondere die völkergewohnheitsrechtliche Verpflichtung zu Entschädigungszahlungen,[24] deren Inhalt auch durch allgemeine Rechtsgrundsätze ausgestaltet wurde.[25] In einem anderen Zusammenhang hat der Europäische Gerichtshof für Menschenrechte (EGMR) den Begriff synonym für das gesamte anwendbare Völkerrecht verwendet.[26]

Ebenso bestimmen verschiedene Bilateral Investment Treaties (BIT) als anwendbares Recht vor Investitionsschiedsgerichten, neben dem nationalen Recht des Gaststaates und anwendbaren Verträgen, die „allgemeinen Rechtsgrundsätze des Völkerrechts".[27] Beispielhaft genannt werden kann hier Art. 10(5) Argentinien-Deutschland BIT:

---

22 Cf. auch Herczegh, Géza: *General Principles of Law and the International Legal Order*. Akadémiai Kiadó Budapest 1969, S. 42–43 (kritisch).

23 Konvention zum Schutze der Menschenrechte und Grundfreiheiten, BGBl 210/1958.

24 Schabas, William A.: *The European Convention on Human Rights: A Commentary*. Oxford University Press: Oxford 2015, S. 977–979.

25 Cf. *Amco Asia Corporation and others v. Republic of Indonesia*, ICSID Case No. ARB/81/1, Award, 20.11.1984, Rz. 267.

26 *Marguš v. Croatia*, EGMR, App No 4455/10, Urteil vom 27.05.2014, Rz. 129 (in dem der EGMR auf Art. 31(3)(c) Wiener Vertragsrechtskonvention verweist).

27 Diese Verträge unterscheiden sich allerdings insofern, als dass diese Aufzählung der Rechtsquellen z.T. klar demonstrativ, z.T. klar abschließend ist. Cf. abschließend: Art. X(5) Agreement between the Argentine Republic and the Kingdom of Spain on the Reciprocal Promotion and Protection of Investments, signed 3.10.1991, entered into force 28.09.1992, 1699 UNTS 187; Art. 9(5)(iv) Agreement on the encouragement and reciprocal protection of investments between the Kingdom of the Netherlands and the Republic of Venezuela, signed 22.10.1991, entered into force 1.11.1993, retrieved 16.09.2019, from https://investmentpolicy.unctad.org/international-investment-agreements/treaty-files/2094/download (inzwischen aufgekündigt). Cf.

> Das Schiedsgericht trifft seine Entscheidungen auf der Grundlage dieses Vertrags und gegebenenfalls anderer zwischen den Vertragsparteien geltenden Übereinkünfte, des nationalen Rechts der Vertragspartei, in deren Hoheitsgebiet die Investition belegen ist – einschließlich der Regeln des Internationalen Privatrechts – und der allgemeinen Rechtsgrundsätze des Völkerrechts.[28]

In *Venezuela Holdings v. Venezuela* hat sich das Schiedsgericht mit einer gleichlautenden Bestimmung im Niederlande-Venezuela BIT auseinandergesetzt und befand es als fraglich „*whether the applicable international law should be limited to general principles of international law under Article 9(5) of the BIT or whether it includes customary international law*".[29] Somit erachtetet das Schiedsgericht die allgemeinen Rechtsgrundsätze des Völkerrechts als eine vom Völkergewohnheitsrecht separate Kategorie bzw. Rechtsquelle.[30] Im Weiteren geht das

---

demonstrativ: Art. 8(6) Agreement on encouragement and reciprocal protection of investments between the Kingdom of the Netherlands and the Czech and Slovak Federal Republic, signed 29.04.1991, entered into force 1.10.1992, retrieved 16.9.2019, from https://investmentpolicy.unctad.org/international-investment-agreements/treaty-files/968/download (nun als Niederlande-Tschechien BIT und Niederlande-Slowakei BIT); Art. 11(5) Agreement on encouragement and reciprocal protection of investments between the Government of the Kingdom of the Netherlands and the Government of Romania, signed 19.4.1994, entered into force 1.2.1995, retrieved 16.9.2019, from https://investmentpolicy.unctad.org/international-investment-agreements/treaty-files/2075/download; Art. 9(5) Agreement between the Czech Republic and the People's Republic of China on the Promotion and Protection of Investments, signed 8.12.2005, entered into force 1.9.2006, retrieved 16.9.2019, from https://investmentpolicy.unctad.org/international-investment-agreements/treaty-files/725/download.

28 Art. 10(5) Gesetz zu dem Vertrag vom 9. April 1991 zwischen der Bundesrepublik Deutschland und der Argentinischen Republik über die Förderung und den gegenseitigen Schutz von Kapitalanlagen, BGBl. 1993 II, 1244 (Hervorhebung durch den Autor).

29 *Venezuela Holdings, B.V., et al (Case formerly known as Mobil Corporation, Venezuela Holdings, B.V., et al.) v. Bolivarian Republic of Venezuela*, ICSID Case No. ARB/07/27, Award of the Tribunal, 9.10.2014, Rz. 223; cf., nahezu wortgleich, *Jan Oostergetel and Theodora Laurentius v. Slovak Republic*, UNCITRAL, Final Award, 23.04.2012, Rz. 140 (das Schiedsgericht geht im Weiteren nicht mehr explizit auf die Frage ein, wendet aber die – völkergewohnheitsrechtlichen – Zurechnungsregeln der ILC Articles on State Responsibility an, ibid., Rz. 150ff).

30 Dabei ist nicht ganz klar, ob damit allgemeine Rechtsgrundsätze des nationalen Rechts iSd Art. 38(1)(c) IGH Statut oder andere Rechtsgrundsätze gemeint sind.

Schiedsgericht nicht mehr explizit auf die Frage ein, wendet jedoch Völkergewohnheitsrecht oder das allgemeine Völkerrecht an.[31]

Diese Ungenauigkeit wurde in der zugehörigen Entscheidung des *Annulment Committee* kritisiert. Laut diesem sei der Verweis auf die „general principles of international law" „presumably to be understood as pointing in turn to one of the sources of law enumerated in Article 38(1) of the Statute of the International Court of Justice."[32] Obwohl dies als ein genereller Verweis auf Art. 38(1) IGH Statut gelesen werden könnte, kritisierte es daraufhin das *„Tribunal which makes its own addition to the Treaty list by adding in a mention of customary international law"*.[33] In weiterer Folge erachtete das *Annulment Committee* die Berechnung der Schadenersatzsumme für eine Enteignung durch das Schiedsgericht auf Basis des allgemeinen Völkerrechts bzw. Völkergewohnheitsrechts, unter Außerachtlassung des BIT, als eine *„manifest excess of power"*.[34]

Generell haben sich Schiedsgerichte auf Basis derartiger Bestimmungen – ungeachtet des Fehlens eines expliziten Verweises – für befugt erachtet, sowohl Völkergewohnheitsrecht[35] als auch allgemeine Rechtsgrundsätze des nationalen Rechts anzuwenden.[36] Mangels anderer konzeptioneller Herleitung umfasst der Begriff im gegebenen Zusammenhang somit auch das allgemeine

31 Ibid., Rz. 225.

32 *Venezuela Holdings B.V. and others (formerly Mobil Corporation and others) v. Bolivarian Republic of Venezuela*, ICSID Case No. ARB/07/27, Decision on Annulment, 9.3.2017, Rz. 159.

33 Ibid., Rz. 159.

34 Ibid., Rz. 188.

35 *AWG Group Ltd. v. The Argentine Republic*, UNCITRAL, Award, 9.4.2015, Rz. 23 (i.Z.m. der Berechnung des Schadenersatz, u.a. auf Basis des Argentinien-Spanien BIT); *Teinver S.A., Transportes de Cercanías S.A. and Autobuses Urbanos del Sur S.A. v. Argentine Republic*, ICSID Case No. ARB/09/01, Award, 21.7.2017, Rz. 475 („Thus, the provisions of the Treaty [as *lex specialis*] supersede principles of customary international law unless those principles are general principles of international law in the nature of *jus cogens.*"), Rz. 1089; cf. auch *SwemBalt AB, Sweden v. Republic of Latvia*, UNCITRAL, Decision by the Court of Arbitration, 23.10.2000, Rz. 38 („In addition, the right to compensation for breaches of international law follows from general principles of international law as supplemented by general principles of law recognised by civilised nations, cf. Article 38 of the Statute of the International Court of Justice.").

36 *Saluka Investments B.V. v. The Czech Republic*, UNCITRAL, Partial Award, 17.3.2006, Rz. 449 (demgemäß das Prinzip der ungerechtfertigten Bereicherung ein *„general principle of international law"* darstellt, wobei die zitierten Quellen von einem allgemeinen Rechtsgrundsatz des nationalen Rechts ausgehen).

Völkerrecht.[37] Dies kommt explizit in *Urbaser v. Argentina* zum Ausdruck, demgemäß ein Verweis auf „*general principles of international law*" in Art. X(5) des Argentinien-Spanien BIT „*includes a reference to the whole of international law and not to a specific part of it*".[38] Ebenso verwendete das Schiedsgericht in *Wintershall v. Argentina* den Begriff „*general principle of international law*" augenscheinlich synonym mit „*principle of general international law*".[39]

Doch auch in anderen Verträgen ist der Rekurs auf allgemeine Rechtsgrundsätze des Völkerrechts durch Schiedsgerichte wohl eine Anwendung des allgemeinen Völkerrechts,[40] wie etwa i.Z.m. mit Regeln der Vertragsinterpretation unter der Wiener Vertragsrechtskonvention[41] oder den Regeln der ILC Artikel zur Staatenverantwortlichkeit.[42]

---

37 Cf. *Eskosol S.p.A. in liquidazione v. Italian Republic*, ICSID Case No. ARB/15/50, Decision on Termination Request and Intra-EU Objection, 7.5.2019, Rz. 120 (demgemäß der Begriff das Völkergewohnheitsrecht und die allgemeinen Rechtsgrundsätze des nationalen Recht umfasst, iZm Art. 26(6) Energy Charter Treaty).

38 *Urbaser S.A. and Consorcio de Aguas Bilbao Biskaia, Bilbao Biskaia Ur Partzuergoa v. Argentine Republic*, ICSID Case No. ARB/07/26, Award, 8.12.2016, Rz. 604.

39 *Wintershall Aktiengesellschaft v. Argentine Republic*, ICSID Case No. ARB/04/14, Award, 8.12.2008, Rz. 160(3), 179(ii) (hinsichtlich des Prinzips, dass „*international courts and tribunals can exercise jurisdiction over a State only with its consent*"), cf. auch ibid., Rz. 135 (in dem der Begriff als synonym mit den „rules of international law" gem. Art. 42(1) ICSID Convention verstanden wird); cf. ebenso *CME Czech Republic B.V. v. The Czech Republic*, UNCITRAL, Separate Opinion on the issues at the quantum phase by Ian Brownlie, 14.3.2003, Rz. 16 („Article 8 of the pertinent bilateral treaty defines the applicable law to include 'the general principles of international law', and the rules of treaty interpretation are generally accepted as forming a part of general international law").

40 So wohl auch *Southern Pacific Properties (Middle East) Limited v. Arab Republic of Egypt*, ICC Award No YD/AS No 3493, 11.3.1983, (1995) 3 ICSID Reports S. 45, S. 66, Rz. 54; cf. auch *US – Certain Shrimp*, WT/DS58/AB/R, Appellate Body Report, 12.10.1998, Rz. 158 (demgemäß unter Art. 31(1)(c) WVK die „*general principles of international law*" zur Vertragsinterpretation herangezogen werden sollen).

41 *Industria Nacional de Alimentos, S.A. and Indalsa Perú, S.A. v. Republic of Peru*, ICSID Case No. ARB/03/4, Decision on Annulment, 5.9.2007, Rz. 79; *Anatolie Stati, Gabriel Stati, Ascom Group S.A. and Terra Raf Trans Traiding Ltd v. Republic of Kazakhstan*, SCC Case No. V116/2010, Award, 19.12.2013, Rz. 774; *Vattenfall AB and others v. Federal Republic of Germany (II)*, ICSID Case No. ARB/12/12, Decision on the *Achmea* Issue, 31.8.2018, Rz. 166.

42 *Petrobart Limited v. The Kyrgyz Republic*, SCC Case No. 126/2003, Award, 29.3.2005, Rz. VII.1.C (hinsichtlich Art. 12 ILC Articles on State Responsibility); *Tenaris S.A. and Talta – Trading e Marketing Sociedade Unipessoal Lda. v. Bolivarian Republic*

Vergleichbare Formulierungen finden sich auch in Verfassungsbestimmungen, die, in einem monistischen Verständnis, das allgemeine Völkerrecht zum Teil der nationalen Rechtsordnungen erklären. So spricht Art. 9 B-VG etwa von „allgemein anerkannten Regeln des Völkerrechts" und meint damit nach hA das Völkergewohnheitsrecht und die allgemeinen Rechtsgrundsätze.[43] Diese Formulierung hat ebenso Einzug in frühere österreichische BITs gefunden[44] und wurde etwa im 1999 Österreich-Indien BIT mit „*general principles of international law*" übersetzt.[45] Aber auch andere Verfassungen beinhalten vergleichbare Bestimmungen, wie etwa Art. 10(1) der Italienischen Verfassung,[46] Art. 8 der Slowenischen Verfassung[47] oder Art. II:2 der Philippinischen Verfassung.[48]

---

of Venezuela (II), ICSID Case No. ARB/12/23, Award, 12.12.2016, Rz. 396–397; cf. auch *Biwater Gauff (Tanzania) Limited v. United Republic of Tanzania*, ICSID Case No. ARB/05/22, Concurring and Dissenting Opinion of Gary Born, 18.7.2008, Rz. 24; ICTY, *Tadić* (IT-94-1), Trial Chamber, Opinion and Judgment, 7.5.1997, Rz. 585.

43 Berka, Walter: *Verfassungsrecht*. Verlag Österreich: Wien 2016, Rz. 255–258; Grabenwarter, Christoph / Holoubek, Michael: *Verfassungsrecht – Allgemeines Verwaltungsrecht*. Facultas: Wien 2016, Rz. 123; Öhlinger, Theo / Eberhard, Harald, *Verfassungsrecht*. Facultas: Wien 2016, Rz. 112; Adamovich, Ludwig K. et al: *Österreichisches Staatsrecht*, Bd. 1. Verlag Österreich: Wien 2011, Rz. 16.013.

44 Cf. etwa Art. 9(7) Abkommen zwischen der Republik Österreich und der Argentinischen Republik über die Förderung und den Schutz von Investitionen, BGBl. Nr. 983/1994; Art. 9(6) Abkommen zwischen der Tschechischen und Slowakischen Föderativen Republik und der Republik Österreich über die Förderung und den Schutz von Investitionen, BGBl III Nr. 123/1997; Art. 10(6) Abkommen zwischen der Republik Österreich und der Arabischen Republik Ägypten über die Förderung und den Schutz von Investitionen, BGBl. III Nr. 73/2002.

45 Art. 9(3)(d)(iii) Abkommen zwischen der Regierung der Republik Österreich und der Regierung der Republik Indien über die Förderung und den Schutz von Investitionen, BGBl. III Nr. 27/2001 (cf. aber auch die englische Version von ibid., Art. 10(6)).

46 Art. 10(1) Constitution of Italy, retrieved 17.9.2019, from https://www.senato.it/documenti/repository/istituzione/costituzione_inglese.pdf („The Italian legal system conforms to the generally recognised principles of international law"); cf. dazu auch Focarelli, Carlo: *International Law*. Edward Elgar: Cheltenham / Northampton 2019, S. 247–248 m.w.N.

47 Art. 8 Constitution of Slovenia, retrieved 17.9.2019, from https://www.us-rs.si/en/about-the-court/legal-basis/constitution/ („Laws and other regulations must comply with generally accepted principles of international law and with treaties that are binding on Slovenia."); dazu auch genauer *infra* bei Fn. 131–134.

48 Art. II:2 Constitution of the Philippines, retrieved 17.9.2019, from https://www.officialgazette.gov.ph/constitutions/1987-constitution/ („The Philippines [. . .] adopts the generally accepted principles of international law as part of the law of the land [. . .]");

Dies findet auch Niederschlag in der nationalen Rechtsprechung. So erklärt Art. 29(3) der Irischen Verfassung, dass Irland in dessen zwischenstaatlichen Beziehungen an die *„generally recognised principles of international law"* gebunden ist.[49] Infolgedessen sprechen irische Gericht i.Z.m. völkergewohnheitsrechtlichen Normen – etwa in Fragen der Staatenimmunität – von *„general principles of international law"*.[50]

III. Dritte Kategorie: Synonym für Grundprinzipen des Völkerrechts

Als „allgemeine Rechtsgrundsätze des Völkerrechts" werden z.T. auch (Grund-) Prinzipien des Vertrags- und Gewohnheitsrechts bezeichnet.[51] Dies folgt wohl aus der Praxis des IGH und StIGH, mit dem Begriff *„principles of international law"* auf gewohnheitsrechtliche Normen zu verweisen.[52] Dies wurde bereits in der *Lotus*-Entscheidung des StIGH deutlich:

> the Court considers that the words "principles of international law", as ordinarily used, can only mean international law as it is applied between all nations belonging to the community of States. [...] [These are] the principles which are in force between all independent nations and which therefore apply equally to all the contracting Parties.[53]

---

cf. dazu Llamzon, Aloysius P., „'The Generally Accepted Principles of International Law' as Philippine Law: Towards a Structurally Consistent Use of Customary International Law in Philippine Courts", *Ateneo Law Journal* 47, 2002, S. 241, S. 265.

49 Art. 29(3) Constitution of Ireland, retrieved on 16.9.2019, from http://www.irishstatutebook.ie/eli/cons/en/html.

50 *Canada v. Employment Appeals Tribunal and Burke*, Ireland, High Court, 14.3.1991, 95 ILR, S. 467, S. 472; *McElhinney v. Williams and Her Majesty's Secretary of State for Northern Ireland*, Ireland, High Court, 15.4.1994, 103 ILR, S. 311, S. 313; ebenso *McGimpsey and McGimpsey v. Ireland, An Taoiseach and Other Members of the Government of Ireland and the Attorney-General*, Ireland, High Court, 29.7.1988, 87 ILR, S. 344, S. 348.

51 Cf. auch Herczegh (Fn. 22), S. 43–44 (kritisch).

52 D'Argent, Pierre, „Les principes généraux à la Cour international de Justice". In: Besson, Samantha / Pichonnaz, Pascal (Hrsg.): *Les principes en droit européen – Principles in European Law.* Schulthess: Zürich 2011, S. 107; Weiss, Wolfgang: „Allgemeine Rechtsgrundsätze des Völkerrechts", *Archiv des Völkerrechts* 39(4) 2001, S. 394, S. 401–402; cf. auch Yusuf, Abdulqawi A., „Concluding Remarks". In: Andenas, Mads et al. (Hrsg.): *General Principles and the Coherence of International Law.* Brill Nijhoff: Leiden 2019. S. 448, S. 452.

53 *Lotus (France v. Turkey)* [1927] PCIJ Series A No. 10, S. 16–17.

Durch die Qualifizierung als „allgemeine" („*general*") Prinzipien des Völkerrechts kann dabei deren grundlegendere Bedeutung, höherer Abstraktionsgrad[54] und/oder eine „schwächere" Verankerung in Staatenpraxis und *opinio iuris* verdeutlicht werden.[55] So spricht die Lehre i.d.Z. teils von „grundlegenden",[56] „fundamentalen" oder „konstitutionellen"[57] Prinzipien des Völkerrechts.[58] Als Beispiele dafür werden regelmäßig die Prinzipien der VN Satzung bzw. der *Friendly Relations Declaration* angeführt,[59] wie etwa die souveräne Gleichheit der Staaten oder das Interventionsverbot.[60]

Diese Verknüpfung – zumindest auf rein sprachlicher Ebene – von allgemeinen Rechtsgrundsätzen mit Prinzipien des Vertrags- bzw. Gewohnheitsrechts erinnert an die in Teilen der positivistischen sowie der sozialistischen Lehre vertretenen Position zu Art. 38(1)(c) IGH Statut.[61] Diese nahmen den bereits obengenannten einleitenden Satz zu Art. 38(1) IGH Statut – demgemäß der „Gerichtshof [. . .] nach Völkerrecht zu entscheiden" hat – zum Anlass zu argumentieren, dass sich keine Rechtsgrundsätze aus dem nationalen Recht ergeben könnten. So erachtete Hans Kelsen das Vertrags- und Gewohnheitsrecht aufgrund des notwendigen Konsenselements als die einzigen Rechtsquellen des

---

54 Costelloe, Daniel, „The Role of Domestic Law in the Identification of General Principles of Law under Article 38(1)(c) of the Statute of the International Court of Justice". In: Andenas, Mads et al. (Hrsg.): *General Principles and the Coherence of International Law.* Brill Nijhoff: Leiden 2019, S. 177, S. 181–182; Report of the Study Group on the Use of Domestic Law Principles in the Development of International Law". In: International Law Association (Hrsg.), *Report of the Seventy-Eight Conference held in Sydney 19–24 August 2018.* ILA: London 2019, S. 1170, S. 1188, Rz. 59.

55 Cf. *Delimitation of the Maritime Boundary in the Gulf of Maine Area* (*Canada* v. *United States of America*). ICJ Rep. 1984, S. 246, Rz. 79–81.

56 Boas, Gideon: *Public International Law: Contemporary Principles and Perspectives.* Edwar Elgar: Cheltenham / Northampton 2012, S. 107.

57 Waldock, Humphrey: „General Course on Public International Law". *Recueil des Cours* 106 1962-II, S. 1, S. 68; cf. auch Cassese, Antonio: *International Law.* Oxford University Press: Oxford 2005, S. 188.

58 In der deutschsprachigen Lehre gelingt oftmals eine klarere sprachliche Trennung von Art. 38(1)(c) IGH Statut – Dörr spricht i.d.Z. etwa von „allgemeinen Grundsätzen des Völkerrechts", Dörr, Oliver: „§20 Allgemeine Rechtsgrundsätze". In: Ipsen, Knut (Hrsg.): *Völkerrecht.* C.H. Beck: München 2018, Rz. 2.

59 Zemanek (Fn. 5), S. 135.

60 Von Arnauld, Andreas: *Völkerrecht.* C.F. Müller: Heidelberg 2016, S. 111, Rz. 263 (der von einer gewohnheitsrechtlichen Geltung ausgeht); cf. Fn. 52–53.

61 Shaw, Malcolm N: *International Law.* Cambridge University Press: Cambridge 2017, S. 73.

Völkerrechts. Demensprechend galt lit. (c) als „überflüssig" („*superfluous*"), da der Gerichtshof nur diejenigen allgemeinen Rechtsgrundsätze anwenden könnte, die bereits durch eine der beiden anderen Rechtsquellen anerkannt seien.[62]

Eine inhaltlich ähnliche Position, wenn auch aus anderen Beweggründen, vertraten große Teile der sowjetischen Lehre.[63] Man befürchtete, dass durch die allgemeinen Rechtsgrundsätze des nationalen Rechts „bourgeoise" Rechtskonzepte für alle Staaten verbindlich werden könnten.[64] Somit sollte Art. 38(1)(c) IGH Statut auf fundamentale Prinzipien des Völkerrechts, wie der souveränen Gleichheit der Staaten beschränkt sein,[65] oder – laut dem ehemaligen Präsidenten der ILC Grigory Tunkin – nur dann aus dem nationalen Recht entstehen können, wenn Staaten deren Anwendbarkeit im Völkerrecht explizit durch Vertrag oder Gewohnheitsrecht anerkennen.[66]

In der Rechtsprechung kann mit dem Begriff ein höherer Abstraktionsgrad einer vertrags- oder gewohnheitsrechtlichen Norm ausgedrückt werden. In *Immunities and Criminal Proceedings* hat der IGH kürzlich Art. 4 des Übereinkommens gegen die grenzüberschreitende organisierte Kriminalität (Palermo-Konvention) interpretiert, der auf die „Grundsätze[n] der souveränen Gleichheit und territorialen Unversehrtheit der Staaten sowie der Nichteinmischung in die inneren Angelegenheiten anderer Staaten" verweist.[67] Der

---

62 Kelsen, Hans: *Principles of International Law*, ed. R. W. Tucker, 2d edn. Holt, Rinehart & Winston: New York 1967, S. 539–540; cf. auch m.w.N. Schachter, Oscar: *International Law in Theory and Practice*. Martinus Nijhoff: Dordrecht et al. 1991, S. 50–51; cf. auch die etwas weniger absolute, aber immer noch kritische Position in Kelsen, Hans: *The Law of the United Nations*. Stevens & Sons: London 1950, S. 533–534.

63 Cf. Herczegh (Fn. 22), S. 122.

64 Tunkin, Grigory, „'General Principles of Law' in International Law". In: Marcic René et al. (Hrsg.): *Internationale Festschrift für Alfred Verdross*. Wilhelm Fink: München / Salzburg 1971, S. 523, S. 525.

65 Cf. m.w.N. Tunkin, Grigory (übers. Butler, William E.): *Theory of International Law*. Harvard University Press: Cambridge 1974, S. 195–197.

66 Ibid., S. 530–531; für die Lehre in der DDR: Terz, Panos: „Das Grundprinzip der Vertragstreue und die Rechtsquellen des Völkerrechts". In: Oeser, Edith / Poeggel, Walter (Hrsg.): *Völkerrecht: Grundriss*. Staatsverlag der DDR: Berlin 1983. S. 76, S. 78; cf. m.w.N. Bogdan, Michael: „General Principles of Law and the Problems of Lacunae in the Law of Nations". *Nordic Journal of International Law* 46(1), 1977, S. 37, S. 42, Fn. 23.

67 Übereinkommen gegen die grenzüberschreitende organisierte Kriminalität, 2225 UNTS 209, BGBl. III Nr. 84/2005.

Gerichtshof hat dies als Verweis auf die *„general principles of international law“* erachtet, der nicht automatisch die zahlreichen Regeln mitumfasst, die auf diesen Prinzipien basieren.[68]

Ebenso von Interesse in diesem Zusammenhang ist der Status des Vorsorgeprinzips im Umweltvölkerrecht. In Streitfällen vor dem WTO DSB hat sich die Europäische Gemeinschaft auf das Vorsorgeprinzip als ein *„fully-fledged and general principle of international law“* gestützt, und dieses aus Verträgen, unverbindlichen Dokumenten sowie nationaler Gesetzgebung und Rechtsprechung hergeleitet.[69] Die genaue Bedeutung der Begriffsverwendung ist dabei nicht klar. So spricht die deutsche Version des Vorbringens etwa von einem „völkerrechtlichen Grundsatz von allgemeiner Geltung“.[70] Das Panel in *EC – Biotech* erachtete den Begriff entweder als Verweis auf das Völkergewohnheitsrecht, die allgemeinen Rechtsgrundsätze oder beides,[71] bevor es zum Schluss kommt, dass die Frage für den Streitfall nicht zentral ist.[72] In anderen Zusammenhängen wurde der rechtliche Status des Vorsorgeprinzips meist als Frage des Völkergewohnheitsrechts erachtet[73] – etwa in der *Indus Waters Kishenganga*

---

68 *Immunities and Criminal Proceedings (Equatorial Guinea v. France), Preliminary Objections*. ICJ Rep. 2018, not yet reported, Rz. 93; cf. auch *Governor of Pitcairn and Associated Islands v. Sutton*, New Zealand, Court of Appeal, 30.11.1994, 104 ILR 508, 516 („Hence immunity [of foreign states] from suit was derived from general principles of international law.“).

69 Communication from the Commission on the precautionary principle, COM/2000/0001 final, 2.2.2000, S. 10, retrieved 18.9.2019, from https://eur-lex.europa.eu/legal-content/EN/TXT/HTML/?uri=CELEX:52000DC0001&from=EN; *EC – Approval and Marketing of Biotech Products*, WT/DS291/R, WT/DS292/R, WT/DS293/R, Panel Report, 29.9.2006, Rz. 7.78–7.79.

70 Mitteilung der Kommission die Anwendbarkeit des Vorsorgeprinzips, KOM/2000/0001 endg., 2.2.2000, retrieved 4.10.2019, from https://eur-lex.europa.eu/legal-content/DE/TXT/HTML/?uri=CELEX:52000DC0001&from=EN.

71 *EC – Approval and Marketing of Biotech Products*, WT/DS291/R, WT/DS292/R, WT/DS293/R, Panel Report, 29.9.2006, Rz. 7.86; cf. auch das Vorbringen der EG in *EC – Hormones*, WT/DS26/AB/R, WT/DS48/AB/R, Appellate Panel Report, 16.1.1998, Rz. 121.

72 Ibid., Rz. 7.89.

73 Sands, Philippe / Peel, Jacqueline: *Principles of International Environmental Law*. Cambridge University Press: Cambridge 2018, S. 237–240 m.w.N.; McIntyre, Owen / Mosedale, Thomas, „The Precautionary Principle as a Norm of Customary International Law“. *Journal of Environmental Law* 9(1), 1997, S. 221, S. 222–223.

Arbitration,[74] dem *Area* Rechtsgutachten des International Tribunal for the Law of the Sea (ITLOS),[75] oder einer Dissenting Opinion von Gavan Griffith.[76]

C. Allgemeine Rechtsgrundsätze des Völkerrechts als normative Kategorie

I. Abstrahierte Grundsätze des Völkerrechts

In die erste normative Kategorie der „allgemeinen Rechtsgrundsätze des Völkerrechts" fallen Grundsätze, die sich von bestehenden vertrags- und gewohnheitsrechtlichen Regeln durch induktive Analyse ableiten lassen.[77] Darunter kann man auch ungeschriebene „Grundannahmen" des Völkerrechts im Gesamten oder eines bestimmten Teilbereichs verstehen.[78] Diese Rechtsgrundsätze werden in weiterer Folge insbesondere zur Lückenfüllung oder Interpretation von Vertragsbestimmungen angewandt.[79] Während diese „allgemeinen Rechtsgrundsätze des Völkerrechts" in ihrem Anwendungsbereich über die vertrags- und gewohnheitsrechtlichen Normen hinausgehen, von denen sie sich ableiten, werden sie in der Lehre nicht als eigenständige Rechtsquelle angesehen.[80]

---

74 *Indus Waters Kishenganga Arbitration* (*Pakistan v. India*), PCA Case No. 2011-01, Final Award, 20.12.2013, Rz. 112.

75 *Responsibilities and obligations of States sponsoring persons and entities with respect to activities in the Area* (Advisory Opinion), ITLOS Case No. 17, 1.2.2011, Rz. 135.

76 *Dispute Concerning Access to Information Under Article 9 of the OSPAR Convention* (*OSPAR Arbitration*) (*Ireland v. United Kingdom*) (Dissenting Opinion of Gavan Griffith Q.C.), PCA Case No. 2001-03, Final Award, 2.10.2003, 23 RIAA, S. 59, S. 134–135, Rz. 73 (in Hinblick auf das Vorbringen der EG).

77 Cassese (Fn. 57), S. 188; Bassiouni (Fn. 12), S. 772 („it would be incongruous to think that the framers of articles 38 of the PCIJ and ICJ Statutes intended, for example, to exclude from 'General Principles of International Law' those principles which emerge from the customary practice of States or from treaties."); Lammers (Fn. 5), S. 53, S. 67–68; cf. auch Partan, Daniel G.: „The Duty to Inform in International Environmental Law". *Boston University International Law Journal* 6, 1988, S. 43, S. 74–78 (der eine Informationspflicht als allgemeinen Rechtsgrundsatz des Völkerrechts unter anderem aus Vertragspraxis ableitet).

78 Cf. auch Cassese (Fn. 57), S. 189 (Fn. 3).

79 Cassese (Fn. 57), S. 188; Lammers (Fn. 5), S. 53, S. 69; cf. Herczegh (Fn. 22), S. 122–123.

80 Besson, Samantha: „General Principles in International Law – Whose Principles?". In: Besson, Samantha / Pichonnaz, Pascal (Hrsg.): *Les principes en droit européen – Principles in European Law*. Schulthess: Zürich 2011, S. 19, S. 33 („They stem from the regular sources of international law, such as general treaties or customary

Diese fanden insbesondere Anwendung in der Praxis des Internationalen Strafgerichtshof für das ehemalige Jugoslawien (ICTY). In *Kupreškić et al.* befand die Strafkammer, dass sie sich auf „[g]*eneral principles of international criminal law, whenever they may be distilled by dint of construction, generalisation or logical inference*" stützen kann.[81] In weiterer Folge untersuchte sie regionale Menschenrechtsverträge und die Arbeit der jeweiligen Vertragsorgane.[82] In *Tadić* argumentierte der Angeklagte, dass die Errichtung des ICTY dem allgemeinen Rechtsgrundsatz widerspreche, dass Strafgerichtshöfe „auf Gesetz beruhen" müssten. Dabei stützte er sich auf die einschlägigen Bestimmungen der Menschenrechtsverträge.[83] Obwohl sich die Berufungskammer nicht eindeutig zum (Nicht-)Bestehen des behaupteten allgemeinen Rechtsgrundsatzes äußert,[84] beschäftigt sie sich in weiterer Folge inhaltlich mit dem Argument und lehnt es ab.[85]

Einen vergleichbaren methodischen Zugang hat das Schiedsgericht in der *Chagos Marine Protected Area Arbitration* im Zusammenhang mit einem Ablehnungsantrag gewählt.[86] Das Schiedsgericht erachtete es als allgemeinen Rechtsgrundsatz des Völkerrechts, dass auch parteiernannte Schiedsrichter den Erfordernissen der „*fairness, competence and integrity*" genügen müssen.[87] Zur inhaltlichen Ausgestaltung dieses Standards untersuchte es die Praxis in anderen zwischenstaatlichen Verfahren, die als Grundlage für dieses „*general principle of international law*" diente. Dazu untersuchte es die entsprechenden Bestimmungen des Statuts und der Geschäftsordnung des IGH, die des ITLOS,

---

international law"); Cassese (Fn. 57), S. 188 (there are no „source proper"); Waldock, Humphrey: „General Course on Public International Law", *Recueil des Cours* 106 1962-II, S. 1, S. 69 („the formal source of the principle is customary or treaty law"); aA Weiss (Fn. 52), S. 394; S. 401; Lammers (Fn. 5), S. 53, S. 68.

81 ICTY, *Kupreškić et al.* (IT-95-16), Trial Chamber Judgement, 14.1.2000, Rz. 677.

82 Ibid., Rz. 678–679.

83 Nämlich Art. 14 Internationaler Pakt über bürgerliche und politische Rechte; Art. 6(1) EMRK; Art. 8(1) Amerikanische Menschenrechtskonvention.

84 Cf. aber Cassese (Fn. 57), S. 193.

85 ICTY, *Tadić* (IT-94-1), Appeals Chamber Judgement, 15 July 1995, Rz. 41–48.

86 *Chagos Marine Protected Area Arbitration* (*Mauritius v. United Kingdom*), PCA Case No. 2011-03, Reasoned Decision on Challenge, 30.11.2011.

87 Ibid., Rz. 135; cf. auch ibid., Rz. 138 („the law applicable to the appointment of arbitrators in the present arbitral proceedings requires that that [sic] the arbitrators should enjoy the highest reputation for fairness, competence and integrity, and that there be no circumstances that might give rise to justifiable doubts as to the arbitrators' impartiality or independence").

sowie der *Optional Rules for Arbitrating Disputes Between Two States* des Permanent Court of Arbitration (PCA).[88]

In der *Abyei Arbitration* hatte das Schiedsgericht – unter anderem auf Basis der „*general principles of law and practices*“ – zu entscheiden, ob die *Abyei Boundaries Commission* in ihren Entscheidungen ihr Mandat überschritten hatte.[89] Diese „*general principles*“ stellten aus Sicht des Schiedsgerichts Teil des Völkerrechts dar,[90] und waren augenscheinlich gleichbedeutend mit den allgemeinen Rechtsgrundsätzen,[91] was zumindest teilweise die allgemeinen Rechtsgrundsätze des Völkerrechts mitumfasste.[92] Das Schiedsgericht leitete die angewandten „*general principles*“ wiederholt aus Entscheidungen von internationalen (Schieds-)Gerichten, völkerrechtlichen Verträgen und unverbindlichen Dokument ab, etwa im Zusammenhang mit Frage, ob es befugt ist, eine Teilnichtigkeit von Entscheidungen festzustellen,[93] ob wesentliche Fehler einen Nichtigkeits- bzw. Aufhebungsgrund darstellen[94] und des Weiterbestehens traditioneller Nutzungsrechte.[95] In Bezug auf letzteres stützt sich das Schiedsgericht etwa insbesondere auf Bestimmungen der ILO Convention No. 169 als Beweis für die „*general principles of law and practices*“, obwohl es selbst anerkennt, dass Sudan kein Vertragsstaat ist.[96]

Ob eine derartige Herleitung von allgemeinen Rechtsgrundsätzen des Völkerrechts ebenfalls Unterstützung in der Praxis des IGH findet, ist nicht

---

88 Ibid., Rz. 140–151; cf. auch ibid., Rz. 165 („the law applicable to the present arbitration is that to be found in Annex VII of the Convention as described in paragraphs 133 to 139 above, supplemented by the law and practice of international courts and tribunals in inter-State cases.“).

89 Art. 2-3 Arbitration Agreement between the Government of Sudan and the Sudan People's Liberation Movement / Army on Delimiting Abyei Area, retrieved 17.9.2019, from https://pcacases.com/web/sendAttach/675.

90 *Award in the Arbitration regarding the delimitation of the Abyei Area between the Government of Sudan and the Sudan People's Liberation Movement/Army*, 22.7.2009, XXX RIAA, S. 145, Rz. 427.

91 Ibid., Rz. 407; cf. aber auch ibid., Rz. 572 („Both Parties agree, and the Tribunal considers it appropriate, to use the rules of interpretation of the Vienna Convention as part of the general principles referred to in Article 3 of the Arbitration Agreement“).

92 Ibid., Rz. 430.

93 Ibid., Rz. 416–424.

94 Ibid., Rz. 512.

95 Ibid., Rz. 753–766 (cf. dazu die zitierte Rsp. in Rz. 754–760 und Vertragspraxis in Rz. 761–765).

96 Ibid., Rz. 763 (Fn. 1266).

vollkommen klar. So brachte etwa Serbien und Montenegro im *Bosnischen Völkermord*-Fall das Prinzip vor, dass *„an international court may consider or reconsider the issue of jurisdiction at any stage of the proceedings"*, gestützt auf *„certain international conventions and the rules of other tribunals"*. Der IGH lehnte dies allerdings ab, nachdem diese vorgebrachten Quellen *„do not support the view that there exists a general principle which would apply to the Court"*, aufgrund der eindeutigen Bestimmungen seines Statuts.[97] Der IGH lehnt somit die Ableitung eines allgemeinen Rechtsgrundsatzes aus anderen Verträgen nicht *per se* ab, sondern stützt sich auf Spezialitätserwägungen.

Allgemeine Rechtsgrundsätze des Völkerrechts finden in der internationalen Rechtsprechung somit durchaus Anwendung. Methodisch arbeiten (Schieds-) Gerichte dabei aus vergleichbaren Vertragswerken ein allgemeines Prinzip heraus, das analog auf die jeweilige Situation angewandt wird. Dies wird etwa in *Tadić* deutlich, als die Berufungskammer die notwendigen Unterschiede des behaupteten Rechtsgrundsatzes zwischen nationaler und internationaler Ebene betont. Ebenso in der *Abyei Arbitration*, in der das Schiedsgericht die Regeln zur Überprüfung schiedsgerichtlicher Entscheidungen in Hinblick auf ein nicht-gerichtliches Organ anwendet.[98]

Allerdings ist auffallend, dass die Praxis mit dieser Methode insbesondere prozedurale und keine materiell-rechtlichen Fragen löst, wie auch die obengenannten Beispiele zeigen. Einem Versuch konkrete Rechte und Pflichten auf Basis dieser Methode herzuleiten würden wohl auch Staaten klar ablehnend gegenüberstehen.[99] Die Notwendigkeit eines Rekurses auf allgemeine Rechtsgrundsätze (ob aus dem nationalen Recht oder dem Völkerrecht) bei Lücken in den Vertragswerken hinsichtlich prozessrechtlicher Probleme ergibt sich oftmals aus dem Mangel an Staatenpraxis bzw. *opinio iuris*, und damit anwendbarer völkergewohnheitsrechtlicher Normen.[100] Problematisch mag dies aber

---

97 *Application of the Convention on the Prevention and Punishment of the Crime of Genocide* (*Bosnia and Herzegovina v. Serbia and Montenegro*), Judgment. ICJ Rep. 2007, S. 43, Rz. 118–119.

98 *Abyei Arbitration* (Fn. 90), Rz. 404.

99 Cf. die Zusammenfassung von Äußerungen von Staaten in ILC, Third report on the legal regime for the allocation of loss in case of transboundary harm arising out of hazardous activities, by Mr. Pemmaraju Sreenivasa Rao, Special Rapporteur, UN Doc A/CN.4/566, 7.5.2006, Rz. 20, retrieved 18.9.2019, from http://legal.un.org/ilc/documentation/english/a_cn4_566.pdf.

100 Cf. etwa Amerasinghe, Chittharanjan: *Evidence in International Litigation*. Martinus Nijhoff: Leiden / Boston 2005, S. 26 (in Hinblick auf Beweisfragen).

dann erscheinen, wenn internationale (Schieds-)Gerichte dadurch ihre Kompetenzen auszuweiten suchen.

II. Als Völkergewohnheitsrecht light

In der Lehre wird z.T. die Auffassung vertreten, dass die zur Entstehung der „von den zivilisierten Staaten anerkannten allgemeinen Rechtsgrundsätze" notwendige Anerkennung (*recognition*) durch Staaten sich auch alleine auf deren Äußerungen bzw. Handeln auf internationaler Ebene ergeben kann.[101] Im Gegensatz zu der gerade besprochenen Kategorie soll es sich dabei um eine eigenständige Rechtsquelle handeln, die zu dem klassisch anerkannten Rechtsquellenkatalog hinzutritt. Damit findet diese Art von allgemeinen Rechtsgrundsätzen ihre Basis weder in Vertragsbestimmungen, Gewohnheitsrecht, noch in ihrer Anerkennung in nationalen Rechtsordnungen.

Dieser Fokus auf staatliche Äußerungen bzw. Handeln auf internationaler Ebene wirft allerdings zwangsläufig die Frage nach dem Verhältnis dieser Rechtsgrundsätze zum Völkergewohnheitsrecht auf. Es scheint kaum überraschend, dass Proponenten von derartigen „allgemeinen Rechtsgrundsätzen des Völkerrechts" den Fokus auf jeweils eines der beiden konstitutiven Elemente des Völkergewohnheitsrechts legen. So geht etwa Karl Zemanek in diesem Zusammenhang von Prinzipen aus, die zwar durch Staatenpraxis getragen sind, hinsichtlich derer sich die *opinio iuris* aber noch nicht über den Status eines Prinzips hinausgebildet hat.[102] Meist wird aber auf Elemente Bezug genommen, die für gewöhnlich zur Feststellung von *opinio iuris* herangezogen werden, insbesondere Resolutionen der UNGV oder anderer internationalen Organisationen.[103]

101 Cf. insbes Simma, Bruno / Alston, Philip, „The Sources of Human Rights: Custom, *Jus Cogens*, and General Principles". *Australian Yearbook of International Law* 12 1988, S. 82, S. 102 ff; Weiss (Fn. 52), S. 394, S. 400–401.

102 Zemanek (Fn. 5), S. 9, S. 135.

103 Simma / Alston (Fn. 101), S. 82, S. 102 ff.; Petersen, Niels, „Customary Law Without Custom? Rules, Principles, and the Role of State Practice in International Norm Creation". *American University International Law Review* 23(2), 2007, S. 275, S. 292 („The existence of an *opinio juris* is thus sufficient to establish general principles"); Kadelbach, Stefan / Kleinlein, Thomas, „International Law – A Constitution for Mankind: An Attempt at a Re-Appraisal with an Analysis of Constitutional Principles". *German Yearbook of International Law* 50, 2007, S. 303, S. 340.

Allerdings soll sich die Bindungswirkung dieser Prinzipien gerade nicht auf verbindliche einseitige Erklärungen stützen.[104] Es erscheint äußerst fraglich, ob diese Methode in der völkerrechtlichen Praxis anerkannt ist. So verweist etwa der erste Bericht der ILC zu allgemeinen Rechtsgrundsätzen insbesondere auf Vorbringen von Staaten in internationalen Verfahren, die in weiterer Folge nicht von den jeweiligen Streitbeilegungsorganen aufgegriffen wurde.[105]

Als Unterstützung für diese Methode wird in der Literatur oft das Rechtsgutachten des IGH zur Völkermordkonvention angeführt, in dem dieser feststellt, dass „*the principles underlying the Convention are principles which are recognized by civilized nations as binding on States, even without any conventional obligation.*“[106] Die vom Gerichtshof verwendete Formulierung – der Verweis auf Prinzipien, die durch zivilisierte Staaten anerkannt (*recognized*) sind – erinnert an die des Art. 38(1)(c) IGH Statut. Nachdem der Gerichtshof sich i.d.Z. nur auf die Res 96(I) (1946) der Generalversammlung der VN stützt und nicht auf nationale Rechtsordnungen verweist, soll dies die Möglichkeit der Herleitung von „allgemeinen Rechtsgrundsätzen des Völkerrechts“ aus Resolutionen der Generalversammlung beweisen. Der IGH selbst hat diese Passage allerdings im *Bosnian Genocide* als Beweis für Völkergewohnheitsrecht erachtet.[107]

Vergleichsweise stützte der IGH die Verpflichtung Albaniens, das Vereinigte Königreich über das Vorhandensein von Seeminen zu verständigen, in *Corfu Channel* auf

> *certain general and well-recognized principles, namely: elementary considerations of humanity, even more exacting in peace than in war; the principle of the freedom of*

---

104 Cf. aber Verdross, Alfred / Simma, Bruno, *Universelles Völkerrecht*. Duncker & Humblot: Berlin 1984 (Nachdruck 2010), Rz. 639 (die anscheinend von Prinzipien ausgehen, die durch, einer UNGV-Resolution nachgelagerte, übereinstimmende einseitige Erklärungen bzw. *acquiescence* entstehen).

105 Nämlich von Portugal in *Right of Passage* (Rz. 239), von Äthiopien und Liberia in *South West Africa* (Rz. 240), El Salvador in *Land, Island and Maritime Frontier Dispute* (para 243), Nauru in *Legality of the Threat or Use of Nuclear Weapons* (Rz. 244) und der EG und Kanada in *EC–Hormones* (Rz. 250–251).

106 *Reservations to the Convention on the Prevention and Punishment of the Crime of Genocide*, Advisory Opinion. ICJ Rep. 1951, S. 15, S. 23.

107 *Application of the Convention on the Prevention and Punishment of the Crime of Genocide* (*Bosnia and Herzegovina v. Serbia and Montenegro*). ICJ Rep. 2007, S. 43, Rz. 161; cf. auch schon Thirlway, Hugh, *International Customary Law and Codification*. A.W. Sijthoff: Leiden 1972, S. 109.

maritime communication; and every State's obligation not to allow knowingly its territory to be used for acts contrary to the rights of other States.[108]

Während der IGH auch in seiner neueren Rsp. regelmäßig auf die „*elementary considerations of humanity*" rekurriert,[109] sind darüber hinausgehende Feststellungen rar. Insbesondere sind neuere Verweise auf dieses Prinzip meist mit der Behauptung einer völkergewohnheitsrechtlichen Norm verbunden.[110]

Gegen die Vermischung der beiden Kategorien spricht schon Art. 38(1) IGH Statut selbst, der in seiner englischen Fassung unterschiedliche Formulierungen für die Ankerkennung von Gewohnheitsrecht („*accepted as law*") und den allgemeinen Rechtsgrundsätzen („*recognized by civilized nations*") findet.[111] Andererseits stößt dies auch auf bedeutende Ablehnung in Teilen der Lehre.[112] Wenn *opinio iuris* zum Entstehen eines allgemeinen Rechtsgrundsatzes – und damit einer eigenständigen Völkerrechtsquelle – führen würde, wäre die Notwendigkeit zum Nachweis von Völkergewohnheitsrecht anhand von Staatenpraxis hinfällig.[113]

---

108 *Corfu Channel (United Kingdom v. Albania)*. ICJ Rep. 1949, S. 5, S. 22.

109 *Military and Paramilitary Activities in and against Nicaragua (Nicaragua v. United States of America)*. ICJ Rep. 1986, S. 14, Rz. 215, 217; *Jurisdictional Immunities of the State (Germany v. Italy; Greece intervening)*. ICJ Rep. 2012, S. 99, Rz. 52.

110 *Legality of the Threat or Use of Nuclear Weapons*, Advisory Opinion. ICJ Rep. 1996, S. 226, Rz. 79; *Legal Consequences of the Construction of a Wall in the Occupied Palestinian Territory*, Advisory Opinion. ICJ Rep. 2004, S. 136, Rz. 157.

111 Obwohl sich die Lehre i.Z.m. Fragen der Rechtsquellenlehre und -dogmatik regelmäßig mit dem Wortlaut des Art. 38(1) IGH Statut auseinandersetzt, ist dennoch festzuhalten, dass eine Wortinterpretation der Bestimmung nur von äußerst beschränkter Relevanz sein kann.

112 Graf Vitzthum, Wolfgang: „Begriff, Geschichte und Rechtsquellen des Völkerrechts". In: id. (Hrsg.): *Völkerrecht*. De Gruyter: Berlin / New York 2010, S. 1, Rz. 146 (hinsichtlich der Ableitung von allgemeinen Rechtsgrundsätzen aus Resolutionen von IOs); Bogdan, Michael: „General Principles of Law and the Problems of Lacunae in the Law of Nations". *Nordic Journal of International Law* 46(1), 1977, S. 37, S. 43; cf. auch Schwarzenberger, Georg, „The Inductive Approach to International Law". *Harvard Law Review* 60(4), 1947. S. 539, S. 549.

113 Beham, Markus: *State Interest and the Sources of International Law*. Routledge: New York 2018, S. 110–111; Knuchel, Sévrine: „'General Principles': the Surest Path for the Formation of Jus Cogens?". In: Besson, Samantha / Pichonnaz, Pascal (Hrsg.): *Les principes en droit européen – Principles in European Law*. Schulthess: Zürich 2011, S. 121 (136–138); Dörr (Fn. 58), Rz. 2.

Daran ändert auch die z.T. schwer nachvollziehbare Herleitung von Völkergewohnheitsrecht durch den IGH nichts. Tatsächlich untermauert der IGH die Behauptung einer völkergewohnheitsrechtlichen Norm oft gar nicht,[114] oder führt Resolutionen der VN-Generalversammlung als Beweis für *opinio iuris* an.[115] Das beweist aber allenfalls eine liberalere Konstruktion von Gewohnheitsrecht, und nicht die Existenz einer zusätzlichen Rechtsquelle. Unter bestimmten Umständen mag es gute Gründe für eine stärkere Bedeutung von *opinio iuris* im Vergleich zur tatsächlichen Staatenpraxis geben, wie etwa der ICTY in *Kupreškić et al* angedeutet hat.[116]

In diesem Zusammenhang ist die Haltung anderer rechtsprechender und -durchsetzender Organe im Völkerrecht ebenfalls bedeutend. Einerseits ist unwahrscheinlich, dass Staaten selbst eine derartige Methode zur Herleitung von allgemeinen Rechtsgrundsätzen des Völkerrechts akzeptieren,[117] andererseits scheint auch die gerichtliche Praxis ablehnend.[118] In den wenigen Fällen, in denen sich nationale Gerichte mit allgemeinen Rechtsgrundsätzen befasst haben, wurde meist deren Entstehen aus dem nationalen Recht betont. So etwa das deutsche Bundesverfassungsgericht i.Z.m. Immunitätsverzicht[119] oder der Australische *Federal Court* zur Inbesitznahme von *terra nullius*.[120]

---

114 Zu der Herangehensweise des IGH cf. genauer Talmon, Stefan: „Determining Customary International Law: The ICJ's Methodology between Induction, Deduction and Assertion". *EJIL* 26(2), 2015, S. 417–443.

115 *Armed Activities on the Territory of the Congo (Democratic Republic of the Congo v. Uganda)*. ICJ Rep. 2005, S. 168, Rz. 244.

116 ICTY, *Kupreškić* (Fn. 81), Rz. 527.

117 Cf. auch Herczegh (Fn. 22), S. 45 (i.Z.m. naturrechtlichen Argumenten).

118 *Eskosol S.p.A. in liquidazione v. Italian Republic*, ICSID Case No. ARB/15/50, Decision on Termination Request and Intra-EU Objection, 7.5.2019, Rz. 119 („As far as the 'general principles of law recognized by civilized nations' are concerned, these are international principles stemming from the convergence of national legal orders.").

119 BVerfG, Beschluss des Zweiten Senats vom 6. Dezember 2006, 2 BvM 9/03, BVerfGE S. 117, 141, Rz. 30 („Um einen allgemeinen Rechtsgrundsatz kann es sich bei einer Regel zur Reichweite des Immunitätsverzichts im Bereich der Staaten- und der diplomatischen Immunität deshalb nicht handeln, weil diese Frage keine aus den nationalen Rechtsordnungen tradierten Rechtsgrundsätze, sondern einen originär zwischenstaatlichen Bereich betrifft."); cf. auch BVerfG, Beschluss der 2. Kammer des Zweiten Senats vom 04. September 2008, 2 BvR 1475/07, Rz. 20.

120 *Ure v. Commonwealth of Australia and Another*, Australien, Federal Court, 4.2.2016, 173 ILR S. 623, Rz. 128–131.

Dennoch bleiben die Auswirkungen dieser Debatten nicht vollkommen auf die akademische Welt beschränkt. So stützte sich die Entscheidung Österreichs dem sogenannten UN-Migrationspakt 2018 nicht „beizutreten" auf ein Rechtsgutachten,[121] in dem vorgebracht wurde, dass sich aus einem derartigen, eigentlich unverbindlichen, Dokument allgemeine Rechtsgrundsätze ergeben könnten.[122]

D. Die Notwendigkeit begrifflicher Klarheit anhand der Rechtsnatur des uti possidetis Prinzips

Die Notwendigkeit zur klaren Unterscheidung zwischen den erläuterten Begriffsverwendungen zeigt sich anhand des *uti possidetis* Prinzips. Dieses wird im Bericht der ILC als Beispiel eines *„general principle[s] formed within the international legal system"* genannt.[123] Gestützt ist dies insbesondere auf die Aussage des IGH in *Frontier Dispute*, demgemäß das *uti possidetis* Prinzip ein *„general principle, which is logically connected with the phenomenon of the obtaining of independence, wherever it occurs"* sei.[124] Die ILC zitiert ebenfalls die *Opinion No. 3* der Badinter Kommission, die die Feststellung des IGH wiederholt.[125]

Es ist allerdings unklar, ob *Frontier Dispute* das *uti possidetis* Prinzip als einen allgemeinen Rechtsgrundsatz des Völkerrechts bestätigt. Naheliegender scheint es, dass der IGH davon ausgegangen ist, dass es sich dabei um eine gewohnheitsrechtliche Norm handelt.[126] So verweist der IGH – zwar

121 Cf. auch die Besprechung in Wissenschaftlicher Dienst des Deutschen Bundestags, *Eckpunkte und völkerrechtliche Bedeutung des Global Compact for Safe, Orderly and Regular Migration* (30.11.2018), insbesondere bei S. 22, (Fn. 77), retrieved 7.10.2019, from https://www.bundestag.de/resource/blob/586216/db5f5f55b8add66aff370e02e66ef322/WD-2-165-18-pdf-data.pdf.

122 Geistlinger, Michael: *Impacts of the Adoption of the Global Compact for Safe, Orderly and Regular Migration for Austria* (9.11.2018), S. 15–17 (dem Autor vorliegend).

123 *First Report on general principles of law* (Fn. 7), Rz. 242–243.

124 *Frontier Dispute* (*Burkina Faso v. Mali*). ICJ Rep. 1986, S. 554, Rz. 20.

125 Conference on Yugoslavia Arbitration Commission (Badinter Commission) – Opinion No 3. *International Legal Materials* 31, 1992, S. 1494, S. 1500.

126 Das *uti possidetis* Prinzip wird allerdings von einigen Autoren als ein „general principle of (international) law" qualifziert, cf. Yusuf (Fn. 52), S. 448, S. 453–454; Yotova, Rumiana, „Challenges in the Identification of the 'General Principles of Law Recognized by Civilized Nations': The Approach of the International Court". *Canadian Journal of Comparative and Contemporary Law* 3(1), 2007, S. 269, S. 307; *Territorial*

kursorisch, aber dennoch – auf einschlägige Staatenpraxis[127] und *opinio iuris*.[128] Die Bezeichnung des *uti possidetis* Prinzips als ein *„general principle"* durch den IGH bezieht sich wohl auf dessen räumlichen Anwendungsbereich und nicht auf die Rechtsquelle.[129] So betont der Gerichtshof, dass es sich nicht um eine regionale Norm handelt, sondern eine *„rule of a general scope"*, die damit nicht *„limited in its impact to the African continent as it had previously been to Spanish America"* ist.[130]

Zudem zitiert die ILC ein Urteil des Slowenischen Verfassungsgerichtshofs,[131] der *uti possidetis* als ein *„generally recognized principle of international law"* bezeichnet.[132] Diese Formulierung stammt allerdings aus dem bereits obengenannten Art. 8 der Slowenischen Verfassung, der besagt, dass *„laws and regulations must comply with generally accepted principles of international law"*.[133] Der Slowenische Verfassungsgerichtshof selbst hat diese Formulierung wie folgt interpretiert:

Dispute (*Libyan Arab Jamahiriya v. Chad*), Separate Opinion of Judge Ajibola. ICJ Rep. 1994, S. 6, Rz. 127.

127 Cf. *Frontier Dispute* (Fn. 128), Rz. 20 („the principle of *uti possidetis* seems to have been first invoked and applied in Spanish America"); ibid., Rz. 21 („the fact that the new African States have respected the administrative boundaries and frontiers established by the colonial powers must be seen not as a mere practice contributing to the gradual emergence of a principle of customary international law, limited in its impact to the African continent as it had previously been to Spanish America, but as the application in Africa of a rule of general scope.").

128 Ibid., Rz. 22 („The elements of *uti possidetis* were latent in the many declarations made by African leaders in the dawn of independence"); cf. ebenso die Verweise auf Resolution AGH/Res. 16 (1), angenommen in der ersten Sitzung der Conference of African Heads of State and Government in Kairo in 1964 (ibid., Rz. 19, 22), ebenso wie auf Art. 3 Charter der Organisation für Afrikanische Einheit (ibid., Rz. 22). Obwohl diese Beweise für *opinio iuris* aus der Zeit nach der Unabhängigkeit der Parteien – und damit der streitgegenständlichen Periode – stammen, hat der IGH erst kürzlich festgehalten, dass derartige nachgelagerte Ausdrücke auch zur Bestimmung von Völkergewohnheitsrecht miteinbezogen werden können, cf. *Legal Consequences of the Separation of the Chagos Archipelago from Mauritius in 1965*, Advisory Opinion. ICJ Rep. 2019, S. 95 (Rz. 142–143).

129 Ebenso d'Argent (Fn. 52), S. 107, S. 116–117.

130 *Frontier Dispute* (Fn. 128), S. 554 Rz. 21.

131 *First Report on general principles of law* (Fn. 7), Rz. 243

132 Slovenian Constitutional Court, *Opinion Rm-1/10*, 19.4.2010, Rz. 24, retrieved 7.10.2019, from http://odlocitve.us-rs.si/en/odlocitev/AN02615?q=Rm-1%2F97&v-r=R16.

133 Ibid. und Fn. 47.

[t]his term encompasses, in particular, the rules of customary international law and the general principles of law recognised by civilised nations. These two sources of international law are enumerated in points b and c of Article 38 of the Statute of the International Court of Justice.[134]

Somit folgt aus diesen Entscheidungen nicht, dass es sich bei allgemeinen Rechtsgrundsätzen des Völkerrechts um eine eigenständige Rechtsquelle handelt.

E. Fazit

Wie aus den obigen Ausführungen hervorgeht, wird der Begriff der allgemeinen Rechtsgrundsätze des Völkerrechts (*general principles of international law*) in der Literatur und Praxis mit äußerst unterschiedlichem Bedeutungsinhalt verwendet. Nichtsdestotrotz ist die konkrete Kategorisierung bestimmter Begriffsverwendungen nicht immer vollkommen trennscharf möglich. Bei den oben beschriebenen deskriptiven Begriffsverwendungen ist das auch nicht zwingend notwendig, da diese keine zusätzlichen konzeptionellen bzw. dogmatischen Probleme aufwerfen, die über die „klassischen" Fragen im Rahmen der Diskussionen des Art. 38(1) IGH Statut hinausgehen.

Eine Auseinandersetzung mit den „allgemeinen Rechtsgrundsätzen des Völkerrechts" – wie etwa durch die ILC geplant – sollte sich somit primär auf die beiden normativen Begriffsverwendungen fokussieren. Diese unterscheiden sich insbesondere anhand ihrer methodischen Herleitung, als auch durch die (behauptete) Stellung als Rechtsquelle. Dabei ist insbesondere das Verhältnis dieser Konzepte mit dem Völkergewohnheitsrecht von Interesse. Damit berührt diese Debatte eine der Grundfragen der Völkerrechtswissenschaft, nämlich die letztendliche Grundlage für die Bindungswirkung des Völkerrechts. Soweit Völkerrecht nämlich auf den Willen der Staaten basieren soll,

---

134 Slovenian Constitutional Court, *Opinion U-I-266/04*, 9.11.2006, Rz. 14, retrieved 15.1.2021, from http://www.us-rs.si/documents/00/e1/u-i-266-042.pdf (mit einem Verweis auf Grasselli, Andrej. In: Šturm, Lovro (Hrsg.): *Komentar Ustave Republike Slovenije* [*Kommentar der Verfassung der Republik Slowenien*]. Fakulteta za podiplomske državne in evropske študije: Ljubljana 2002, S. 141); cf. ebenso Škrk, Mirjam, „The Relationship between International Law and Internal Law in the Case-Law of the Slovene Constitutional Court". In: Vukas, Budislav / Sosic, Trimpimir (Hrsg.): *International Law: New Actors, New Concepts – Continuing Dilemmas: Liber Amicorum Božidar Bakotić*. Martinus Nijhoff: Leiden / Boston 2010, S. 41, S. 47–48.

stehen beide normativen Konzepte der allgemeinen Rechtsgrundsätze mit diesem Postulat im (unterschiedlichen) Spannungsverhältnis.

Ein derartiges Spannungsverhältnis besteht zwar auch bei den allgemeinen Rechtsgrundsätzen aus dem nationalen Recht, allerdings tritt dieses in Bezug auf die allgemeinen Rechtsgrundsätze des Völkerrechts deutlicher hervor, deren Bindungswirkung sich explitit auf völkerrechtliche Dokumente stützen soll, die für sich genommen unverbindlich oder nicht anwendbar sind. So liegt dem Fehlen konkreter Regelungen, dem Nicht-Beitritt zu bestimmten Verträgen oder dem Ausweichen auf unverbindliche Dokumente wohl oft eine bewusste Entscheidung der Staaten zugrunde.

Teil V: Habilitationsforum

Matthias C. Kettemann*

Die normative Ordnung des Internets: eine neue Theorie der Regulierung der Digitalität

A. Einführung: Das Recht als Ordnungsmacht

Recht ist Ordnungsmacht. Es reagiert, in der Regel mit der notwendigen Zeitverzögerung, auf den technischen Fortschritt. Nur zwölf Jahre nachdem Samuel Morse 1838 in New York das erste funktionsfähige Telegrafensystem vorgestellt hatte und sechs Jahre nach der ersten fertiggestellten Telegrafenlinie von Washington nach Baltimore einigten sich einige mitteleuropäischen Staaten auf einen internationalrechtlichen Rahmen für Telegrafenverbindungen. Es ist viel mehr als zwölf Jahre her, dass die Technologien, die der heutigen Popularität des Internets zugrunde liegen, wie das „World Wide Web", erfunden wurden. Es ist indes kein entsprechender einheitlicher internationaler Rahmen entstanden, auch wenn es viele normative Ansätze gibt. Normen, die auf das Internet angewendet werden, bestehen zur Genüge, aber es fehlt eine zugrundeliegende, strukturierende Ordnung. Dies motiviert die vorliegende Studie.[1] Zunächst gehe ich auf das Völkerrecht als ein normatives Referenzfeld der Ordnungsbildung im Internet ein (B). Sodann identifiziere ich die Kräfte der normativen Unordnung (C) und zeige auf, dass eine normative Wende stattgefunden hat (D), die es erlaubt, von einer normativen Ordnung des Internets zu sprechen (E). Schlussfolgerungen runden den Beitrag ab (F).

---

* Priv.-Doz. Mag. Dr. Matthias C. Kettemann, LL.M. (Harvard), Leibniz-Institut für Medienforschung – Hans-Bredow-Institut, Hamburg / Universität Frankfurt am Main.

1 Dieser Beitrag basiert auf Forschungsarbeiten, die für die Habilitation des Autors am Exzellenzcluster „Die Entstehung normativer Ordnung", Universität Frankfurt/Main, zwischen 2013 und 2018 durchgeführt wurden. Für eine ausführlichere Darstellung des Konzepts der „normativen Ordnung des Internets" mit ausführlichen Fußnoten cf. Kettemann, Matthias: *The Normative Order of the Internet. A Theory of Online Rule and Regulation*. Oxford University Press: Oxford 2020.

B. Aspekte der Ordnung

Der Konsens der Staaten der Welt hinsichtlich der Bedeutung eines globalen Ansatzes an die Gestaltung des Internets wird schon in den Schlusserklärungen der Weltgipfel zur Informationsgesellschaft 2003 (Genf) und 2005 (Tunis) sichtbar. Die Staatengemeinschaft verpflichtet sich mitzuwirken am Aufbau einer

> den Menschen in den Mittelpunkt stellende[n], inklusive[n] und entwicklungsorientierte[n] Informationsgesellschaft [...] gestützt auf die Ziele und Grundsätze der Charta der Vereinten Nationen, das Völkerrecht und den Multilateralismus sowie unter voller Achtung und Einhaltung der Allgemeinen Erklärung der Menschenrechte [...],[2]

wobei bekräftigt wurde, dass „Menschenrechte und Grundfreiheiten, einschließlich des in der Erklärung von Wien verankerten Rechts auf Entwicklung, allgemein gültig und unteilbar sind, einander bedingen und miteinander verknüpft sind".[3]

Deutlich wurde erstmals der Bericht von 2013,[4] in dem ein staatenbeschicktes Gremium der Vereinten Nationen, die Group of Governmental Experts on Developments in the Field of Information and Telecommunications in the Context of International Security (GGE) festhielt, dass die Anwendung von Normen, die aus dem bestehenden Völkerrecht abgeleitet werden, „essenziell" ist, um Risiken für den Weltfrieden und die internationale Sicherheit und Stabilität zu minimieren.[5] Dies gelte auch für den völkerrechtlichen Schutz der Souveränität und der Verantwortung, die dieser entfließe, sowie für die Menschenrechte.[6]

---

2 World Summit on the Information Society (WSIS), Tunis Commitment, WSIS-05/TUNIS/DOC/7-E vom 18.11.2005, Ziff. 2. Cf. auch WSIS, Geneva Declaration of Principles (2003), Ziff. 1.

3 Tunis Commitment (Fn. 2), Ziff. 3.

4 Report of the Group of Governmental Experts on Developments in the Field of Information and Telecommunications in the Context of International Security, A/68/98 vom 24.6.2013.

5 Ibid., Rz. 16.

6 Perspektiven darauf bei Kettemann, Matthias C. / Kleinwächter, Wolfgang / Senges, Max: „Implementing Sustainable Digital Cooperation: Towards Next Generation Internet Governance". In: Kettemann, Matthias C. / Kleinwächter, Wolfgang / Senges, Max (Hrsg.): *Towards a Global Framework for Cyber Peace and Digital Cooperation. An Agenda for the 2020s*. BMWi: Berlin 2019, S. 31–46.

2015 bestätigte die Gruppe erneut, dass Völkerrecht einen essenziellen Rahmen für die nationale Nutzung von Informations- und Kommunikationstechnologien darstelle.[7]

Für die Gewährleistung der Integrität des Internets besonders relevant sind die angesprochenen völkerrechtlichen Grundsätze,[8] die teils in der Satzung der VN in die Form von Vertragsrecht gegossen wurden, teils völkergewohnheitsrechtlich geschützt sind und teils als Allgemeine Prinzipien des Völkerrechts auftreten: souveräne Gleichheit, Gewaltverbot, Interventionsverbot, friedliche Streitbeilegung, Menschenrechtsschutz, Kooperationsprinzip (das sich speist aus dem Grundsatz der guten Nachbarschaft (*no harm*) und Präventionsprinzip (*due diligence*)).[9]

Das Prinzip der souveränen Gleichheit (Art. 2 (1) Satzung der VN ist ein zentraler Grundsatz des Völkerrechts. Als „*pivotal principle*"[10] ist es auch für die Cyber-Sicherheit von besonderer Bedeutung. Jeder Staat hat die Jurisdiktion und Gewalt über sein Territorium und über die Informations- und Kommunikationstechnikinfrastruktur, die sich dort befindet; dies bedeutet aber auch, dass ein Staat Verantwortung dafür trägt, dass von seinem Territorium aus nicht Völkerrecht verletzende Attacken gegen andere Staaten oder Einrichtungen organisiert oder durchgeführt werden.[11]

Das Prinzip der guten Nachbarschaft (Art. 74 Satzung der VN) (auch: *No-harm*-Prinzip) kann im Internetzeitalter global verstanden werden. Ursprünglich nur für das Verhältnis von aneinander angrenzenden Staaten relevant, wurde das Prinzip graduell erweitert.[12] Das Vorsorgeprinzip/Präventionsprinzip (*due diligence*) ist für das Internet, und vor allem für die Cyber-Sicherheit,

---

7 Developments in the field of information and telecommunications in the context of international security, Report of the Secretary-General, A/70/174 vom 22.7.2015, retrieved 15.2.2020 from http://www.un.org/ga/search/view_doc.asp? symbol = A/70/174.

8 Ibid., Abs. 26.

9 Vergleiche dazu auch Kettemann, Matthias C.: „Die Weltordnung des Digitalen". *Zeitschrift für die Vereinten Nationen und ihre Sonderorganisationen/German Review on the United Nations* 5/2019, 195–200.

10 Besson, Samantha: „Sovereignty". In: Wolfrum, Rüdiger (Hrsg.): *Max Planck Encyclopedia of Public International Law.* Oxford University Press: Oxford 2012, Rz. 1.

11 Schulze, Sven-Hendrik: *Cyber-"War", Testfall der Staatenverantwortlichkeit.* Mohr: Tübingen 2015.

12 Cf. UN GA Resolution 46/62, Developing and strengthening of good-neighbourliness between States, A/RES/46/62 9.12.1991, Abs. 2 (gute Nachbarschaft sei Pflicht, „whether or not they [die Staaten] are contiguous").

von besonderer Bedeutung. Zunächst sind der *due diligence* Verpflichtungen zur Information und Konsultation zu entnehmen.[13] So obliegt Staaten eine auch durch dieses Prinzip gestützte Verpflichtung, Cyberattacken zu verhindern, die vom eigenen Territorium ausgehen, und (präventiv) ein Rechtssystem aufzubauen, das Cyber-Sicherheit gewährleistet und fördert.[14]

No harm und das *due diligence*-Prinzip sind wichtige Fundamente des Prinzips der zwischenstaatlichen Zusammenarbeit (Kooperationsprinzip). Letzteres kann nach Art. 1 (3) Satzung der VN in seiner gewohnheitsrechtlichen Auslegung dergestalt weiterentwickelt werden, dass Staaten verpflichtet werden, in der Ausgestaltung ihrer nationalen Internetpolitik Cyber-Sicherheitsaspekte zu beachten und bei grenzüberschreitenden Implikationen bilaterale oder multilaterale Konsultationen anzustoßen. Es bestehen völkerrechtliche Normen, die ein Grundgerüst der Ordnung des Internets sicherstellen. Ist der Rest Chaos?

C. Normative Unordnung

Jedes Rechtssystem hat gewisse chaotische Tendenzen in dem Sinne, dass die Ordnung (meist) künstlich und das Chaos der Naturzustand ist. Während Unordnungskräfte innerhalb traditioneller Rechtssysteme durch formale Institutionen (nationales Recht), gemeinsame Regulierung (europäisches Recht) oder dezentrale Kontrolle (internationales Recht) gebändigt werden, gibt es für das globale Internet keine zentralen normproduzierenden und -durchsetzenden Institutionen. Dies stellt eine Bedrohung für das Projekt der Ordnung des Internets dar, das von der Verpflichtung auf ein gemeinsames normatives Ziel ausgeht.

Es lassen sich drei Dimensionen der Unordnung (normativer Schaum (*normative froth*), normative Reibung (*normative friction*) und normative Brüche (*normative fractures*)) sowie eine übergreifende Kraft der Unordnung (Fragmentierung)) identifizieren.

Normativer Schaum liegt vor, wenn verschiedene Normen auf bestimmte Situationen anwendbar sind, ohne dass es klare Hinweise darauf gibt, dass eine Norm bevorzugt wird. Ein klassisches Beispiel für normativen Schaum im Internet ist der Internet-Prinzipien-Hype. Während frühe Sammlungen von Prinzipien klare Verpflichtungen auf zentrale Regulierungsziele enthielten,

13 Koivurova, Timo: „Due Diligence“. In Wolfrum, Rüdiger: (Hrsg.): *Max Planck Encyclopedia of Public International Law.* Oxford University Press: Oxford 2012, Rz. 3.

14 Schmitt, Michael N.: „In Defense of Due Diligence in Cyberspace“, *Yale Law Journal Forum* 125, 2015, S. 68–81.

wie z.B. die Informationsgesellschaft auf der Grundlage des internationalen Rechts weiterzuentwickeln, begannen ab ca. 2011 verschiedene Gruppen von Akteuren, neue Prinzipien zu entwickeln, die, anstatt durch Wiederholung der normativen Anziehungskraft bestehende Prinzipien zu erhöhen, eine durch besondere sektorale Interessen motivierte Variation des normativen Inhalts vorsahen.

Normative Reibungen sind schwerwiegendere Normkonflikte, die über eine nicht-hierarchische Koexistenz von doppelten Normen hinausgehen (Schaum), aber selbst in der Summe noch keinen Riss innerhalb der Online-Ordnung verursachen (Brüche). Beispiele für normative Reibungen gibt es im Überfluss, da die nationalen Gerichte in ihren Urteilen zu faktisch ähnlichen Fragen oft voneinander abweichen, was zu Rechtsprechungskonflikten führt – wie die Nachwirkungen des grundlegenden Falls *LICRA gg. Yahoo!*[15] deutlich zeigen. Fragen der normativen Reibung tauchen insbesondere dann auf, wenn die normativen Antworten der nationalen Rechtsordnungen auf die Herausforderung der Regulierung von Internet-Intermediären unterschiedliche Rechtsfolgen zeitigen. Reibungen können aus direkten Rechtskonflikten resultieren (wobei ein Rechtsorgan ein anderes Ergebnis anordnet als das nächste) oder aus wesentlichen Konflikten durch unterschiedliche Präferenzen von Staaten und Unternehmen oder von Einzelpersonen und Unternehmen. Ein Beispiel ist die Behandlung der Intermediärshaftung.

Normative Brüche weisen auf ein größeres Problem der Herrschaft im Internet hin. Sie beziehen sich auf substanzielle Konflikte, die zu Unordnung führen können. So gibt es Brüche, die sich aus der Anwendung völkerrechtlicher Regeln und nicht-internationaler Rechtsnormen, einschließlich der Soft-Law-Normen, ergeben. Selbst der GGE, die die Anwendung des Völkerrechts im Internet in mehreren Analysezyklen klären wollte, gelingt keine überzeugende Differenzierung nach Bindungskraft zwischen Normen, Regeln, Grundsätzen, Absprachen und bestehenden Verpflichtungen.

Ein weiterer Bruch ist zwischen universellen und partikulären (souveränitätsorientierten, anti-universellen) normativen Ansätzen von Staaten entstanden. Souveränitätsorientierte Staaten wie Russland, die Vereinigten Arabischen

15 Tribunal de Grande Instance Paris, Ligue contre le racisme et l'antisémitisme et Union des étudiants juifs de France c. Yahoo! Inc. et Société Yahoo! France (LICRA v. Yahoo!), 22.5.2000. Siehe auch das US-amerikanische „follow-up“: United States Court of Appeals, Ninth Circuit, 433 F.3d 1199, Yahoo! Inc. v. LICRA und UEJF, 12.1.2006 (Sup. Ct. verweigerte certiorari).

Emirate, China, Saudi-Arabien, Algerien, der Sudan und Ägypten plädieren für mehr staatliche Kontrolle des Internets, verstaatlichen Telekommunikationsanbieter, sehen Gesetze zur Datenlokalisierung vor und verhängen strenge Strafen bei Online-Dissens. Dieser Ansatz ist oft mit allgemeinen Verweisen auf die normativen Topoi der Internet-Verwaltung verbunden, einschließlich des „multistakeholderism". Dies zeigt erneut die Formbarkeit des Konzepts bis zu dem Punkt, an dem es nicht mehr zur Bezeichnung der effektiven und legitimitätsfördernden Integration aller relevanten Akteure in ihre jeweiligen Rollen verwendet werden kann. Häufig sind an souveränitätsorientierte normative Ansätze im Internet territoriale Lösungen gekoppelt, die auch Datenlokalisierungsregeln oder Gewinnverstaatlichungsdekrete für global tätige Internetunternehmen beinhalten.

Ein wesentlicher Bruch ist auch bei der Behandlung des Cyberwars in der normativen Ordnung des Internets entstanden. Während Verweise auf die Satzung der VN als grundlegendes Dokument in der normativen Ordnung des Internets seit langem vorhanden sind, wurden die konkreten Verweise in Kapitel VII auf „Waffengewalt" (unter Berücksichtigung der Lagefeststellungen des Sicherheitsrates nach Kapitel VII) und den „bewaffneten Angriff" (Auslösung der Selbstverteidigung) bestritten. Souveränitätsorientierte Staaten, einschließlich jene, denen in der Vergangenheit offensive Cyberangriffe vorgeworfen wurden, sprechen sich gegen die Anwendung der Charta aus, wenn die Zuschreibungstechniken nicht zuverlässiger würden.[16]

Schließlich ist ein Bruch entstanden, wenn es um das Vertrauen in die Integrität des Internets geht, weil massive Online-Überwachungspraktiken das Vertrauensverhältnis destabilisieren. Während die Überwachung, selbst die geheime, in einer demokratischen Gesellschaft unter bestimmten Umständen notwendig ist, haben die Praktiken vieler Staaten, darunter vor allem die „Five Eyes" und Deutschland, gegen internationale Regeln verstoßen. Der EGMR hat in wichtigen Urteilen gezeigt, welche Verpflichtungen die Staaten im Hinblick auf den Schutz der Privatsphäre haben. Dazu gehören *Weber und Saravia gegen Deutschland*, *Klass und andere gegen Deutschland* (richterliche Pflicht zur Überprüfung von Überwachungsmaßnahmen), *Bucur und Toma gegen Rumänien* (Whistleblower*innen sind zu schützen), *Iordachi und andere gegen*

16 Cf. Segal, Adam: „The Development of Cyber Norms at the United Nations Ends in Deadlock. Now What?" *Council on Foreign Relations* 29.6.2017, retrieved 15.2.2020, from https://www.cfr.org/blog/development-cyber-norms-united-nations-ends-deadlock-now-what.

Moldawien („nationale Sicherheit“ als legitimer Zweck eines Eingriffs ist eng auszulegen) und *El-Masri gegen Ehemalige jugoslawische Republik Mazedonien* (die EMRK kann extraterritoriale Auswirkungen haben; Notwendigkeit, die Sicherheitsdienste zu kontrollieren).[17]

Die Ordnung des Internets wird auch durch technische, kommerzielle und rechtliche Fragmentierung herausgefordert.

Die technische Fragmentierung behindert die volle Interoperabilität der zugrunde liegenden Internet-Infrastruktur. Kommerzielle Fragmentierung wird durch Geschäftspraktiken verursacht, die die Universalität des Internets einschränken oder verhindern, wie z.B. „Einschlüsse“ von Unternehmen, die versuchen, ihre Kunden „einzusperren“, indem sie die Datenextraktion sehr erschweren und plattformübergreifende Einzelprofile verwenden. Politisch-rechtliche oder staatliche Fragmentierung umfasst Politiken, Gesetze und Urteile, die die Universalität oder den grenzenlosen Charakter des Internets beeinträchtigen, indem sie z.B. durch Filter die freie Nutzung des Internets behindern. Aber auch Fälle, die den Schutz der Menschenrechte erhöhen, können zu einer Fragmentierung führen, indem sie spezifische Internet-Subregime innerhalb regionaler/nationaler Gerichtsbarkeiten einführen (z.B. durch die Fälle *Delfi, MTE und Pihl* durch den EGMR, die ein System gezielter Überwachungspflichten für bestimmte Intermediäre einführen).[18]

Zwar tragen zentrifugale Kräfte zur Entstehung von normativen Redundanzen, Normkonflikten und Strukturbrüchen sowie zur Fragmentierung bei, doch gibt es gegenläufige technische Kräfte (die Internet-Invarianzen, *Internet invariants*). Sie sind die Grundlage eines technischen Defragmentierungssoges, den das Recht – durch die normative Wende – durch Normen realisiert bzw. nachbildet.

Auf einer anderen normativen Ebene kam der Fragmentierungsbericht der Völkerrechtskommission (International Law Commission, ILC) zu einer ähnlichen Schlussfolgerung und argumentierte, dass „increasing attention will have to be given to the collision of norms and regimes and the rules, methods and techniques for dealing with such collisions.“[19]

---

17 Cf. die Fälle bezüglich der Aktivitäten der „Five Eyes“-Staaten: *Big Brother Watch und Others v. the United Kingdom* (Nr. 58170/13) und *Bureau of Investigative Journalism und Alice Ross v. the United Kingdom* (Nr. 62322/14).

18 EGMR, *Delfi* AS *v. Estland* (16.6.2015), Nr. 64569/09; EGMR, *MTE und Index.hu* ZRT v. Ungarn (2.2.2016), Nr. 22947/13; EGMR, *Pihl v. Sweden* (7.2.2017), Nr. 74742/14.

19 International Law Commission, *Fragmentierung des internationalen Rechts: Schwierigkeiten, die sich aus der Diversifizierung und Ausweitung des Völkerrechts ergeben,*

Die Interoperabilitätstheorie und die auf der Rechtsprechung basierenden Konfliktrechtsansätze liefern einige Antworten für die Online-Ordnung, wie ein Konfliktrecht für das Internet aussehen kann, vor allem in Hinblick auf den Begriff und die Funktionsweise von Regimen. Der ILC-Bericht identifiziert drei Arten von Regimen, darunter „special sets of rules and principles on the administration of a determined problem“ und „special branches of international law with their own principles, institutions and teleology“.[20] Das Internet ist wahrscheinlich zu vielschichtig, als dass man es als ein „determined problem“ betrachten könnte, um es zu verwalten. Vielmehr könnte es als ein Regime im Sinne eines speziellen Zweiges des (nicht nur) internationalen Rechts betrachtet werden. Wie oben gezeigt, hat die Online-Ordnung ihre eigenen Prinzipien und Zwecke (Teleologie); sie verfügt indes noch nicht über richtige Institutionen jenseits informeller Netzwerke, nichtstaatlicher Strukturen und Ad-hoc-Strukturen.

Der *Fragmentierungsbericht* der Völkerrechtskommission argumentiert, dass ein Regime außerhalb von Verträgen „in more broadly 'cultural' ways“ funktionieren kann.[21] Regime können auch nichtstaatliche Teilnehmer haben und „represent non-governmental interests in a fashion that might influence their interpretation and operation.“ Der Modus Operandi kann sich von den Vertragsregimes unterscheiden: „[o]ften regimes operate on the basis of administrative coordination and 'mutual supportiveness,' the point of which is to seek regime-optimal outcomes.“[22]

Genauso wie die „reversal of hierarchies“ als „liberating experience“ wirkmächtig werden kann,[23] kann die Etablierung flexibler Normenhierarchien (oder Normenordnungen, normative Ordnungen[24]) eine stabilisierende und

---

Bericht der Studiengruppe der Völkerrechtskommission, 13.4.2006, UN Doc A/CN.4/L.682249 (Betonung entfernt).

20 Ibid., S. 252.

21 Ibid.

22 Ibid.

23 Ibid., mit Hinweisen darauf, es sei „just possibly the only way in which law can be an art of the just,“ wie vorgeschlagen von Jacques Derrida. Natürlich steht Derrida im Einklang mit Thomas S. Kuhn. Hierarchien sind den herrschenden Paradigmen sehr ähnlich; Koskenniemis „Fluss“ ist Kuhns „Paradigmenwechsel“, obwohl es schwierig sein wird zu argumentieren, dass das Recht an irgendeinem Punkt gerecht geworden ist, da sowohl die Hierarchien im Fluss als auch die Paradigmen durch wissenschaftliche Revolutionen gestürzt wurden.

24 Zur Vielschichtigkeit des Konzepts cf. Kettemann, Matthias C. (Hrsg.): *Navigating Normative Orders. Interdisciplinary Perspectives*. Campus: Frankfurt/New York 2020.

damit auch eine befreiende Erfahrung sein. Dergestalt, dass sie – wie von Habermas hinsichtlich der Rechtsordnung als Ordnung der Erwartungsstabilisierung und Entlastung von individuellen Kosten-/Nutzen-Rechnungen bei Handlungen vorgedacht – die Akteure von normativer Unsicherheit befreit. Diese Rekonstruktion einer normativen Ordnung erfordert ein Verständnis transnationaler Ordnungstheorien und insbesondere eine solide Grundlage für theoretische Versuche, eine Online-Ordnung zu untermauern.

D. Die Vorstellung der normativen Wende

Für Pierre Bourdieu muss die Kodifizierung der Normen einer Ordnung von einer Theorie über die Auswirkungen der Kodifizierung begleitet werden.[25] Die Kodifizierung ermöglicht „l'instauration d'une normativité explicite, celle de la grammaire ou du droit."[26] Die Kodifizierung erzeugt Objektivierung und Formalisierung, Rationalisierung und Normalisierung – und damit Kohärenzkontrolle. Sie verändert die Natur der Dinge: „un changement de statut ontologique".[27] Die durch das Gesetz geschaffene normative Ordnung ist jedoch nicht transhistorisch, sondern kontingent: Jurist*innen, die diese zeitliche und soziale Kontingenz des Rechts sehen, sind „gardiens de l'hypocrisie collective",[28] auch wenn sie in der Heuchelei eine erhebliche soziale Macht ausüben. Wir können diese Falle vermeiden, wenn wir uns nicht auf eine formale Kodifizierung einlassen. Die normative Ordnung des Internets ist keine Übung zur Veränderung des ontologischen Status von Artefakten. Vielmehr ist sie ein notwendiges Konstrukt eines Ansatzes zur Ordnung der Interaktion der normativ relevanten Akteure und der Schnittstellen zwischen den normativen Schichten.

Abweichend von Bourdieu sei hier die Auffassung vertreten, dass die Konzeption und das Finden von Online-Ordnung als eine wesentliche Voraussetzung für gesellschaftliche Interaktionen notwendig sind. Tatsächlich beschreibt

25 Nour, Soraya: „Bourdieus juridisches Feld: Die juridische Dimension der sozialen Emanzipation". In: Buckel, Sonja / Christensen, Ralph / Fischer-Lescano, Andreas (Hrsg.): Neue Theorien des Rechts. Lucius & Lucius/UTB: Stuttgart 2009, S. 179–199 (S. 191).

26 Bourdieu, Pierre: „Habitus, code et codification". *Actes de la Recherche en Sciences Sociales* 64, 1986, S. 40–44 (S. 42).

27 Ibid.

28 Bourdieu, Pierre: „Les juristes, gardiens de l'hypocrisie collective". In : Chazel, François / Commaille, Jacques (Hrsg.): *Normes jurididques et régulation sociale.* LGDJ: Paris 1991 S. 95–99.

Boris Groys das menschliche Leben als einen „verlängerten Dialog mit der Welt". Dieser Dialog basiert auf bestimmten philosophischen Voraussetzungen, die sein Medium und seine Form definieren, und heute „praktizieren wir unseren Dialog mit der Welt in erster Linie über das Internet". Wir wollen der Welt eine Frage stellen: „Wir handeln als Internet-Nutzer". Unter dem gegenwärtigen Regime des Internets definieren Vermittler (Groys konzentriert sich auf Google) die Regeln, nach denen wir diese Frage stellen können. Heute, sagt Groys, „Google plays the role that was traditionally fulfilled by philosophy and religion. [It is] the first known philosophical machine that regulates our dialogue with the world [. . .]."[29] Google „presupposes and codifies the radical dissolution of language into sets of individual words," indem man den gesuchten Wörtern einen bestimmten Kontext gibt. So löst Google alle Diskurse auf, indem es sie in die Wortwolken verwandelt, die als Sammlungen von Wörtern jenseits der Grammatik funktionieren.[30]

Der derzeitige Zustand des Internets scheint ähnlich zu sein, wenn wir „Wörter" durch „Normen" und „Grammatik" durch „Ordnung" ersetzen. Dies ist das hier vorgestellte Argument: Wir haben es mit Online-Normen ohne Ordnung zu tun; und wir brauchen Ordnung, um die normativen Erwartungen zu stabilisieren und die Umsetzung der Finalität gesellschaftspolitischer Prozesse, die im Rubrum der Internet-Governance gesammelt werden, sinnvoll zu gestalten.

So wie die Theorie die Welt ordnet, ist die Ordnung selbst – auf der Grundlage der Theorie – ein Weg, die ‚Welt zu machen'. Unter Berufung auf Nelson Goodman stellt Andrea Bianchi fest: „[t]heories are ways of worldmaking".[31] Goodman beschreibt in seinen eigenen *Ways of Worldmaking* die Zusammensetzung und Zerlegung über Etiketten, die Gewichtung nach Relevanz/Irrelevanz oder anderen Kategorien, die Ordnung, Streichung und Ergänzung und die Verformung (Korrekturen oder Verzerrungen) als „Wege", die Welt zu machen. Streichung und Ergänzung sind hier besonders interessant. Goodman sieht die Wissenschaft als

> rejecting or purifying most of the entities and events of the world of ordinary things while generating quantities of filling for curves suggested by sparse data, and erecting

29 Groys, Boris: „Google: Worte jenseits der Grammtik, 100 Notizen – 100 Gedanken". Nr. 46, dOCUMENTA (13). Hatje Cantz: Ostfildern 2012, S. 4–6.

30 Ibid., S. 7.

31 Bianchi, Andrea: *International Law Theories. An Inquiry into Different Ways of Thinking.* Oxford University Press: Oxford, 2016, S. 16.

> elaborate structures on the basis of meagre observations [thus striving] to build a world conforming to his chosen concepts and obeying his universal laws.[32]

Goodman, der der Ordnung kritisch gegenübersteht, scheint anzudeuten, dass die Wissenschaft die Ordnung um ihrer selbst willen und nicht um des „Geordneten" willen entwickelt. Dies ist eine Falle, die dieser Ansatz zu vermeiden sucht. Wir können jedoch zustimmen, dass die nachfolgende normative Ordnung des Internets eine Übung in Systematisierung und systematischer Löschung ist.[33]

E. Die normative Ordnung des Internets

I. Konzept

In einer kürzlich durchgeführten Analyse der Cybersicherheitsnormen haben zwei Autoren ein „huge void in international regulation" nach dem „failure" der Verhandlungen im GGE festgestellt. Dies wäre problematisch, insbesondere im Hinblick auf „recent cyber-attacks with global reach".[34] Aber es gibt keine normative Lücke,[35] noch weniger „a huge one". Der regulatorische Rahmen in Bezug auf das Internet im Allgemeinen und die Cybersicherheit im Besonderen ist, wie diese Studie zeigt, flexibel, elastisch und skalierbar: Wir nennen ihn *die normative Ordnung des Internets*.[36]

Niemand würde bezweifeln, dass die freiheitlich-demokratische Grundordnung in Deutschland auf dem Recht, insbesondere dem Verfassungsrecht, beruht. Die „normative Ordnung" Deutschlands basiert auf einer

---

32 Goodman, Nelson: *Ways of Worldmaking.* Hackett: Indianapolis, IN, 1978, S. 7 ff. (S. 15).

33 Goodman (Fn. 32), S. 15: „Replacement of a so-called analog by a so-called digital system through the articulation of separate steps involves deletion; for example, to use a digital thermometer with readings in tenths of degrees is to recognize no temperature as lying between 90 and 90.1. degrees."

34 Christakis, Theodore / Bannelier, Karine: „Reinventing Multilateral Cybersecurity Negotiation after the Failure of the UN GGE and Wannacry: The OECD Solution", *EJIL Talk*, 28.2.2018, https://www.ejiltalk.org/reinventting-multilateral-cybersecurity-negotiation-after-the-failure-of-the-un-gge-and-wannacry-the-oecd-solution.

35 Similarly, Legris, Emilie / Walas, Dimitri: „Regulation of Cyberspace by International Law", *ESIL Reflection* 7, 2018, S. 1, retrieved 15.2.2020, from http://www.esil-sedi.eu/node/2060.

36 Ausführlich cf. Kettemann (Fn. 1).

ausdifferenzierten Rechtsordnung. Dennoch gibt es innerhalb der deutschen Rechtsordnung Normen von sehr unterschiedlichem Charakter, von DIN-Normen (*Deutsche Industrienormen*), die normativen Sog durch epistemische Autorität ausüben,[37] über Gesetze bis zu den im Grundgesetz verankerten Grundrechtsgarantien. Das Vorhandensein unverbindlicher Normen innerhalb eines normativen Systems schmälert nicht dessen Qualifikation als *Rechts*system oder -ordnung.

Nationale Rechtssysteme bestehen hauptsächlich aus formell verbindlichen Normen innerhalb eines Kelsen'schen Stufenbaus[38] und vergleichsweise aus nur wenigen unverbindlichen Normen. Dies gilt insbesondere für Länder mit einem ausgeprägten Rechtsstaatsprinzip, da das Legalitätsprinzip vorschreibt, dass jede staatliche Handlung auf dem Gesetz beruhen muss. Dies mäßigt zwar normative Innovationsbestrebungen, sichert aber die Grundrechte, was angesichts der widerstreitenden Interessen ein vertretbarer Kompromiss ist. In der normativen Ordnung des Internets ist das Gegenteil zu beobachten. Abhängig von der Annäherung an die Definition der Ordnung sind viele verschiedene normative Instrumente vorhanden: von nationalen Gesetzen und internationalen Regelungen bis hin zu transnationalen Regulierungsarrangements, von denen die meisten, insbesondere in der dritten Kategorie, keine formal verbindlichen Normen sind.

Bei der Einführung des Konzepts der „normativen Ordnung" beziehe ich mich auf Rainer Forst und Klaus Günther, zentrale Vertreter der Frankfurter Schule der kritischen Normenforschung. Diese blicken bei Normen weniger auf ihre *formal* begründete Rechtmäßigkeit, sondern betrachten vielmehr ihre legitimitätsbegründete *Funktionalität. Function over form*, könnte man pointiert sagen. Normen sind für sie „practical reasons to act [containing] the claim of being binding upon the addressee."[39] Diese Ansprüche werden narrativiert und kontextualisiert, in Praktiken habitualisiert und sind in Sitten (implizite, instituierte Normativität) und Konventionen als *Sozialverträge* (wiederum implizit)

37 Auch wenn einige davon in Gesetzen erwähnt werden und somit Teil des Rechtssystems sind.

38 Kelsen, Hans: *Reine Rechtslehre.* 1934, S. 21 (zitiert nach Jestaedt, Matthias (Hrsg): *Reine Rechtslehre. Studienausgabe der 1. Auflage 1934.* Mohr Siebeck: Tübingen, 2008, S. 33.

39 Forst, Rainer / Günther, Klaus: „Die Herausbildung normativer Ordnungen. Zur Idee eines interdisziplinären Forschungsprogramms". In: Forst, Rainer / Günther, Klaus (Hrsg.): *Die Herausbildung normativer Ordnungen. Interdisziplinäre Perspektiven.* Campus: Frankfurt/New York, 2011, S. 11–30 (S. 16).

oder in Konventionen als *Verträge* (explizit konstituierte Normativität) enthalten. Der Anspruch der Verbindlichkeit ist also nicht in dem Sinne ein rechtlicher, als er auf einem rechtlichen Verfahren zur Sicherstellung der Einhaltung beruht, aber dennoch normativ, als sein Anspruch auf Verbindlichkeit eine gewisse Sogwirkung ausübt (*normative pull*).

Normen im Rahmen dieser Studie sind insofern rechtlich, als sie den *Rechtsraum* gestalten und einrahmen, zur Sicherung des *Rechtsfriedens* beitragen, ein *Kollisionsrecht* zwischen den geltenden Regimen vorsehen und im Großen und Ganzen als Rechtsnormen oder zumindest als Legalitätsheuristiken behandelt werden, die Entscheidungslasten erleichtern: Sie reduzieren Komplexitäten.

Die Normen, die die normative Ordnung des Internets ausmachen (die für das Internet und die Digitalität in *materiell* relevanter Weise *normativ* relevant sind), bilden zusammen eine vielschichtige Ordnung. Dies bedeutet nicht, dass sie zentral *geordnet* oder *hierarchisch* geschichtet sind. Eine normative Ordnung ist ein Normen- und Wertekomplex „with which the fundamental structure of a society (or the structure of international, supranational or transnational relationships) is legitimated, in particular the exercise of political authority and the distribution of basic goods."[40] Dies sind Schlüsselfunktionen des *Rechts* in prädigitalen Gesellschaften. Gleichzeitig ist die normative Ordnung des Internets mehr als eine reine Rechtsordnung, da sie auf Normen und Prozessen beruht, die sich nicht ohne weiteres in der Sprache, Logik und Legitimitätsstruktur traditioneller Rechtssysteme übersetzen, ja nicht einmal konzeptualisieren lassen.

Die Anordnungsfunktion der Ordnung erstreckt sich auf die Regulierung und Legitimierung (oder die Bereitstellung der normativen Instrumente für die Anfechtung) der Ausübung privater oder öffentlicher Autorität und der Verteilung grundlegender Güter im Zusammenhang mit der Nutzung und Entwicklung des Internets durch verschiedene Akteure, einschließlich des Internetzugangs und des Zugangs zu Internetinhalten. Sie verankert und bündelt die normativen Erwartungen, die die Nutzung und Entwicklung des Internets prägen und die zu einem *Rechtsstaat* führen.

Das Maß für die *Legalität* der normativen Ordnung kann nicht die „politische Verfassung" (der Staaten) sein, an der sie scheitern würde (die internationale

40 Forst / Günther (Fn. 39), S. 15: „Unter ‚normativer Ordnung' verstehen wir den Komplex von Normen und Werten, mit denen die Grundstruktur einer Gesellschaft (bzw. die Struktur inter- bzw. supra- oder transnationaler Verhältnisse) legitimiert wird, namentlich die Ausübung politischer Autorität und die Verteilung von elementaren Lebens- und Grundgütern" (Übersetzung durch den Autor).

Rechtsordnung aber auch). Vielmehr muss der normative Maßstab die normative Ordnung der Eigenverfassung des Internets sein,[41] wie sie durch die Praktiken eingeführt wurde, und auto- und heterokonstituiert sein. Normen aus der dritten Kategorie (transnationale Regelungsarrangements, Internet-Standards ...) sind zwar keine *Rechtsnormen* in traditionellen nationalen oder internationalen Rechtsansätzen (sie sind das Tertium), aber ihnen kann Rechtsnormqualität zugesprochen werden, wenn sie hinsichtlich ihrer Produktion, ihres Inhalts und ihrer Anwendung internen-regimespezifischen und transnationalobjektivierten menschenrechtlichen Kontrollen und Abwägungen genügen.[42]

II. Bedingungen der Legitimität

Wir haben die Hypothese aufgestellt, dass die normative Ordnung des Internets eine legitime Ordnung ist. Dies ist nicht ohne einen weiteren Schritt überzeugend darzulegen. Dieser Schritt ist die *Legitimation* der Ordnung und ihrer Normen. Auf nationaler Ebene können bestehende Verfahren zur Legitimierung nichtrechtlicher Normen herangezogen werden. International wird Legitimität durch die Einbindung aller Akteure in Normsetzungsprozesse prozeduralisiert. Wir können feststellen, dass ein wesentlicher Teil der Normen, die die normative Ordnung des Internets ausmachen, Normen des internationalen Rechts sind. Daher ist Louis Henkins Feststellung, dass „almost all nations observe almost all principles of international law and almost all of their obligations almost all of the time",[43] relevant für die Beurteilung der Legitimationsbedingungen der normativen Ordnung des Internets. Tatsächlich ist Legitimität eng mit regelbestätigendem Verhalten verbunden. Ohne ein Gefühl der Verpflichtung (das in der epistemischen Überlegenheit eines normativen Ansatzes begründet sein könnte) bleibt regelkonformes Verhalten sporadisch und erratisch.

Dieses Pflichtgefühl ist an die wahrgenommene Legitimität einer Norm gebunden.[44] Thomas M. Franck definierte die Legitimität als Eigenschaft einer

---

41 Teubner, Gunther: „Globale Zivilverfassungen: Alternativen zur staatszentrierten Verfassungstheorie", *ZaöRV* 63, 2003, S. 1–28 (S. 22).

42 Vesting, Thomas: *Die Medien des Rechts: Computernetzwerke*. Velbrück Wissenschaft: Weilerswist, 2015, S. 144.

43 Henkin, Louis: *How Nations Behave*, Columbia University Press: New York, 1979², S. 47 (Hervorhebung ausgelassen). Für empirische Studien, die Henkins Diktum bestätigen, cf. Koh, Harold Hongju: „Why Do Nations Obey International Law?". *Yale Law Journal* 106, 1996–1997, S. 2599–2659 (Fn. 2).

44 Franck, Thomas M.: *The Power of Legitimacy Among Nations*. Oxford University Press: Oxford, 1990. Für eine neuere Interpretation cf. Franck, Thomas M.: „The

Regel oder Institution (oder, wie man hinzufügen könnte, einer Ordnung), „which itself exerts a pull towards compliance on those addressed normatively because those addressed believe that the rule or institution has come into being and operates in accordance with generally accepted principles of right process."[45] Der *richtige Prozess* ist eine Möglichkeit, Forderungen bezüglich der Prozesse der Normgenese zu formulieren. Franck argumentierte weiter, dass die Legitimität einer einzelnen Norm (und damit die Anziehungskraft der Einhaltung) von ihrer Bestimmtheit (feststellbarer normativer Inhalt), der symbolischen Validierung durch eine Autoritätsfigur/Institution und der Kohärenz mit einem breiteren Regelsystem und dessen Einhaltung abhängt.[46] Eine Variation dieser Kriterien wird nützlich sein, um die Legitimität von Online-Ordnungsnormen zu beurteilen.

Der Grad der Normativität einer normativen Ordnung variiert. Die Normativität einer Norm – und einer normativen Ordnung – ist eine ihrer Eigenschaften. Sie ist mit ihrer Legitimität verbunden, nicht deckungsgleich mit ihr, sondern vielmehr von ihr abhängig.[47] Es ist unmöglich, einen allgemeinen Anspruch auf die Legitimität von Normen der normativen Ordnung des Internets zu erheben. Je nach ihrem Charakter (internationale Rechtsnormen, nationale Rechtsnormen, Normen, die Teil der transnationalen Regelungsarrangements sind) befinden sie sich bereits in etablierten Legitimationsstrukturen, die für das Internet nicht grundlegend überarbeitet werden müssen. Man muss nur bedenken: Bei der Anwendung des völkerrechtlichen Nichteinmischungsprinzips auf Online-Sachverhalte besteht keine offensichtliche Notwendigkeit, eine Theorie der Legitimität dieses Prinzips (bzw. der entsprechenden gewohnheitsrechtlichen Regeln) zu entwickeln. Ebenso mögen nationale Gesetze, die bestimmte Verpflichtungen für Intermediäre vorsehen, wie z.B. das deutsche Netzwerkdurchsetzungsgesetz, fehlerhaft sein, aber ihre Legitimität als Gesetze ist prima facie nicht in Frage gestellt. Nur in Fällen einer wesentlichen Verletzung von Kernprinzipien der normativen Ordnung des Internets (wie z.B. ein Mindestgehalt an prozeduraler Legitimation einer Norm) muss die Legitimität

---

Power of Legitimacy and the Legitimacy of Power: International Law in an Age of Power Disequilibrium". *AJIL* 100(1), 2006, S. 88–106.

45 Franck, Thomas M.: *The Power of Legitimacy Among Nations*. Oxford University Press: Oxford, 1990, S. 24.

46 Cf. Franck, Thomas M.: „Fairness in the International Legal and Institutional System". *Recueil des Cours de l'Academie de Droit International* 240, 1993, Vol. III, S. 26.

47 Cf. Koller, Peter: *Theorie des Rechts. Eine Einführung*. Böhlau: Vienna, 1997[2].

von Normen des nationalen oder internationalen Rechts im Hinblick auf ihre Stellung innerhalb der normativen Ordnung des Internets überprüft werden.

Dies gilt nicht für ordnungsspezifische Normen, wie z.B. die Grundsätze der Internet-Governance, und für die Ordnung selbst. Ihre Legitimität muss nachgewiesen werden. Wie bereits erläutert, versteht diese Studie Normen, die zur normativen Ordnung des Internets gehören, als solche, die (1) eine *materielle* (nicht-triviale) und (2) eine *normative* (nicht nur faktische) Verbindung zum Internet als einem Netzwerk von Netzwerken haben. Ausgehend von Francks Kriterien für die Legitimität von Normen müssen diese Normen *formal* und *materiell* legitimiert werden. Die formale Legitimation wird durch symbolische Validierung durch die Entstehung von Normen in einem Multi-Stakeholder-Prozess erreicht.

Damit eine Norm *materiell legitimiert* ist, muss sie

- hinreichend determiniert sein (und damit unverbindliche Instrumente ermöglichen),
- mit den Kernprinzipien der normativen Ordnung des Internets im Einklang stehen,
- mit den Werten der Ordnung, wie sie in ihren Grundsätzen zum Ausdruck kommen, im Einklang stehen und
- sich systematisch an die normative Ordnung als Ganzes halten.

Damit wird die Legitimität innerhalb der normativen Ordnung des Internets formal prozeduralisiert (dies ist die Input- und Throughput-Dimension der Legitimität). Die aus diesen Prozessen hervorgehenden Normen sind oft epistemisch gute normative Lösungen. Dies ist die Output-Dimension der Legitimität.

III. Elemente der normativen Ordnung des Internets

Die normative Ordnung des Internets umfasst normgenerierende Prozesse und schließt durch ihre Prozesse normativ relevantes Handeln aller Akteure ein. Diese Akteure entwickeln normative Erwartungen, die auf der Grundlage gemeinsamer Prinzipien innerhalb der Ordnung diskutiert, angefochten und realisiert werden. Die Studie zeigt, welche substanziellen und prozeduralen Prinzipien anwendbar sind, einschließlich der Verpflichtungen zur Gewährleistung der Menschenrechte, zur Beibehaltung des Internets als unfragmentiertem Raum und zur Gewährleistung der Sicherheit, Stabilität, Zuverlässigkeit und Vertrauenswürdigkeit des Internets, wobei eine starke Zusammenarbeit zwischen den Akteuren vorausgesetzt wird.

Jedes Normfeld innerhalb der Ordnung – internationales Recht, nationales Recht, transnationale normative Arrangements – wird entweder durch traditionelle normative Prozesse oder durch die Integration in nationale Rechtsordnungen legitimiert. Jede Akteursgruppe ist direkt oder indirekt legitimiert und überträgt dieses Legitimationspotenzial auf das (oft zusätzlich) epistemisch legitimierte Normierungsergebnis. Die normative Ordnung selbst ist als notwendige Ordnung zum Schutz des Internets und zum Schutz der gesellschaftlichen Rechte und individuellen Freiheitsräume vor dem Internet legitimiert. Der Prozess der Rechtfertigung der Ordnung wird narrativiert.

Die auf diese Weise etablierte, analysierte und legitimierte normative Ordnung des Internets ist sowohl ein empirisch-konzeptionelles als auch ein normatives Konstrukt: Sie liefert Legitimations- (und Rechtfertigungs-) Narrative und fungiert als elastischer normativer Raum mit Prinzipien und Prozessen zur Lösung von Konflikten der öffentlichen Ordnung, die mit dem Schutz der Integrität des Internets und dem Schutz von Staaten und Gesellschaften, natürlichen und juristischen Personen vor Gefahren im Zusammenhang mit der Nutzung und dem Missbrauch des Internets verbunden sind. Sie umfasst in erster Linie das normative Tertium und ist somit eine vereinheitlichende Theorie. Diese transnationalen Normen und normativen Arrangements transzendieren binäre normative Lösungen und können Diffusionen von Regulierungsverantwortung in transnationalen Zusammenhängen entgegenwirken.

Die Festlegung der normativen Ordnung des Internets war insofern eine konservative Übung, als die ultima ratio nicht die *Sicherung des Internets*, das lediglich eine technologische Einrichtung ist, zum Ziel hatte, sondern die normativ relevanten Interessen aller Akteure, sowohl individuelle als auch kollektive, an der Nutzung und Entwicklung des Internets, soweit diese sich auf die Ausübung privater oder öffentlicher Autorität und die Verteilung grundlegender Güter berufen.

F. Schlussfolgerungen

Es gibt eine normative Ordnung des Internets. Diese Ordnung integriert Normen, die materiell und normativ mit der Nutzung und Entwicklung des Internets verbunden sind, auf drei verschiedenen Ebenen (regional, national, international), von zwei Typen (privat und öffentlich verfasst) und von unterschiedlichem Charakter (vom ius cogens bis zu technischen Standards). Als Rechtsordnung funktioniert sie durch die Form des Rechts und analog zu dieser. Ihre Akteure – Staaten, juristische Personen, natürliche Personen – erfüllen vielfältige Funktionen als Normunternehmer, Normanwender und Normdurchsetzer. Die

Rechtfertigungsnarrative der Ordnung steuern neue Normen, indem sie ihre technische Konsistenz und ihre rechtlich-kulturelle Konsonanz mit den Zwecken der Ordnung bewerten. Die normative Ordnung des Internets ist, wenn auch nicht ohne autonome Elemente, durch Legitimationsbeziehungen mit nationalen und internationalen Rechtsordnungen verbunden.

Die Ordnung setzt sich zusammen aus internationalem Recht, nationalem Recht und transnationalen Regelungsarrangements von unterschiedlicher Normativität. Neben den internationalen und nationalen Normen gibt es eine „dritte" Kategorie von Normen, ein normatives Tertium, das sich erst in jüngster Zeit als eigenständige normative Kategorie herausgebildet hat. Tertium-Normen sind grundsätzlich technische Standards und Soft-Law-Normen, die im umkämpften Raum zwischen technischer Notwendigkeit und sozio-rechtlichen Werten entstehen. Sie weisen eine variable Normativität auf, transzendieren binäre normative Lösungen und können so Diffusionen von Regulierungsverantwortung in transnationalen Zusammenhängen entgegenwirken.

Die Normativität des Ordnens prägt die Technizität. Die Technologieorientierung der nicht-rechtlichen Normativität, einschließlich ihres Schwerpunkts auf Code und Standards, muss durch einen wertebasierten normativen Ansatz neu ausgerichtet werden. Es ist also nicht die Technizität, die die Normativität prägt. Anstatt ein technisches Medium unsere gesellschaftlichen Werte definieren zu lassen, sind es die in die normative Ordnung des Internets eingebetteten Werte, die die Entwicklung der dem Internet zugrunde liegenden Technologien durch normative Rahmung und regulatorische Eingriffe bestimmen (können). Die wertebasierte Normativität muss die Normsetzung beeinflussen, um den Vorrang internationaler rechtlicher Verpflichtungen und ihrer nationalen rechtlichen Gegenstücke bei der Bestimmung der Finalität der normativen Ordnung des Internets zu gewährleisten. Anstatt Argumente aus technischer Notwendigkeit zu akzeptieren, zeigen wir, dass technische Normen im wertorientierten gemeinsamen Rahmen der normativen Ordnung des Internets kontingent sind.

Die Kräfte der normativen Unordnung im Internet können identifiziert und bekämpft werden. Zentrifugalkräfte tragen zur Entstehung von normativen Redundanzen („normativer Schaum"), realen Normkonflikten zwischen Regelungsebenen und geographisch begrenzten normativen Sphären („normative Reibung"), erheblichen strukturellen Problemen („normative Brüche") sowie zur politischen, kommerziellen und technologischen Fragmentierung des Internets bei. Unbeschadet zentrifugaler Systemkräfte verleihen technische Invarianzen dem Internet eine inhärente „Defragmentierungskraft", die technisch eine Einheit vorzeichnet, die das Recht in einem *normative turn* nachvollzieht und normenbildend nachformt.

Im Internetregime ist es somit zu einem *normative turn*, einer normativen Wende, gekommen: Aus den Eigengesetzlichkeiten der normativen Ordnung des Internets bringen die technischen wie informationsgesellschaftlichen Prägekräfte durch Prozesse lernender Normativität Regeln hervor, deren Validität durch ordnungsimmanente Prinzipien (wie interne Kohärenz, Konsonanz mit anderen Regimenormen und Konsistenz mit den Ordnungszielen) getestet wird. Die normative Ordnung des Internets bringt eine verflüssigte lernende Normativität hervor, die sich auch auf der Ebene der Rechtsnormativität manifestiert. Eine von der Umwelt lernende Normativität kann aber nicht mehr in tradierten Subjektvorstellungen abgebildet werden. Damit könnte auch eine auf Kant zurückgehende Theorie der Normativität („des Gesetzes“) neu begründet werden, die Selbstorganisation als das Prinzip des Lebens sieht, das die transzendentale Konstitution von Normativität ermöglicht.

Die normative Ordnung des Internets erweist sich als legitime Regelungsordnung. Auf der internationalen Ebene stellt der akteursübergreifende Rechtserzeugungsprozess ein Legitimationsverfahren dar; auf nationaler Ebene bieten die traditionellen Rezeptionsverfahren, die auch schon vor dem Internet für Normen unterhalb der rechtlichen Verbindlichkeit wirksam waren, ein passendes Instrumentarium für die Legitimation der Normen des rechtlichen „Tertiums“.

Teil VI: Berichte aus der völkerrechtlichen Praxis

Christophe Eick*

Die rechtswahrende Erklärung Deutschlands vom 12. April 2019 zur Aufrechterhaltung von Freiheiten und Rechten nach dem Seerechtsübereinkommen der Vereinten Nationen im Südchinesischen Meer

Am 12. April 2019 gab Deutschland mittels Verbalnote eine rechtswahrende Erklärung zur Aufrechterhaltung von Freiheiten und Rechten nach dem Seerechtsübereinkommen der Vereinten Nationen (SRÜ) gegenüber den Anrainerstaaten des Südchinesischen Meeres und den ASEAN-Mitgliedstaaten ab. Ausgewählte Partnerstaaten und das VN-Sekretariat wurden im Wege der Übergabe eines inhaltsgleichen Aide Mémoire über die Rechtsposition Deutschlands in Kenntnis gesetzt. Das Aide Mémoire ist am Ende dieses Beitrags abgedruckt.

Das Südchinesische Meer ist eine wichtige Transitstrecke für internationale Waren- und Rohstofftransporte. Etwa ein Drittel des weltweiten Seehandels passiert auf Schiffen das Südchinesische Meer. Für Deutschland sind maritime Sicherheit und Stabilität von großer Bedeutung. Schifffahrtsfreiheiten nach dem SRÜ liegen im genuinen deutschen Interesse.[1]

Die Bundesregierung ist besorgt über Territorialstreitigkeiten im Südchinesischen Meer, die in der Vergangenheit wiederholt zu Spannungen und Zwischenfällen geführt haben. Sie hat ihre Besorgnis bilateral, aber auch im Rahmen der EU und gemeinsam mit den G7-Partnern zum Ausdruck gebracht. Dabei hat die Bundesregierung stets betont, dass sie in der Frage der territorialen Zugehörigkeit der umstrittenen Landformationen inhaltlich keine Position bezieht, außer dass sich diese nach allgemeinem Völkerrecht bestimmt.[2]

---

* Ministerialdirektor Dr. Christophe Eick, Völkerrechtsberater und Leiter der Rechtsabteilung, Auswärtiges Amt, Berlin.

1 Cf. Antwort der Bundesregierung auf die Kleine Anfrage der Fraktion der FDP „Wirtschaftszonen im Südchinesischen Meer“, Bundestags-Drucksache 19/5477, Vorbemerkung der Bundesregierung.

2 Cf. Antwort der Bundesregierung auf die Kleine Anfrage der Fraktion der FDP „Territorialkonflikte im Südchinesischen Meer“, Bundestags-Drucksache 19/6029, Antwort auf Frage 3.

Maritime Gebiets- und Nutzungsansprüche ergeben sich nach Ansicht der Bundesregierung für die Vertragsparteien des SRÜ ausschließlich aus diesem Übereinkommen. Es bestehen keine über diesen Rechtsrahmen hinausgehenden maritimen Ansprüche aus „historischen" oder gewohnheitsrechtlichen Gründen. Die Bundesregierung hat zudem erklärt, dass auch im Südchinesischen Meer die Regelungen für die Anwendung von geraden Basislinien als Ausgangspunkt für die Abgrenzung von Seegebieten nach dem SRÜ zu beachten sind.[3] Ansprüche auf Meereszonen, die sich auf ein Rechtsinstitut „entfernter Archipele" ergeben sollen,[4] lehnt die Bundesregierung ab.

Die Bundesregierung tritt für eine regelbasierte internationale Ordnung, Streitbeilegung auf der Grundlage des Völkerrechts und für eine universelle Anwendung des SRÜ ein. Sie hat in diesem Zusammenhang erklärt, dass sie den Schiedsspruch nach dem SRÜ vom 12. Juli 2016 zwischen der Republik der Philippinen und der Volksrepublik China als rechtsverbindlich ansieht.

Die Bundesregierung setzt sich dafür ein, dass im Südchinesischen Meer unilaterale Schritte unterlassen werden, die die dortige Sicherheit, Stabilität und die Schifffahrtsfreiheiten gefährden sowie regionale Spannungen verursachen können. Sie befürwortet eine verstärkte regionale Zusammenarbeit bei der Nutzung und Erhaltung des Südchinesischen Meeres.

Die rechtswahrende Erklärung vom 12. April 2019 enthält die folgenden Botschaften:

- Universelle und umfassende Geltung des Seerechtsübereinkommens der Vereinten Nationen (SRÜ);
- Beachtung von Bestimmungen des SRÜ mit besonderer Relevanz im Südchinesischen Meer – Freiheiten auf hoher See, friedliche Durchfahrt, Kooperationsverpflichtungen u.a. beim Fischereimanagement und beim Meeresnaturschutz, friedliche Streitbeilegung;
- Beachtung der besonderen Voraussetzungen für die Anwendung der Regime des SRÜ über Archipelgewässer, gerade Basislinien und natürlich entstandene Inseln;
- Ablehnung von „historischen Titeln", die dem abschließenden Meereszonenregime nach dem SRÜ widersprechen – wie im Schiedsspruch aus 2016 bestätigt.

---

3 Ibid., Antwort auf Frage 5.

4 Cf. hierzu Chinese Society of International Law: „The South China Sea Arbitration Awards: A Critical Study", *Chinese Journal of International Law* 17(2), 2018, S. 557–599.

Aide Mémoire South China Sea: Statement on legal position under UNCLOS

Germany lodged a diplomatic note with the respective Ministries of Foreign Affairs of all coastal states of the South China Sea and of ASEAN member states on 12 April 2019 in order to reaffirm its legal position as regards increasing assertions of legal claims with respect to maritime areas in the South China Sea.

In the verbal note, Germany as a state party to the 1982 United Nations Convention on the Law of the Sea (UNCLOS)

- recalled the universal und unified character of UNCLOS as continuously reaffirmed by the resolutions on "Oceans and Law of the Sea" of the General Assembly of the United Nations;
- emphasized its commitment to provisions laid down by UNCLOS on the freedom of the high seas, rights of innocent passage, obligations on bilateral, regional and international co-operation, including for the conservation and management of living resources and for the protection and preservation of the marine environment, and on the peaceful settlement of disputes;
- with respect to claims to maritime zones in the South China Sea, also recalled the specific conditions set forth in UNCLOS for the application of straight and archipelagic baselines as well as for the application of the régime of islands and rocks to naturally formed land features;
- considered that any claim to historic rights to living and non-living resources and/or to historic titles to waters of the South China Sea is incompatible with UNCLOS to the extent that it exceeds the limits of the maritime zones as exclusively and comprehensively provided for by UNCLOS, as confirmed in the award rendered by the Arbitral Tribunal under Annex VII to UNCLOS on 12 July 2016.

Furthermore, Germany reminded that in the past it had already expressed this legal position persistently, bilaterally and together with other parties of UNCLOS, without prejudice to and taking any position as regards competing territorial sovereignty claims to disputed features in the South China Sea.

Germany will continue to uphold and assert its freedoms and rights as a state party to UNCLOS including in the South China Sea, and to contribute to promoting co-operation in the region as set out in the Convention.

Roger Dubach*

Der Soft Law Bericht des Schweizer Bundesrats

A. Einleitung: Soft Law als Chance und Herausforderung

In einem Bericht vom 26. Juni 2019 ging die Schweizer Regierung (Bundesrat) vertieft auf Soft Law ein. Darin formulierte der Bundesrat unter anderem Vorschläge, wie das Schweizer Parlament unter Wahrung der verfassungsmässigen Kompetenzordnung und der außenpolitischen Handlungsfähigkeit der Schweiz an der Entstehung von Soft Law gezielter mitwirken kann.[1]

In den letzten Jahren hat sich Soft Law zu einem wichtigen Gestaltungsinstrument der internationalen Beziehungen entwickelt. Es eröffnet Staaten Chancen, indem es eine rasche Reaktion auf neue globale Herausforderungen erlaubt und dazu beiträgt, dass die internationale Ordnung trotz Schwächung des multilateralen Systems konsensbasiert weiterentwickelt werden kann. Gleichzeitig stellt Soft Law die Staaten auch vor Herausforderungen. Einerseits ist Soft Law stärker den Interessen von Großmächten ausgesetzt, als dies in formalisierten Verfahren mit Blick auf den Abschluss eines völkerrechtlichen Vertrages der Fall wäre. Andererseits stellt Soft Law eine innenpolitische Herausforderung dar, insbesondere mit Blick auf die Mitwirkung der Parlamente in der Außenpolitik. In der Schweiz wurde die Regierung (Bundesrat) vom Parlament beauftragt einen Bericht über die wachsende Rolle des Soft Law in den internationalen Beziehungen und ihre Auswirkung auf die Mitwirkungsrechte des Parlaments zu erstatten. Der entsprechende Bericht wurde am 26. Juni 2019 verabschiedet.

B. Soft Law in der Völkerrechtsordnung

Unter Soft Law wird eine Vielzahl von verschiedenen internationalen Instrumenten verstanden. Es gibt aber keine klare völkerrechtliche Definition dieses Begriffs. Entsprechend ist nur eine negative Umschreibung von Soft Law möglich: Es handelt sich um diejenigen internationalen Vereinbarungen und

---

* Botschafter Roger Dubach, Vizedirektor der Direktion Völkerrecht, Eidgenössisches Departement für auswärtige Angelegenheiten, Bern.

1 Der Bericht ist abrufbar unter https://www.parlament.ch/centers/eparl/curia/2018/20184104/BerichtBRD.pdf, retrieved 10.1.2021 from ibid.

Bestimmungen, die nicht zum Völkerrecht gehören. Beispiele dafür sind das Montreux-Dokument für private Sicherheitsfirmen, die Vorgaben der Organisation für wirtschaftliche Zusammenarbeit und Entwicklung (OECD) zur Unternehmensbesteuerung oder Empfehlungen der Financial Action Task Force (FATF) zur Bekämpfung der Geldwäscherei und der Terrorismusfinanzierung.

Den verschiedenen Erscheinungsformen von Soft Law ist gemeinsam, dass sie rechtlich nicht verbindlich sind („soft"), aber eine bestimmte Verhaltensweise vorgeben („law"). Soft Law ist deshalb sowohl „nach oben" (Völkerrecht) wie „nach unten" (reine politische Absichtserklärungen, Benchmarking und Best Practices) als eigenes Instrumentarium zur Gestaltung der internationalen Beziehungen abzugrenzen. Es ist dabei hervorzuheben, dass sich die Relevanz von Soft Law nicht dadurch ergibt, dass es zu Gewohnheitsrecht wird, sondern vielmehr durch die ihm eigenen Charakteristika.

<table>
<tr><td rowspan="4">Instrumente zur Gestaltung der internationalen Beziehungen</td><td rowspan="3">Gemeinsamer Willensausdruck (in der Regel schriftlich)</td><td>Völkerrecht, inkl. Gewohnheitsrecht</td></tr>
<tr><td>Soft Law</td></tr>
<tr><td>Reine politische Absichtserklärungen, Benchmarking und Best Practices</td></tr>
<tr><td>Kein gemeinsamer Wille</td><td>Unilaterale Handlungen / Machtpolitik</td></tr>
</table>

Zwischen Soft Law und Völkerrecht bestehen einerseits Gemeinsamkeiten: So besteht in der Regel in beiden Fällen ein von den beteiligten Staaten vereinbarter gemeinsamer Text und es gibt einen bis zu einem gewissen Grad formalisierten Verhandlungsprozess. Die zentralen Unterschiede zwischen Völkerrecht und Soft Law sind aber, dass Staaten für die Verletzung von Soft Law nicht völkerrechtlich verantwortlich gemacht werden können. Ihnen drohen schlimmstenfalls politische Sanktionen. Die Verletzung von Soft Law kann daher nicht mit Ausgleichsmassnahmen im Sinne von Repressalien oder gerichtlich von anderen Staaten geltend gemacht werden. Ebenso können Soft Law-Instrumente in manchen Fällen im Unterschied zu völkerrechtlichen Verträgen auch auf Staaten Auswirkungen haben, die an deren Entstehung nicht mitgewirkt haben. Haben sich bspw. die Staaten der G20 auf eine bestimmte Verhaltensvorgabe geeinigt und sind gewillt, diese global durchzusetzen, so wird diese Verhaltensvorgabe aufgrund des politischen Gewichts der G20 auch für Nicht-G20-Länder relevant.

C. Die innenpolitische Dimension von Soft Law

In der Schweiz beteiligt sich das Parlament von Verfassung wegen an der Gestaltung der Außenpolitik und beaufsichtigt die Pflege der Beziehungen zum Ausland. Das Parlament und die Regierung haben somit überlagernde Zuständigkeiten in der Außenpolitik; es besteht ein sogenanntes „Verhältnis zu gesamter Hand". Das Parlament ist dabei aufgrund seiner Stellung und seiner Arbeitsweise geeignet, an der Willensbildung zu grundsätzlichen außenpolitischen Fragen mitzuwirken und diese demokratisch zu legitimieren. Die Regierung ist hingegen für die operationellen und strategischen Aspekte der Außenpolitik zuständig.

Eine besondere Rolle kommt dem Parlament gemäß Bundesverfassung bei völkerrechtlichen Verträgen zu: Diese unterliegen grundsätzlich der parlamentarischen Genehmigung. Die Verfassung schweigt sich aber darüber aus, wie rechtlich nicht verbindliche internationale Vereinbarungen zu handhaben sind. Eine umfassende Mitwirkung des Parlaments wäre angesichts des umfangreichen Volumens an Soft Law-Instrumenten und der oft kurzen Fristen für eine Stellungnahme kaum praktikabel. Bedenkt man aber die zunehmende Bedeutung von Soft Law in vielen Lebensbereichen, so stellt sich die Frage, wie das Parlament bei der Entstehung von Soft Law dennoch vermehrt einbezogen werden kann, damit Soft Law demokratisch besser legitimiert wird.

Das Schweizer Recht knüpft hierzu an das Kriterium der Wesentlichkeit an. Insbesondere sieht es eine Konsultationspflicht der für die Außenpolitik zuständigen Kommissionen bei wesentlichen Vorhaben vor. Dazu gehört unter gewissen Voraussetzungen auch Soft Law. Dies ist gemäß aktueller Rechtslage namentlich dann der Fall, wenn es um Vorhaben geht, die den Erlass oder eine wesentliche Änderung eines Bundesgesetzes bedingen oder solchen, die das Risiko gravierender Nachteile, von Sanktionen oder einer Isolation der Schweiz bergen. Dazu gehören auch weitere Vorhaben von besonderer politischer Relevanz für die Schweiz.

Die Anwendung des Kriteriums der Wesentlichkeit ist bei Soft Law mit zahlreichen Herausforderungen verbunden. Namentlich können die außen- und innenpolitische Beurteilung der Wesentlichkeit divergieren. Zudem ist es schwierig, abschliessend zu definieren, unter welchen Umständen ein Thema innenpolitisch relevant ist. Ob ein Vorhaben das Kriterium der Wesentlichkeit erfüllt, kann sich schließlich im Laufe der Zeit ändern. Angesichts dieser Schwierigkeiten wurden Vorschläge für das weitere Vorgehen in der Schweiz entwickelt, wie besser sichergestellt werden kann, dass das Parlament bei wesentlichen Soft Law Vorhaben verstärkt einbezogen und gleichzeitig die außenpolitische Handlungsfähigkeit der Schweiz gewahrt werden kann.

D. Vorschläge für das weitere Vorgehen in der Schweiz

Ein verstärkter Einbezug des Parlaments kann im Rahmen des geltenden rechtlichen Instrumentariums bewerkstelligt werden, indem die Legislative eingehend zu Soft Law-Vorhaben informiert und rechtzeitig einbezogen wird. Der Bundesrat sieht dafür drei Massnahmen vor, mit denen die Information des Parlaments verbessert wird und ein vermehrter Austausch zwischen Parlament und Bundesrat zu Soft Law stattfinden kann:

1) eine Verstärkte Konsultation der zuständigen Kommissionen bei Soft Law-Vorhaben in Anwendung der Kriterien der Wesentlichkeit gemäß den bestehenden Rechtsgrundlagen;
2) eine Verbesserung der Gewichtung und Lesbarkeit der Listen über die außenpolitischen Aktivitäten zuhanden der parlamentarischen Kommissionen;
3) regelmäßige Information und Berichterstattung über Soft Law Entwicklungen an das Parlament.

Mit diesen drei Maßnahmen soll eine bessere Umsetzung der Mitwirkungsrechte des Parlaments in der Außenpolitik im Bereich von Soft Law gewährleistet und auch das Vertrauen zwischen Exekutive und Legislative im Bereich der Außenbeziehungen generell gestärkt werden.

Die Frage der demokratischen Legitimation von Soft Law stellt sich ebenfalls in anderen Ländern, was eine internationale Diskussion zu diesem Thema wichtig und nötig macht. Die Schweiz ist deshalb gewillt, diese Frage auch auf internationaler Ebene zu thematisieren und gemeinsam Lösungsmöglichkeiten für einen besseren Einbezug der Parlamente bei Soft Law Vorhaben zu finden.

Konrad G. Bühler*

Der Ausbau der Wiener U-Bahn (U2/U5) und völkerrechtliche Fragen des Diplomatenrechts und der Staatenimmunität

A. Einleitung

Für den Ausbau der Wiener U-Bahn (U2/U5) soll die U-Bahnlinie U2 zwischen Rathaus und Matzleinsdorfer Platz verlängert werden.[1] Entlang der geplanten neuen U-Bahntrasse liegen 370 Häuser und Grundstücke im Eigentum von 2.200 Personen. Damit die U-Bahn diese Liegenschaften unterfahren darf, ist die Zustimmung der Eigentümer zur Nutzung des Untergrundes (Einräumung einer Tunneldienstbarkeit) und zum Betreten der Gebäude zwecks Bestandserhebung und Sicherungsmaßnahmen erforderlich. Die Grundeigentümer erhalten von den Wiener Linien für die Inanspruchnahme der Liegenschaften eine Entschädigung.

Bis Jänner 2020 wurden 90 Prozent der Fälle einvernehmlich geregelt. In rund 90 Fällen gab es jedoch keine Einigung, woraufhin von den Wiener Linien ein Enteignungsverfahren nach dem Eisenbahn-Enteignungsentschädigungsgesetz (EisbEG)[2] zur zwangsweisen Einräumung einer Tunneldienstbarkeit unter dem Grundstück eingeleitet wurde.

Wie aus den Medien bekannt ist, soll eine Tunnelröhre der neuen U-Bahn in 25 Metern Tiefe unter dem „Amerikahaus“ am Friedrich-Schmidt-Platz

---

* Botschafter Dr. Konrad G. Bühler, Leiter der Abteilung I.5 für allgemeines Völkerrecht, Bundesministerium für europäische und internationale Angelegenheiten, Wien. Dieser Beitrag gibt einen am 15.6.2019 vor dem 44. Österreichischen Völkerrechtstag in Rust im Burgenland gehaltenen Vortrag des Autors wieder. In diesem Beitrag wurden spätere Entwicklungen bis Jänner 2020 berücksichtigt.

1 Cf. ORF, *Grundeigentümer wegen U2-Bau enteignet*, Online-Artikel vom 10.01.2020, retrieved 10.2.2020, from https://wien.orf.at/stories/3029253/; ORF, *U-Bahn-Bau: 90 Verfahren offen,* Online-Artikel vom 7.05.2019, retrieved 10.2.2020, from https://wien.orf.at/v2/news/stories/2979590/; Kurier, *U-Bahn-Bau könnte sich verzögern*, Online-Artikel vom 16.07.2018, retrieved 10.2.2020, from https://kurier.at/chronik/wien/u-bahn-bau-koennte-sich-verzoegern/400066796.

2 BGBl. Nr. 71/1954 i.d.g.F.

verlaufen,[3] wo die U-Bahnstation Rathaus zum Linienkreuz U2/U5 ausgebaut werden soll. Das „Amerikahaus" steht im Eigentum der Vereinigten Staaten von Amerika und wird von der US-Botschaft für Kulturveranstaltungen genutzt. Auch Wohnungen für Botschaftsmitarbeiter sind darin untergebracht.

Das Gebäude wurde von der US-Botschaft an das Außenministerium als Liegenschaft notifiziert, die für diplomatische Zwecke verwendet wird.

Im Juni 2018 ersuchten die Wiener Linien das Völkerrechtsbüro im Außenministerium um eine Prüfung des rechtlichen Status dieses Gebäudes. Das Ergebnis der völkerrechtlichen Prüfung dieses Falles, der einen Schulfall für Diplomatenrecht und Staatenimmunität darstellt, wird in diesem Beitrag präsentiert.

B. Rechtsgrundlagen:

Folgende Rechtsgrundlagen waren für die Prüfung des Falles maßgeblich:

I. Völkerrecht

Die Regeln des Diplomatenrechts betreffend den diplomatischen Verkehr zwischen Staaten und die Privilegien und Immunitäten von Diplomaten und diplomatischen Vertretungsbehörden wurden im Wiener Übereinkommen über diplomatische Beziehungen (WDK)[4] vom 18. April 1961 kodifiziert. Österreich und die USA sind Vertragsparteien der WDK.[5] Es ist allgemein anerkannt, dass die Regeln der WDK den Stand des geltenden Völkergewohnheitsrechts reflektieren. Die WDK sieht überdies in ihrer Präambel ausdrücklich vor, dass die Regeln des Völkergewohnheitsrechts weiterhin für alle Fragen gelten sollen, die nicht ausdrücklich in der WDK geregelt sind.

---

3 Adresse: Friedrich-Schmidt-Platz 2 / Rathausstraße 7, 1010 Wien; cf. Addendum, *U-Bahn-Bau: Unter US-Gebäude ist vorerst Schluss*, Online-Artikel vom 5.06.2019, retrieved 10.2.2020, from https://www.addendum.org/news/u-bahn-bau-us-gebaeude/; ORF, *USA geben grünes Licht für U-Bahn-Ausbau*, Online-Artikel vom 7.06.2019, retrieved 10.2.2020, from https://wien.orf.at/v2/news/stories/2985923/.

4 BGBl. Nr. 66/1966.

5 Österreich: 28.4.1966; USA: 13.11.1972. Die WDK hat 192 Vertragsparteien (Stand vom 1.1.2020). Cf. https://treaties.un.org/doc/Publication/MTDSG/Volume%20I/Chapter%20III/III-3.en.pdf, retrieved 10.2.2020.

Die Regeln der Staatenimmunität wurden im Übereinkommen der Vereinten Nationen über die Immunität der Staaten und ihres Vermögens von der Gerichtsbarkeit vom 2. Dezember 2004 (VN-Übereinkommen)[6] niedergeschrieben. Das VN-Übereinkommen ist zwar noch nicht in Kraft getreten,[7] aus österreichischer Sicht reflektieren jedoch auch die (im vorliegenden Fall relevanten) Bestimmungen des VN-Übereinkommens den Stand des geltenden Völkergewohnheitsrechts.

Schließlich steht der bilaterale Freundschafts-, Handels- und Konsularvertrag zwischen der Republik Österreich und den Vereinigten Staaten von Amerika vom 19. Juni 1928[8] in Kraft, der in Art. I den Schutz des Eigentums der Staatsangehörigen sowie in Art. XVI die Unverletzlichkeit der konsularischen Räumlichkeiten der Vertragsparteien vorsieht, der jedoch für die weitere rechtliche Beurteilung nicht erheblich ist.[9]

II. Österreichisches Recht

Die WDK wurde als Staatsvertrag gemäß Art. 50 Abs. 1 Bundes-Verfassungsgesetz (B-VG)[10] vom Parlament genehmigt und steht in Österreich

---

6 Cf. VN-Dokument A/59/508; für die deutsche Übersetzung des VN-Übereinkommens cf. https://www.parlament.gv.at/PAKT/VHG/XXII/I/I_01161/imfname_051286.pdf, retrieved 10.2.2020.

7 Österreich hat das VN-Übereinkommen am 14.9.2006 ratifiziert. Die USA haben das VN-Übereinkommen weder unterzeichnet noch ratifiziert. Das VN-Übereinkommen hat bislang bloß 22 Vertragsparteien (Stand 1.1.2020). Für das Inkrafttreten sind 30 Ratifikationen erforderlich. Siehe https://treaties.un.org/doc/Publication/MTDSG/Volume%20I/Chapter%20III/III-13.en.pdf.

8 BGBl. Nr. 192/1931.

9 Gemäß Art. I Abs. 6. genießen die „Staatsangehörigen jedes der hohen vertragschließenden Teile" Schutz für ihr Eigentum in dem Umfang „wie das Völkerrecht es vorschreibt. Ihr Eigentum soll ihnen nicht ohne ordentliches Rechtsverfahren und nicht ohne angemessene Entschädigung genommen werden." Diese Bestimmung ist nach ihrem Wortlaut nur auf das Eigentum der *Staatsangehörigen*, nicht auf das Eigentum der Vertragsparteien selbst anwendbar. Nach dem 1928 geltenden Völkerrecht hatten Staaten und ihr Eigentum absolute Immunität. Eine Enteignung des Eigentums der Vertragsparteien selbst gegen angemessene Entschädigung wäre damals keinesfalls völkerrechtlich zulässig gewesen. Gemäß Art. XVI Abs. 2 sind die Konsulatsräume allzeit unverletzlich. Auch wenn die Räumlichkeiten diplomatischer Missionen ggf. als Konsulatsräume angesehen werden könnten, enthält Art. 22 WDK detailliertere Regelungen (cf. unten Abschnitt 3), die als spätere und speziellere Norm vorgehen.

10 BGBl. Nr. 1/1930 i.d.g.F.

innerstaatlich in Gesetzesrang. Auch die Völkergewohnheitsrecht reflektierenden Bestimmungen des VN-Übereinkommens über Staatenimmunität gelten in Österreich gemäß Art. 9 Abs. 1 B-VG als Bestandteile des Bundesrechts in Gesetzesrang.

Gemäß Eisenbahn-Enteignungsentschädigungsgesetz[11] besteht bei Vorhaben im öffentlichen Interesse, wie etwa dem Ausbau einer Eisenbahn- oder U-Bahnlinie, die Möglichkeit einer Enteignung von Liegenschaften oder einer zwangsweise Einräumung einer Dienstbarkeit.

C. Prüfung nach Diplomatenrecht

Zunächst war der Status des „Amerikahauses" nach der WDK[12] zu prüfen: Als Liegenschaft, die für diplomatische Zwecke verwendet wird, ist das „Amerikahaus" als eine „Räumlichkeit der Mission" im Sinne des Art. 1 lit. i WDK anzusehen. Gemäß Art. 1 lit. i WDK umfassen die Räumlichkeiten der Mission sämtliche Gebäudeteile, d.h. auch den Keller.

Der Untergrund unterhalb des Kellers des Gebäudes ist von der Definition der „Räumlichkeit der Mission" in Art. 1 lit. i WDK nicht umfasst. Er stellt jedoch nach österreichischem Zivilrecht einen Teil des Grundeigentums dar, das von der Erdoberfläche theoretisch bis zum Erdmittelpunkt reicht.[13] Der Untergrund steht somit ebenfalls im Eigentum der Vereinigten Staaten.

Gemäß Art. 22 Abs. 1 WDK sind die Räumlichkeiten einer diplomatischen Mission unverletzlich. Jedes Betreten sowie bauliche Maßnahmen am und im Gebäude bedürfen der Zustimmung des jeweiligen Leiters der diplomatischen Mission.

Gemäß Art. 22 Abs. 2 WDK hat der Empfangsstaat die Pflicht, alle geeigneten Maßnahmen zu treffen, um die Räumlichkeiten der Mission vor jedem Eindringen und jeder Beschädigung zu schützen.

Gemäß Art. 22 Abs. 3 WDK genießen die Räumlichkeiten der Mission Immunität von jeder Pfändung oder Vollstreckung.

Die Prüfung nach Diplomatenrecht führte zum Ergebnis, dass für das Betreten des „Amerikahauses" durch die Wiener Linien zwecks Bestandserhebung und Sicherungsmaßnahmen die Zustimmung des Leiters der US-Botschaft

---

11 Cf. Fn. 2.

12 Cf. Fn. 4

13 Cf. Winner, Martin: „§ 354". In: Rummel, Peter / Lukas, Meinhard (Hrsg.): *Kommentar zum Allgemeinen Bürgerlichen Gesetzbuch*, Manz Verlag: Wien 2014^4, Rz. 4 (Stand 1.7.2016, retrieved 15.2.2020, from rdb.at).

erforderlich wäre. Hingegen wäre nach Diplomatenrecht für den Bau der Tunnelröhre unter dem Gebäude *keine* Zustimmung erforderlich, da der Untergrund unterhalb des Gebäudes außerhalb des Schutzbereiches für die „Räumlichkeiten der Mission" gemäß WDK liegt. Bei der Bauführung wäre jedoch die Pflicht des Empfangsstaates zu beachten, die Räumlichkeiten der Mission vor jeder Beschädigung zu schützen.

D. Prüfung nach Staatenimmunität

Da sich das „Amerikahaus" im Eigentum der Vereinigten Staaten befindet, waren jedoch neben dem Diplomatenrecht überdies auch die Regeln der Staatenimmunität zu beachten:

Gemäß Art. 5 des VN-Übereinkommens über die Staatenimmunität[14] genießt ein Staat in Bezug auf sich selbst und sein Vermögen grundsätzlich Immunität, sofern nicht die Bestimmungen des Übereinkommens Ausnahmen vorsehen.

Bei der Beurteilung der völkerrechtlichen Zulässigkeit eines Enteignungsverfahrens gemäß Eisenbahn-Enteignungsentschädigungsgesetz zur Einräumung einer Tunneldienstbarkeit unter dem „Amerikahaus" war nach den Regeln der Staatenimmunität zwischen dem Erkenntnisverfahren (Feststellung des Rechtes) und dem Vollstreckungsverfahren (Vornahme von Zwangsmaßnahmen) zu unterscheiden:

I. Erkenntnisverfahren

Art. 13 lit. a des VN-Übereinkommens normiert eine Ausnahme von der Staatenimmunität, dass sich ein Staat in einem Erkenntnisverfahren, das sich auf die Feststellung eines Rechtes an im Gerichtsstaat gelegenem unbeweglichem Vermögen bezieht, *nicht* auf seine Immunität von der Gerichtsbarkeit berufen kann.

Gemäß Art. 3 Abs. 1 lit. a des VN-Übereinkommens berührt dieses die Vorrechte und Immunitäten eines Staates aufgrund des Diplomatenrechts (i.e. WDK) im Zusammenhang mit der Wahrnehmung der Aufgaben seiner diplomatischen Missionen nicht. Art. 22 Abs. 3 WDK normiert jedoch nur die Immunität der Räumlichkeiten der Mission von Pfändung und Vollstreckung, sagt jedoch nichts über eine Immunität im Erkenntnisverfahren aus.

---

14 Cf. Fn. 6.

Im Erkenntnisverfahren sehen somit die WDK und das VN-Übereinkommen *keine* Immunität einer diplomatischen Mission, ihrer Räumlichkeiten bzw. des Untergrundes unter der Liegenschaft vor. Auch die Praxis anderer Staaten (cf. insbesondere den US Foreign Sovereign Immunities Act 1976) bestätigt, dass die Vereinigten Staaten in einem Erkenntnisverfahren in Bezug auf das „Amerikahaus“ keine Immunität genießen und daher ein Feststellungsverfahren zur Einräumung einer Tunneldienstbarkeit zulässig wäre, sofern dieses nicht die diplomatischen Funktionen der Mission behindert.

II. Vollstreckungsverfahren

Gem. Art. 19 lit. c des VN-Übereinkommens dürfen im Zusammenhang mit einem Verfahren vor einem Gericht eines Staates nach der Entscheidung keine Zwangsmaßnahmen, so z.B. Vollstreckung gegen das Vermögen des Entsendestaates angeordnet werden, soweit nicht u.a. das Vermögen zu privatwirtschaftlich staatlichem Zwecken genutzt wird.

In Bezug auf Art. 19 lit. c stellt Art. 21 Abs. 1 lit. a des VN-Übereinkommens klar, dass Vermögen, das für die Wahrnehmung der Aufgaben einer diplomatischen Mission benutzt wird oder für eine solche Nutzung bestimmt ist, *nicht* als Vermögen angesehen werden kann, welches zu privatwirtschaftlich staatlichen Zwecken genutzt wird.

Da Art. 19 des VN-Übereinkommens nicht auf die Räumlichkeiten der diplomatischen Mission im Sinne des Art. 1 lit. i WDK beschränkt ist, sondern die gesamte im staatlichen Eigentum befindliche Liegenschaft erfasst, würde die Staatenimmunität nicht nur allfälligen Zwangsmaßnahmen betreffend die Räumlichkeiten des „Amerikahauses“ entgegenstehen, sondern (über den Schutz nach Diplomatenrecht gemäß Art. 22 Abs. 3 WDK hinausgehend, cf. oben Teil C) auch den Untergrund darunter wie z.B. die zwangsweise Vollstreckung einer in einem Erkenntnisverfahren eingeräumten Tunneldienstbarkeit.

E. Zusammenfassung

Zusammenfassend hielt das Völkerrechtsbüro als Ergebnis der Prüfung nach Diplomatenrecht und Staatenimmunität fest, dass die Vereinigten Staaten in Bezug auf das „Amerikahaus“ sowie den Untergrund darunter zwar in einem Erkenntnisverfahren gemäß Eisenbahn-Enteignungsentschädigungsgesetz zur Einräumung einer Tunneldienstbarkeit keine Immunität genießen würden, jedoch die zwangsweise Vollstreckung des allfälligen Enteignungsbescheids und der Tunneldienstbarkeit aufgrund der Staatenimmunität völkerrechtlich unzulässig wäre. Daher wäre für das Betreten des „Amerikahauses" durch die Wiener Linien aufgrund Staatenimmunität *und* Diplomatenrecht und für den Bau der Tunnelröhre unter dem Gebäude aufgrund Staatenimmunität die Zustimmung der US-Botschaft erforderlich.

Da es nicht zielführend wäre, ein Erkenntnisverfahren gemäß Eisenbahn-Enteignungsentschädigungsgesetz anzustreben, dessen Ergebnis nicht vollstreckt werden kann, empfahl das Völkerrechtsbüro den Wiener Linien, eine Lösung der Frage durch Verhandlungen mit der US-Botschaft zu finden, und bot seine Vermittlungsdienste bei den Gesprächen an.

Das Ergebnis der rechtlichen Prüfung entsprach der herrschenden völkerrechtlichen Praxis und Literatur.[15] Im Lichte des völkerrechtlichen Grundsatzes der Reziprozität und des kollektiven Interesses an der Bewahrung der Integrität des Diplomatenrechts und der Staatenimmunität üben die meisten Staaten bei Fragen der Immunität und Unverletzlichkeit der Räumlichkeiten diplomatischer Missionen und hinsichtlich der Enteignung des Vermögens anderer Staaten größtmögliche Zurückhaltung.

Aus diesen Gründen, sowie angesichts der freundschaftlichen Beziehungen zwischen Österreich und den Vereinigten Staaten, wurden mögliche advokatorische rechtliche Argumente, wie z.B. die Frage der teilweise Nutzung des Gebäudes für Wohnzwecke[16] oder die – nicht allgemein anerkannte – Rechtsauffassung

---

15 Cf. Denza, Eileen: *Diplomatic Law.* Oxford University Press: Oxford 2016[4], S. 119 f., in Bezug auf Art. 22 WDK zur Frage einer möglichen Ausnahme von der Unverletzlichkeit der Räumlichkeiten der Mission für Enteignungen im öffentlichen Interesse: „[Such proposal] was generally considered by the [International Law] Commission to be contrary to existing law and practice. Cases were cited where receiving States had tolerated great inconvenience in constructing public works because of the reluctance of an embassy to move to different premises. The Commission's view was that such difference should be dealt with through negotiation and that in the last resort the refusal of the sending State to vacate premises could not be overridden."

16 Nach Diplomatenrecht und Staatenimmunität besteht nur Immunität, wenn das Gebäude für Aufgaben einer diplomatischen Mission benutzt wird oder für eine solche Nutzung bestimmt ist. Bei einer (teilweisen) Nutzung für Wohnzwecke hätte unter Verweis auf die US-Praxis eine Einschränkung der Immunität argumentiert werden können. Lt. Urteil des US Supreme Court vom 14.6.2007 im Fall *Permanent Mission of India to the UN v. City of New York*, 551 U.S. 193 (2007), lag hinsichtlich jener Räumlichkeiten des im Eigentum Indiens stehenden und als Ständige Vertretung Indiens bei den Vereinten Nationen notifizierten Gebäudes in New York, die für Wohnzwecke genutzt wurden, eine Ausnahme von der Staatenimmunität gemäß *Foreign State Immunity Act* vor, weshalb die Eintragung eines Grundpfandrechts

der Vereinigten Staaten bei den Verhandlungen der WDK betreffend ein „right of eminent domain"[17] des Empfangsstaates bei Enteignungen im öffentlichen Interesse nicht der rechtlichen Beurteilung zugrunde gelegt.

Nach monatelangen Verhandlungen, bei denen auch das Völkerrechtsbüro vermittelte, konnte im Juni 2019 eine Einigung zwischen den Wiener Linien und der US-Botschaft erzielt werden.

(„*tax lien*") zugunsten der Stadt New York für nicht bezahlte Grundsteuern in der Höhe von $ 16,4 Mio. zulässig war. Das US Department of State teilte diese Rechtsauffassung jedoch nicht, da es in einem *Amicus Curiae*-Schriftsatz die gegenteilige Rechtsansicht Indiens unterstützt hatte.

17 Bei den Verhandlungen und der Annahme der WDK im US-Senat vertrat die US-Regierung die Auffassung, ein Empfangsstaat könne sich bei Enteignungen im öffentlichen Interesse auf ein „right of eminent domain" berufen, welches von Art. 22 WDK bzw. von völkerrechtlichen Regelungen generell nicht berührt sei, „if prompt and adequate compensation is given and if the sending State is assisted in obtaining replacement accommodations." (cf. Denza (Fn. 15), S. 119 f.; ILC Yearboook 1957 Bd. I, S. 66–9, Bd. II, S. 137; UN Docs. A/CN.4/L.75, S. 14; A/CN.4/114, S. 60; A/CN.4/116, S. 38, cf. auch Hackworth, Green H.: *Digest of International Law.* Government Printing Office: Washington 1942 Bd. IV, S. 563; Whiteman, Marjorie M.: *Digest of International Law*, Government Printing Office: Washington 1970 Bd. VII, S. 374). Diese Rechtsauffassung ist jedoch nicht allgemein anerkannt und fand nicht Eingang in die WDK.

Helmut Tichy*

Das neue österreichische Konsulargesetz

Der österreichische Völkerrechtstag bietet eine gute Gelegenheit, über das neue österreichische Konsulargesetz zu berichten, das am 23. Mai 2019 nach jahrelanger Vorbereitung durch das Völkerrechtsbüro und die Konsularsektion des österreichischen Außenministeriums in Kraft getreten ist.

Bis zum Inkrafttreten des Konsulargesetzes war die konsularische Tätigkeit des österreichischen Außenministeriums und der österreichischen Vertretungsbehörden im Ausland hauptsächlich durch das in Österreich auf Gesetzesstufe stehende und unmittelbar anwendbare Wiener Übereinkommen über konsularische Beziehungen[1] geregelt. Außerdem gibt es drei weitere, neben dem neuen Konsulargesetz fortbestehende österreichische Gesetze, die spezifisch die konsularische Tätigkeit betreffen: das Konsulargebührengesetz,[2] das Auslandsösterreicher-Fondsgesetz[3] und das Konsularbeglaubigungsgesetz.[4] Aber auch andere österreichische Gesetze enthalten Bestimmungen, die sich ausdrücklich auf die konsularische Tätigkeit österreichischer Vertretungsbehörden beziehen, wie das Asylgesetz,[5] das Fremdenpolizeigesetz,[6] die

---

* Univ.-Prof. Botschafter Dr. Helmut Tichy, Leiter der Sektion I Völkerrechtsbüro und Amtssitz, Bundesministerium für europäische und internationale Angelegenheiten, Wien.

1 BGBl. Nr. 318/1969.

2 Bundesgesetz über die Erhebung von Gebühren und den Ersatz von Auslagen für Amtshandlungen österreichischer Vertretungsbehörden in konsularischen Angelegenheiten (Konsulargebührengesetz 1992 – KGG 1992), BGBl. Nr. 100/1992 i.d.g.F.

3 Bundesgesetz über den Auslandsösterreicher-Fonds (AÖF-G), BGBl. I Nr. 67/2006 i.d.g.F., das an die Stelle des Bundesgesetzes vom 16. November 1967, mit dem ein Fonds zur Unterstützung österreichischer Staatsbürger im Ausland errichtet wird, BGBl. Nr. 381/1967, getreten ist.

4 Bundesgesetz über die Beglaubigung durch die Konsularbehörden (Konsularbeglaubigungsgesetz – KBeglG), BGBl. I Nr. 95/2012.

5 Bundesgesetz über die Gewährung von Asyl (Asylgesetz 2005 – AsylG 2005), BGBl. I 100/2005 i.d.g.F.

6 Bundesgesetz über die Ausübung der Fremdenpolizei, die Ausstellung von Dokumenten für Fremde und die Erteilung von Einreisetitel (Fremdenpolizeigesetz 2005 – FPG), BGBl. I Nr. 100/2005 i.d.g.F.

Nationalrats-Wahlordnung,[7] das Niederlassungs- und Aufenthaltsgesetz,[8] das Passgesetz,[9] das Personenstandsgesetz[10] und das Staatsbürgerschaftsgesetz.[11] Zusätzlich regelt auch noch unmittelbar anwendbares Unionsrecht bestimmte konsularische Tätigkeiten, wie die Visalistenverordnung,[12] der Visakodex[13] und die Verordnung über das Visa-Informationssystem (VIS).[14]

Trotz dieser vielen Vorschriften gab es in der konsularischen Praxis noch einige Themen, die einer Regelung bedurften. Zu diesen gehörten etwa die Fragen, ob ein subjektives Recht auf konsularischen Schutz besteht oder ob das allgemeine Verwaltungsverfahrensrecht auf die konsularische Tätigkeit der österreichischen Vertretungsbehörden anzuwenden ist. Außerdem war im Lichte des Datenschutzrechts eine ausdrückliche gesetzliche Ermächtigung für die Verwendung personenbezogener Daten für bestimmte konsularische Zwecke zu schaffen. Aus diesem Grund wurden bereits 2008 vom Völkerrechtsbüro und der Konsularsektion des Außenministeriums Arbeiten an einem Konsular- und Auslandsösterreichergesetz aufgenommen, die allerdings 2010 wegen unterschiedlicher Auffassungen einzelner Personen über die Frage eines subjektiven Rechts auf konsularischen Schutz abgebrochen wurden. Allerdings konnten die im Rahmen dieses Projekts bereits ausgearbeiteten Bestimmungen

---

7 Bundesgesetz über die Wahl des Nationalrates (Nationalrats-Wahlordnung 1992 – NRWO), BGBl. Nr. 471/1992 i.d.g.F.

8 Bundesgesetz über die Niederlassung und den Aufenthalt in Österreich (Niederlassungs- und Aufenthaltsgesetz – NAG), BGBl. I Nr. 100/2005 i.d.g.F.

9 Bundesgesetz betreffend das Passwesen für österreichische Staatsbürger (Passgesetz 1992), BGBl. Nr. 839/1992 i.d.g.F.

10 Bundesgesetz über die Regelung des Personenstandswesens (Personenstandsgesetz 2013 – PStG 2013), BGBl. I Nr. 16/2013 i.d.g.F.

11 Bundesgesetz über die österreichische Staatsbürgerschaft (Staatsbürgerschaftsgesetz 1985 – StbG), BGBl. Nr. 311/1985 i.d.g.F.

12 Verordnung (EU) 2018/1806 des Europäischen Parlaments und des Rates vom 14. November 2018 zur Aufstellung der Liste der Drittländer, deren Staatsangehörige beim Überschreiten der Außengrenzen im Besitz eines Visums sein müssen, sowie der Liste der Drittländer, deren Staatsangehörige von dieser Visumpflicht befreit sind, ABl. L 303 vom 28.11.2018, S. 39 i.d.g.F.

13 Verordnung (EG) Nr. 810/2009 des Europäischen Parlaments und des Rates vom 13. Juli 2009 über einen Visakodex der Gemeinschaft (Visakodex), ABl. L 243 vom 15.9.2009, S. 1 i.d.g.F.

14 Verordnung (EG) Nr. 767/2008 des Europäischen Parlaments und des Rates vom 9. Juli 2008 über das Visa-Informationssystem (VIS) und den Datenaustausch zwischen den Mitgliedstaaten über Visa für einen kurzfristigen Aufenthalt (VIS-Verordnung), ABl. L 218 vom 13.8.2008, S. 60 i.d.g.F.

über die Beglaubigung von Dokumenten durch Konsularbehörden kurz danach für die Erstellung des bereits erwähnten Konsularbeglaubigungsgesetzes, das 2012 beschlossen wurde, herangezogen werden.[15] Der Vorschlag, im Rahmen eines neuen Konsulargesetzes auch die Rechtsgrundlagen für den Auslandsösterreicher-Fonds neu zu gestalten, wurde nicht weiter verfolgt, und das Auslandsösterreicher-Fondsgesetz 2018 separat novelliert.[16]

Ein neuer Anstoß zu legistischen Aktivitäten im Konsularbereich kam schließlich von der Europäischen Union mit der Annahme der Richtlinie (EU) 2015/637 des Rates vom 20. April 2015 über Koordinierungs- und Kooperationsmaßnahmen zur Erleichterung des konsularischen Schutzes von nicht vertretenen Unionsbürgern in Drittländern und zur Aufhebung des Beschlusses 95/553/EG,[17] mit der Art. 20 Abs. 2 lit. c und Art. 23 des Vertrags über die Arbeitsweise der Europäischen Union (AEUV)[18] und Art. 46 der Charta der Grundrechte der Europäischen Union[19] umgesetzt wurden. Gemäß Art. 17 der Richtlinie 2015/637 hatten die EU-Mitgliedstaaten bis spätestens 1. Mai 2018 die erforderlichen Rechts- und Verwaltungsvorschriften zu erlassen, um der Richtlinie nachzukommen.

Völkerrechtsbüro und Konsularsektion des Außenministeriums waren sich sofort einig, dass die europarechtliche Verpflichtung aus der Richtlinie, gesetzliche Maßnahmen über den Schutz nicht vertretener Unionsbürger in Drittländern zu treffen, mit der Wiederaufnahme der Arbeiten an einem Konsulargesetz verbunden werden sollte, das auch die allgemeinen Aspekte konsularischen Handelns regeln würde. Daher enthält das neue „Bundesgesetz über die Wahrnehmung konsularischer Aufgaben“,[20] das vom österreichischen Parlament im April und Mai 2019 beschlossen wurde, nun drei inhaltliche Teile: 1. „Allgemeine Bestimmungen“, 2. „Behördliches Verfahren der Vertretungsbehörden“ und 3. „Konsularischer Schutz von nicht vertretenen Unionsbürgern in Drittstaaten“.

Der Erste Teil des Gesetzes, „Allgemeine Bestimmungen“, regelt unter anderem den Anwendungsbereich des Gesetzes und enthält Begriffsbestimmungen. Ein früherer Entwurf des Gesetzes, der 2018 veröffentlicht wurde, hatte

15 Cf. Tichy, Helmut / Schusterschitz, Gregor / Bittner, Philip: „Recent Austrian practise in the field of international law. Report for 2012“. *ZöR* 68(1), 2013, S. 159.
16 BGBl. I Nr. 37/2018.
17 ABl. L 106 vom 24.4.2015, S. 1.
18 BGBl. III Nr. 86/1999 i.d.g.F.
19 ABl. C 364 vom 18.12.2000, S. 1.
20 BGBl. I Nr. 40/2019.

noch eine Liste von Personenkategorien enthalten, die vom österreichischen konsularischen Schutz erfasst sein können, und diese Liste hatte neben österreichischen Staatsbürgern und Österreich zuzurechnenden juristischen Personen sowie nicht vertretenen Unionsbürgern auch „sonstige Personen" umfasst, „sofern eine völker- oder unionsrechtliche Verpflichtung oder die Ausübung einer völkerrechtlichen Schutzfunktion dies vorsieht." Diese Formulierung, die die Möglichkeit der Gewährung österreichischen konsularischen Schutzes im Hinblick auf die österreichische Schutzfunktion für Südtirol implizit auch auf Südtiroler erstreckte,[21] war auf heftige Kritik Italiens gestoßen. Es kam daraufhin zu zahlreichen Besprechungen, die zum Ergebnis führten, dass die genannte Liste nicht erforderlich ist, da § 3 Abs. 1 des Gesetzesentwurfs festlegt, dass sich „Art und Umfang der konsularischen Aufgaben [...] nach den einschlägigen Bestimmungen des Völkerrechts" bestimmen. Das allgemeine Völkerrecht sieht zwar keine Vertretung von Nichtösterreichern durch österreichische Konsularbehörden gegenüber den Behörden von Drittstaaten vor (außer letztere stimmen einer solchen Vertretung zu), schließt aber auch die gelegentliche Information und Unterstützung solcher Personen nicht aus, wenn sich diese, z.B. aus sprachlichen Gründen, direkt an österreichische Vertretungsbehörden wenden. Diese Art der Unterstützung entspricht der aktuellen österreichischen Praxis, auf deren Fortsetzung auch ein während der Behandlung des Konsulargesetzes im Nationalrat angenommener parlamentarischer Entschließungsantrags abzielte.[22] Dieser Entschließungsantrag ersuchte die Bundesministerin für Europa, Integration und Äußeres, „die Ausübung der österreichischen Schutzfunktion für Südtirol weiterhin wahrzunehmen und sicherzustellen, dass die Konsularbehörden Südtirolerinnen und Südtiroler entsprechend der bisherigen Behördenpraxis weiterhin konsularisch unterstützen, soweit dies im Rahmen des Völkerrechts möglich ist."

§ 3 Abs. 2 des Gesetzes definiert konsularischen Schutz als jenen „Teil der konsularischen Aufgaben, der die Hilfeleistung in Rechtsschutz- und Notsituationen umfasst. Darunter fällt unter anderem die Hilfeleistung: 1. bei Festnahme oder Haft; 2. zum Schutz der Opfer einer Straftat; 3. bei einem schweren

21 Zur österreichischen Schutzfunktion für Südtirol cf. u.a. Tichy, Helmut / Bühler, Konrad / Bittner, Philip / Köhler, Ulrike: „Recent Austrian practise in the field of international law. Report for 2016". *ZöR* 72, 2017, S. 141.

22 Unselbständiger Entschließungsantrag der Abgeordneten Dr. Reinhold Lopatka, Werner Neubauer, BA, Hermann Krist, Kolleginnen und Kollegen betreffend Beibehaltung der geübten Behördenpraxis bei der konsularischen Unterstützung, 212/UEA XXVI. GP vom 24.4.2019.

Unfall oder einer schweren Erkrankung; 4. bei einem Todesfall; [und] 5. bei der Unterstützung und Rückführung in Notfällen." Die bereits erwähnte Frage eines subjektiven Rechts auf konsularischen Schutz wurde dadurch gelöst, dass das Gesetz vom Bestehen eines solchen Rechts ausgeht, aber auch eine abschließende Aufzählung der Gründe für eine Einschränkung (§ 3 Abs. 3) oder Ablehnung (§ 3 Abs. 4) des konsularischen Schutzes enthält. So kann konsularischer Schutz z.B. abgelehnt werden, wenn die betroffene Person „nur unter Gefährdung des Lebens oder der Gesundheit anderer Personen oder der öffentlichen Ordnung und Sicherheit geschützt werden könnte" (§ 3 Abs. 4 Z. 5). Die Formulierung dieser Bestimmung wurde von der aktuellen öffentlichen Debatte über den Schutz jener österreichischen Staatsbürger beeinflusst, die sich im Ausland als „foreign terrorist fighters" betätigt haben. Es ist aber darauf hinzuweisen, dass bei jeder Entscheidung über die „Einschränkung oder Ablehnung der Gewährung konsularischen Schutzes gemäß Abs. 3 und 4 den Umständen des Einzelfalls [...] unter Wahrung der Verhältnismäßigkeit Rechnung zu tragen" ist (§ 3 Abs. 5).

§ 4 des Gesetzes betrifft die örtliche Zuständigkeit der Vertretungsbehörden (Botschaften und Konsulate) bei der Ausübung konsularischer Aufgaben, § 5 legt die Grundsätze für die Wahrnehmung dieser Aufgaben (Zweckmäßigkeit, Raschheit, Einfachheit und Verhältnismäßigkeit) fest.

§ 6 des Gesetzes ermächtigt die Konsularbehörden zur Verarbeitung personenbezogener Daten, zur Verwendung bestimmter Datenverarbeitungen und zur Übermittlung personenbezogener Daten, soweit dies zum Zweck der Hilfeleistung in Rechtsschutz- und Notfällen oder zum Schutz lebenswichtiger Interessen erforderlich ist. Diese Bestimmung war notwendig, um ergänzend zu § 10 des österreichischen Datenschutzgesetzes,[23] der die Verarbeitung personenbezogener Daten im Katastrophenfall betrifft, auch eine Bestimmung für individuelle konsularische Notfälle zu schaffen.

Der Zweite Teil des Gesetzes, „Behördliches Verfahren der Vertretungsbehörden", normiert die generelle Anwendbarkeit des Allgemeinen Verwaltungsverfahrensgesetzes[24] auch bei der Wahrnehmung konsularischer Aufgaben, allerdings mit einigen Ausnahmen und Abänderungen. Die generelle Anwendbarkeit der Verwaltungsverfahrensbestimmungen auch im konsularischen Bereich wurde als Erfordernis des für die österreichische Verwaltung

---

23 Bundesgesetz zum Schutz natürlicher Personen bei der Verarbeitung personenbezogener Daten (Datenschutzgesetz – DSG), BGBl. I Nr. 165/1999 i.d.g.F.

24 Allgemeines Verwaltungsverfahrensgesetz 1991 – AVG, BGBl. Nr. 51/1991 i.d.g.F.

maßgeblichen Legalitätsprinzips gesehen, doch mussten Anpassungen vorgenommen werden, um der spezifischen Situation der Vertretungsbehörden als Behörden im Ausland Rechnung zu tragen. Die Anpassungen beziehen sich u.a. auf die Sprachen, die bei Anträgen an Botschaften und Konsulaten verwendet werden können, nämlich nicht nur Deutsch, sondern auch andere, der jeweiligen Vertretungsbehörde verständliche Sprachen (§ 12), oder auf die Zustellung von Dokumenten, da die nach dem Zustellgesetz[25] vorgesehenen Zustellarten im Ausland nicht immer angewendet werden können (§ 19).

Der Dritte Teil des Gesetzes, „Konsularischer Schutz von nicht vertretenen Unionsbürgern in Drittstaaten", setzt die obgenannte Richtlinie 2015/637 um. „Nicht vertretene Unionsbürger" sind gemäß § 2 Z. 4 des Gesetzes Staatsangehörige eines anderen EU-Mitgliedstaats als der Republik Österreich, der in einem Drittstaat keine dauerhaft eingerichtete Vertretungsbehörde unterhält oder dort keine Vertretungsbehörde hat, die in einem konkreten Fall effektiv in der Lage ist, konsularischen Schutz zu gewähren". Nach § 20 des Gesetzes ist nicht vertretenen Unionsbürgern konsularischer Schutz unter denselben Bedingungen zu gewähren, wie sie für österreichische Staatsbürger gelten. Der Dritte Teil regelt außerdem die Koordinierung und Kooperation der EU und ihrer Mitgliedstaaten in diesem Bereich sowie die Erstattung der anfallenden Kosten.

Obwohl die Richtlinie bis zum 1. Mai 2018 umzusetzen gewesen wäre, verzögerte sich dies durch die erwähnten schwierigen juristischen und politischen Diskussionen, sodass die Europäische Kommission ein Vertragsverletzungsverfahren gegen Österreich einleitete. Weitere Schritte in diesem Verfahren konnten schließlich aber durch rasches und entschiedenes Handeln abgewendet werden. Das neue österreichische Konsulargesetz wurde am 22. Mai 2019 im Bundesgesetzblatt kundgemacht und trat am 23. Mai 2019 in Kraft.[26]

---

25 Bundesgesetz über die Zustellung behördlicher Dokumente (Zustellgesetz – ZustG), BGBl. Nr. 200/1982 i.d.g.F.

26 Gemäß Art. 49 Abs. 1 B-VG trat das Gesetz, das kein spezifisches Datum für sein Inkrafttreten enthält (obwohl sein § 35 ein Inkrafttreten „am XXX" vorsieht) mit Ablauf des Tages [seiner] Kundmachung in Kraft.

Völkerrecht, Europarecht und Internationales Wirtschaftsrecht

Herausgegeben von Peter Hilpold und August Reinisch

Band 1 Florian Razesberger: The International Criminal Court. The Principle of Complementarity. 2006.

Band 2 Christian Wimpissinger: Steuerliche Verlustverrechnung nach EG-Recht. 2006.

Band 3 Christina Knahr: Participation of Non-State Actors in the Dispute Settlement System of the WTO: Benefit or Burden? 2007.

Band 4 Daniela Kröll: Toward Multilateral Competition Law? After Cancún: Reevaluating the Case for Additional International Competition Rules Under Special Consideration of the WTO Agreement. 2007.

Band 5 Georg Nolte / Peter Hilpold (Hrsg.): Auslandsinvestitionen – Entwicklung großer Kodifikationen – Fragmentierung des Völkerrechts – Status des Kosovo. Beiträge zum 31. Österreichischen Völkerrechtstag 2006 in München. 2008.

Band 6 Irmgard Marboe: Die Berechnung von Entschädigung und Schadenersatz in der internationalen Rechtsprechung. 2009.

Band 7 Peter Neumann: United Nations Procurement Regime. Description and Evaluation of the Legal Framework in the Light of International Standards and of Findings of an Inquiry into Procurement for the Iraq Oil-for-Food Programme. 2008.

Band 8 Kirsten Schmalenbach / Wolfgang Benedek (Hrsg.): Von Terrorismusbekämpfung bis Klimaschutz. Beiträge zum 32. Österreichischen Völkerrechtstag 2007 in Altaussee. 2008.

Band 9 Stephan Wittich / August Reinisch / Andrea Gattini (Hrsg.): Kosovo – Staatsschulden – Notstand – EU-Reformvertrag – Humanitätsrecht. Beiträge zum 33. Österreichischen Völkerrechtstag 2008 in Conegliano. 2009.

Band 10 Peter Hilpold (Hrsg.): Das Selbstbestimmungsrecht der Völker. Vom umstrittenen Prinzip zum vieldeutigen Recht? 2009.

Band 11 Peter Hilpold / Christoph Perathoner (Hrsg.): Immigration und Integration. Völkerrechtliche und europarechtliche Antworten auf eine zentrale Herausforderung der Zeit. 2010.

Band 12 Claudia Alfons: Recognition and Enforcement of Annulled Foreign Arbitral Awards. An Analysis of the Legal Framework and its Interpretation in Case Law and Literature. 2010.

Band 13 Peter Hilpold / Walter Steinmair / Christoph Perathoner (Hrsg.): Rechtsvergleichung an der Sprachgrenze. 2011.

Band 14 Werner Schroeder / Jelka Mayr-Singer (Hrsg.): Völkerstrafrecht, Rechtsschutz und Rule of Law. Das Individuum als Herausforderung für das Völkerrecht. Beiträge zum 34. Österreichischen Völkerrechtstag 2009 in Tramin/Südtirol. 2011.

Band 15 Werner Petritz: Vor dem Aus? Der Vertrag über die Nichtweiterverbreitung von Kernwaffen. Funktion und Relevanz anhand zweier Beispiele. 2012.

Band 16 Kirsten Schmalenbach (Hrsg.): Aktuelle Herausforderungen des Völkerrechts. Beiträge zum 36. Österreichischen Völkerrechtstag 2011. Unter Mitarbeit von Lando Kirchmair. 2012.

Band 17 Ruth Steger: Staatenimmunität und Kriegsverbrechen. Das IGH-Urteil im Verfahren Deutschland gegen Italien vom 03.02.2012. 2013.

Band 18 Christoph Vedder (Hrsg.): Völkerrecht 2012. Richterliche Praxis und politische Realität. Beiträge zum 37. Österreichischen Völkerrechtstag 2012. Unter Mitarbeit von Manuel Indlekofer. 2013.

Band 19 Wolfgang Benedek / Hans-Peter Folz / Hubert Isak / Matthias C. Kettemann / Renate Kicker (Hrsg.): Bestand und Wandel des Völkerrechts. Beiträge zum 38. Österreichischen Völkerrechtstag 2013 in Stadtschlaining. 2014.

Band 20 Andrea Bockley / Ursula Kriebaum / August Reinisch (Hrsg.): Nichtstaatliche Akteure und Interventionsverbot. Beiträge zum 39. Österreichischen Völkerrechtstag 2014 in Klosterneuburg. 2015.

Band 21 Caroline U. Amann: The EU Education Policy in the Post-Lisbon Era. A Comprehensive Approach. 2015.

Band 22 Karl Edlinger: Die völkerrechtliche Klassifizierung bewaffneter Konflikte. Konflikttypen, Abgrenzungen sowie Rechtsfolgen und deren Auswirkungen auf die Planung und Durchführung militärischer Operationen. 2016.

Band 23 Elisabeth Parteli: Pressefreiheit und Persönlichkeitsschutz. Ein Leitfaden für die journalistische Praxis. Das Spannungsverhältnis zwischen der Freiheit der Äußerung und dem Schutz der Persönlichkeitsrechte unter besonderer Berücksichtigung der Abgrenzung von Tatsachenbehauptung und Werturteil der Rechtsprechung des Europäischen Gerichtshofs für Menschenrechte zu Artikel 10 EMRK. 2017.

Band 24 Anna Fischer: Sezession im Völkerrecht – Faktisches Phänomen oder reale Utopie. Die Geschichte eines Prinzips im Lichte eines unglücklichen Präzedenzfalls. 2017.

Band 25 Ruth Steger: Aut dedere aut iudicare. Inhalt und aktuelle Entwicklungen rund um die völkerrechtliche Verpflichtung zur Strafverfolgung oder Auslieferung. 2017.

Band 26 Dominik Brunner: Der „DARIO" - Artikelentwurf über die Verantwortlichkeit Internationaler Organisationen. 2018.

Band 27 Mona Mairitsch: UNESCO-Welterbe auf nationaler Ebene: Verpflichtungen und Herausforderungen. Am Beispiel Österreichs. 2019.

Band 28 August Reinisch / Astrid Reisinger Coracini (Hrsg.): Zurück zu den Quellen des Völkerrechts. Beiträge zum 44. Österreichischen Völkerrechtstag 2019 in Rust am Neusiedlersee. 2021.

www.peterlang.com

www.ingramcontent.com/pod-product-compliance
Ingram Content Group UK Ltd.
Pitfield, Milton Keynes, MK11 3LW, UK
UKHW020713041026
15590UKWH00002B/645

9 783631 857410